Familienkonflikt in der Kinder- und Jugendliteratur

Literatur als Spiegel der gesellschaftlichen Realität

von

Mei-Chi Lin

Tectum Verlag
Marburg 2002

Gedruckt mit Unterstützung des
Deutschen Akademischen Austauschdienstes

Die Deutsche Bibliothek - CIP-Einheitsaufnahme

Lin, Mei-Chi:
Familienkonflikt in der Kinder- und Jugendliteratur.
Literatur als Spiegel der gesellschaftlichen Realität.
/ von Mei-Chi Lin
- Marburg : Tectum Verlag, 2002
Zugl: Marburg, Univ. Diss. 2002
ISBN 3-8288-8409-1

© Tectum Verlag

Tectum Verlag
Marburg 2002

Inhaltsverzeichnis:

I Einleitung 1

II Familien im Wandel – Konflikt im Wandel 12
1. Abschied von dem guten Vater
   – Konflikt mit der Vaterautorität 14
1.1. "Gurkenkönig" und „Austauschkind" 15
1.2. „Kratzer im Lack" 21
1.3. Der Eindringling als Zündstoff für Familienkonflikte in „Das Austauschkind" von
     Nöstlinger und „Goethe in der Kiste" von Pressler 25
1.3.1. Jasper – ein Austauschkind und Sorgenkind aus England 26
1.3.2. Simone – ein einsames und braves Kind 27
1.3.3. Thematische Akzente 27
1.3.3.1. Sexualität 27
1.3.3.2. Vaterautorität 29
1.3.4. Stilistische Unterschiede 31
1.3.4.1. Traurigkeit und Einsamkeit bei Pressler 31
1.3.4.2. Ironie, Satire und Heiterkeit als Grundton von Nöstlinger 32
1.3.4.3. Ernährung und Erziehung 33
2. Kampf um die Ernährungsfreiheit – Konflikt mit der Mutterliebe 34
2.1. Ehebruch, Untreue und Konflikt am Esstisch 41
3. Weiblicher Generationenkonflikt in „Die Ilse ist weg" 43
3.1. Psychologische und soziologische Hinsicht 43
3.2. Erzählperspektive 44
3.2.1. Erika als Erzählerin 45
3.3. Ablösung vom Ebenbild der bösen Mutter 46
3.3.1. Jüngere Schwester als gute Ersatzmutter 46
3.3.2. Sexualität als Schlüssel der töchterlichen Ablösung und Konfrontation ... 47
3.3.3. Die idealisierte weibliche Identität als Lüg 49
4. Verhandlungshaushalt – Neue Umgangsformen mit neuer Problematik 50
4.1. Neue Konfrontationsformen in „Nagle einen Pudding an die Wand" und
     „Jeder Tag ein Happening" 52
4.2. Familienkonflikt in „Nagle einen Pudding an die Wand" 52
4.2.1. Elternbild der 68er Generation 53

4.2.2.1. Liberale Erziehung der 68er Generation 55
4.2.1.2. Resignation des rebellischen Geistes 57
4.2.2. Bild der jungen Generation 58
4.2.2.1.Konrad Kurde Junior als neue Generation 59
4.2.2.2.Katharina und kleine Geschwister 59
4.2.3. Generationskonflikte 60
4.2.3.1. Konservative vs. Liberale in der Elternkonferenz 61
4.2.3.2. Enttäuschung der neuen Generation 62
4.3. Familienkonflikt in „Jeder Tag ein Happening" 63
4.3.1. Elternbild der 68er Generation 63
4.3.1.1. Umgang mit den Medien 65
4.3.1.2. Kritik an der Elterngeneration 66
4.3.2. Bildnisse der Kinder und Jugendlichen 67
4.3.2.1. Anna als aktive Organisatorin und bewußtes Mädchen 67
4.3.2.2. Kleine Geschwister als Opfer der Erziehungseinstellung 68
4.3.2.3. Umweltschutzaktivität als Spannungsursache 69
4.3.2.3.1. Demonstration im Rathaus 70
4.3.2.3.2. Hilfe von der Großelterngeneration 71
4.4. Vergleich der beiden Werke 72
4.4.1. Bild der Kinder und Jugendlichen 73
4.4.1.1. Anna und KOKU als engagierte Jugendliche 73
4.4.1.2. Unterschiedliche Skizzen der kleinen Kinder 73
4.4.1.3. Unterschiede unter den Gemeinsamkeiten – eine Zusammenfassung 74

III Wandel der erwachsenen Geschlechterrolle 75
1. Neue Rollenverteilung- zwischen Risiken und Chancen 77
1.1. „Gretchen Sackmeier" als Beispiel 77
1.1.1. Die traditionelle Familien der Sackmeier 77
1.1.2. Abnehmen als erster Schritt heraus aus der familiären Tradition 78
1.1.3. Emanzipation der Mutter 79
1.1.3.1. Reaktion des Vaters 79
1.1.3.2. Reaktion der Kinder 80
1.2. Rollenaustausch in „Mit Jakob wurde alles anders" 82
1.2.1. Konflikt zwischen Ideal und Wirklichkeit 83

1.2.2. Neue Orientierung der Geschlechterrolle ... 85
1.2.3. Trauma der Kinder – Unsicherheit bei der Umstellung ... 87
2. Scheitern des Rollenausbruchs in „Mit Kindern redet ja keiner" ... 90
2.1. Doppelorientierung der studierenden Mutter 90 Resignation – Rückkehr ins Hausfrauendasein ... 91
2.2. Kritik an der patriarchalischen Rollenzuweisung ... 94
3. Konflikt in der traditionellen Geschlechterollen-Konstellation ... 95
3.1. Traditionelle Hausfrau und ihr überfordertes Ausgleichskind ... 96
3.2. Negatives Mutterbild als Hausfrau in „Stolperschritte" von Pressler ... 100
3.2.1. Ehebruch des Vaters ... 101
3.2.2. Distanzierte und entfremdete Beziehung der Familienmitglieder ... 102
4. Emanzipierte alleinerziehende Mutter in „Nella- Propella" ... 105
4.1. Kontrastfamilie – traditionelle Rollenverteilung des Nachbarn ... 106
4.2. Komischer Darstellungsstil der Familienkonflikte ... 107
5. Fazit ... 109

IV Wandel der kindlichen Geschlechterrolle ... 112
1. Starke Mädchen vs. schwache Jungen ... 113
1.1. „Lena hat nur Fußball im Kopf" ... 115
1.2. „Jenny ist meistens schön friedlich" ... 116
1.3. „Franzgeschichte" ... 119
2. Restauration des Werts oder neue Mädchentypen? ... 120
2.1. Katharina in „Nagle einen Pudding an die Wand" ... 121
2.2. „Nella Propella" ... 122
2.3. Nele in „Mit Jakob wurde alles anders" ... 123
3. Sexualität in der Pubertät ... 126
3.1. Martina in „Zeit am Stiel" ... 127
3.2. Julia in „Oh du Hölle- Julias Tagebuch" ... 129
3.3. Mariechen in „Villa Henriette" ... 130
3.4. Gretchen in „Gretchen Sackmeier" ... 131
4. Fazit ... 133

V Veränderte Kindheit ... 138
1. Pulverlandkindheit in „Maikäfer flieg!" ... 139

1.1. Kriegsalltag 140
1.2. Kritik an der Grausamkeit des Kriegs.. 144
1.3. Sympathie für die russischen Soldaten 146
2. Trümmerkindheit in „Zwei Wochen im Mai" 148
2.1. Erzählperspektive 148
2.2. Nachkriegskindheit 150
2.3. Vater-Mutter-Kind-Beziehung 153
3. Trümmerkindheit in „Novemberkatze" 157
3.1. Traurige Kindheitsbilder 157
3.2. Ilse – die einsame und ängstliche „Novemberkatze" 158
4. Risikokindheit in „Stolperschritte" 161
4.1. Entstehungsgeschichte und Aufbau 161
4.2. Sprachstil 162
5. Risikokindheit in „Susis geheimes Tagebuch und Pauls geheimes Tagebuch" 163
5.1. Struktur 164
5.2. Umstellung des Lebens 165
5.3. Kontrast der Darstellung 167
6. Unterschiedliche Darstellung der Risikokindheit.. 169
6.1. Risiken gleichen Chancen in Nöstlinger Werken.. 170
6.2. Unsichere Risikokindheit bei Pressler 171
6.3. Vergleich – stilistischer Unterschied und gemeinsames Resultat 173
7. Moderne verplante Kindheit in „Mittwochs darf ich spielen" 174
7.1. Ironische Darstellung der Mutter.. 175
7.2. Tante Pia als Kontrastprogramm 176
7.3. Dormröse-Hof: Letzte Utopie der Straßenkindheit 178
7.4. Selbständigkeit – neue Qualifikation der Kinder 181
8. Fazit 182

VI Psychologischer Kinderroman: Die Bildung einer neuen Gattung 183
1. Zur Gattung „psychologischer Kinderroman" 183
1.1. Ein Kind erzählt von sich.. 184
1.2. Auseinandersetzung mit der Innenwelt 187
1.3. Melancholie und Traurigkeit als Grundton 189

2. Familie als Trauma in „Wenn das Glück kommt, muß man ihm einen Stuhl hinstellen" 191
2.1. Ungelöste Probleme in komplexer Familienstruktur...191
2.1.1. Verklärtes vs. realistisches Mutterbild – Opfer sowie Täter......................................193
2.1.2. Familienerlebnis als Alptraum..194
2.1.3. Tante Lou als Ersatzmutter im Traum 197
2.2. Erzählform und Sprachstil 198
2.2.1. Sprüche als Lebensweisheit und Überlebensstrategie – Gedankenbuch 199
2.2.2. „Huckleberry Finn" als Leitmotiv und Zufluchtsort..201
2.2.3. Sprachstil..202
2.3. Literatur als Spiegel der menschlichen Seele und der sozialen Realität.......................203

VII Zusammenfassung...206
1. Familienkonflikt in der „realistischen Kinder- und Jugendliteratur" 206
2. Kindheit zwischen Moderne und Postmoderne..212
3. Verhandlungshaushalt und „Zwei Seiten der Medaille"...216

VIII Literaturverzeichnis 221

I Einleitung:
Diese Arbeit ist eine literaturwissenschaftliche Auseinandersetzung mit dem Inhalt und Stil der neuen, realistischen Kinder- und Jugendliteratur zwischen 1970 und 2000. Anhand soziologischer, psychologischer und pädagogischer Perspektiven versuche ich, die literarischen Werke zu analysieren. Das Ziel der Arbeit liegt darin herauszufinden, wie das Thema „Familienkonflikt" in der modernen Kinder- und Jugendliteratur behandelt wird. Was für eine Rolle spielen Zeitgeist und Erziehungsvorstellungen der Eltern in diesem Konflikt? Darüber hinaus kann man weitere Fragen stellen, z.B. wie entwickelt sich die Eltern-Kind-Beziehung? Wodurch verändert sich das Geschlechterverhältnis in der Familie? Und wie sieht die Kindheit in den verschiedenen Zeiträumen aus? Das alles sind wichtige Fragepunkte in dieser Dissertation. Im folgenden soll zuerst erklärt werden, welche Kriterien meiner Auswahl zugrunde liegen.

1. Weshalb die drei Autorinnen?
Christine Nöstlinger, Kirsten Boie und Mirjam Pressler sind die Autorinnen, deren Werke in dieser Arbeit analysiert werden. Sie gehören zu den erfolgreichsten Schriftstellerinnen der modernen Kinder- und Jugendliteratur. Christine Nöstlinger wurde 1936 in Wien geboren. Vom Schreibstil her sind Humor, Ironie und Komik ihre Spezialität, die sie von anderen zeitgenössischen Schriftstellern der Kinder- und Jugendliteratur unterscheidet. Kirsten Boie wurde 1950 in Hamburg geboren. Sie studierte Literaturwissenschaft, war als Lehrerin tätig und promovierte währenddessen auch in Germanistik. Sie ist für ihre scharfe Beobachtung der modernen Kindheit und des kindlichen Lebens bekannt. Wegen ihres humoristischen Schreibstils nennen Literaturforscher sie die „Nachfolgerin" von Christine Nöstlinger. Mirjam Pressler wurde 1940 als uneheliches Kind in Darmstadt geboren. Im Heim und bei den Pflegeeltern, die zur Großelterngeneration und zur sozialen Unterschicht gehörten, verbrachte sie ihre einsame und traurige Nachkriegskindheit. Sie studierte Kunst und Malerei und sammelte verschiedene Erfahrungen in unterschiedlichen Berufsbereichen. Sie ist geschieden und Alleinerziehende von drei Töchtern. Diese Lebensrealität prägt ihre Werke sehr stark.
Die drei Autorinnen haben eine Gemeinsamkeit: Sie sind Frauen und Mütter. Einerseits müssen sie sich um die Kinder kümmern und andererseits schreiben. Die finanzielle Not veranlaßte sie zum Schreiben. Mirjam Pressler antwortet beispielsweise in einem Interview auf die Frage, wie sie zum Schreiben kam,

ganz direkt: „Das ist eine sehr simple Geschichte: Ich habe Geld gebraucht."[1] Pressler, als Alleinerziehende, hatte eine Halbtagsstelle im Büro, litt aber immer noch unter finanziellem Druck. Die literarische Tätigkeit war am Anfang eine Nebentätigkeit, der das materielle Leben erleichterte. Kirsten Boies Geschichte über den Anfang des Schreibens ist ähnlich. 1983 adoptierte sie ihr erstes Kind. Das Jugendamt verlangte, daß sie mit ihrer Tätigkeit als Lehrerin aufhöre, damit sie sich tagsüber dem Kind widmen könne. Um die so entstandene finanzielle Krise zu überwinden, begann sie zu schreiben. Realistisch beschreibt sie ihren Weg zur Schriftstellerin:

> „Ich habe diese Geschichte hier so ausführlich erzählt, weil es eben ursprünglich keine Muse war, die mich an den Küchentisch geküßt hat, sondern ökonomische Notwendigkeit, ein Phänomen, das es in der Geschichte der Literatur, auch der Literatur für Kinder, vermutlich häufiger gibt: es wird nur nicht so häufig darüber gesprochen."[2]

Alle drei Autorinnen müssen sich also gleichzeitig um den Haushalt, die finanzielle Existenz und die Kinder kümmern. Diese Mehrfachbelastung wird sehr oft in ihren Werken thematisiert. Andererseits ist der Umgang und Kontakt mit ihren Kindern eine wertvolle Erfahrung für die Kinder- und Jugendbuch-Autorinnen. Ihnen gemeinsam ist auch ihre Erfahrung als Mädchen in der Nachkriegszeit, wie Nöstlinger, Pressler und Boie während des Wirtschaftswunders. Diese Generationen haben die Studentenbewegung erlebt und den Prozeß der Emanzipation durchgemacht. Die Geschlechterrolle und ihre Zuweisung sind gemeinsame Erlebnisse und Thematik in ihren Büchern. Außerdem ist die Ich-Erzähl-Perspektive von Mädchen besonders überzeugend, vor allem bezüglich der Beschreibung psychologischer Zustände. Der Grund liegt darin, wie Kirsten Boie deutlich ausdrückt: „Ich bin eine Frau, und ich habe die verschiedenen Lebensalter, über die ich schreibe, als Mädchen erlebt und nicht als Junge"[3]. Ihre Lebenserfahrung, Vergangenheit und Kindheit hinterlassen ihre Spuren in ihren Werken.

Wie beschreiben die Schriftstellerinnen als schreibende Mütter die Familienkonflikte und Entwicklung der Familie mit ihrer Problematik? Wie drücken sie als Frauen durch ihre Figuren ihre Meinung über die Rolle der Frau aus? Haben sie trotz der Gemeinsamkeit als schreibende Frauen auch stilistische Verschiedenheiten oder Meinungsunterschiede über dieselben Themen? Dies sind

---

[1] Katrin Diehl. „Ich wehre mich gegen ein zwangsläufiges Happy-end". Ein Interview mit Mirjam Pressler. In: Frank Griesheimer. Werkstattbuch Mirjam Pressler. Weinheim und Basel: Beltz Verlag, 1994. S. 12.
[2] Kirsten Boie. Meine Bücher haben mich überfallen. Rede am 23. Juli 1995. In: Freundeskreis des Instituts für Jugendbuchforschung der Johann Wolfgang Goethe-Universität. Frankfurt/M: 1995. S. 12.
[3] B. Rank. Kinderliteratur im Gespräch. In: Lesezeichen. Mitteilung des Lesezentrums der Pädagogischen Hochschule Heidelberg. H. 3, 1997. S. 17.

Hauptthemen, die in dieser Dissertation bearbeitet werden. Die Themenbereiche und die jeweiligen Zeitumstände spielen hierbei eine wichtige Rolle. Die Autorinnen sowie ihre Werke entwickeln sich parallel zum Zeitgeist.

2. Zeitraum 1970-2000

Die ausgewählten Werke werden auf den Zeitrahmen von 1970 bis 2000 beschränkt. 1970 präsentierte Christine Nöstlinger, ihr erstes Buch, „Die feuerrote Friederike", der Öffentlichkeit. Dieses Buch wird nicht in der Arbeit behandelt, besitzt aber eine besondere Bedeutung als Zeichen der linken Ideologie der Autorin in den 70er Jahren. Es handelt von einem rothaarigen Mädchen, Friederike, das mit ihrer Umwelt wegen ihres Aussehens nicht zurechtkommt und von den anderen Kindern verachtet, beschimpft und sogar verprügelt wird. Dieses Buch ist eines der repräsentativsten Kinderbücher der 70er Jahre, ein geistiges Produkt der Studentenbewegung und antiautoritären Strömung. Es ist eine Phase des Sturm und Drang in der Kinder- und Jugendliteratur. Darin wurde hauptsächlich die Berechtigung hinterfragt, mit der Autorität innerhalb der gesellschaftlichen Strukturen vergeben und gehandhabt wird, und zwar auch in religiöser Hinsicht. Die Vaterfigur, deren Autorität innerhalb der Familie dominiert, wurde in Frage gestellt. Tradition und Gesetz wurden angesprochen und überprüft.[4] Mit dieser sozialen Bewegung kamen die Emanzipationswellen sofort in die Kinder- und Jugendliteratur hinein. Themen wie soziale Ungerechtigkeit, Unterdrückung, Sexualität, Rollenreflexion, Solidarität der Schwächeren, Krieg und Hunger in der Dritten Welt wurden den lesenden Kindern und Jugendlichen zugänglich gemacht. Es sollte eine realistische Literatur sein, in der den Kindern ohne Thementabus Lebenswirklichkeit dargestellt wird, wie Ursula Wölfel meint:

> „Diese Geschichten sind wahr, darum sind sie unbequem. Sie erzählen von den Schwierigkeiten der Menschen miteinander zu leben, und wie Kinder in vielen Ländern diese Schwierigkeit erfahren [...] Sie stellen viele Fragen, und jene sollen die Antworten selber finden."[5]

Die Schriftsteller vermitteln wie Stürmer und Dränger den jungen Lesern kritisches Bewußtsein gegenüber den sozialen Maximen und der damit verbundenen Autorität. Ein starkes „Ich" und ein kritisch denkendes Kind soll aus sich – statt des „braven" und gehorsamen Kindes – eine Individualität entwickeln. Durch die neuen klugen Kinder soll ihrem Wunsch nach die Ungerechtigkeit und

---
[4] Vgl. Winfred Kaminski. Kinderbuch und Politik, in: Fundevogel 4/5 1984. S. 17.

Unterdrückung in der Gesellschaft abgeschafft werden. Von diesem Augenblick an konnte die Kinder- und Jugendliteratur nicht mehr das Belehrungsmedium sein, mittels dessen die Kinder zuvor hatten lernen sollen, sich der Welt der Erwachsenen anzupassen, sondern die neue Kinder- und Jugendliteratur stellte den Kindern dar, wie man die Probleme der Erwachsenenwelt kennen und eventuell lösen lernt. „Von den Kindern lernen"[6], wie dies Hans Joachim Gelberg nennt, wurde eine neue Tendenz in der Kinder- und Jugendliteratur. Durch „Antistruwwelpeter", die Parodie des „Struwwelpeters" von H. Hoffmann, zeigte Wächter den Kindern die Umwertung der traditionellen sozialen Normen. Ein glückliches wildes Kind Pippi Langstrumpf, das unter der Feder Astrid Lindgrens entstand, verhält sich voller Freude als natürliches Individuum außerhalb der Maximen der Erwachsenen.

2.1. 1970- 1985

Genau diese „neuen" Bücher, die in den 70er Jahren auftauchen, veranlassen Mirjam Pressler nach zehn Jahren bzw. Anfang der 80er Jahre, in diese Szene der Kinder- und Jugendliteratur einzusteigen. Die Erfahrung mit den neuen und alten Kinderbüchern beschreibt sie so:

> „In meiner Kindheit hatte es ja, bis auf ein paar wirklich gute Bücher, nur ziemlich viel Schund gegeben. Denken Sie nur an die vielen Schneider-Bücher der 50er Jahre. Daß sich da etwas verändert hatte, bemerkte ich erst, als meine Töchter anfingen zu lesen. Plötzlich bekam ich gute Bücher in die Hand. Ich war begeistert. Damals habe ich gleich gedacht, daß ich irgendwann auch mal so etwas schreiben möchte."[7]

Pressler unterscheidet die guten und neuen Bücher von den alten dadurch, daß die Kinder nicht immer diejenigen sind, die Fehler machen, sich korrigieren und sich an die Erwachsenenwelt anpassen müssen. Sie sind ziemlich oft die Opfer ihrer „äußeren Umstände", mit denen „etwas" nicht stimmt.[8] Mit anderen Worten: In den neuen Büchern werden die realen Erwachsenen dargestellt, die Fehler machen, die auch zuständig für das Elend der Kinderwelt sein sollen. Die verklärte schöne Welt mit guten Kindern und Eltern in den alten Bücher ist verschwunden und durch die Realität des Alltagslebens ersetzt.

Durch die Veränderung entstehen neue Kinderbilder, neue Perspektiven zum Thema Kindheit. Darin bemerkt man zugleich, daß die Tabus gebrochen werden und die Themenbereiche viel mannigfaltiger sind. Von den 70er Jahren bis zu den

---

[5] Zitat nach Sybil Gräfin Schönfeldt. Die Linke entdeckt. Über antiautoritäre Kinderbücher, in: Die Neue Barke. 1971, S. 28.
[6] Vgl. Hans Joachim Gelberg. Augenaufmachen, in: Fundevogel 4/5, 1984, S. 16.
[7] Siehe a.a.O., Katrin Diehl.

90ern entwickelte sich nicht nur die Kinder- und Jugendliteratur durch Erweiterung der Thematik, sondern auch die darin dargestellte Kindheit veränderte sich rasch. Im Kapitel 5 wird dieses Thema behandelt.

2.2. 1986- 2000

Die Zielrichtung des Schreibens von Nöstlinger hat sich geändert. Als sie 1985 bei der 19. Ibby-Tagung in Nicosia einen Vortrag hielt, dessen Titel „Die Richtung der Hoffnung" lautete, wies sie darauf hin, daß sich ihre Schaffensrichtung von der sozialen politischen Orientierung zur Lebenshilfe für Kinder verwandelt habe.[9]

> „Literatur für Kinder hat – neben vielem anderen – auch Mut zu machen und Hoffnung zu geben, und ob jemand schreibend dies kann, dem Mut und Hoffnung schön langsam abhanden kommen, ist fraglich [...] Ich gab den Versuch, an einem Heilungsprozeß teilzunehmen auf und legte mir einen Handel mit Heftpflastern zu."[10]

Im Gegensatz zu der Schreibhaltung der 70er Jahre, die Nöstlinger in ihrer „Botschaft an die Kinder aller Welt" vertritt: „Um zu wissen, was ihr laut schreien sollt, um zu wissen, mit wem ihr euch zusammentun sollt, um zu wissen, wo ihr mit dem Verändern anfangen sollt, können Bücher eine Hilfe sein, die ihr von sonst niemandem bekommt."[11], gibt die Autorin es zu diesem Zeitpunkt auf, mit ihren literarischen Werken die Welt zu verändern bzw. bei den Kindern aktiv zu wirken. Diese Veränderung oder, schärfer ausgedrückt, Resignation, sieht man besonders deutlich in der Darstellung der Kinder-Eltern-Beziehung. Das Elternbild wird dadurch verändert. Die Konfrontation zwischen Eltern und Kindern, vor allem zwischen Mutter und Tochter, wird entschärft. Vergleicht man die kompromißlose und harte Spannung in den 70er Jahren zwischen Ilse und ihrer Mutter in „Die Ilse ist weg" mit der Beziehung zwischen Gretchen und ihrer Mutter in „Gretchen Sackmeier" in den 80er Jahren, ist die Diskrepanz deutlich. Einige Soziologen und Literaturwissenschaftler sprechen von einer Entdramatisierung der Generationskonflikte. Diese optimistische Meinung wird in dieser Arbeit in Frage gestellt, weil die Konfrontation zwischen Kindern und Eltern in dem sogenannten Verhandlungshaushalt immer noch existiert. Tobias Rülcker beschreibt die Problematik der Verhandlungsfamilie:

---

[8] Ebd.
[9] Christine Nöstlinger. Die Richtung der Hoffnung. In: Fundevogel. 1/1985. S. 12.
[10] Ebd., S. 12.
[11] Christine Nöstlinger. Botschaft an die Kinder aller Welt. In: Mitteilung des Instituts für Jugendbuchforschung. Christine Nöstlinger. Eine Ausstellung. Frankfurt/M: Institut für Jugendbuchforschung, Johann Wolfgang Goethe-Uni., 1987, S. 6.

„Auf dem Hintergrund dieser Veränderungen der Familienrollen entwickeln sich die Grundzüge einer neuen Anthropologie des Kindes, die um das Konzept des „verständigen" Kindes zentriert ist [...] Aus der Perspektive des Kindes ist freilich dieses elterliche Verhalten durchaus ambivalent: Es räumt einerseits dem Kind Spielräume des Mitredens ein und entlastet es von der Angst vor elterlichen Handgreiflichkeiten. Auf der anderen Seite kann der elterliche Appell an die Vernunft des Kindes, das ja den Erwachsenen an Informationen, Erfahrung und Möglichkeiten der Vorausschau im allgemeinen unterlegen ist, nur eine subtilere und unangreifbare Form der Autoritätsausübung sein - einer Autorität, gegen die man sich nicht wehren kann, weil sie so 'vernünftig' ist."[12]

Rülcker deutet auf die Autorität der Vernunft, die neue Formen der Familienkonflikte verursacht. Problematisch ist auch die „Entpolarisierung der Geschlechterrolle"[13], die von Daubert zum Ausdruck gebracht wurde. Die gesellschaftliche Realität in der realistischen Kinder- und Jugendliteratur zeigt, wie schwierig dieser Versuch ist, aus der traditionellen Rollenzuweisung auszubrechen. Das Familienchaos in „Mit Jakob wurde alles anders" ist ein modellhaftes Beispiel dafür. Es gibt zwar Veränderung bezüglich der Beziehung zwischen Kindern und Eltern sowie der Geschlechterrolle. Aber diese Veränderung deutet nicht auf einen idealisierten harmonischen Zustand hin, auf eine Entdramatisierung oder Abschaffung der Rollenzuweisung, sondern auf eine neue schwierige Orientierungsphase, die sowohl Männer als auch Frauen über ihre Lebensinhalte nachdenken und diese umorganisieren läßt. Thematisch gesehen konzentriert sich die Kinder- und Jugendliteratur ab 1985 auf die Veränderung der familiären und sozialen Rollen, sowohl des Mannes und der Frau als auch der Rolle der Eltern und Kinder.

3. Thematische Akzente
3.1. Konfliktformen im Wandel
Der Schwerpunkt der Fragestellung in diesem Kapitel liegt darin, zu erforschen, weshalb es in dem Verhandlungshaushalt der 80er und 90er Jahre immer noch Konfrontationen gibt, und zwar nicht weniger heftig als in den 70er Jahren. Pädagogen sprechen zwar von einer freundlichen Umgangsweise der Eltern gegenüber ihren Kindern. Weshalb ist das Verhältnis zwischen der jüngeren und älteren Generation trotzdem immer noch gespannt? Tatsächlich ist die elterliche

---

[12] Tobias Rülcker. Veränderte Familien, selbständigere Kinder? In: Ulf Preuss-Lausitz, Tobias Rülcker, Helga Zeiher (Hg.). Selbständigkeit für Kinder – die große Freiheit? Weinheim und Basel: Beltz Verlag, 1990. S. 38-53. Zitat S. 43.
[13] Hannelore Daubert. Wandel familärer Lebenswelten in der Kinderliteratur. In: Hannelore Daubert u. Hans-Heino Ewers (Hg.). Veränderte Kindheit in der aktuellen Kinderliteratur. Braunschweig: Westermann Verlag, 1995. S. 60- 80. Vgl. S. 72.

Autorität reduziert worden. „Die Kinder und Jugendlichen müssen nicht ihre ganze Energie dafür aufbieten, sich ein Stückchen Unabhängigkeit von ihren autoritären Eltern zu ertrotzen. Dieser klassische Bindungskonflikt führt nicht zur Befreiung, sondern zur Reproduktion der autoritären Persönlichkeit"[14]. Die Arbeit vertritt die These, daß die Familie eigentlich ein Ort der Konfrontation der verschiedenen Meinungen ist. Wo es Menschen gibt, die zusammenleben, entstehen Probleme. In verschiedenen Umgangsweisen in den unterschiedlichen Zeiten entwickeln sich diverse Arten von Problemen. Eine idealisierte Harmonie des Familienlebens ist entweder ein Mythos oder eine Lüge. In dem ersten Kapitel wird ergründet, wie sich die Formen und Ursachen der Familienkonflikte mit der gesellschaftlichen Entwicklung verändert haben. In den 70er Jahren spielt sich die Konfrontation hauptsächlich zwischen elterlichen Autoritäten ab, vor allem besteht die Konfrontation mit der Vaterautorität. Ende der 80er Jahre taucht die Familie des Verhandlungshaushalts auf. Die Konflikte sind durch die neuen Umgangsformen, Geschlechterrollen und unterschiedlichen Lebensentwürfe vorprogrammiert.

In dieser Arbeit wird darauf geachtet, wie die drei Autorinnen stilistisch dieselbe Thematik unterschiedlich oder ähnlich behandeln. Dadurch wird auch herausgearbeitet, wie sie zu den Themen Umweltschutz, Eltern der 68er Generation und Erziehung stehen. In II.1.3., II.4. und VI.1 findet sich eine vergleichende Auseinandersetzung mit dem Thema und Stil der drei Autorinnen.

3.2. Geschlechterrolle:

Das zweite Kapitel konzentriert sich auf die Wandlung der elterlichen Geschlechterrolle.

Die Hauptthese in diesem Teil vertritt U. Beck mit seiner Theorie der Risikogesellschaft: Krisen gleich Chancen. Von neuer „Mütterlichkeit" und „Väterlichkeit" ist die Rede. Frau und Beruf sind das Hauptthema in diesem Kapitel. Mit dem literarischen Beispiel „Gretchen Sackmeier" fängt dieser Teil an und beschreibt die schwierige Vereinbarkeit zwischen Familie und Beruf für die Frauen, worauf Beck-Gernsheim hinweist:

> „Freilich blieb der Wandel unverkennbar begrenzt. Zwar wurde als Ziel formuliert, eine grundsätzliche Vereinbarkeit von Familie und Beruf zu erreichen, für Frauen genauso wie Männer. Aber im politischen Alltagsgeschäft fielen viele Versprechen den 'Sachzwängen' und dem Rotstift zum Opfer, wurden zurechtgestutzt, verschoben oder ganz aufgehoben [...] Die Reformpolitik beschränkte sich darauf, die 'Doppelrolle der

---

[14] A.a.O., Rülcker, S. 52.

Frau' zu erleichtern. Die Funktionsprinzipien der Arbeitswelt und der Männerrolle bleiben dagegen unangetastet."[15]

Kirsten Boie stellt diese „Unantastbarkeit" des Rollenbilds, daß der Mann arbeitet, mit ihrem Buch „Mit Jakob wurde alles anders" in Frage. Darin wird die Geschlechterrollen der Eltern vertauscht und neue „Mütterlichkeit" und „Väterlichkeit" werden ins Experiment gesetzt. Außerdem wird das „Hausfrauendasein" in der Risikogesellschaft durch die literarischen Werke nicht mehr einseitig positiv dargestellt. In den Werken der drei Autorinnen tauchen zahlreiche unglückliche, dominante und finanziell abhängige Hausfrauen auf. Bedeutet diese negative Darstellung gleichzeitig einen Appell für ein berufstätiges Leben? Auch die doppelt belastete Mutter wird nicht positiv skizziert. Die Suche nach neuer Orientierung in der Geschlechterrolle und die Erfahrung, sich nicht selten in der Orientierungslosigkeit zu befinden, sind Phänomene, die die Kinder- und Jugendliteratur uns zeigt.

Das vierte Kapitel beinhaltet die Analyse der kindlichen Geschlechterrolle in den ausgewählten literarischen Werken. Die wichtige Fragestellung zu diesem Thema liegt darin, was für ein Bild von Geschlechterrollen die Autorinnen durch ihre Figuren vermittelt haben. Die Kritik an der traditionellen Rollenzuweisung sieht man deutlich in ihren Werken. Konrad und Kitti in „Konrad oder das Kind aus der Konservenbüchse" sind gute Beispiele dafür. Nöstlingers Franz, der wie ein Mädchen aussieht, und Boies Lena, die gerne Fußball spielt, sind typische neue Kinderbilder, die den alten Klischees der Geschlechterrolle widersprechen. Eine Restauration, die Sehnsucht nach Weiblichkeit, taucht aber andererseits bei manchen „neuen" Mädchenfiguren auf, die von der Mutter „emanzipatorisch" erzogen worden sind. Nella Propella, Katharina in „Nagle einen Pudding an die Wand" und Nele in „Mit Jakob wurde alles anders" sind junge Leute, die sich gegen die neutralen Geschlechterrollen wehren. Man kann sich fragen, ob diese Darstellung eine Restauration der alten Werte und Einstellung präsentiert. Doch haben die sich nach dem weiblichen Charakter sehnenden neuen Mädchen viele Eigenschaften, die in den alten Mädchenrollen nicht erlaubt waren. Die kritischen Gedanken über die „emanzipatorische" Erziehung legen es den neuen Mädchen nahe, sich gegen die mütterliche Einstellung zu wehren. In diesem Zusammenhang bedenkt die Sehnsucht nach der Weiblichkeit nicht eine Restauration der traditionellen Geschlechterrolle, sondern ein altes Modell des

---

[15] Elisabeth Beck-Gernsheim. Vom Geburtenrückgang zur neuen Mütterlichkeit? Frankfurt/M.: Fischer Taschenbuch Verlag, 1984. S. 153f.

Generationenkonflikts, vor allem zwischen Mutter und Tochter, nach dem Motto der Tochter: „In Zukunft wollte sie alles anders als ihre Mutter machen"[16].

3.3. Kindheit und Zeit:

Wandel der Kindheit ist das Thema des fünften Kapitels, in dem Veränderungen der Kindheitsstruktur herausgearbeitet werden. Es geht um die Darstellung des Realismus in der Kinder- und Jugendliteratur, wie Boie dies in einem Vortrag zum Ausdruck bringt: „Zu fragen wäre vielmehr, wie sich Kindheit heute auch strukturell geändert hat - um dies dann, wenn es sich als nötig erweisen sollte, auch in den Strukturen der Texte aufzunehmen [...] Welche innerpsychischen Veränderungen nun haben sich für Kinder durch ihre veränderte Lebenssituation ergeben?"[17].

Der Wandel der Umwelt und Innenwelt der Kindheit wird anhand der Kinderromane bearbeitet. Die Analyse fängt mit zwei Werken von Nöstlinger an, die Krieg und Nachkriegszeit thematisieren. Die Kriegskindheit und Trümmerkindheit werden durch die Ich-Erzählerin Christine ohne Distanz erlebt und berichtet. In „Mittwochs darf ich spielen" kommt die moderne verplante Kindheit zum Ausdruck, in der die Kinder sich in ihrer Freizeit sinnvoll beschäftigen müssen. Die Autonomie der Kinder wird darin in Frage gestellt. In „Risikokindheit" wird die Trennung, Scheidung und unberechenbare Beziehung zwischen Kindern und Eltern thematisiert. Zu diesem Thema wird Nöstlingers „Susis geheimes Tagebuch und Pauls geheimes Tagebuch" zur Analyse ausgewählt, weil dieses Buch ohne witzige und komische Züge eine Trennung darstellt. Ein Ereignis wird aus zwei unterschiedlichen Kinderperspektiven dargestellt und in den Tagebüchern beschrieben. Diese düstere Darstellungsweise und der melancholische Grundton sind ein ungewöhnliches Phänomen in Nöstlingers Kinderliteratur zum Thema Scheidung. Normalerweise setzt sie einen Hoffnungsschimmer in das grausame Alltagsleben und betont die Vorteile der Kinder in getrennten oder geschiedenen Familien, wie ein Vergleich zwischen Presslers und Nöstlingers Scheidungsliteratur zeigt. Um eine andere Weise der Darstellung von Nöstlinger zu dieser Problematik kennenzulernen, wird dieses Ausnahmewerk zur Interpretation ausgewählt.

3.4. Gattung Psychologischer Kinderroman:

---

[16] Dagmar Chidolue. Lady Pank. Weinheim und Basel: Beltz & Gelberg Verlag, S. 26.
[17] Kirsten Boie. Realismus im Kinderbuch. In: Kurt Franz. Franz-Josef Payrhuber (Hg.). Blickpunkt: Autor. Hohengehren: Schneider Verlag, 1996. S. 13-25. Zitat S. 18.

Im 6. Kapitel findet sich eine Analyse der Gattung psychologischer Kinderroman. Diese Gattung ist ein wichtiges Beispiel der Richtung der Kinderliteratur, die sich an der Innenwelt der Kinder orientiert. Die Wendung zum psychologischen Kinderroman wurde von Ewers als „innerliterarischer Wandel"[18] bezeichnet. Neben dem sozialen Realismus, den die neue Kinder- und Jugendliteratur seit den 70er Jahren anbietet, findet sich als ein neuer Stil der psychologische Realismus, eine „Exploration des Innenlebens der Kinder"[19]. Hieraus entstehen neue Erzählverfahren bzw. Erzähltechniken für Kinder- und Jugendliteratur oder, wie Steffens ausdrückt, „die Erzählperspektive betritt kinderliterarisches Neuland".[20] Gemeint ist beispielsweise, daß die Distanz zwischen erlebendem Ich und erzählendem bzw. reflektierendem sehr gering ist. „Eine Übereinstimmung zwischen Gedanken und Gefühlen und dem, was an Äußerungen des Kindes in der Außenwelt in Erscheinung tritt, gibt es nicht; dem vielfältigen inneren Sprechen steht oft äußere Sprachlosigkeit gegenüber"[21]. Das Bedürfnis nach neuen Erzählstrukturen bringt auch die Autorin Kirsten Boie zum Ausdruck. Sie stellt sich die Frage: „Wie weit können veränderte Strukturen der Realität, ihrer Wahrnehmung und Interpretation durch den Einzelnen erfasst und für den Leser erfahrbar gemacht werden mit traditionellen literarischen Strukturen, die in der Auseinandersetzung mit einer ganz anderen Realität entwickelt wurden?"[22] Der psychologische Kinderroman als Zweig des realistischen Kinderromans entwickelte seine narrativen Instrumente in den 80er und 90er Jahren in einer neuen Phase, in der Monolog, erlebte Rede und rückblickende Erzähltechnik für die jungen Kinderleser nicht mehr tabu waren. Wenn man die neuen realistischen Kinderromane der 70er Jahre als Enttabuisierung der Themenbereiche sieht, kann man die psychologischen Kinderromane in den 80er Jahren als Enttabuisierung der modernen Erzählstruktur in der Kinder- und Jugendliteratur betrachten.

In diesem Kapitel werden ein Roman von Pressler „Nun red doch endlich" und „Mit Kindern redet ja keiner" von Kirsten Boie ausführlich analysiert. Beide Werke handeln gleichzeitig von der psychischen Erkrankung der zwei Hauptfiguren. Eine ist die Ich-Erzählerin selbst. Die andere ist die Mutter der Ich-

---

[18] Hans-Heino Ewers. Studentenbewegung und Kinderliteraturreform, Formen- und Funktionswandel der westdeutschen Kinderliteratur zu Beginn der 70er Jahre. 1993 (unveröff. Ms.). S. 22.
[19] Hans-Heino Ewers. Themen-Formen- und Funktionswandel der westdeutschen Kinderliteratur seit Ende der 60er, Anfang der 70er Jahre. In: Zeitschrift für Germanistik 1995, H. 2. S. 257- 278. Zitat S. 263.
[20] Wilhelm Steffens. Literarische und didaktische Aspekte des modernen Kinderbuch. In : Die Grundschulzeitschrift 4 (1990) 40, S. 28-35.
[21] Dagmar Grenz. Die realistische Erzählung für Kinder in der Bundesrepublik Deutschland 1970-1994. In: Peter Josting (Hg.). Bücher haben ihre Geschichte. Kinder- und Jugendliteratur. Literatur und Nationalsozialismus. Hildesheim: Olms, 1996. S. 237-243. Zitat S. 239.
[22] Kirsten Boie. Schreiben für Kinder. In: Grundschule 12/ 1998. Jg. 30. S. 22-23. Zitat S. 23.

Erzählerin. Psychologie ist in beiden Werken auf zwei Ebenen wirksam – thematisch und erzähltechnisch. Mit Hilfe der klinisch-psychologischen Fachliteratur wird erforscht, inwieweit die Autorinnen die Symptome realistisch oder unrealistisch dargestellt haben. Außerdem werden das Erzählinstrument bzw. die Sprache in den Mittelpunkt der Analyse gerückt, damit man einen Gesamtüberblick über die Erneuerung der Erzähltechnik bekommen kann.

Drei Autorinnen, die sich seit dreißig (Nöstlinger) und zwanzig Jahren (Boie und Pressler) mit dem Bereich der realistischen Kinder- und Jugendliteratur beschäftigen, schreiben im 21. Jahrhundert immer noch für die jungen Leser. In ihren Werken werden wir nicht nur die Veränderung ihrer Stile und Thematik, sondern auch die Veränderung der Realität und ihrer Darstellungsweise sehen.

II Familien im Wandel – Konflikt im Wandel

Die Familie als einer der wichtigsten Lebensräume der Kindheit spielt in der Kinder- und Jugendliteratur eine herausragende Rolle. In dieser literarischen Gattung werden sowohl der Wandel des Generationsverhältnisses wie die Veränderung der Familienstruktur, die eng mit dem gesellschaftlichen Kontext zusammenhängt, dargestellt. Diese Wandlung bezeichnet der Soziologe Klaus Hurrelmann als „Strukturwandel der Familie und der Eltern-Kind- Beziehung"[23]. Seiner Meinung nach entwickeln sich die sozialen Rahmenbedingungen für die Eltern-Kind-Beziehung durch eine „tiefgreifende Veränderung im ökonomischen und kulturellen System"[24]. Ähnlich weist auch Hans Bertram darauf hin, daß Wandel und Entwicklung der Familie, Ehe und Partnerschaft von historischen Ereignissen wie den Weltkriegen, der Weltwirtschaftskrise und auch der deutschen Wiedervereinigung beeinflußt wurden.[25] Einer der wichtigen Wendepunkte liegt in den 70er Jahren. Die antiautoritäre Bewegung, die Demonstrationen gegen den Vietnamkrieg und die Auseinandersetzung mit der NS-Vergangenheit und den NS-Werten trugen zu neuen Wertvorstellungen in der Gesellschaft bei, und es entstand ein neues Verhältnis zwischen Kindern und Eltern, die durch das Motto „Beziehung statt Erziehung" zu benennen sind. Schütze beschreibt diese Kettenreaktion so:

> „Die Verschiebung der Autoritätsstrukturen innerhalb der Ehebeziehung blieb natürlich auch für die Eltern-Kind-Beziehung nicht folgenlos. Und wie die Untersuchungen der Nachkriegszeit demonstrieren, bewegt sich die Familie mehr und mehr in Richtung auf partnerschaftliche Umgangsformen, sowohl im Hinblick auf die Ehe – als auch auf die Eltern-Kind-Beziehung."[26]

Die Ehe ist nicht mehr das entscheidende Element für die Definition einer Familie. Aufgrund des Anstiegs der Scheidungsrate werden die Formen der Familie immer vielfältiger. Ein- Eltern-Familien werden nicht mehr als Defizit der sozialen Institution gesehen, so wie noch in den 70er Jahren die Familienforscher die Fälle der Scheidung und Trennung als „Defizitansatz" bezeichneten,[27] sondern heute eher als Normalfälle der modernen Gesellschaft

---

[23] Klaus Hurrelmann. Familie heute – Neue Herausforderungen für die Politik. In: Hans Bertram. Familien Lebensformen für Kinder. Meinheim: Beltz Verlag, 1993, S. 60-75, S. 60.
[24] Ebd.
[25] Hans Bertram. Familien leben. Gütersloh: Verlag Bertelsmann Stiftung, 1997, S. 36.
[26] Yvonne Schütze. Jugend und Familie. S. 345. In: Heinz-Hermann Krüger (Hg.). Handbuch der Jugendforschung. Opladen: Leske u. Budrich, 1993, 2.Aufl., S. 335-350.
[27] Vgl. Nancy M. Bodmer. Befindlichkeit Jugendlicher verschiedener Familienstrukturen in der Schweiz. S.91. In: Alexander Grob (Hg.). Kinder und Jugendliche heute: belastet – überlastet? Chur u. Zürich: Verlag Rüegger, 1997, S. 91-110.

betrachtet. Das Zusammenleben ohne Eheschließung, sowohl mit Kindern als auch ohne, ist gesellschaftlich anerkannter als in den 70er Jahren. Nach Angabe des Statistischen Bundesamts vom 23. November 1999 in Wiesbaden kommt jedes fünfte Kind unehelich zur Welt. Von den 785000 im Jahr 1998 geborenen Kindern hatten 157000 Eltern, die nicht miteinander verheiratet waren. Diese Zahl hat sich in den letzten 20 Jahren verdoppelt.[28] Außerdem könnten Wohngemeinschaften und andere Lebensformen mit dem Begriff „Familie" kombiniert werden. Alles deutet auf eine Richtung zur Vielfalt der Familienformen hin. Das Muster der autoritären Erziehungsbeziehung zwischen Kindern und Eltern, das in den 70er Jahren immer noch stark vorherrschte, tritt allmählich zurück. Die neue Situation der Kinder und Jugendlichen ist so, wie Peter Büchner sie zum Ausdruck bringt:

> „Kinder und Jugendliche haben dadurch offensichtlich heute einen größeren Handlungsraum als noch vor 30 Jahren. Sie können sich ohne unmittelbare Angst vor Bestrafung größere Freiheiten herausnehmen, auch wenn dies oft bedeutet, daß Eltern mehr Rücksicht nehmen müssen: Von ihnen werden Einfühlungsvermögen, Sich-hineinversetzen in kindliche Rollen und partnerschaftliche Umgangsformen erwartet."[29]

Statt wie die autoritären Eltern zu bestrafen und zu bedrohen, kommunizieren und verhandeln viele der heutigen Eltern mit ihren Kindern wie mit gleichberechtigten Familienmitgliedern. Die Lebenswerte der in den 40er Jahren geborenen Generation, wie Fleiß, Gehorsam, Ordentlichkeit, Sparsamkeit, sind für die modernen Kinder aufgehoben. Selbständigkeit ist das Ziel der Erziehung. Die Kinder haben freiere Räume zum Handeln, und gleichzeitig müssen sie mehr Verantwortung übernehmen. Auf diesem Weg zur „Selbständigkeit", wie Hurrelmann meint, „sind erhebliche Konflikte zwischen Eltern und ihren Kindern unvermeidlich."[30] Die Ursachen der Spannungen und Konflikte können hauptsächlich unter zwei Aspekten betrachtet werden. In 70er Jahren und am Anfang der 80er Jahre wurden die Kinder immer noch mit der elterlichen Autorität konfrontiert. Die autoritäre Struktur der Familie löste Konflikte aus. Nach 1985 erschien allmählich das „Verhandlungsmodell", wie Büchner es bezeichnet. Die Probleme mit der Autorität lassen nach, während eine neue Problematik auftaucht, weil Partnerschaft und Familie sowohl Verknüpfung wie Konfrontation von unterschiedlichen Perspektiven und verschiedenen Personen

---

[28] Frankfurter Rundschau. 24. November, 1999, Nr. 274. Seite 30.
[29] Peter Büchner. Vom Befehlen und Gehorchen zum Verhandeln. Entwicklungstendenzen von Verhaltensstandards und Umgangsnormen seit 1945. S. 200. In: Ulf Preuss-Lausitz. Kriegskinder, Konsumkinder, Krisenkinder. Beltz Verlag, 1983.
[30] A.a.O., Hurrelmann, S. 70.

sind, wie sie Klaus Schneewind präzise beschreibt.[31] Die Familie als Ort von Auseinandersetzungen aller Art, von Vorstellungen, Einstellungen und Werten, entwickelt sich dynamisch gemäß der Konfrontation. Der Konflikt bleibt innerhalb der Familie, während die Formen und die Inhalte der Konfrontation sich verändern.

Zu diesem Veränderungsprozeß sowohl für die Kinder als auch für die Erwachsenen trägt auch die Kinder- und Jugendliteratur bei. Eine neue Gattung namens „Realistischer Kinderroman" erschien in den 70er und 80er Jahren. Nöstlinger als Vorreiterin dieser Gattung schrieb eine ganz andere Art von Kinder- und Jugendbüchern als die traditionellen Schriftsteller. In der traditionellen Kinder- und Jugendliteratur wird die Familie, wie Gisela Oestreich durch die Analyse von 69 deutschen, englischen und amerikanischen Kinder- und Jugendbüchern aufzudecken vermag, als ein heiler, freundlicher und harmonischer Schutzort für die Kinder beschrieben. Darin erscheinen alle Mütter als freundliche und gütige Frauen, die ihre Kinder zu ordentlichen Menschen erziehen. Die Väter erscheinen immer als rücksichtsvolle und sparsame Personen, die bessere Ausbildungsmöglichkeiten für ihre Kinder schaffen wollen. Die Forscherin faßt das traditionelle Bild der Väter und Mütter folgendermaßen zusammen:

> „Mütter und Väter erscheinen in den Büchern für jüngere Kinder immer fröhlich, herzlich und tolerant. Strenge Strafe bei Fehlverhalten gibt es im allgemeinen nicht."[32]

Es bleibt aber zu überlegen, ob ein solch heiles Bild der Lebenswirklichkeit entspricht. Die Soziologen der Familienforschung sprechen vom „Harmoniemythos", einer Vorstellung, „daß Familienleben in der Vergangenheit durch Harmonie und Eintracht geprägt"[33] gewesen sei. An diesem Punkt wies Oestreich zugleich zugespitzt darauf hin, daß Kinder in Wirklichkeit viele ungerechte, sture, egoistische, kompromißlose und intolerante Erwachsene kennen, die für ihr eigenes Verhalten immer eine schöne Entschuldigung bereithalten[34].

1. Abschied von dem guten Vater – Konflikt mit der Vaterautorität

---

[31] Klaus A. Schneewind. (Hg.). Wandel der Familie. Goethingen: Hogrefe Verlag, 1992, S. 21.
[32] Gisela Oestreich. Erziehung zum kritischen Lesen. Kinder und Jugendliteratur zwischen Leitbild und Klischee. Freiburg: Herder Verlag, 1973, S. 102.
[33] Karl Lenz und Lothar Böhnisch. Zugänge zu Familien – ein Grundlagentext. In: Lothar Böhnisch, Karl Lenz (Hg.). Familien. Eine interdisziplinäre Einführung. Winheim und München: Juventa Verlag, 1997, S. 9-58. Zitat Seite 11.
[34] Vgl. a.a.O., Oestreich. S. 108.

Im Gegensatz zu diesem Klischeebild in der traditionellen Kinder- und Jugendliteratur gestaltet Nöstlinger in ihren Werken die „realen" Erzieherfiguren wie Vater, Mutter und Lehrer so, wie sie die Kinder tatsächlich im wirklichen Leben kennen. Dadurch wird gleichzeitig die Realität des Familienlebens der Jugendlichen dargestellt. Um dieses reale Leben wahrheitsgetreu zu verdeutlichen, stellt die Autorin die Autorität der Erwachsenen unverschönt bloß, die durch die hierarchische Ideologie der Gesellschaft in der Familie durchgesetzt wird. In diesem hierarchischen System steht auf der einen Seite die herrschende Oberschicht, die Regeln und Gesetze bestimmt, die starken Erwachsenen. Dem gegenüber steht die beherrschte Unterschicht, die Zucht und Ordnung einhalten muß, also die unterlegenen Kinder und Jugendlichen. Dieses autoritätskritische Grundmodell von Nöstlinger hängt mit dem Zeitgeist der 68-Jahre zusammen, in denen die Autorin ihre Karriere in der Kinder- und Jugendliteratur zu schreiben beginnt.

1.1. "Gurkenkönig" und „Austauschkind"

In den siebziger Jahren und am Anfang der achtziger Jahre tritt die Strömung der antiautoritären Erziehung immer klarer hervor. Sie ist eine geistige und politische Zeitströmung, genauer gesagt, eine Nachwirkung der Studentenbewegung der sechziger Jahre. Zu dieser antiautoritären Welle gehört auch Nöstlinger. In ihren Frühwerken tauchen zahlreiche Eltern auf, die ihre Kinder mit Autorität unterdrücken. Der Vater als Symbol der Macht und Autorität wird nicht nur negativ gezeichnet, sondern dadurch auch scharf kritisiert. In „Austauschkind" wird die ungerechte Situation in der Familie durch die Charakterisierung der autoritären Erzieher, der Eltern von Ewald und Bille, unmißverständlich veranschaulicht. Wie andere autoritäre Erzieher wollen die Eltern des dreizehnjährigen Ewald immer am besten wissen, was für ihren Sohn gut ist. Erst wird bestimmt, daß er nach England fliegen und einen Sprachkurs besuchen muß, um seine englische Aussprache zu verbessern. Nach einer weiteren Überlegung treffen die Eltern dann die Entscheidung, ein englisches Austauschkind für eine Zeit lang aufzunehmen, damit Ewald im nächsten Semester ein „Gut" in Englisch bekommen kann. Seine Wut über die autoritäre Verhaltensweise der Eltern kann der junge Ewald nur im Tagebuch ausdrücken:

„Meine Mutter weiß, was für mich gut ist, wenn sie es nicht genau weiß, fragt sie meinen Vater, auf die Idee, daß sie auch mich danach fragen könnte, kommt sie nicht." (A. 11)[35]

Ironisch beschreibt das Kind, wie die Autorität die Kinder beherrscht und den Willen der Kinder unterdrückt. Die Mittel der Unterdrückung, mit denen die Eltern ihren Willen durchsetzen, sind immer Drohung, Gewalt und Strafe. Sie werden vom Vater als „starke Hand" oder „streng leitende" Führung bezeichnet. Genau genommen drückt sich diese „starke Hand" aber in Ohrfeigen und seinem Lieblingswort aus, das er immer sagt, wenn er jede weitere Diskussion für unerwünscht hält: „Basta"[36]. Von ebenbürtigen Gesprächspartnern kann keine Rede sein, es ist ein Modell von oben und unten, stark und schwach. Deswegen darf das schwache Kind nur den Mund halten. Dieses hierarchische Modell liegt auch bei der Familie Hogelmann in dem Kinderroman „Wir pfeifen auf den Gurkenkönig"[37] (1972) vor. Darin wird die starke und leitende Vaterfigur, ein kleiner Abteilungsleiter in einer Autoversicherungsfirma, mit dem Satz skizziert: „Er schreit wahrscheinlich zu Hause zu viel" (W. 7)[38]. Wie Ewalds Vater hat auch Herr Hogelmann seine absolute Autorität in der Familie. Dies funktioniert, wie der dreizehnjährige Ich-Erzähler Wolfgang Hogelmann zusammenfassend sagt: „Papa sagt ja immer, wenn ich Nein sage, dann ist es Nein." (W. 12) Wolfgang gleicht Ewald nicht nur im Alter, beide sind dreizehn, sondern auch hinsichtlich seiner Rolle als Erzähler, der die autoritäre Verhaltensweise des Vaters aufzeichnet. Nie hat der Vater den Kindern erlaubt, ins Gogo zu gehen, wo Jugendliche bei Getränken zur Unterhaltung zusammentreffen. Seiner Meinung nach gehören Kinder nicht in die Wirtschaft (W. 33). Über die Kinder kann der Vater bestimmen, ohne danach fragen zu müssen, ob sie das wollen oder nicht, was sich zum Beispiel offenbart, als es um die Nachhilfestunde für Titus Schestak geht. Beim Telefongespräch mit Frau Schestak, deren Ehemann eine andere große Autoversicherungsfirma leitet, spricht er nicht nur kriecherisch demütig mit unterwürfigen Worten, wie „Ja, ja, Frau Schestak", „küß die Hand", „wird ihr eine Ehre sein" (W. 77), sondern er bietet ihr gleich am Apparat die von seiner

---

[35] Alle Seitenangaben mit Buchstaben A beziehen sich auf Christine Nöstlinger. Das Austauschkind. Stuttgart: Ernst Klett Verlag, 1989. Die erste Ausgabe erschien in Wien/ München: Verlag Jugend und Volk, 1982.
[36] „Basta" ist das abschließende Wort vom Ewalds Vater, mit dem die Kommunikation zwischen Kindern und Eltern aufhört. Jeder weitere Versuch seitens der Kinder, den „Meinungsaustausch" fortzusetzen, kommt auf seinen Befehl hin nicht zustande. Vgl. A. 25.
[37] Vgl. Silvia Schmachtenberger. Die Kinder- und Jugendbuchautorin Christine Nöstlinger. Nürnberg: Zulassungsarbeit für das Lehramt an Grundschulen in Bayern nach der LPO 1, 1992, S. 72.
[38] Alle Seitenangaben mit dem Buchstaben „W" beziehen sich auf Christine Nöstlinger. Wir pfeifen auf den Gurkenkönig. Reinbek bei Hamburg: Rowohlt Taschenbuch, 1977.

Tochter zu leistenden Nachhilfestunden an, ohne diese vorher nach ihrer Meinung zu fragen. Diese bekommt von ihm in autoritärer Sprechweise mitgeteilt:

> „Du wirst dem Titus Schestak ab nächster Woche Nachhilfestunde in Mathematik erteilen. Und das Geld, das du dafür bekommst, wirst du auf ein Sparbuch legen!" (W. 78)

Die Autorität drückt sich hier in der Verbform aus, die aus „werden" und „Infinitiv" besteht, einer Futurform, die bei einer Drohung oder drohenden Voraussage verwendet wird[39]. Vergleicht man die Sprechweise Hogelmanns gegenüber seiner Tochter mit der gegenüber Frau Schestak, merkt man sofort die soziale Hierarchie, die als Modell in der Familie herrscht. Weil Herr Schestak einer gehobeneren Gesellschaftsschicht als Hogelmann zugehört, verhält er sich vor Frau Schestak demütig wie ein Untertan. Mit der gleichen hierarchischen Vorstellung behandelt er seine junge Tochter diktatorisch. Seine Kinder müssen ihm als unterwürfige Untertanen gehorchen, was bei der wutentbrannten Martina folgende Bemerkung auslöst:

> „Wir sind eine ganz scheußliche Familie! Fernsehen darf man nur, was der Papa will. Zu essen bekommt man nur, was der Papa will! Anziehen darf man nur, was der Papa will! Lachen darf man nur, wenn der Papa will" (W. 72).

An der Äußerung des klugen Mädchens, das immer die Klassenbeste ist, erkennt man deutlich, daß der Wille des Vaters immer die ganze Familie regiert. Aber wo steht eigentlich der Wille der Kinder? Von der starken patriarchalischen Autorität wird er nur mißachtet und gebeugt. Zu beachten ist, daß dieses hierarchische System auch in der Schule gilt. Der Mathematiklehrer Haslinger, der Wolfgang Hogelmann wegen schlechter Noten immer härtere Strafen gibt, ist nicht viel anders als der Vater, der seinem Sohn wegen einem „Fünfer" in der Mathematik Ohrfeigen gegeben hat. (Vgl. W. 39) Noch deutlicher bringt der junge Erzähler selbst die Ähnlichkeit zwischen dem autoritären Vater und dem Lehrer zum Ausdruck: „Papa hat mich angeschaut. Zwischen seinem Blick und dem vom Haslinger war überhaupt kein Unterschied" (W. 44). Unter diesem Blick wagt Wolfgang nicht, den Vater um eine Unterschrift zu bitten, geschweige seine eigenen Meinungen und seinen Willen auszudrücken. Auch haben die Kinder weder in der Familie noch in der Schule die Möglichkeit, sich selbst als freie Individuen zu entwickeln. Darin wurzeln, wie nicht anders zu erwarten ist, kaum zu schlichtende Konflikte zwischen starken Erwachsenen und schwachen Kindern. Es ist ein ewiger Kampf zwischen der unterdrückenden Autorität der

---

[39] Über die Funktion des Futur siehe Hilke Dreyer und Richard Schmidt. Lehr- und Übungsbuch der deutschen Grammatik. München: Verlag für Deutsch, 2. Aufl., 1991, S. 114.

Erwachsenen und dem erwachenden Eigenwillen der Kinder. Im folgenden wird der Kinderprotest ausführlich dargestellt. Nach dem Sprachkurs–Ereignis reflektiert Ewald darüber, wieso die Eltern seinen Willen gar nicht achten. Die Schwester Bille ist der Meinung, daß er einfach zu gutmütig und zu träge sei, um sich zu wehren (A. 11). Jetzt fällt ihm ein Kamerad in der Volksschule namens Martin Hondina ein, der immer brüllt, wenn ihm etwas nicht paßt:

> „Ganz schrill und laut und hoch, wie eine Fabriksirene bei Arbeitsschluß brüllte er [...] Den fragte jeder dreimal nach seinen Wünschen, um sich das fürchterliche Gebrüll zu ersparen." (A. 11)

Wer brüllt, der wird nicht überhört und setzt seinen Willen durch. In diesen Nöstlinger-Geschichten der siebziger und Anfang der achtziger Jahre erkennen Kinder auch die Notwendigkeit des Protestes. Im Laufe des Protestes wird ein Katalysator wirksam, wie die Autorin durch das Arrangement der Handlung zeigt. Der Gurkenkönig aus dem Unterkeller dringt in die Familie Hogelmann ein, und Jasper, das Austauschkind aus England, wird ins Haus Mittermeier eingeladen. Durch die Figuren, die aus der Außenwelt in die Familie kommen, wird die Problematik der Autorität innerhalb des familiären Bereichs aufgedeckt. Die Funktion der Figur „Gurkenkönig" sieht Dagmar Grenz darin, daß mit dem Auftauchen des vertriebenen Königs die schwelenden Konflikte der Familie offen ausbrechen[40]. Mittels des Tyrannen Gurkenkönig, der von seinem Volk durch eine Revolution aus dem Unterkeller vertrieben wird und Asyl in der Familie Hogelmann anstrebt, ist die hierarchische Autorität des Vaters deutlich zu erkennen. Die beiden schlafen sogar auf einem Bett wie ein Liebespaar und halten die Krone des Königs, Symbol der Macht, zusammen fest. (Vgl. W. 24) Schon an der Sprache des Königs erkennt man deutlich seine Autorität. Statt „ich" bezeichnet er sich selbst als „Wir", um seine Majestät zu betonen. Der Vater übernimmt die Rolle des Königs und dessen Sprachregeln. Der Sprachgebrauch der selbsternannten Machtelite ist ein Versuch, sich von den gemeinen Leuten zu distanzieren, mit anderen Worten ein sprachliches Phänomen feudaler Kultur.[41] Durch den Tyrannen kommt der Rest der Familie erst darauf, objektiver über die feudalen Phänomene in der eigenen Familie nachzudenken. Auch das Austauschkind Jasper ist ein Eindringling aus der Außenwelt, ein „schwieriger Fall", wie sein Stiefvater am Telefon behauptet. Mit diesem

---

[40] Vgl. Dagmar Grenz. Die Abwehr des Verdrängten. Zur Rezeption von Ch. Nöstlingers phantastischer Erzählung: Wir pfeifen auf den Gurkenkönig. In: Wirkendes Wort. 36 (1986), H 6. S. 456, sowie Norbert J. Pachler. Mädchen und Frau bei Christine Nöstlinger mit einem einführenden Diskurs über Problematiken der „Kinder und Jugendliteratur". Salzburg: Sommer, 1990, S. 108.

„abnormalen Kind" (natürlich nach der Vorstellung der Eltern) werden dann sehr schnell die Konflikte zwischen dem autoritären Vater und den nicht mehr jedem väterlichen Befehl blindlings Gehorsam leistenden Kindern entfesselt. An einem Tag hat der Vater frei und will den Jasper mit seiner „starken Hand" auf den „rechten Weg" führen. Mit willkürlicher Autorität drückt er seine Intention aus:

> „Er muß lernen, sich einzufügen! Wenn er es gelernt hat, wird er begreifen, daß er damit besser dran ist. Kinder muß man so lange an der Hand führen, bis sie den rechten Weg genau kennen!" (A. 56)

Nach dieser Ankündigung schreitet er stracks auf sein Ziel zu. Am Anfang steht das Zwangs-Waschen des dreckigen Jasper. Der Vater packt ihn, zerrt ihn ins Badezimmer und wäscht ihn vom Kopf bis zu den Zehen[42]. Vergeblich sind sein lautes Gebrüll und Wehren. Nach der „Wahnsinnssituation" wollen die Eltern, wie sie es vorher geplant hatten, mit den Kindern die Stadt besichtigen. Aus Protest gegen die Handlungsweise der Eltern lehnen die Kinder diesen Plan ab, nicht nur Jasper, der sich im Badezimmer einschließt, sondern auch Bille, die mit einem Fuß aufstampft und brüllt:

> „Wie ich euch hasse! Könnt ihr denn keinen Menschen in Ruhe lassen! Müßt ihr jeden zwingen, so zu sein, wie ihr es wollt? So laßt doch wenigstens den armen Jasper in Frieden!" (A. 60)

Bille, ein kluges Mädchen, weist in ihrem Zorn deutlich darauf hin, daß die Eltern durch ihre „Autorität" die armen Kinder terrorisieren. Aber der Vater läßt sich nicht im geringsten davon beeinflussen. Er gibt seiner Tochter sogar zwei Ohrfeigen. Bille nimmt sie wie eine edle Königin hin. Sie benimmt sich noch so, als warte sie schon auf die dritte. Billes verkrampfte Hände kündigen den Protest gegen die elterliche Autorität an. An dem oben erwähnten Protest nimmt Ewald nicht teil, weil er sich nicht traut, den Erwachsenen zu widersprechen. Deswegen unterwirft er sich dem Befehl der Eltern, mit ihnen die ihm schon sehr bekannte Stadt noch mal zu besichtigen, und läßt dadurch deutlich erkennen, wie enorm die autoritäre Erziehung auf die Kinder wirkt. Aber am nächsten Morgen nimmt er schon beim Frühstück den Blickaustausch zwischen Jasper und Bille wahr. So schnell wie möglich versucht er, dabei mitzumachen:

> „Es waren Blicke voll tristem Einverständnis. Ich versuchte an diesem Blickwechsel teilzunehmen. Zu Bille gelang mir der Augenkontakt, Jasper ließ mich abblitzen." (A. 62f.)

---

[41] Vgl. Winfried Freund. Geschichte und Gesellschaft im Jugendbuch. Perspektiven und Probleme, In: Blätter für den deutschen Lehrer, Zeitschrift (1989), S. 54.
[42] Eine solche Szene des Zwangswaschens findet man auch in dem autobiographischen Roman „Zwei Wochen im Mai" von Nöstlinger. Sie wird von der Autorin als eine persönliche, bittere Erfahrung dargestellt. Siehe Christine Nöstlinger. Zwei Wochen im Mai. Weinheim: Beltz & Gelberg Verlag, 1981, S. 72-73.

Mit dem Blickkontakt beginnt die zweite Phase des Protestes. Die Kinder vereinigen sich nicht nur mit Hilfe des Augenkontakts, sondern auch durch die Ablehnung des Ferienplans der Eltern, das Schloß in Schönbrunn zu besichtigen. Alle drei behaupten „einstimmig", daß ihnen übel ist. Dieser „Streik", wie Bille ihn nennt, zeigt den kollektiven Willen der Kinder, der unterdrückten Partei. Ähnlich wie die streikenden Kinder Mittermeiers lehnt es auch die schwache Partei der Familie Hogelmann, d. h. die Kinder, Mutter und der Opa, „einstimmig" ab, den Ostermontagsausflug mit dem Gurkenkönig zu machen. So meint der Ich-Erzähler:

> „Das war das erste Mal überhaupt, daß keiner von uns Papas Befehl gehorcht hat. Wir waren selber erstaunt darüber, aber der Papa war noch erstaunter." (W. 31)

Genau gesehen richtet sich der Protest in der Familie Hogelmann nicht nur gegen die Autorität des Vaters und des Gurkenkönigs, sondern auch gegen die „nichthinterfragte" und „unantastbare" Tradition, weil der Ostermontagsausflug, wie der Vater behauptet, als Tradition der Familie zu betrachten ist. Wer den Ausflug nicht mitmachen will, der verstößt gegen die Tradition (Vgl. W. 28). Hier wird traditionelle Autorität „lächerlich gemacht und grundsätzlich in Frage gestellt"[43]. Die beiden Vaterfiguren in der Familie Hogelmann und Mittermeier, die durch eine traditionelle und unantastbare Autorität gekennzeichnet werden, gehören zu den typischen bösen Vätern, die für Nöstlinger sehr schwer darzustellen sind, wie sie selbst zum Ausdruck bringt. Nicht nur für die Autorin ist der böse Vater schwierig zu skizzieren, sondern auch für die Leser in den 80er Jahren ist er schwer zu akzeptieren, wie Dagmar Grenz in ihrer Rezeptionsforschung zeigt. In dem Artikel über empirische Unterrichtserfahrungen mit dem „Gurkenkönig", dessen Titel „Der schwierige Abschied vom `guten´ Vater" lautet, stellt die Theoretikerin dar:

> „Die größte Schwierigkeit bereitete den Schüler(Innen) die Figur des Vaters; sie wehrten sich heftig dagegen, seine negativen Seiten wahrzunehmen, und versuchten alles, ihn zu entlasten. Sie hätten sich, das wurde deutlich, viel lieber eine positive Vaterfigur gewünscht [...] "[44]

Die Verweigerung des negativen Vaterbilds spiegelt sich in der Meinung der Schüler wider, daß die Familie wieder in Ordnung kommen wird, wenn der Gurkenkönig weg ist. Die Kinder schieben die Schuld auf den Diktator, damit der diktatorische Familienvater unschuldig bleibt. Nach einer Interpretationsübung

---

[43] Vgl. a.a.O., Winfried Freund, S. 54.
[44] Dagmar Grenz. Der schwierige Abschied vom „guten" Vater. In: Fundevogel 5/ 1985, S. 10-13, Zitat S. 10.

sollten die Schüler(Innen) ein Porträt des Vaters malen. Erst aufgrund der gedanklichen Auseinandersetzung mit dieser Figur im Buch konnten sie einen Vater zeichnen, der sowohl aus einem guten Teil, den man als Kind liebt, als auch aus einem bösen Teil, den man als Kind nicht liebt, besteht. Diese schwierigen Abschiede vom „guten" Vaterbild aus literarischen Beispielen in den 70er und frühen 80er Jahren zählen zu den ideologischen Symbolen der antiautoritären Strömung, die sich gegen die patriarchalische Gesellschaft richtete. In dieser Hinsicht kann man zusammenfassen, daß die Familienkonflikte in Nöstlingers Frühwerken eher Ausdruck der Konfrontation mit der Vaterautorität sind, der ganz eng mit dem Zeitgeist der Nach-Achtundsechziger verbunden ist.
Dieser Zeitgeist, der den sozialen Realismus der Kinder- und Jugendliteratur inspiriert, beeinflußt nicht nur die Vorreiterinnen der „emanzipatorischen" Kinder- und Jugendliteratur wie Ursula Wölfel, Günter Herburger, Christine Nöstlinger, sondern auch Mirjam Pressler. Diese Literatur „teilt das Interesse an Außenseitern und an einem sozialen Realismus, ohne noch sonderlich optimistisch zu sein, was die Lösbarkeit der Schwierigkeiten und die Kompetenz der Kinder betrifft"[45], wie Malte Dahrendorf feststellt. Im „Kratzer im Lack" übt Mirjam Pressler Kritik an der Vaterautorität, die von der Gewalt geprägt ist und den Protagonisten Herbert zur Welt der Gewalt führt.

1.2. „Kratzer im Lack" – Herbert und sein gewalttätiger Vater

Herbert leidet sehr unter der Erziehung seiner Eltern. Der Vater ist Taxifahrer von Beruf, die Mutter arbeitet in einer Drogerie. Der Vater als Hauptemährer der Familie hat immer schlechte Laune, wenn im Beruf etwas nicht klappt. Er schlägt den Sohn wegen irgendeiner Kleinigkeit, zum Beispiel, wenn das Kind aus Versehen eine Kaffeekanne zerbricht oder wenn das Kind dem elterlichen Anspruch nicht entspricht. Nicht selten bekommt Herbert Schläge auf den nackten Hintern vom Vater, nachdem die ganze Familie zusammen gelacht hat:

> „Auf ein Mal hat der Vater nicht mehr gelacht. 'Du Trottel' hat er gesagt und Herbert ins Gesicht geschlagen. 'Du Trottel.' [...] Eigentlich hätte er an die Schläge schon gewöhnt sein müssen. Aber jedes Mal denkt er, dass es diesmal das letzte Mal gewesen ist [...] Es ist nicht so sehr der Körper, der ihm weh tut, nicht die Backe, die unter dem Schlag rot wird. Es ist, daß er immer wieder klein wird, klein und schäbig, armselig, unfähig. Es ist, daß er nicht begreifen kann, wieso dem Vater eine Kanne wichtiger ist." (S. 82)[46]

---
[45] Malte Dahrendorf. Mirjam Pressler. In: Kritisches Lexikon zur deutschsprachigen Gegenwartsliteratur – KLG 99. S. 2.
[46] Alle Seitenangaben beziehen sich auf Mirjam Pressler. Kratzer im Lack. Beltz & Gelberg Verlag, 1981.

Die seelische Not überfordert ihn. Er leidet unter den launischen und unberechenbaren Eltern, die ihn durch die sogenannte „Erziehung" terrorisieren. In den oben zitierten Zeilen erkennt man deutlich, wie die Autorin den seelischen Notstand des Jungen darstellt. Die Narben der Seele schmerzen ihn viel mehr als die Narben des Körpers.

Über Herbert herrscht die väterliche Autorität und Gewalt. Die Kommunikation wird blockiert durch die dominanten und launischen Eltern, die immer wissen, was für ihren Sohn am besten ist. Dahrendorf interpretiert diese Figur nach der Theorie von Adorno:

> „Herbert ist ein hochgradig 'autoritärer Charakter' (Th. W. Adorno), der im Traum seinen Vater kastriert und in den Bauch seiner Mutter zurückkehrt, in der Wirklichkeit aber und ersatzweise die schwache Frau tötet, die sein triumphierendes Geheimnis kennt."[47]

Im Fall von Herbert liegt die Hauptproblematik in der Hierarchie der Familie. Der Vater als Hauptnährer der Familie spielt die Rolle als Oberhaupt in dem hierarchischen System, das die Befehle gibt und die schlechte Ambiente des Abends bestimmt. Die Mutter dient als Hilfe und Unterstützung der Herrschaft. Herbert ist der einzige Untertan und soll Ansprüche und Erwartungen der Eltern erfüllen. Wenn dies nicht der Fall ist, folgt heftiges Prügeln. Karin Richter weist darauf hin, daß Herbert zu Hause „wie ein unmündiges Kind behandelt" wird. „Er lebt geduckt in dieser Familie – immer darauf bedacht, es Vater und Mutter recht zu machen und damit den Wutausbrüchen und Schlägen zu entgehen."[48] „Unmündig" ist ein verharmlosendes Wort, um die Situation des Jungen im Umgang mit den Eltern zu beschreiben.

Die Gewalt des Vaters von Herbert taucht sehr oft im Roman auf. Gewalt gegen Gewalt ist die Moral in dem Jugendbuch. Herbert findet mit dem von dem Vater geschenkten Messer ein Ventil, um gewalttätig seinen Ärger herauszulassen. Gehorsam ist Herberts Pflicht zu Hause; seine Wünsche auszudrücken und die Meinungen mit den Eltern auszutauschen ist in dieser Familie unerwünscht. Ein schlimmer Fall von Familienkonflikt, wobei die Familie äußerlich ganz in Ordnung und scheinheilig wirkt.

Erwähnenswert ist die Erzähltechnik in diesem Roman. Ein auktorialer Erzähler erzählt durch zwei Perspektiven, die von Herbert und die von Frau Kronawitter, einer 69jährigen Frau, die einen Süßwarenladen betreibt. Die Gedanken beider Protagonisten werden vom auktorialen Erzähler parallel zum Ausdruck gebracht.

---

[47] A.a. O., Dahrendorf. Mirjam Pressler. S. 5.

Meistens wird dieselbe Szene aus beiden Perspektiven berichtet und reflektiert. Die innere Welt ist die Bühne des Erzählens, und Bewußtseinstrom (stream of consciousness) ist die am meisten verwendete Erzählmethode. Gerd Harms rezensiert dieses Buch ziemlich positiv, vor allem in bezug auf die Erzählstruktur:

> „Formal interessant ist der Aufbau des Romans. Zwei Geschichten werden ineinander verschränkt erzählt, sie laufen aufeinander zu, ohne daß die Akteure in direkten Kontakt treten. Erst auf der letzten Seite treffen sie aufeinander."[49]

Dadurch werden nicht nur die Probleme des Jungen, sondern auch die Probleme in der Familie Kronawitter in Worte gefasst. Letztere handeln vom Ehebruch, von der Erziehung und Störung der Kommunikation. Frau Kronawitter bekam ein uneheliches Kind, als der Ehemann im Krieg nicht zu Hause war. Mit dem Ehemann hat sie die Tochter Gerda und mit dem Geliebten den Sohn Ludwig. Der Ehemann Theo kam aus dem Krieg und bemerkte, daß die Ehefrau ihn betrogen hatte. Sein Ärger, sein Haß und seine Probleme mit dem Ehebruch werden nicht ausgedrückt, sondern unterdrückt und alles bleibt scheinheilig. Erst als Ludwig 14 Jahre alt ist und von der Polizei wegen absichtlicher Zerstörung eines Automaten zum Verhör gebracht wird, explodiert der langfristige Haß des Vaters der Ehefrau und dem Kind gegenüber. Er schlägt das Kind und bringt es zu seinem Bruder auf einen Bauernhof. Der Junge klammert sich an den Tisch und bittet seine Mutter um Hilfe. Die Mutter schiebt ihn weg und daraus resultiert, daß sich das Kind von ihr entfremdet. Die Hierarchie in dieser Familie ist ähnlich wie in der Herberts. Der Familienvater Theo spielt die Rolle des Richters und nimmt das Schicksal der Familienmitglieder autoritär allein in die Hand. Er bestimmt nicht nur, daß der „kriminelle" Sohn, der seinen Namen Kronawitter beschmutzt, weggejagt werden muß. Dadurch betraft er die Frau, die ihn betrogen hat. Als Buße soll das „böse" und „kriminelle" uneheliche Kind die untreue Frau verlassen. Kommunikationslosigkeit ist das Hauptproblem in diesem Roman. Herr Kronawitter redet nicht mit seiner Frau über ihren Ehebruch. Danach redet Frau Kronawitter auch nicht über ihre schmerzhafte Erfahrung, daß ihr eigenes Kind Ludwig sich von ihr entfremdet:

> „als Ludwig nach Theos Tod wieder zu ihr gekommen ist, neun Jahre nach jener ersten Abreise. Er war fast ein Fremder, hat in ihrer Wohnung gewohnt wie ein Untermieter, hat, obwohl sie das nicht wollte, Kostgeld bezahlt und sich damit das Recht erkauft, nicht mit ihr zu reden, sie nicht teilhaben zu lassen an seinem Leben. Wenig haben sie miteinander gesprochen, sehr wenig."(S. 70)

---

[48] Karin Richter. Mirjam Pressler – Gedanken zum literarischen Werk und dessen Behandlung in der Schule. In: Deutschunterricht 1996, H 6. S. 282-294, Zitat S. 286.
[49] Gerd Harms. Kratzer in der Seele. In: Sozialmagazin. Januar 1982, S. 62.

Schweigen, Wut und Ärger sind die Formen der Familienkonflikte in diesem Roman wie auch in fast allen anderen Romanen Mirjam Presslers. Die Unterdrückung der Gefühle ist das gemeinsame Kennzeichen der Heldinnen und Helden. Halinka in „Wenn das Glück kommt, muß man ihm einen Stuhl hinstellen" und Karin in „Nun redet doch endlich" finden am entscheidenden Wendepunkt ihren eigenen Zugang zur Lösung ihrer Probleme, während Herbert seinen Zugang zu der Gewalt findet, die sein Vater immer benutzt, um ihn zu „erziehen". Durch das von dem Vater geschenkte Messer, das „Ohnmachtsgefühle in Machtphantasien umschlagen" läßt und „Machthaben und Kaputtmachen-Können"[50] symbolisiert, wird er ein „Kratzer im Lack", der heimlich Autolack zerkratzt und am Ende zum Mörder „aufsteigt". Herbert nimmt in diesem Roman eine Doppelrolle ein, sowohl als Täter als auch als Opfer. Auf die Doppelrolle bezogen hebt Kaminski hervor: „Täter und Opfer sind eigentümlich `verwandt´"[51]. Die Unterdrückung der Gefühle, falsche Strategien der Erziehung und Ausweglosigkeit in seiner eigenen Wut, Ärger und Angst sind die Ursachen, weshalb ein normaler Junge sich zu einem Täter entwickelt. Es ist genau das, was Malte Dahrendorf meint: „Hier entsteht Gewalt aus Angst und totaler Vereinsamung, die aus unterdrückender Erziehung in verkorkster Familie hervorgehen."[52]

Er hat nicht einmal einen Freund, mit dem er reden kann. Er bekommt keine Psychotherapie, damit er für seine Aggression, seinen Ärger und seine Angst einen richtigen Ausweg finden kann, wie Karin, die bei der Psychotherapie schlägt und schreit. Der einzige Hoffnungsschimmer, durch die er Hilfe von der Außenwelt bekommen könnte, fällt aus, weil er die Signale der Hilfe als Drohung mißversteht.

> „Sie stehen sich gegenüber in dem engen Flur und sehen sich an. Frau Kronawitter sieht die Angst. Sie versteht die Angst. Ist doch alles nicht so schlimm, will sie sagen [...] Aber die Worte bleiben ihr im Hals stecken. Sie steckt die Hand aus und berührt sein Gesicht `Ich will dir helfen, Junge´, sagt sie". (S. 129)

Dieses Zitat ist aus der Perspektive der alten Frau gesehen, während der Junge dieselbe Szene und Handlung aufgrund seiner Aufregung und Wut völlig anders interpretiert und versteht.

---

[50] Vgl. Winfried Kaminski. Ohnmacht und Mord. In: Die Zeit. 1.1. 1982.
[51] Ebd.
[52] Siehe Malte Dahrendorf. Gefühle und Ängste offengelegt. Zu den Kinder- und Jugendbüchern Mirjam Presslers. In: Frank Griesheimer. Werkstattbuch – Mirjam Pressler. Weinheim und Basel: Beltz & Gelberg Verlag: 1994, S. 16-22, Zitat S. 19.

„Diese Hände auf seiner Haut. Er versteht nicht, was sie sagt, ihre Worte zerfallen in sinnlose Laute [...] Er möchte schreien, fassen Sie mich um Gottes willen nicht an, alles, nur das nicht, anfassen gilt nicht [...] aber er bringt keinen Ton heraus [...]" (S. 133)

Diese Stummheit und das Mißlingen der Kommunikation bringen den ganzen Roman zu seinem Höhepunkt am tragischen Schluß und kündigen gleichzeitig das Lebensende der alten Ladenbesitzerin an. Nicht nur die Funktion der Sprache in dieser Szene scheitert – die beiden Helden sind nicht fähig, die Worte zum Ausdruck zu bringen, sondern auch die körperliche Geste wird falsch verstanden. Diese sprachlose Szene symbolisiert den Verlust der Sprechfähigkeit nach langjähriger Blockade der Kommunikation.

Die oben erwähnten Werke gehören zur emanzipatorischen Kinder- und Jugendliteratur, in der die Vaterautorität in Frage gestellt wird. Obwohl die frühen Werken sowohl von Nöstlinger als auch von Pressler stark von der antiautoritären Erziehung geprägt sind, merkt man den großen stilistischen Unterschied zwischen den beiden Autorinnen, die zweifelsohne durch ihre Werke für das Kinderrecht plädieren. Im folgenden werden anhand eines Vergleichs zwischen den Werken der beiden Autorinnen die stilistischen Unterschiede und Ähnlichkeiten bei der thematischen Auseinandersetzung ausgearbeitet.

1.3. Der Eindringling als Zündstoff für Familienkonflikte in „Das Austauschkind" von Nöstlinger und „Goethe in der Kiste" von Pressler

Die beiden Werke eignen sich für einen Vergleich, weil sich ihnen eine ähnliche Handlung findet: Durch einen Besuch, der von außerhalb der Familie kommt, werden die Probleme im Rahmen der Familie verschärft, dadurch entstehen die unvermeidbaren Familienkonflikte. In „Das Austauschkind" ist es Jasper, ein Sorgenkind aus England, und in „Goethe in der Kiste" ist es die Kusine Simone. Die erzählte Zeit in „Austauschkind" beträgt sieben Wochen, in „Goethe" drei Wochen. Die sieben Wochen in dem ersten Werk werden von dem dreizehnjährigen Erzähler, Ewald, durch ein Tagebuch dargestellt. In dem letzteren Werk beschreibt ein auktorialer Erzähler, wie Simone sich drei Wochen in der Familie des Onkels langweilt und ihre Späße macht. Eine analoge Struktur wird in beiden Geschichten konstruiert: Zuerst wird eine Vorgeschichte erzählt, weshalb der Besuch zur Gastfamilie kommt. Simone landet in der Familie des Onkels, weil der Vater eine Geschäftsreise mit der Mutter nach Ägypten macht. Jasper taucht in dieser Wiener Familie auf, weil die Mutter von Ewald ein Austauschkind bestellt, um die Englischnoten des Sohnes zu verbessern. Ein Musterkind, der Bruder von Jasper, soll eigentlich kommen, aber er bricht sich einen Fuß bei einem Unfall. Als Stellvertreter trifft der seltsame Junge in der Gastfamilie ein. Des Eindringlings wegen entsteht eine Spannung zwischen den Familienmitgliedern, vor allem zwischen Kindern und Eltern. In der Handlungsstruktur der beiden Bücher gehört der Familienkonflikt zum Höhepunkt. Der Konflikt ist gleichzeitig ein Wendepunkt, vor allem für die Veränderung der Eltern. Sie werden sozusagen von ihren Kindern erzogen und bekommen eine pädagogische Lektion. Durch die elterliche Veränderung wird der Familienkonflikt gelöst.

1.3.1. Jasper – ein Austauschkind und Sorgenkind aus England

Jasper ist ein außergewöhnliches Kind. Sein Auftreten und Aussehen sind so seltsam, daß man diesen fünfzehnjährigen Jungen überhaupt nicht übersehen kann:

> „Der von Peter als 'Jasper, der Teufel' bezeichnete Knabe kam in die Wartehalle, ließ seine drei Gepäckstücke fallen und schaute sich um [...] Der Papa und die Mama wollten Jaspers Gepäck zu unserem Auto tragen, aber da knurrte Jasper. Er knurrte wirklich. So wie ein großer Hund, dem man den Fleischknochen wegnehmen will." (S. 39, 41)

In dieser Beschreibung wird die bösartige, „tierische" Eigenschaft des Austauschkindes skizziert. Inge Wild führt die auffällig unfreundliche Verhaltensweise des Jungen direkt auf die Aversion der Eltern zurück – eine negative Wirkung des falschen Umgangs von den Eltern mit dem Kind wird deutlich: „Im Roman 'Das Austauschkind' (1982) ist die Figur des englischen Ferienschülers komisch bis an die Grenze des Grotesken, weil hinter lächerlichem Aussehen und Verhalten die psychischen Verbiegungen eines ungeliebten Kindes spürbar werden"[53]. Ein verhaltensgestörtes Kind, so Wild, ist eine Reflexion der Probleme, aber nicht das Problem selbst. Die ursprünglichen Probleme liegen in den falsch handelnden Eltern, in der problematischen Familie und in der Gesellschaft, die falsch orientiert ist. Diese asoziale Figur verweigert sich jeglicher Form von Autorität. Jasper tut nie, was die Erwachsenen sagen, sondern genau das Gegenteil. Sehr rasch schließt sich das kluge Mädchen Sybille an, als die Eltern die Kinder zu Hause einsperren. Viele Kritiker interpretieren Jasper als „Außenseiter", der jenseits der sozialen Normen steht. Am Anfang des Aufenthalts in Wien lehnt er alle Kontakte mit der Gastfamilie ab, bis er sich mit Bille in Verbindung setzt und die beiden zusammen gegen die elterliche Autorität der Gastfamilie protestieren. Zu erwähnen ist, daß diese Figur des Außenseiters am Ende des Buchs sein Image ändert. Er ist in Bille verliebt und verlobt sich mit dem Mädchen. Die Bedürfnisse nach menschlicher Nähe, Verwandtschaft und sozialem Kontakt sind Anlaß zur Verlobung.

1.3.2. Simone – ein einsames und braves Kind

Simone ist als Gegenpol zu Jasper zu sehen. Sie ist wohlerzogen und höflich, versucht sich in die Gastfamilie zu integrieren. Der Charakter dieses Mädchens wird wie andere Protagonisten in Presslers Werken von Einsamkeit und Traurigkeit geprägt. In der Rezension von Lioba Betten wird sie als „wohlbehütetes, freundlich-braves, etwas gelangweiltes Einzelkind"[54] charakterisiert. Am Anfang der Erzählung fühlt sie sich sehr verlassen und unglücklich, weil die Eltern sie nicht nach Ägypten mitnehmen. Beim Onkel zu Hause fühlt sie sich alleine und sogar ausgegrenzt von Astrid und Florian. Sie haben eine gemeinsame und geheime Beschäftigung, an der Simone nicht teilnehmen darf. Sie bleiben lange im Zimmer von Astrid und kichern. Dieses Geheimnis weckt Simones Neugier. Sie schleicht am nächsten Morgen ins Zimmer von Astrid und entdeckt die Ratte Goethe. Die Katastrophe fängt in dem Moment an, als der Nachbarjunge Jakob klingelt. Die Ratte ist aufgeregt und läuft vor Simone weg. Jakob hilft Simone bei der Suche nach der Ratte, aber vergeblich. Dieser Zwischenfall verursacht nicht nur eine Auseinandersetzung zwischen Astrid und ihrem Vater, sondern auch eine Veränderung von Simones Charakter: „Nach einem dreiwöchigen Besuch bei der höchst aktiven, alle anliegenden Probleme diskutierenden Verwandtenfamilie wird sie erst zaghaft, aber nach und nach entschlossen zu einer kleinen Persönlichkeit, die auch schon 'Ahnung' hat, die etwas mitmacht."[55]

1.3.3. Thematische Akzente

Nicht nur bezüglich der Handlung, sondern auch thematisch haben die beiden Werke Gemeinsamkeiten. Die väterliche Autorität, Ernährung und Sexualität spielen eine bedeutende Rolle.

1.3.3.1. Sexualität

Sexualität ist ein wichtiges Thema in dem Buch „Das Austauschkind". Die Eltern der Gastfamilie haben große Schwierigkeiten, dieses Thema mit den Kindern zu

---
[53] Inge Wild. Komik in den realistischen Jugendromanen Christine Nöstlingers. In: Hans-Heino Ewers (Hg.). Komik im Kinderbuch. Weinheim und München: Juventa Verlag, 1992. S. 173-200. Zitat S. 185.
[54] Lioba Betten. Mirjam Pressler. „Goethe in der Kiste". In: Süddeutsche Zeitung. 30. 3. 1988.

besprechen oder den nackten Körper von Jasper zu sehen. Die Verlegenheit des Vaters wird von Nöstlinger ironisch beschrieben:

> „weil ich gemerkt habe, daß sich der Papa beim 'Aufklären' so schwer tut – er stotterte enorm irgend etwas daher von starken Trieben, liebenden Menschen und festen Umarmungen –, erklärte ich ihm, er brauche mich gar nicht aufzuklären, wir hätten das in der Schule sowieso schon gelernt! Was nicht stimmte [...] was ein Mann und eine Frau tatsächlich tun, wenn sie ein Baby erzeugen wollen, und warum sie das auch machen, wenn sie kein Baby erzeugen wollen, das hatten wir nicht gelernt. Und das hätte ich sehr gern erfahren; aber nicht von einem Vater, der im Zimmer herumtigert wie ein zahnwehkranker Löwe und zwischen je zwei normalen Wörtern drei Ähs, zwei Hmpfs und ein Also einflickt." (S. 17)

Der Vergleich zwischen dem zur Aufklärung unfähigen Vater und dem unter „Zahnweh leidenden Löwen" bietet den jungen Lesern durch eine Karikatur der Vaterfigur ein lebendiges und lustiges Bild. In dieser Szene zeigt sich, daß für den konservativen Vater in der bürgerlichen Familie das Thema Sexualität immer noch ein Tabu ist. Das Gastkind Jasper bricht dieses Tabu, indem er scih nackt zeigt. Dieses überraschende Auftauchen des nackten Jungen erregt das Schamgefühl der Mutter, deren Gesicht plötzlich errötet, und löst eine ernsthafte Auseinandersetzung mit der Körperlichkeit zwischen Mutter und Tochter aus. Die Mutter verlangt von den Kindern, Jasper einen Bademantel zu bringen, damit er nicht mehr nackt in der Wohnung herumläuft. Die Tochter stellt dazu provozierend eine Frage.

> „'Warum eigentlich?' fragt Bille. In ihrer Stimme war etwas Lauerndes. 'Findest du nackte Menschen anstößig?'
> 'Natürlich nicht', sagte die Mama.
> 'Warum soll er dann nicht? Es ist ja nicht kalt!' Bille schaute unschuldig wie ein neugeborenes Lamm.
> 'Wir gehen eben nicht nackt! Und basta!' rief die Mama, aber ein 'basta' der Mama wirkt auf die Bille noch lang nicht so hindernd wie ein 'basta' vom Papa.
> 'Wir brauchen ja nicht nackt zu gehen', sagte Bille. 'Es geht doch darum, ob er nackt gehen darf!'
> 'Findest du etwa den nackten Jasper hübsch?' Die Mama schien eine andere Argumentationstour einlegen zu wollen.
> 'Mit einer Unterhose ist er auch nicht hübscher', sagte Bille. Ich wollte ihr – aus geschwisterlicher Solidarität – beistehen und sagte: 'Außerdem sieht man ja eh nichts! Sein Bauch hängt ja drüber!'
> Bille kicherte, und Mama wurde – ich schwör's – wurde tatsächlich rot im Gesicht."(A. 48f)

In diesem Dialog gelingt es Bille, die Mutter in Verlegenheit zu bringen. Als die Tochter absichtlich mit einer unschuldigen Mimik fragt, warum Jasper nicht nackt laufen darf, versucht die Mutter ihre wahren Gefühle zu verstecken. Ihre

---
[55] Ebd.

unangenehmen und peinlichen Gefühle stammen daher, daß nackte Körper zur Sexualität gehören und darüber nicht in der Öffentlichkeit gesprochen werden soll. Sie weicht auf die Frage der Ästhetik aus, wird aber wieder von der Tochter und dem Sohn übertrumpft. Sybille tritt in dieser Szene als Strategin auf, die mit Rhetorik die mütterliche konservative Vorstellung gegenüber der Sexualität entlarvt.

In „Goethe in der Kiste" wird die Sexualität nicht wie in „Das Austauschkind" auf eine ironische und satirische Weise dargestellt, sondern im Zusammenhang mit einer Liebesbegegnung zwischen Simone und dem Nachbarjungen Jakob. Bevor Simone die Gastfamilie verläßt, bemalt sie mit Astrid zusammen Jakobs Hemd:

> „Eine ganze Weile arbeiten sie schweigend vor sich hin. Und immer wieder fühlt Simone Jakobs Gesicht in ihren Haaren. Irgendwie muß es eine Verbindung vom Kopf zum Bauch geben, irgendwelche Nerven, von denen sie bisher nichts gewußt hat. Denn wo sollte sonst das Kribbeln herkommen?" (S. 112)[56]

Dieses besondere körperliche Gefühl verbindet sich mit der ersten Liebeserfahrung des jungen Mädchens. Sie wird schon am Anfang, als Jakob Simone bei der Suche nach der entlaufenen Ratte hilft, langsam entwickelt. Simones Zuneigung zu dem Jungen zeigt sich sehr deutlich dadurch, daß ein Vergleich zwischen ihrer Lieblingspuppe Zoppel und dem Jungen zustande kommt. Außerdem stellt sich das Mädchen den Jungen als Prinzen vor, der sie aus der Notsituation mit der Ratte retten kann. Die Sexualität des Mädchens wird als eine schöne und aufregende körperliche Erfahrung, die mit Liebe verbunden ist, beschrieben. Diese Beschreibung ist eine Ausnahme für Pressler in ihrer Darstellung der Sexualität. In ihren meisten Werken verbindet sie Sexualität eng zusammen mit Angst, Gewalt und Trübsal, z. B. in „Kratzer im Lack", „Novemberkatze" und „Zeit am Stiel". Dieser Punkt wird im Kapitel IV bezüglich kindlicher Geschlechterrollen und der Darstellung von Sexualität intensiv analysiert.

1.3.3.2. Vaterautorität

In den beiden Romanen verursacht die väterliche Autorität die Familienkonflikte. Die beiden Töchter mit rebellischem Geist in der Pubertät hinterfragen die Autorität des Vaters und trotzen ihr. Die Mädchenfigur Astrid ähnelt in dieser Hinsicht der Romanfigur Sybille in „Austauschkind". Sybille streikt beim

---

[56] Alle Seitenangaben beziehen sich auf Mirjam Pressler. Goethe in der Kiste. Reinbeck bei Hamburg: Rowohlt Taschenbuch Verlag, 1999.

Ausflug, den der Vater trotz des Streits durchführt. Astrid läuft von Zuhause nach der Auseinandersetzung mit dem Vater weg. Der Konflikt in beiden Familien löst sich auch auf eine ähnliche Art und Weise auf. Die Eltern werden von den Kindern erzogen und geben nach. Jasper und Simone sind nicht die Ursache der Familienkonflikte, wie es scheint, sondern nur Zündstoff für die langjährigen Probleme in der Familie. Die unantastbare Autorität des Vaters ist eines der grundlegenden Probleme. So beschreibt der Erzähler Ewald den autoritären Charakter des Vaters.

Im Vergleich zu dieser Vaterfigur gestaltet Pressler in „Goethe in der Kiste" eine relativ sympathische Vaterfigur, die von den Kindern beim Vornamen genannt wird[57], wobei seine Autorität auch eine Auseinandersetzung mit der pubertierenden Tochter Astrid verursacht. Dieser Familienkonflikt findet beim Abendessen statt, als der Vater der Tochter wegen der geheim gehaltenen Ratte Vorwürfe macht. Er droht, eine Rattenfalle zu kaufen, um das Haustier der Tochter zu fangen. Die Tochter argumentiert dagegen, dass Simone die Verantwortung für die Suche nach der Ratte übernehmen soll, weil sie die Ratte frei laufen ließ.

> „`Wenn du diese verdammte Ratte nicht ins Haus gebracht hättest, wäre nichts passiert`, sagt Onkel Rainer.
> Astrid steht auf. `Jetzt sind wir wieder beim Thema`, sagt sie. `Immer ich! Immer bin ich an allem schuld. Wenn du Zoff mit Lore hast, bin ich schuld, und wenn du Kopfweh hast, auch wieder ich. Die da schnüffelt in meinem Zimmer herum, und ich bin schuld. Du machst dir in die Hose, wenn du nur eine kleine Maus siehst, und ich bin schuld. Weißt du was? Ich habe die Nase voll, und daran bist du schuld. Aber das sage ich dir, wenn du Goethe etwas antust, dann [...] `
> Sie nimmt ihren Teller, betrachtet ihn. `Immer war ich schuld. Sogar wenn schlechtes Wetter war. Da hatte ich meinen Teller nicht leer gegessen [...]` Sie hebt den Teller hoch und schmeißt ihn auf den Boden." (S. 57f.)

In dieser Konfliktszene ist zu sehen, daß die Nichte Simone und der Zwischenfall mit der Ratte Goethe nur Symptome in dieser Auseinandersetzung sind. Die Probleme zwischen der pubertierenden Tochter und dem Vater sind die ursprünglichen Gründe des Streits.

Dieser Konflikt entsteht aus der väterlichen Autorität, die bestimmt, daß zu Hause keine Tiere wie Ratten gehalten werden dürfen, und festlegt, wer schuld ist und wer recht hat. Die pubertierende Tochter wehrt sich gegen diese Ungerechtigkeit. Dieser Charakter von Astrid erinnert an den Sybilles im „Austauschkind". Die beiden Mädchenfiguren sind dem Vater und seiner Autorität gegenüber sehr

---

[57] Von diesem Merkmal aus gesehen handelt es sich in dieser Erzählung sehr wahrscheinlich um die Eltern aus der 68er Generation.

kritisch und protestieren dagegen. Zu erwähnen ist, daß die Kinder sowohl beim Streik als auch wenn sie ausreißen ihre Solidarität den Eltern gegenüber zeigen. Dieses Modell der Familienkonflikte zeichnet „emanzipatorische" Kinder- und Jugendliteratur aus, in der Autoren wie Nöstlinger und Pressler ihr Interesse an Außenseitern, am sozialen Realismus sowie an schwachen Kindern teilen.[58]

1.3.4. Stilistische Unterschiede
1.3.4.1. Traurigkeit und Einsamkeit bei Pressler (Froschkönig als Leitmotiv)

In dieser Erzählung von Mirjam Pressler herrscht der Grundton der Verlassenheit und Einsamkeit vor, obwohl die Geschichte ein Happy-End hat. Simone befreundet sich mit Astrid und bekommt die Ratte Goethe als Geschenk zum Abschied. Zu erwähnen ist, dass das Märchen „Froschkönig" in dieser Erzählung als Leitmotiv von der Autorin verwendet wird. Es dient als Spiegel des wirklichen Geschehnisses und der Innenwelt der Protagonistin Simone. Sehr geschickt arrangiert die Autorin eine Mischung zwischen der Mädchenwelt und der realen Welt in der Erzählung. Beispielhaft ist diese Beschreibung: „Als die Prinzessin voller Wut den Frosch an die Wand knallt, sieht sie so wütend aus wie Astrid vorhin mit dem Teller. Und auch genauso schön." (S. 60) Dieser Vergleich ist besonders interessant, weil die Figur im Märchen durch eine Figur der Erzählung beschrieben wird und nicht umgekehrt. Nach einer traditionellen Erzählweise sollen die entstandenen Stoffe wie Märchen Mittel der Darstellung sein. Nach diesem Prinzip soll eigentlich Astrid so schön sein und so ärgerlich aussehen wie die Prinzessin im Märchen. In diesem Fall kehrt die Autorin die traditionelle Methode so um, dass die Prinzessin nach dem Bildnis von Astrid dargestellt wird. Dieselbe Methode verwendet die Autorin auch bei einer männlichen Figur, dem Nachbarjungen Jakob:

> „Mit halbgeschlossenen Augen döst sie vor sich hin. Der Frosch hat sich in einen Prinzen verwandelt, der Prinz hat sandgelbe Haare. Er legt die Arme um seine Prinzessin, die wie Astrid aussieht, und gibt ihr einen Kuß. Schön, denkt Simone." (S. 62)

Diese Mischung zwischen phantastischer und realer Welt, genauer gesagt, die Beschreibung der phantastischen Figuren durch die realen Figuren, wird in diesem Werk durch das Leitmotiv „Froschkönig" gezeigt. Außerdem verwendet die Autorin das Märchen auch als Mittel, um die Wünsche und Innenwelt der Simone darzustellen. Als Astrid wegen des Streits mit dem Vater wegläuft,

---

[58] Vgl. Malte Dahrendorf. A.a.O.. Mirjam Pressler. Zitat S. 2.

herrscht in der Gastfamilie eine gedrückte Stimmung. Simone spürt es und macht sich Vorwürfe.

> „Sie hat Bauchweh. Angst oder vielleicht doch Hunger? Sie will schon in die Küche gehen und sich ein Brot schmieren, da setzt sich die Königsfamilie an den Tisch. Der König sagt laut und voller Begeisterung <<aaaah, wie köstlich>>, und Simone wird es schlecht. Sie hat keinen Hunger. Und dieses verdammte Märchen will sie nicht mehr hören." (S. 77)

An dieser Stelle wird das Leitmotiv des Märchens als Widerspiegelung von Simones Situation benutzt. An dem Abend, als Astrid bemerkt, daß die Ratte weggelaufen ist und sie böse auf Simone ist, wartet Simone in diesem heiklen Moment auf einen Prinzen, der sie rettet und der Jakob ähnlich sieht. „Sie will, daß der Junge wiederkommt. Sie macht die Augen zu, aber der Junge kommt nicht. Simone ist allein. Verlassen [...]" (S. 56)
Einsamkeit und Verlassenheit sind die Grundtöne in dieser Erzählung. Simone ist verschlossen in ihrer einsamen Welt, die aus ihrer Phantasie und aus dem Märchen „Froschkönig" besteht. Einerseits benutzt die Autorin das Märchen als Mittel, um die Innenwelt der Protagonistin zu beschreiben. Andererseits verwendet Pressler auch die Figuren der Erzählung, um die Figuren des Märchens zu charakterisieren. „Froschkönig" ist dadurch nicht mehr ein altes Märchen, sondern das Märchen, das von Simone mit ihrem Lebenserlebnis und ihrer Empfindung rekonstruiert wird.

1.3.4.2. Ironie, Satire und Heiterkeit als Grundton von Nöstlinger

Beide Werke haben zwar ähnliche Handlung mit ähnlichen Problematiken, weisen aber unterschiedliche Schreibstile auf. Nöstlinger beschreibt einen heiteren Weg, die Probleme des Sorgenkindes mit seiner Gastfamilie zu zeigen, worauf Maria Lypp hinweist:

> "Trotz dieser psychologischen Problematik, die sogar bis zu einem Selbstmordversuch des Gastkindes führt, gelingt es Nöstlinger auf erstaunliche Weise, die Heiterkeit des Anfangs in der 'zweiten Halbzeit' des Buches durchzuhalten; auf andere Weise freilich: nicht mehr der Aufstand gegen die Eltern, sondern die unkonventionelle, originelle Art der ganzen Familie, dem Austauschkind zu helfen, erheitert."[59]

Diese Heiterkeit, die aus Humor und Satire auf der sprachlichen Ebene resultiert sowie auf der Handlungsebene existiert, ist dem Stil der Romane Nöstlingers eigen. Zu erwähnen ist, daß in diesem Werk viele Wörter der englischen Sprache verwendet werden. Der Vater der Gastfamilie macht sich durch die Fremdsprache lächerlich. Beim Abholen des Austauschkindes erfährt er, daß es ein

---

[59] Maria Lypp. Komische Literatur für Leser am Ende der Kindheit. In: Zeitschrift Deutschunterricht 1992.

Steinesammler ist. Schmeichelhaft spricht er „In Austria we have many stones", fuhr der Papa tapfer fort, "if you are interested in stones, you will make eyes by us!" (S. 41) Ewald lacht den Vater heimlich im Herzen aus und überlegt sich, wie dieser Satz „make eyes by us" auf den Engländer wirken würde. Der Vater übersetzt „Augen machen" direkt in „make eyes". An dieser Stelle baut die Autorin einen Sprachwitz aus zwei Sprachen. Bei etlichen Textstellen gelingt es Nöstlinger, die unsympathische Vaterfigur anhand der Fehler in der Fremdsprache zu verspotten.

1.3.4.3. Ernährung und Erziehung

In den beiden Büchern wird das Thema Ernährung als Erziehungsaspekt bearbeitet. Der Außenseiter Jasper ernährt sich in der ersten Phase nur dadurch, daß er einen Liter Milch nach dem anderen trinkt und alle Nahrung auf seine eigene Art und Weise, beispielsweise mit Ketchup bedeckt, aufnimmt. Der Konflikt um dem Eßtisch der Wiener Familie ist nach dem Auftauchen des Austauschkindes besonders klar. Er ißt nicht, was er bekommt. Ißt er, was er bekommt, dann tut er es auf seine Art und Weise. Am Anfang holt er sich selbst in der Nacht heimlich aus dem Speiseschrank etwas zum Essen. Diese Selbstbedienung ist nicht länger durchführbar, nachdem die Mutter der Gastfamilie es bemerkt hat – Der Schrank wird zugeschlossen. Jaspers Verweigerung der Nahrung ist von symbolischer Bedeutung. Ernährung selbst symbolisiert erwachsen zu werden. Mit anderen Worten, Jasper verweigert das Angebot, mit der Ernährungsweise der Mutter aufzuwachsen. Er möchte selbst entscheiden, was er ißt und was aus ihm wird. Die Sperrung des Speiseschranks deutet auf eine eingeschränkte Auswahl der Nahrungsmittel. Durch die Handlung der Mutter wird ausgedrückt: du kannst entweder hungern oder essen, was ich anbiete, damit du dich entwickelst, wie ich es für dich plane – groß und gesund... Die Autorität der Mutter wird in diesem Punkt ganz und gar deutlich. Wenden wir den Blick auf „Goethe in der Kiste", bemerken wir, daß auch dort dieses Thema einen nicht übersehbaren Platz in der Erzählung einnimmt. Bei der ersten Abendmahlzeit in der Gastfamilie begegnet Simone unglücklicherweise sofort dem Gericht, das sie nicht ausstehen kann – Lauchauflauf. Nach der Erziehung der Mutter soll Simone als Gast trotz der Abneigung alles aufessen, was auf den Tisch kommt. So schildert der Erzähler die Quälerei des Mädchens am Eßtisch:

> „Simone schiebt eine Gabel voll Lauch in den Mund. Er schmeckt so, wie er riecht. Eklig. Sie schluckt. Zum Glück ist der Salat in Ordnung, Öl und Essig, wie zu Hause. Mit gesenktem Kopf sitzt sie am Tisch und kämpft mit dem Lauch. Von den anderen sieht sie nur die Hände, die unabgeladene Gabeln zum Mund führen". (S. 27)

Im Gegensatz zu Simone ißt der kleine Junge Florian keinen Lauchauflauf, nimmt nur Salat und organisiert für sich selbst Abendbrot, weil er Lauch nicht mag. Während des Aufenthalts in der Gastfamilie lernt Simone von Astrid und Florian, ihre eigene Meinung auszudrücken und nicht von ihren Vorstellungen der Wohlerzogenheit eingeschränkt zu werden.

Der enge Zusammenhang zwischen Ernährung und Erziehung ist anhand der beiden literarischen Beispiele sehr deutlich zu erkennen. Nicht nur in den beiden Werken wird es thematisiert, sondern in vielen Szenen der Romane steht die Ernährung im Vordergrund. Im folgenden wird aus der Perspektive der Ernährung die Konfrontation zwischen Müttern und Kindern dargestellt.

2. Kampf um die Ernährungsfreiheit – Konflikt mit der Mutterliebe:

> „daß Essen und Ernähren nicht nur Vorbedingung des Lebens, sondern auch Mittel der Wahrnehmung, Ausdruck von Vorstellungen, Wünschen und Gefühlen, daß sie Instrumente der Selbstdarstellung, der Macht und der Liebe sind, ist allseits bekannt"[60].

So stellt Katalin Horn in ihrer Rezension über „Zungenglück und Gaumenqualen"[61] die Konnotationen des Essens und der Ernährung dar. In diesem Werk über Geschmackserinnerungen, die von Andreas Hartmann gesammelt wurden, handelt es sich um zahlreiche „Familienszenen", in denen Mahlzeiten vor familiären Kulissen beschrieben werden. In diesem Teil rückt die Thematik der Erziehung am stärksten in den Vordergrund. Diese Darstellung der Geschmackserinnerungen vermittelt den Eindruck, daß Essen und Ernährung sehr eng mit der Erziehung verbunden sind. Es geht nicht nur darum, was gegessen wird, sondern auch wie und mit wem es gegessen wird. Wie Andreas Hartmann im bezug auf die „kulinarische Familienerinnerung" des Buches zum Ausdruck bringt: „Die meisten Geschichten haben einen hohen symbolischen Gehalt. Sie handeln in der Art von Gleichnissen über die Beschaffenheit zwischenmenschlicher Beziehungen [...]"[62]. Diese Beschaffenheit zwischenmenschlicher Beziehung suggeriert, daß durch die Nahrungsaufnahme in der literarischen Darstellung, vor allem im Bereich der Kinder- und Jugendliteratur, die Struktur und Interaktion innerhalb der Familie unter die Lupe genommen wird. Nicht ohne Zufall ist die Nahrungsaufnahme ein zentrales

---

[60] Katalin Horn. Besprechung über das Buch „Zungenglück und Gaumenqualen. Geschmackserinnerungen. In: Fabula. Zeitschrift für Erzählforschung. 36 (1995), S. 128.
[61] Andreas Hartmann (Hg.) . Zungenglück und Gaumenqualen. Geschmackserinnerungen. München: Verlag C.H. Beck, 1994.

Thema, das immer wieder in Nöstlingers Werken auftaucht, sowohl in den Frühwerken als auch in den späten Romanen der neunziger Jahre. In ihren Tischszenen spielen sich Familienkonflikte ab, wie bei Familie Mittermeier in „Austauschkind" (1982). Die Mutter, die als Hausfrau und Mutter zu Hause bleibt, verlangt von den Kindern und auch von dem Ehemann, die Nahrung auf ihre Art und Weise aufzunehmen.

> „Meiner Mutter Griff nach meinem leeren Teller ist mir auch nie recht! Schließlich bin ich ja kein Baby mehr. Ich könnte mir selbst nehmen, was ich essen will. Aber meine Mutter ist der Ansicht, daß ich mir die verschiedenen Speisen dann nicht in ausgewogenen Menge nehme. Also zuviel Fleisch und zu wenig Gemüse. Oder zuviel Soße und zuwenig Erdäpfel. Oder überhaupt: Zu viel! Oder: zu wenig! Meine Mutter teilt sogar meinem Vater das Essen zu. Nicht einmal den hält sie für reif genug, seine Bedürfnisse zu kennen." (A. 52, 53)[63]

Diese mütterliche Zuteilung beim Abendessen der Familie Mittermeier läßt die mütterliche Autorität im Bereich der Familie deutlich erkennen. Nach dem Auftauchen des Austauschkindes wird diese Autorität aber in Frage gestellt. Jasper verweigert die Angebote der Mutter Mittermeier, auf ihre Art und Weise zu leben und aufzuwachsen, wie es im letzten Punkt schon kurz erwähnt wurde. Er nimmt nach seinem Geschmack Nahrung auf, wie der zwölfjährige Ewald erzählt:

> „Jasper nahm den gefüllten Teller entgegen, dann stand er auf und holte vom Side-board die Ketchup-Flasche. Ketchup wird bei uns sonst nur zu Gegrilltem gegessen. Zu Tafelspitz und Schnittlauchsoße paßt es ja wirklich nicht! [...] Er schraubte die Flasche auf und schüttete den gesamten Inhalt der Flasche über Fleisch, Erdäpfel und Soße. Auf seinem Teller war ein großer, roter Berg. An dem löffelte Jasper solange herum, bis Tafelspitz, Erdäpfel und Soße – rotverschmiert – wieder zum Vorschein kamen." (A.53)

Nach dem von Ketchup bedeckten Essen trinkt er noch die Bierflasche von Vater Mittermeier leer, rülpst, steht auf und verläßt den Eßtisch. In diesem Moment weint die Mutter sowohl vor Wut als auch vor Traurigkeit. Ein Machtkampf zwischen dem Kind und der Mutter ist unmöglich zu übersehen. In dieser Runde ist der „wilde" Jasper der Sieger, der mit Zufriedenheit rülpst, der das Reich der Mutter, nämlich den Eßtisch, verläßt und in sein Reich, sein Zimmer, zurückkehrt. Dieser Kampf der Kinder mit der mütterlichen Macht rückt die Thematik der Ernährung in den Vordergrund. Im Hintergrund steht aber ein autobiographisches Erlebnis der Autorin. Der Roman „Zwei Wochen im Mai", in

---

[62] Ebd., S. 87.
[63] Alle Seitenangaben mit dem Buchstaben „A" beziehen sich auf Christine Nöstlinger. Das Austauschkind. Stuttgart: Ernst Klett, 1989.

dem sie ihre Kindheit nach dem Zweiten Weltkrieg dargestellt hat, macht es offensichtlich.

> „Meine Mutter kochte 'mit Liebe', wie sie immer sagte. Auch pappiger Grenadiermarsch enthielt Mutterliebe. Verweigerte ich den, verweigerte ich alles, was meine Mutter an diesem Samstag an Mutterliebe zu bieten hatte." (Z. 106)[64]

Inge Wild interpretiert die Zusammenhänge zwischen Essen und Mutter als eine Metapher. Sie weist darauf hin, daß hier nicht nur die Nahrungsmittel thematisiert werden, sondern auch die Liebe bzw. die Macht der Mutter. Die Erzählerin Christine weist sowohl die mütterliche Nahrung als auch die Mutterliebe und Muttermacht zurück.[65] Zu bemerken ist, daß viele Kindheitserlebnisse in ihren Werken verarbeitet werden. In „Zwei Wochen im Mai" und „Das Austauschkind" befindet sich parallel eine Handlung, in der die Erwachsenen rücksichtslos die Kinder in die Dusche zwingen und sie gewaltsam waschen. Dieses verarbeitete Kindheitserlebnis wird in den folgenden Kapiteln behandelt werden. Kehren wir jetzt zurück zum Thema Ernährung. In den neunziger Jahren hat sie sich in Nöstlingers Werken sehr verändert. Dies hat damit zu tun, daß die Zeit sich verändert und die Ansichten der Autorin zu Einsichten werden, wie sie 1989 selbst zum Ausdruck bringt:

> „Vor allem aber ist aus meiner Ansicht, daß man Kindern das Fehlverhalten ihrer Eltern eindringlich vor Augen führen müsse, um ihnen zu Selbstwertgefühl zu verhelfen, die Einsicht geworden, daß dies unmöglich sei, weil Eltern für Kinder stets unter dem Gebot der Schonung stehen und Kinder - bis zu einem gewissen Alter – alles Schlimme, was ihnen von Eltern angetan wird, als Folge von eigener Schuld auf sich nehmen müssen. Kinder haben eine bedingungslose, abhängige, alles verzeihende – und daher tragische – Liebe zu ihren Eltern."[66]

Die Wirkung dieser Einsicht tritt sehr deutlich in dem Buch „Einen Vater habe ich auch" (1994) zutage. Die Versöhnung zwischen Kindern und Eltern, vor allem die zwischen der Tochter und Mutter, findet ihren sichtbarsten Ausdruck in dieser geschiedenen Familie. Die Mutter verläßt angeblich wegen einer „Traumarbeit" in München ihre seit der Scheidung immer bei ihr wohnende elfjährige Tochter Feli. Diese wird von der Familie der Tante Annemi versorgt. Das selbstbewußte

---

[64] Alle Seitenangaben mit dem Buchstaben „Z" beziehen sich auf Christine Nöstlinger. Zwei Wochen im Mai. Meinheim und Basel: Beltz & Gelberg Verlag, 1981.
[65] Vgl. Inge Wild. „In Zukunft wollte sie alles anders als ihre Mutter machen." Zum weiblichen Generationskonflikt in der zeitgenössischen Mädchenliteratur. S. 187. In: Hans- Heino Ewers (Hg.). Jugendkultur im Adoleszenzroman. S. 165-190.
[66] Christine Nöstlinger. Wenn Ansichten Einsichten werden. „Ein paar Sätze über das Vergeltsgott- und- Dankeschön hinaus". S. 2. In: 1000 & 1 Buch. Zeitschrift für Kinder- und Jugendliteratur. Nummer 3, Juni 1989, S. 1-4.

Mädchen nennt sie eine „Graus-Familie" (E. 22)[67], in der nach dem Essen der Onkel Gus immer die Brösel mit seinem Tischstaubsauger vom Tisch saugt. (Vgl. E. 28) Nicht nur die Sauberkeit, sondern auch Zucht und Ordnung werden in der Familie Gus als höchste Disziplin angesehen. In bezug auf die Erziehung ist Onkel Gus der Meinung, „daß es sich bei der Tugend des guten Benehmens nicht um Talentsache handle, sondern um stete Übung, angeleitet durch die Eltern." (E. 28) Das selbständige und kritische Kind läßt sich aber nicht leicht von den Erwachsenen leiten. Feli hat eine partnerschaftliche Beziehung mit ihren geschiedenen Eltern aufgebaut. Feli besorgte für die Mutter und sich selbst das Mittagessen auf dem Heimweg von der Schule. Die Eigenversorgung mit den Nahrungsmitteln charakterisiert ein selbständiges Bild von einem Mädchen der neunziger Jahre und bietet eine neue Form der Nahrungsaufnahme: Nicht mehr nur einseitig von der Mutter her nehmen die Kinder die Nahrung, sondern sie können auch Erwachsenen die Nahrung anbieten. Diese Betrachtung der alternativen Struktur der Nahrungsaufnahme wird auch durch den Roman „Villa Henriette" (1996)[68] von Nöstlinger unterstützt. Am Ende des Romans spielt die Heldin Mariechen eine Rolle als Ernährerin der ganzen großen Familie. Nachdem sie die finanzielle Problematik der Familie gelöst hat, damit die von der ganzen Familie bewohnte Villa nicht versteigert wird, kauft sie zum Frühstück Brötchen und Lebensmittel für die Erwachsenen aus drei Generationen.

> „Als Mariechen, die Arme voll Nahrung, daheim die Küche betrat, schallte ihr ein vierstimmiges 'Also, was ist ?' entgegen. Die Mutter, der Papa, der Onkel und die Tante saßen, teils in Nachthemden, teils in Pyjamas, am Küchentisch und starrten sie erwartungsvoll an. 'Für Schinken, Käse und Orangensaft hat mein Geld leider nicht mehr gereicht !' Mariechen stellte ihre Einkäufe auf dem Tisch ab. Natürlich war ihr klar, was die vierstimmige Frage sollte. Aber der Verlockung, die Anverwandten ein wenig auf die Folter zu spannen, konnte sie nicht widerstehen. 'Dafür habe ich preiswerte Pfirsiche ergattert, die haben ohnehin mehr Vitamine.'" (V. 221, 222)

Dieses Arrangement der Autorin läßt die symbolische Bedeutung sichtbar werden, die sich auf den Wandel der Kinderrolle in der Familie bezieht. Die Kinder springen aus dem traditionellen Bild als diejenigen, die Nahrung von den Erwachsenen aufnehmen, heraus und werden zu denjenigen, die Nahrung anbieten. Dieses Symbol malt ein neues Kinderbild in der Kinder- und Jugendliteratur, nämlich ein mütterliches und selbständiges Mädchen, das sich um die ganze Familie sowohl geistig und seelisch als auch körperlich vor allem bezüglich der Nahrungsaufnahme, sorgt. Von dieser Mentalität der neuen

---

[67] Alle Seitenangaben mit dem Buchstaben „E" beziehen sich auf: Christine Nöstlinger. Einen Vater hab ich auch. Wienheim und Basel: Beltz & Gelberg Verlag, 1994.
[68] Christine Nöstlinger. Villa Henriette. Hamburg: Oetinger Verlag, 1996.

Mädchen in den neunziger Jahren her gesehen, gleichen sich Mariechen und Feli wie ein Ei dem anderen. Ganz frei läßt letztere die Mutter entscheiden, ob sie die Arbeit in München annimmt. Dieses "freiheitsliebende" und „kritische" Kind, wie Evelyn Verena Vergin es darstellt[69], kann selbstverständlich nicht lange in einer solchen autoritären Familie wie Familie Gus bleiben. Sie fragt zuerst den Vater, ob er sie während der Probezeit der Mutter aufnimmt. Der Vater windet sich und will sein freies „Junggesellenleben" nicht opfern. Mit dieser Enttäuschung landet Feli in der Familie Gus. In dieser Familie tritt die Thematik Nahrungsaufnahme wieder in den Vordergrund. „Zwischen den Mahlzeiten herrscht bei der Tante Annemi striktes Eßverbot. Wohl deswegen, damit das merkwürdige Zeug, das sie kocht, besser schmeckt." (E. 31, 32) Mit Naschen von Kirschen, die fürs Tortenbacken vorbereitet sind, bricht Feli mit ihrer Kusine Soffi, einer Außenseiterin der Familie Gus, das Eßverbot der Tante. Danach bekommen die beiden Stubenarrest und werden zur Strafe nicht zum Essen gerufen. Wenn Essen eine Metapher der Liebe ist, wie Inge Wild interpretiert, gibt es in der Familie Gus keine Liebe, wenn die Eltern auf Kinder böse sind. Nach einem Streit mit Onkel Gus reißt Feli vor der lieblosen Verwandtschaft aus und fährt alleine mit dem Zug zur Mutter nach München. Die Suche nach der Mutter ist eine Reise in die grausame Realität. Inzwischen findet sie heraus, daß die Mutter einen Geliebten in München hat und immer bei ihm übernachtet. In dem Hotel wartet das Kind vergeblich eine Nacht lang. Inge Wild sieht Felis Reise zu der Mutter als ein „Bild für die Suche nach einer Selbstgewißheit, die auf dieser Stufe noch des Schutzes erwachsener Bezugspersonen bedarf."[70] Die Abwesenheit der Mutter spiegelt sich in dem unsicheren und orientierungslosen Zustand des kleinen Mädchens in der großen Stadt. In den fremden Straßen in München ist sie ein elternloses Kind, das hungert und wegen der Geldnot eine Brezel stiehlt. (E. 49, 50). Aus diesem Notstand heraus ruft sie den Vater in Wien an und verlangt von ihm Schutz und Geborgenheit. Die Versöhnung zwischen dem Vater und der Tochter erfolgt unter diesen Umständen selbstverständlich, während die Konfrontation der geschiedenen Familie beim Frühstücken in der Pension rasch wieder aufkommt:

> „Der Papa und ich saßen im Frühstückszimmer der Pension und genehmigten uns ein üppiges Morgenmahl, da kam die Mama angedampft. Völlig aufgeregt! Die war in der Früh vom Dingsda in die Redaktion gefahren. Am Ort hatte auch schon ein Bitte- um dringenden- Rückruf- Zettel von der Tante Annnemi auf sie gewartet [...] Der Papa

---

[69] Vgl. Evelyn Verena Vergin. Das Motiv der Scheidung im Kinderroman der Gegenwart. Magisterarbeit im Institut für Jugendbuchforschung. Frankfurt: Johann Wolfgang Goethe Uni., 1994, S. 92.
[70] Inge Wild. Vater- Mutter- Kind. Zur Flexibilisierung von Familienstrukturen in Jugendromanen von Christine Nöstlinger. S. 62. In: Der Deutschunterricht, 1996, H 4, S. 56-67.

sagte der Mama gleich, daß er mich nach Wien mitnehmen wird! Die Mama sagte, das sei ganz unmöglich, der Papa müsse doch arbeiten [...] Die Mama redete noch ein bißchen herum. Wieder von der befreundeten Familie, bei der ich wohnen könnte [...] 'Bleib nur bei deinem Dingsda!' schleuderte ich ihr entgegen. 'Bist ja auch wegen ihm hergekommen!' [...] Der Papa legte der Mama eine Hand auf die Schulter und sagte: 'Mach kein Drama aus der Sache ! Wird ja möglich sein, daß ein Vater seine Tochter zwei Wochen lang hütet, oder ?' Die Mama seufzte wieder." (S. 63, 64)

Der Konflikt beginnt mit einem harmonischen Frühstück von Vater und Tochter. Hektisch und aufgeregt tritt die Mutter auf. In diesem Moment wird die Ruhe und Harmonie beim Frühstück zerstört. Die Mutter redet immer hektischer und ohne Ziel aus unbewußten sowie gleichzeitig bewußten Schuldgefühlen. Ganz im Gegensatz zu der unruhigen Mutter sitzt der Vater nüchtern da und drückt aus, daß er die Tochter nach Wien bringe. In diesem Augenblick spitzt sich der Konflikt zu. Die Mutter ist damit überhaupt nicht einverstanden. Sie redet immer hysterischer und greift die ungünstige Situation des Vaters an. Bei der Konfrontation handelt es sich hier um ein altes und traditionelles Theater, das sich in fast jeder geschiedenen oder zerstrittenen Familie abspielt: der Kampf gegen den Partner um die Kinder. Was neu und unkonventionell in diesem „Drama" der geschiedenen Familie von Nöstlinger ist, ist, daß die Tochter die Mutter angreift, nachdem die Mutter den Vater angegriffen hat. Anders gesagt existiert um den Konflikt keine Dreiecksbeziehung, in der Mutter und Vater gleichzeitig die dritte Partei, nämlich die einzige Tochter, zu sich ziehen, sondern es herrscht ein Kampf zwischen zwei Parteien, der des Vaters und des Kindes, und der der Mutter. Wendet man den Blick zu der Geste des Vaters, bei der er eine Hand auf die Schulter der Mutter legt und von ihr eine vernünftige Lösung verlangt, bemerkt man schon, daß die Mutter den Kampf verliert. Die Geste des Vaters deutet nicht nur Triumph, sondern auch Freundschaft und Partnerschaft an. Von den letzten beiden Andeutungen her gesehen könnte man sogar behaupten, daß die echten Gegner in diesem Konflikt nicht der Vater und die Mutter, sondern eher die Tochter und die Mutter sind, weil nach der freundlichen Geste väterlicherseits immer noch heftige Kriegsstimmung zwischen Mutter und Tochter herrscht. Dieser Familienkonflikt endet damit, daß der Vater mit der Tochter nach Hause fährt und sich um sie kümmert. Inzwischen tauchen zahlreiche Auseinandersetzungen über die persönlichen Gewohnheiten der beiden auf. Aber trotzdem können sie geduldig und friedlich die Probleme lösen, während zwischen der Mutter und Feli immer noch ein kalter Krieg herrscht. Die Abneigung gegenüber der Mutter führt zu einer immer engeren Beziehung zwischen Vater und Kind. Er bereitet für sie sogar ein Kinderfest zum Geburtstag vor, bei dem die Gäste die ganze Wohnung in Unordnung bringen und der ordnungsliebende Vater sehr darunter leidet. Bei dieser Geburtstagsparty kommt die Mutter von München zurück. Die Tochter versöhnt sich sofort mit ihr aufgrund der Offenbarung, daß die Mutter sie immer noch schätzt und liebt. Unglücklicherweise dauert die Versöhnung nur eine Nacht. Am nächsten Morgen bestellt die Mutter eine Frühstückslieferung aus einem Hotel. Das vornehme Frühstück freut das Geburtstagskind aber überhaupt nicht, weil ihm von seiner Nichte Soffi mitgeteilt wurde, daß die Mutter sie nach München zu ihrem „Dingsda", dem zukünftigen Ehemann nämlich, bringen will. Die schlechte Laune des nun 12jährigen Mädchens herrscht wieder in dieser Frühstücksszene vor.

> „Ich wehrte mich gegen den mütterlichen Begrüßungs – Doppelkuß nicht, aber ich ließ ihn unerwidert über mich ergehen, setzte mich zum Tisch und starrte vor mich hin [...] Die Mama beugte sich zu mir und wollte mein gesenktes Kinn mit einem Zeigefinger hochheben. Das kann ich sowieso nicht leiden! Da reicht es mir, ich stieß ihre Hand weg und schrie: 'Rühr mich nicht an.'" (E. 33)

Nach dem Protest der Tochter spricht die Mutter immer noch von dem prächtigen Leben in München, das sie mit ihrer Tochter und ihrem zukünftigen Mann in seiner Villa zusammen führen wird. Das Traumleben, das die Mutter darstellt, ist genau wie das Frühstück aus dem Fünfsterne-Hotel, luxuriös und fein, aber nicht dem Appetit und Anspruch dieses zwölfjährigen Mädchens entsprechend. Ihr Wunsch ist nämlich eine Weiterführung des Zusammenlebens mit dem Vater. Dieser Mißerfolg der Kommunikation und Mißverständnis des Anspruchs zwischen Mutter und Tochter erinnert die Leser an eine ziemlich ähnliche Situation im Kinderroman „Der Zwerg im Kopf". Wegen des Hin- und Herfahrens am Weihnachtsabend zwischen der Wohnung der Mutter und der des Vaters ärgert sich die sechsjährige Protagonistin Anna darüber, daß die Erwachsenen sie als Produkt hin- und herliefern, ohne Rücksicht auf sie zu nehmen. Wütend äußert sie ihren Zorn:

> „'Und was ich will, ist dir Wurst', sagt Anna. 'Jetzt sei nicht so!' rief die Mama. 'Halte mir nicht ausgerechnet an Weihnachten vor, daß wir keine normale Familie sind. Außerdem sind geschiedene Eltern eh schon normal. Jedes dritte Kind hat angeblich welche!' Anna sagte: 'Jedes zweite Kind hat einen Hund, und ich bekomme trotzdem keinen!'" (D. 34)[71]

Nach der Verteidigung von Anna behauptet die Mutter, daß sie der Tochter einen Hund kaufen möchte. Aber der Vater erlaubt nicht, Hunde in seinem Haus zu

---

[71] Alle Seitenangaben mit dem Buchstaben „D" beziehen sich auf Christine Nöstlinger. Der Zwerg im Kopf. Weinheim und Basel: Beltz & Gelberg Verlag, 1989.

halten. Annas Laune wird schlechter, weil die Mutter nicht versteht, daß sie den Hund nur als eine rhetorische Strategie, aber nicht als Zweck betrachtet. Ganz deutlich sagt sie:

> „Ich habe nur gesagt: Wenn geschiedene Eltern normal sind, weil jedes dritte Kind welche hat, dann wäre es auch normal, daß ich einen Hund habe, weil den jedes zweite Kind hat. Wieso hab ich die normal grauslichen Sachen und nicht die normal guten? So habe ich das mit dem Hund gemeint!" (D. 34)

Obwohl die Kulisse der Konflikte von dem Eßtisch zum Wagen gewechselt wurde, bleibt das Grundmodell der Konfrontation zwischen Müttern und Töchtern dasselbe. Sie kommunizieren miteinander auf zwei Ebenen der Wünsche und Werte. Jede präsentiert unterschiedliche Interessen und Wertvorstellungen. Zwischen den beiden Parteien stehen keine Dialoge, wie die Sprachform zeigt, sondern nur Monologe aus zwei Generationen, die keine Kompromisse kennen. Durch die besprochenen Streitszenen bemerkt man auch den Grundton der Mutter- Tochter- Beziehung in den Werken von Nöstlinger, nämlich ein Verhältnis voller Spannungen und Konflikte. Diese heikle Beziehung zwischen Mutter und Tochter findet man auch in den Romanen von Mirjam Pressler.

2.1. Ehebruch, Untreue und Konflikt am Eßtisch

Die Konfrontation am Eßtisch wird gleichzeitig in „Zeit am Stiel" von Mirjam Pressler thematisiert, wobei die Autorin dieses Thema „Ernährung" noch mit anderen Familienproblematiken wie Untreue und Ehebruch kombiniert. Die Protagonistin ist die fünfzehnjährige Martina. Die Mutter ist geschieden und hat abwechselnde Beziehungen. Der Freund Jürgen ist ein verheirateter Mann, und verbringt abwechselnd mit seiner eigenen Familie und mit Martinas Mutter das Wochenende. Wenn er kommt, gehört ihm der bequemste und teuerste Platz auf dem Sofa im Wohnzimmer. Feinsten Käse und Wein muß Martina für ihn kaufen, weil er ein Feinschmecker ist. Einmal sucht sie absichtlich einen veralteten Käse für Jürgen aus als Rache an der Bequemlichkeit des untreuen Mannes und wartet ab, ob er reagiert. Daraus entsteht aber eine Konfliktszene zwischen der Mutter und Tochter am Eßtisch.

> „Gerade, als ich ins Wohnzimmer zurückkomme, legt Jürgen mit einem angewiderten Gesicht ein Stück Ziegenkäse auf den Teller. 'Wer hat sich denn den andrehen lassen?' fragt er. 'Der muß ja uralt sein, so wie er schmeckt.'
> 'Das war der allerletzte', entschuldige ich mich. 'Es gab sonst keinen mehr.'
> 'Aber Martina, wärst du dann eben noch zum Murr gegangen, der hat auch immer welchen', sagt Mama. 'Du weißt doch, wie empfindlich Jürgen bei Käse ist.'

> Jürgen ist das Ganze offensichtlich unangenehm. 'Das macht doch nichts', murmelt er. 'Mach doch keine Affäre daraus, bitte. So schlimm ist es wirklich nicht, nur – essen kann man den nicht.'
> 'Mich ärgert das', sagt Mama. 'Das hätte sie doch sehen können. Sie hat doch nicht zum erstenmal eingekauft.'
> Wie sie über mich redet! Ich werde ganz kribbelig. Nur noch ein Wort, und ich platze.
> 'Das kann doch mal passieren', sagt Jürgen.
> Mama knüllt ihre Serviette zusammen und wirft sie auf den Tisch. 'Das ist doch nicht nur der Käse', schreit sie. 'Immer ist sie so.'
> Jetzt schreie ich auch. 'Dann kauf dir das nächste mal deinen Mist allein. Du bist auch immer so!'
> 'Martina', sagt sie erschrocken und böse.
> 'Ist doch wahr.' Ich renne zur Tür und schlage sie hinter mir zu. In meinem Zimmer werfe ich mich auf das Bett. Nur weil dieser Scheißtyp keinen frischen Ziegenkäse bekommen hat, motzt sie mich so an." (S. 57, 58)[72]

Martina flieht von dem Eßtisch in ihr Zimmer und sucht Trost bei ihrem Hund. Der den Konflikt entzündende Jürgen kommt rein und meint, daß Martina deswegen eifersüchtig ist, weil sie mit ihm nicht ihre Mutter teilen will. Die Probleme des Konflikts zwischen Mutter und Tochter sind komplizierter als Eifersucht. Die Mutter beschimpft die Tochter aufgrund der Unzufriedenheit des Freundes, der seine eigene Familie hat. Sie nimmt keine solidarische Haltung in bezug auf die Tochter, sondern eine feindselige Position ihr gegenüber ein, nur wegen eines von der Außenwelt eindringenden Mannes, der nicht richtig zu ihrer Familie gehört. An dieser Stelle stellt Martina die Frage nach der Wichtigkeit ihrer Existenz für die Mutter oder in der Familie überhaupt. Außerdem vergleicht Martina andauernd das, was der Liebhaber bei der Familie zum Essen bekommt mit dem, was der Hund zum Essen bekommt. In ihrer Vorstellung ist der Hund eins der Familienmitglieder, nicht der Freund, der alle zwei Wochen bei ihr zu Hause Wein trinkt und Zeitung liest. Die Mutter kümmert sich nur um die Bequemlichkeit des Freundes, während sie nichts von dem Leiden des Hundes wissen will und behauptet, daß sie sich nicht noch eine Operation für den Hund leisten kann. Martinas Wut darüber, daß die Mutter ein echtes Familienmitglied im Stich läßt und Geld für den Mann ausgibt, der „sich nicht lohnt", ist die ursprüngliche Ursache des Familienkonflikts in der Eßszene. Diese Konfrontation der verschiedenen Werte und Lebenshaltung zwischen Mutter und Tochter ist die Kernproblematik der weiblichen Generationen. Im folgenden wird durch ein Werk von Nöstlinger dieses Thema ausführlich untersucht werden.

---

[72] Alle Seitenangaben beziehen sich auf Mirjam Pressler. Zeit am Stiel. Weimheim und Basel: Beltz & Gelberg Verlag, 1982, 1992.

3. Weiblicher Generationenkonflikt in „Die Ilse ist weg"
3.1. Psychologische und soziologische Hinsicht

Dem Konflikt zwischen Mutter und Tochter wurde in der Literatur sowie in anderen Disziplinen nicht so viel Aufmerksamkeit geschenkt wie dem zwischen Vater und Sohn. Beide Konflikte haben Ähnlichkeiten, wie zum Beispiel die Diskrepanz der Lebensentwürfe, Wert- und Weltvorstellung, die sich aus gesellschaftlicher Weiter-Entwicklung ergeben, worauf Burger und Schneider hinweisen:

> „Der weibliche Generationenkonflikt entzündet sich genau an den Nahtstellen gesellschaftlicher Veränderungen [...] Neben den 'getrennten Welten' gibt es jedoch auch den Wunsch nach gegenseitigem Verstehen und nach einer guten Mischung aus Nähe und Distanz, in der beide Seiten sich respektiert fühlen".[73]

Andererseits spielt das weibliche Geschlecht im Mutter-Tochter-Konflikt eine entscheidende Rolle. Rita Rosen versucht, die Problematik auf der psychologischen Ebene zu erörtern. „Weil beide dem gleichen Geschlecht angehören, identifizieren sie sich miteinander. Aber auch die Identifizierung ist ambivalent und gestaltet die Abgrenzung schwierig. Eine Identifizierung besteht in dem Sinne, daß die Mutter nochmals sich selber hervorbringt, ein Wesen also, das so ähnlich ist wie sie, so empfindet und handelt. Das macht es ihr schwer, Grenzen zu erkennen, ihr Getrenntsein vom Kind zu erleben. Es besteht die Gefahr, daß sie nicht erkennt und zulässt, daß eine eigenständige Person heranreift, daß sie eigene unbefriedigte Wünsche und Interessen auf das Mädchen überträgt und von ihr erfüllt haben will."[74] Sehr deutlich weist Rita Rosen auf die Schwierigkeit des Ablösungsprozesses zwischen Mutter und Tochter hin. Die Trauer der Entbindung von dem Ebenbild fällt der Mutter nicht leicht, ebenso wie der Tochter, sie selbst zu sein und eine „andere" Frau zu werden, die außerhalb des Rahmens der mütterlichen Vorstellung handelt. Mutter und Tochter werden mit diesem schmerzhaften Prozeß besonders in der Pubertätsphase konfrontiert. Den Grund haben Angelika Burger und Gerlinde Seidenspinner in ihrer Zusammenfassung ausführlich genannt:

> „Die Phase des Erwachsenwerdens der Töchter ist für beide eine schwierige Zeit. Was die Mutter-Tochter-Beziehung so anstrengend macht, sind die hohen Erwartungen, die beide aneinander haben und die allzu leicht enttäuscht werden." [75]

---

[73] Angelika Burger und Gerlinde Seidenspinner. Töchter und Mütter. Ablösung als Konflikt und Chance. Opladen: Leske und Budrich, 1988. S. 169.
[74] Rita Rosen. Mutter- Tochter Anne-Kiz. Zur Dynamik einer Beziehung. Opladen: Leske und Budrich, 1993, S. 10.
[75] A. a.O., Burger und Seidenspinner. S. 170.

Diese konfliktgeladene und schwierige Phase der Pubertät spielt in der Kinder- und Jugendliteratur eine wichtige Rolle. In vielen Werken wird die Konfrontation zwischen der pubertierenden Tochter und ihrer Mutter thematisiert, beispielsweise im folgenden Buch „Die Ilse ist weg". Christine Nöstlinger schildert in dem Buch eine Familie, die aus einem geschiedenen Mann und einer geschiedenen Frau mit zwei Töchtern aus erster Ehe und zwei kleinen Kindern aus der zweiten Ehe besteht. Die Familienkonflikte entstehen hauptsächlich aus der Spannung zwischen Mutter und älterer Tochter aus der ersten Ehe.

3.2. Erzählperspetive:

Erika ist die Ich-Erzählerin in diesem Buch. Sie hat eine dreifache Funktion in der Geschichte. Einerseits ist sie die kindliche Erzählerin, die das Verhalten der Schwester und die Familienkonflikte beobachtet; andererseits ist sie die vertraute jüngere Schwester von Ilse, und stellt eine liebende Ersatzmutter für sie dar. Drittens ist sie das Opfer der autoritären Erziehung der Mutter, das Gegenbild von Ilse, die vor der mütterlichen Macht flüchtet. Elke Liebs meint, daß nicht Ilse, sondern Erika die eigentliche Hauptfigur in diesem Buch sei. Sie lobt gleichzeitig die Erzähltechnik dieses Buches:

> „Was die Technik reizvoll macht, ist nicht nur die durchgehaltene kindliche Sehweise der kleinen Schwester, sondern auch ihre Sprache, die sich alle Ungereimtheiten erlauben kann und sogar davon gewinnt."[76]

Die kindliche Sprache ist in einer Form zwischen Dialog und Monolog konstruiert. Ein innerer Dialog, den Erika für die Eltern vorbereitet, taucht in ihrem Gedankengang auf: „Mama, sie hat den roten Mantel angezogen und hat gesagt, sie muß sich ein liniertes Heft kaufen. Das ist alles, was ich weiß, Mama! Mehr weiß ich wirklich nicht, Kurt! Das mußt du mir glauben, Papa!" (S. 7)[77] Dank der Ich-Erzählsituation kann der Leser den inneren psychologischen Zustand von Erika, vor allem ihre starke Liebe der Schwester gegenüber, ganz deutlich sehen. „Ich begriff erst jetzt so richtig, was das bedeutete. Was es für mich bedeutet! Aufwachen, und Ilse ist nicht da. Einschlafen, und Ilse ist nicht da. Essen ohne Ilse. Aufgaben machen ohne Ilse. Alles ohne Ilse [...] Ich sagte es nicht. Es ist ja nicht ihre Schuld, daß ich sie viel mehr liebe als sie mich" (S. 33). Nicht zu übersehen ist auch ihre Eifersucht auf den Geliebten der Schwester:

---

[76] Elke Liebs. Neue Töchter- neue Mütter? Ausblick auf die Jugendliteratur. In: Helga Kraft und Elke Liebs (Hg.). Mütter- Töchter- Frauen. Weiblichkeitsbilder in der Literatur. Stuttgart und Weimar: Metzler Verlag, 1993. S. 287- 314. Zitat S. 299f.
[77] Alle Seitenangaben beziehen sich auf Christine Nöstlinger. Die Ilse ist weg. Berlin und München: Langenscheid, 1991. Die erste Ausgabe erschien in Hamburg: Oetinger Verlag, 1974.

Aufgrund eines Zettels, auf dem Ilse schreibt, „Wolfgang ich sehne mich nach dir! Weißt du das denn nicht?" entsteht Erikas Eifersucht „Sehnen ist so ein merkwürdiges Wort. Ich wollte nicht, daß sich meine Schwester sehnen muß. Ich weiß nicht, welchen Wolfgang sie damals gemeint hat [...] Acht Stück kämen leicht in Frage. Und ich war auf alle acht Wolfgangs böse, weil sich meine Schwester nach einem von ihnen hat sehnen müssen. Und ich war auch traurig, weil ich von der Sehnsucht nichts gewußt habe." (S. 14) Aus dieser Ich-Erzählperspektive, die hinein in die innere Welt der Wahrnehmung und des Empfindens schaut, erfährt man viel mehr über Erika als über Ilse. Es ist der Hauptgrund, aus dem Elke Liebs schließt, daß die eigentliche Heldin der Geschichte nicht Ilse, sondern Erika sei, „über die wir viel mehr erfahren".[78] Diese Effekte stammen eigentlich aus der Icherzähl-Perspektive und ihrer Reflexion, zum Beispiel, „Und ich Trottel dachte mir: Es gibt also auch Taxis, die auf dem Dach keine leuchtende Schrift haben!" (S. 35) Dieser Satz stellt eigentlich einen inneren Monolog dar. Die innere Welt von Erika wird durch diese Erzählform für den Leser anschaulich.

3.2.1. Erika als Erzählerin

In dem Buch wird eine rückblickende Erzählstruktur benutzt. Die Geschichte fängt im Futur an: „Ich werde die Geschichte aufschreiben" (S. 7) Dieses Futur konstruiert gleichzeitig einen Erzählrahmen in der Erzählsitutation. Nach dem Futur kommt das Präsens, nämlich der Moment, als Ilse weg ist und Erika die Geschichte niederschreibt. Den inneren Rahmen der Erzählstruktur bildet die im Rückblick erzählte Geschichte, die zwischen Perfekt und Präteritum wechselt. Während des Erzählens kehrt Erika einmal ins Präsens zurück, um das Aussehen von Ilse zu beschreiben. „Ich glaube, ich habe die Geschichte nicht richtig angefangen. Wenn ich über die Ilse schreiben will, muß ich zuerst beschreiben, wie die Ilse aussieht. Denn das ist wichtig." (S. 11) Diese Rückkehr in die Gegenwart und der neue Anfang der Geschichte sind eine Strategie des Schreibens, durch die unperfekte und ungeschickte Erzählweise die Authentizität der kindlichen Erzählerin zu simulieren. Nach diesem Exkurs in die Gegenwart bleibt die Erzählzeit in der Vergangenheit. Der vergangene Erzählrahmen wechselt im letzten Kapitel des Buchs zum Präsens, als Ilse von ihren Eltern abgeholt wird und wieder zu Hause auftaucht. Die Erzählstruktur folgt dem Modell: Präsens mit Futur- Vergangenheit (Abbruch mit einem kurzfristigen

---

[78] Elke Liebs, a.a.O., S. 299.

Präsens)- Präsens. Zu erwähnen ist auch, daß Erika im Präsens des letzten Kapitels nichts Erfreuliches mitteilt. Ilse kehrt zwar zurück, aber malt sich eine Illusionswelt aus mit dem Traum vom Schauspielen und plant ihre nächste Flucht.

3.3. Ablösung vom Ebenbild der bösen Mutter

Die zwölfjährige Erika ist das Gegenbild von Ilse. Im Vergleich zur Schwester ist sie ausgeglichen, gutmütig und unfähig zu rebellieren. „Ich kann leider nie eine richtige Wut bekommen. Auch dann nicht, wenn mich jemand so ungerecht behandelt." (S. 10) Bezüglich der Emotionalität, Wutanfälle und Aufregung ist Ilse das Ebenbild der Mutter. In der Konfrontation des weiblichen Geschlechts ist sie die gleichgewichtige Gegenspielerin der Mutter, wie die folgende Konfliktszene zeigt.

> "Die Mama begann höhnisch zu lachen und sagte, die Ilse solle sich lieber an die Versprechen und Verpflichtungen der eigenen Familie gegenüber halten. 'Welche Verpflichtungen sind denn das? Und wen meinst du denn eigentlich mit eigener Familie?' Die Ilse fragte mindestens genauso höhnisch wie vorher die Mama. Die Mama und die Ilse starrten einander an, und mir fiel plötzlich auf, daß sie einander sehr ähnlich sahen. Die Mama sah wie eine alte Ilse aus. Sogar den Katzenblick von der Ilse hatte sie, als sie sagte: 'Also merk dir! Ab jetzt gehst du nicht mehr weg. Wenn es sein muß, bringe ich dich sogar zur Schule und hole dich wieder ab. Du wirst mir nicht über den Kopf wachsen!'" (S. 27f)

Die mütterliche Macht und Autorität ist in diesem Zitat ganz deutlich zu sehen. Die Mutter als Hausfrau durchlebt ihre Machtphantasie im Familienbereich. Durch ihre Fürsorge setzt sie ihre Kontrolle und Autorität durch. Die Tochter soll ihr nicht über den Kopf wachsen, weil sie sich der Mutter unterordnen muß. Diese Gier der mütterlichen Macht repräsentiert ein realistisches und böses Mutterbild, das am Ende des Kapitels ausführlich behandelt wird. Von der Seite der Tochter wird die Kritik an der unberechenbaren Familienbeziehung ausgeübt: „wen meinst du mit eigener Familie?" Die komplizierten Familienverhältnisse in der Risiko- Gesellschaft ist der Kritikpunkt, den die Tochter an die Mutter richtet. Gleichzeitig entsteht eine besondere Verbundenheit zwischen den Geschwistern aus dieser verwirrenden Beziehung der Familienmitglieder.

3.3.1. Jüngere Schwester als gute Ersatzmutter

Die Beziehung zwischen den Geschwistern in diesem Buch ist besonders eng und ungewöhnlich. Die jüngere Schwester übernimmt eine fürsorgliche Rolle, indem sie sich seelisch um ihre ältere Schwester kümmert. Erikas Liebe zu Ilse ist stark, verehrend und endlos, wie Elke Liebs genau zum Ausdruck bringt: "Sie

vergöttert die ältere, hübsche Schwester, sie verzeiht ihr alles, sie hält zu ihr, sie verrät sie nicht, sie versteht sie viel mehr als die Mutter, und sie hat ein Einfühlungsvermögen und Taktgefühl, das beeindruckend ist. Es gibt solche Kinder, zweifellos. Trotzdem ist die erzählende kleine Erika eine Utopie. Sie ist die Utopie einer idealen Mutter, wie sie sich moderne junge Mädchen wünschen würden: Eine Mutter, die alles versteht, die nicht verurteilt, die von sich selber abstrahieren kann, die den Gestank bei den Großeltern aushalten kann und die selber völlig unabhängig von der Beeinflussung durch die Mutter ist [...] "[79]
Das ideale Bild der Ersatzmutter ist das Gegenbild der wirklichen Mutter. Ilse und ihre Mutter gleichen sich nicht nur im Aussehen und im Charakter – einer autoritären Persönlichkeitsstruktur –, sondern Ilse wird einmal wie ihre Mutter werden.

3.3.2. Sexualität als Schlüssel der töchterlichen Ablösung und Konfrontation
Was hinter den Konflikten zwischen Müttern und Töchtern steckt, sind nicht nur die verschiedenen Lebensentwürfe, auf die Burger und Seidenspinner hinweisen, sondern es ist auch die Sexualität. In diesem Buch zeigt die Mutter ihre Unruhe und Aufregung bezüglich des Wegbleibens. Das strenge Verbot bezogen auf das lange Wegbleiben ist ihre Methode, ihre Töchter vor der Gefahr des sexuellen Aktes zu schützen und dadurch zu kontrollieren. Als ihre Kontrolle mißlingt, übt sie Maßnahmen wie Hausarrest, Strafe und Schlagen aus. Diese Kontrolle bei Telefonaten und das Verbot von männlichen Anrufern deuten eindeutig auf die mütterliche Angst vor der erwachenden Sexualität der jüngeren Generation hin. Zwei Ohrfeigenszenen, in denen die Mutter Ilse und Erika wegen des späten Nachhausekommens schlagen, sind ein Hinweis darauf, dass sich die Mutter gegenüber der potentiellen Sexualität der pubertierenden Töchter unsicher fühlt. Die wütende Mutter gibt beiden Töchtern Ohrfeigen, als sie nicht pünktlich zu Hause eintreffen. Bei Ilse handelt es sich um ein heimliches Treffen mit dem Freund, bei Erika ist es ein ungeplanter Kinobesuch mit anderen Mitschülern und einem Freund.

> „Als ich zu Hause angekeucht kam, gab es den ersten Krach. Die Mama war ziemlich hysterisch. 'Um fünf hättest du daheim sein sollen', schrie sie. 'Weißt du, wie spät es jetzt ist?' 'Zehn Minuten nach acht Uhr', sagte ich und bekam dafür die erste Ohrfeige. ' Schlag sie nicht, es lohnt nicht', sagte die Amtsrätin. 'Wo warst du?' schrie mich die Mama an. 'Im Nachmittagsturnen', sagte ich, 'es hat länger gedauert!' 'Sie ist genauso verlogen wie ihre Schwester' sagte die Amtsrätin, und die Mutter gab mir die zweite Ohrfeige.

---
[79] Elke Liebe, S. 299f.

> Ich mußte an den Alibaba denken und an das, was er von den Eltern gesagt hatte. Ich dachte: Alibaba, wenn du meine Mutter sehen könntest, würdest du nicht mehr glauben, daß Eltern bloß Papiertiger sind!" (S. 66)

Das Tabu der Sexualität ist in dieser Konfrontation mit der Erziehung verbunden. Die Mutter will ihre Töchter mit Gewalt zu gehorsamen Mädchen erziehen, damit sie pünktlich nach Hause kommen und nichts „Unartiges" draußen treiben. Diese autoritäre Weise der Erziehung ist eine Kritik, die Nöstlinger in den 70er Jahren häufig übt. Zu beachten ist, daß die Figur des Alibaba nicht nur ein Helfer aus der Außenwelt der Familie ist, sondern auch ein eigenartiger und starker Junge mit einem Damenhut, vor dem die Mutter Angst hat.

> „'Mit dir ist ja nicht zu reden', rief die Mama. 'Ich habe doch nichts dagegen, daß die Erika auch mit Jungen befreundet ist! Aber dieser entsetzliche Kerl ist erstens zu alt für sie, zweitens zu dick, drittens zu häßlich, viertens zu vergammelt und [...]'" (S. 75)

Alibaba hat in diesem Buch eine „entlastende Funktion", wie Inge Wild interpretiert, „sie dient als Gegengewicht zur erdrückenden mütterlichen Macht. Dabei bewirkt gerade der komische Charakter dieser Figur als anarchisches Element eine emanzipatorische Entwicklung der 12jährigen Ich-Erzählerin."[80]
Der Prozeß der Emanzipation ist leider gescheitert. Erika ist nicht so stark wie Ilse, die sich gegen die Mutter wehrt und mit ihr auseinandersetzt. „Die Ilse hat sich gewehrt. Sie hat getreten. Gegen die Schienbeine der Mama. Der Tatjana ist es gelungen, sich von der Ilse loszureißen. Sie ist aus dem Zimmer gelaufen. Die Mama hat weiter auf die Ilse eingeschlagen. Dabei hat sie gekreischt: 'Du bist ja wahnsinnig geworden! Du hast ja komplett den Verstand verloren.' Sie hat die Ilse auch an den Haaren gerissen. Zum Schluß hat sie die Ilse auf das Bett gestoßen. Auf das tote Meerschweinchen drauf." (S. 18f.)
Vergleicht man die Konfliktszene zwischen Ilse und Mutter mit der zwischen Erika und Mutter, bemerkt man, daß in diesem Buch zwei Töchtertypen vorkommen. Ilse gehört zu dem neuen Mädchentyp, der sich nichts verbieten läßt. Sie betrachtet die mütterliche Zuneigung gegenüber den Kindern aus zweiter Ehe kritisch und sucht in der Außenwelt Ersatz für die mangelnde Liebe. Erika gehört zu den Aschenputteln, die eine lieblose Familie ausstehen und den Haushalt nach Anweisung der anderen machen müssen. Sie ist eine traditionelle und tragische Figur, die unfähig ist, zu rebellieren. Beachtenswert ist auch die Frage, ob Ilses Handlung der Emanzipation entspricht. Sie reißt mit einem jungen Mann mit rotem BMW aus und genießt mit ihm einen langen Urlaub in Italien. Hier tritt

---

[80] Inge Wild. Komik in den realistischen Jugendromanen Christine Nöstlinger. In: Hans- Heino Ewers (Hg.). Komik im Kinderbuch. Weinheim und München: Juventa Verlag, 1992, S. 173-200. Zitat S. 189.

ihre Abhängigkeit von einem reichen jungen Mann an die Stelle der gerade erfolgreich gelösten Abhängigkeit von ihrer Mutter. Dieses Arrangement der Handlung präsentiert gleichzeitig die Problematik der neuen Töchter, die sich von der elterlichen Autorität befreien wollen. Allzu leicht stürzen sie wieder in ein anderes traditionelles Modell als Hausfrau mit Kindern, die von Männern abhängig ist. Ilses Flucht scheitert. Der Freund setzt sie an der Grenze ab, als die Eltern sich auf den Weg nach Italien machen. Das bedeutet zugleich, daß Nöstlinger diese Art der Ablösung auch kritisch betrachtet. Wo ist der Ausweg aus der Konfrontation zwischen Mutter und Tochter? Das träumende junge Mädchen gibt ihre Phantasie nicht auf. Die Mutter behält ihre Macht und Kontrolle. Die unveränderte Struktur deutet auf einen unendlichen Konflikt, als Erika das pessimistische Ende ankündigt: „Ich habe Angst. Nicht nur um die Ilse. Ich habe um uns alle Angst." (S. 102)

3.3.3. Die idealisierte weibliche Identität als Lüge
Woher stammt eigentlich Erikas Angst?

> „Die Ursachen der Angst können auf zwei Ebenen ausfindig gemacht werden: Der gesamt-gesellschaftlichen und der individuell-subjektiven. In patriarchalisch geprägten Kulturen herrscht eine Idealisierung der Figur der Mutter vor. In diesen Kulturen ist die Frau von männlich dominierten Erlebnis- und Handlungsbereichen ausgeschlossen."[81]

Diese Idealisierung des Mutterbildes legitimiert gleichzeitig die Macht der Mutter ihren Kindern gegenüber. Aus „gutem Willen" üben die guten Mütter gegenüber den Kindern Gewalt aus, projizieren ihre unerfüllten Wünsche in die Kinder hinein. Wenn die Differenzierung zwischen Erwartung und Wirklichkeit auftaucht, entstehen die Konfrontationen. Der Mythos der idealisierten Mutter ist eine Ursache, weshalb der Abnabelungsprozeß zwischen Mutter und Tochter extrem schwierig ist. Die Tochter soll sich an einem utopischen Bild orientieren, das in Wirklichkeit nicht existiert. Sie erfährt in ihrer eigenen Pubertät, daß die Mutter alles andere als tolerant, freundlich und verständnisvoll ist. Sie will alles anders machen als ihre Mutter. Sie lehnt es ab, nach der Vorstellung der Mutter zu leben. Sie will ihren eigenen Weg gehen, ihre eigenen Fehler machen und ihre eigenen Erfahrungen sammeln. Diese Ablehnung der mütterlichen Macht und Lebensentwürfe ist eindeutig in der Figur der Ilse zu sehen. Sie geht keine Kompromisse ein und sehnt sich nach einer Liebe, die weder aus Kontrolle noch aus Gewalt besteht. Erika verkörpert diese Liebe als Ersatzmutter der älteren Schwester, während die jüngere nicht stark genug ist, um Ilse aus dem elenden,

---
[81] Reita Rosen. A.a.O., S. 11.

lieblosen Notstand zu retten. Diese sucht und findet einen reichen Prinzen mit BMW, der die von der bösen Mutter ins Zimmer eingesperrte Prinzessin befreit. Das wirkliche Leben aber führt eine andere Regie als ein Märchen. Nöstlinger läßt nicht zu, daß die gutaussehende Ilse von der bösen Mutter befreit wird. Der Prinz mit BMW ist auch nur ein unverantwortlicher Gauner, der Ilse im Stich läßt. Die Prinzessin führt am Ende doch kein glückliches Leben mit dem Prinzen, sondern ein Leben voller Streitereien mit der Mutter, dem Stiefvater und der grausamen Halbschwester. Nöstlinger bietet in diesem Buch der 70er Jahre ein Stück realistisches Leben und ein ebenso realistisches Bild der Beziehung zwischen Mutter und Tochter an.

4. Verhandlungshaushalt
- Neue Umgangsformen mit neuer Problematik

Die Familien verändern sich mit der Entwicklung der gesellschaftlichen, kulturellen und politischen Ereignisse wie der Studentenbewegung am Ende der 60er Jahre und der Frauenbewegung. Die in den vorigen Teilen angeführten literarischen Beispiele spiegeln diesen kulturellen, politischen und sozialen Wandel. Diese Veränderung bringt nicht nur Vorteile für die Familie, wie „partnerschaftliche Beziehung" und Gleichberechtigung, sondern zugleich ein nachteiliges Resultat: Die Kinder und Jugendlichen leben heute in einem ganz anderen Verhältnis zu ihren Eltern und ihrer Umwelt als die in den 50er oder 70er Jahren. Dieses Verhältnis ist viel komplizierter, als es je vorgekommen ist. Die jungen Leute befinden sich in der Alleinerziehenden-, Stief- oder Fortsetzungsfamilie und sind gezwungen, damit zurechtzukommen. Die meisten Soziologen und Pädagogen sprechen in den Ergebnissen immer nur von einem offeneren und „partnerschaftlichen" Kinder-und Eltern-Verhältnis. Und die Selbständigkeit der modernen Kinder wird vielfach betont. Aber einige Wissenschaftler sehen schon die andere Seite der Medaille, wie Schneewind zum Ausdruck bringt:

> „Die Kehrseite der Medaille ist jedoch, daß die Befreiung von den Zwängen traditioneller Verbindlichkeiten zu einem neuen Typus von Zwängen führt: dem Zwang zur Selbstbestimmung auf der individuellen und dem Zwang zum stetigen Neuaushandeln von Gegenseitigkeit auf der zwischenmenschlichen Ebene."[82]

Die Kinder und Jugendlichen werden im Prozeß der Befreiung von dem traditionellen Umgangsmodell zu einem neuen Zwang überfordert. Der Zwang

---

[82] A.a.O., Schneewind, S. 21.

zur Selbständigkeit, zur Selbstentscheidung und zum unendlichen Verhandeln bzw. Aushandeln sind neue Zumutungen für die jungen Leute. Kein Wunder, daß ein Teil derselben Theoretiker, die in den 70er Jahren scharfe Kritik an den traditionellen Werten, Normen und Einstellungen, wie die konservative geschlossene Hausfrauenrolle, übten, heutzutage wieder über „die stärkere Öffnung der Familie und den Wechsel der Bezugspersonen" klagen und „die Stabilität der Familienstrukturen der 50er und 60er Jahre als positives Beispiel" nehmen, wie Bertram auf eine ironische Weise anprangert.[83] Bertram bezeichnet die unterschiedlichen Stellungnahmen zur Familie von Ulrich Beck als grotesk und widersprüchlich, weil Beck in den 70er und 90er Jahren zum Thema Familie verschiedene Werte und Maßstäbe zum Ausdruck brachte.[84] Jedoch hat man an dieser Stelle Verständnis dafür, aus welchem Zusammenhang die Paradoxe von U. Beck stammten. In jener Zeit, in der die Schwächeren unter der autoritären Struktur keine Macht und keinen Raum besaßen, sich zu bewegen, versuchte man die Ursachen, wie Tradition, Normen und veraltete Einstellungen, die diese Struktur unterstützten, abzuschaffen und eine neue gleichberechtigte Form aufzubauen. Mehr Raum zur Freiheit bedeutet gleichzeitig, selbst Entscheidungen zu treffen und dafür mehr Verantwortung zu übernehmen. Die Kinder- und Jugendlichenrolle entwickelt sich im Verlauf des Wandels auch ohne Ausnahme nach diesem Prinzip. Jugendliche bekommen größere Spielräume in dem jungen Leben. Gleichzeitig müssen sie dafür bezahlen, daß sie früher von der „naiven und sorglosen" Kindheit Abschied nehmen und an der Erwachsenenwelt teilnehmen sollen.

In dem Zeitraum zwischen 1985 und den 90er Jahren entwickelt sich die Darstellung der Familien, in der Kinder und Jugendliche auch identisch mit dem Wandel der gesellschaftlichen Wirklichkeit sind. Der Soziologe Thomas Zieher spricht von der „Entdramatisierung im Generationenverhältnis"[85]. Gemeint ist nicht, daß die Konflikte zwischen den Generationen in der Familien nicht mehr existieren, sondern die Spannungen sich in anderen Formen und bei anderen Streitpunkten äußern, wie Zieher ausdrückt:

> „Die Linien der Kämpfe und Auseinandersetzungen sind andere als die nach Generationszugehörigkeit oder Familienrollen. Natürlich gibt es weiterhin die pubertäre Wut und Trauer, das Gefühl, nicht verstanden zu werden. Aber das Sich-freischwimmen-Müssen aus der elterlichen Obhut hat doch kaum mehr Züge eines

---

[83] A.a.O., Berrtram, S. 51.
[84] Ebd., S. 52.
[85] Siehe Thomas Ziehe. Vom vorläufigen Ende der Erregung. Die Normalität kultureller Modernisierung hat die Jugend-Subkulturen entmächtigt. In: Werner Helsper (Hg.). Jugend zwischen Moderne und Postmoderne. Opladen: Leske+ Budrich, 1991. S. 57- 72. Dieser Ausdruck befindet sich auf S. 59.

epochalen Kulturkampfes, wie er sich in den sechziger und siebziger Jahren in einer Unzahl von Elternhäusern dramatisch abgespielt hat."[86]

Mit anderen Worten, die Konfrontation mit der Vater- bzw. Elternautorität ist nicht mehr das Thema des Familienkonflikts. Der „Verhandlungshaushalt"[87] als positives Ergebnis der 68er Studentenbewegung verändert die Formen der Konflikte. Im folgenden wird durch einen Vergleich zwischen Nöstlingers und Boies Werken ausgearbeitet, wie anders die Familienkonflikte in 90er Jahren in der Literatur inszeniert werden.

4.1. Neue Konfrontationsformen in „Nagle einen Pudding an die Wand" und „Jeder Tag ein Happening"
In diesem Teil werden die Werke von Nöstlinger und von Boie analysiert und verglichen. Die ausgewählten Werke sind „Nagle einen Pudding an die Wand" von Nöstlinger und „Jeder Tag ein Happening" von Kirsten Boie. Die Begründung der Auswahl liegt darin, daß in den beiden Büchern das Thema „Familienkonflikt" anhand des Generationenkonflikts der 68er Generation und ihres Nachwuchses behandelt wird. Außerdem zeigt sich die Thematik „Umweltschutz" darin als Konfliktkatalysator zwischen den Jugendlichen und ihren Eltern. Die Initiativen von Seiten der Jugendlichen verschärfen die Spannungen in der Familienatmosphäre. Die Stellungnahme der 68er Generation bezüglich des Themas „Umweltschutz" wird ausführlich dargestellt. Dadurch erkennt man auch, wie unterschiedlich oder gemeinsam die beiden Autorinnen das Bild der 68er Generation skizzieren. Diese Skizzen beinhalten gleichzeitig die Erziehungsvorstellung der Eltern, die Art und Weise, wie sie mit den Kindern und Jugendlichen umgehen und wie sie mit den Spannungen und Konflikten in der Familie konfrontiert werden. Im folgenden fängt die Auseinandersetzung mit dem Elternbild der 68er Generation in Nöstlingers Werk an.

4.2. Familienkonflikt in „Nagle einen Pudding an die Wand"
Die Familienkonflikte in diesem Roman entstehen hauptsächlich dadurch, dass die Kinder verschiedene Initiativen zum Umweltschutz unternehmen. Die Erwachsenen sind nicht damit einverstanden, daß die Kinder zerstörende Mittel gegen die umweltfeindliche Gesellschaft anwenden. Im Mittelpunkt der Handlung steht eine Diskussion über Gerechtigkeit und Gewalt zwischen den Eltern von Katharina. Die Mutter ist absolut gegen alle Arten der Gewalt, während der Vater

---
[86] Ebd.

für Gewaltmaßnahmen zur positiven Veränderung der Gesellschaft plädiert. (Vgl. S. 143f)[88] Diese Gewaltdebatte kennzeichnet die Eigenschaft der 68er Elterngeneration. Katharinas Vater präsentiert die Meinung, daß mit der Gewalt die Ungerechtigkeit zwischen Armen und Reichen abgeschafft werden kann. Die Mutter legt dagegen viel mehr Wert auf das friedliche Mittel von Gerechtigkeit. Diese Diskussion über Gerechtigkeit und die Mittel zum Ziel, mit Gewalt oder ohne, bilden nicht nur eine typische Thematik in der Studentenbewegung sondern auch eine aktuelle in der heutigen Gesellschaft in Bezug auf Krieg und Terror als Mittel zum Ziel der Gerechtigkeit, z. B. beim Kosovokrieg, beim Terror in „West-World-Center" und beim Afghanistankrieg. Dieses Thema taucht in dem Buch wieder auf, wenn die Kinder diskutieren, welche Art Umweltschutzaktion sie unternehmen sollen. In der Diskussion entstehen gleichzeitig zwei Parteien, eine heftige, die für aggressive Methoden ist, und eine mildere, die gegen eine gewalttätige und schädigende Aktion ist. Diese Gewaltdebatte kann als ein symbolisches Thema für Initiativgruppen aller Zeiten gesehen werden.

4.2.1. Elternbild der 68er Generation
Die Familie der dreizehnjährigen Erzählerin Katharina ist laut Hannelore Taubert ein Produkt der „neuen" Elterngeneration, die sich selbst als Achtundsechziger bezeichnen: „Ihre eigene Sozialisation und biographische Prägung führt zu einem veränderten Rollen- und Erziehungsverhalten, das – im Gegensatz zur realistischen, problemorientierten, 'defizitären' Familienstruktur – Ergebnis eines Reflexions- und Bewußtseinsprozesses ist."[89]
Die Kinder nennen die Eltern beim Vornamen und haben eine gleichberechtigte Beziehung zu ihnen. Diese Gleichberechtigung präsentiert sich auch im Alltagsleben beim Medienkonsum.
Als Katharina einen Western, in dem die Indianer einseitig negativ dargestellt werden, nicht mehr ertragen kann, verlangt sie von ihrem Bruder, den Fernseher auszuschalten. Der Bruder rührt sich nicht und schaut den Western weiter an. Daraufhin holt seine Schwester die Mutter:

> „'Babette, kümmer dich um deinen männlichen Nachwuchs, der nimmt gerade eine TV-Lektion im Rassismus!' Meine Mutter ist brav aufgestanden, doch dann hat sie sich

---

[87] Vgl. Peter Büchner. A.a.O., Vom Befehlen und Gehorchen zum Verhandeln.
[88] Alle Seitenangaben beziehen sich auf Christine Nöstlinger. Nagle einen Pudding an die Wand!. Hamburg: Oetinger Verlag, 1990.
[89] Hannelore Daubert. Von „jugendlichen" Eltern und „erwachsenen" Jugendlichen. Familienstrukturen und Geschlechterrollen in Schülerromanen der 80er und 90er Jahre. In: Hans- Heino Ewers (Hg.). Jugendkultur im Adoleszenzroman. Weinheim und München: Juventa Verlag, 1994, S. 43-61, Zitat S. 48. Daubert bezeichnet diesen „neuen Elterntyp" als „jugendliche Eltern". Gemeint ist, daß sie sich wie Jugendliche verhalten.

wieder niedergesetzt und hat gesagt: `Wieso immer ich? Der Knabe hat schließlich auch einen Vater!'" (S. 37)

In diesem Moment steht der Vater auf und versucht den Sohn vom Fernseher wegzubringen. Er guckt mit dem Kind den Film gemeinsam an und erklärt ihm, wie scheußlich die Handlung des Films aufgebaut ist. Am Ende ist der Sohn zwar überzeugt und gibt dem Vater Recht, aber die Erzählerin vermutet, daß der Bruder am nächsten Tag wieder einen Western sehen und damit argumentieren wird, den Film auf Rassismus kontrollieren zu müssen. Diese Handlung bietet den Lesern ein sehr sympathisches, aber unfähiges Elternbild der 68er Generation. Sie erziehen die Kinder nicht mit Mitteln, wie Verboten, Drohungen und Ohrfeigen, sondern mit Erklären und Verstehen. Wenn der Vater gemeinsam mit seinem Sohn den Western bis zum Ende ansieht und dabei erklärt und nicht direkt den Fernseher abschaltet, stellt das eine progressive Erziehungsmethode dar, die anders als die Ausübung von väterlicher Autorität ist. Dieses Beispiel zeigt zugleich die Grenzen dieser neuen Erziehung, indem der Leser die „Doppelmoral" des Jungen durchschaut. Durch eine liberale Erziehungsweise scheint dem Vater mißlungen zu sein, den Jungen von dem schlechten Medieneinfluß fernzuhalten. Diese Darstellung verkörpert eindeutig ein Gegengewicht zum bösen Vater in den 70er Jahren. Das Vaterbild ist geduldig, pädagogisch korrekt und sehr sympathisch, aber leider nicht sehr erfolgreich bei der Erziehung. Hier wird nicht nur die Gleichberechtigung zwischen Kindern und Eltern thematisiert, sondern auch die zwischen den Geschlechtern. Die Mutter steht zuerst einmal auf, nachdem die Tochter sie warnt, daß der junge Bruder dringend erzogen werden müsse. Aber nach kurzer Überlegung läßt sie doch ihren Ehemann sein Erziehungsrecht ausüben. Betrachten wir den Ton, mit dem die Tochter ihre Mutter anspricht, bemerkt man, daß hier ein Rollenaustausch stattfindet. Dieser Austausch bezieht sich auf die frühreife Sprechweise der jugendlichen Katharina und die jugendliche Verhaltensweise der Mutter. Dazu noch ein weiteres Beispiel: Als der Sohn die Schwester wegen eines Eimers, den sie zur Umweltschutzaktion mitbringt, verpetzt, reagiert die Mutter nicht, weil sie es nicht mag, „wenn Geschwister unsolidarisch sind." (S. 110) Die Betonung der Solidarität gehört eigentlich zum Geist der Jugendlichen unter der gleichaltrigen Gruppe am Ende der 60er Jahre, aber jetzt wird dieser Begriff in einen familiären Zusammenhang einbezogen, wie Daubert die neue Familie in 90er Jahren beschreibt: „Die Familie ist zu einer Solidargemeinschaft zwischen gleichwertigen und fast 'gleichalten' Partnern geworden".[90] In dieser Hinsicht entspricht dieses Elternbild der Charakterisierung der „jugendlichen Eltern"[91] von Daubert, die sich durch ihre Verhaltensweise jugendlich orientieren. Dieses jugendliche Elternbild der 90er Jahre wird nicht wenig einseitig positiv von der Autorin skizziert.

4.2.1.1. Liberale Erziehung der 68er Generation

Der ganze Roman handelt hauptsächlich von zwei Familien, die von aus der studentischen Bewegung stammenden Eltern gegründet werden, nämlich der Familie von Katharina und der von Kurde. Die beiden Familien lernen sich durch einen Zwischenfall mit dem Hund Max kennen, der fast einen Autounfall verursacht. Der unerzogene Hund Max gehört zum Produkt der Studentenbewegung. Man assoziiert den Hund, der immer zügellos von Zuhause fortläuft und draußen Schwierigkeit macht, mit „Kurde Junior", der ständig aus der Schule und aus dem Elternhaus wegläuft und der von den Lehrern als Problemfall bezeichnet wird. Maria Lypp weist darauf hin, daß diese Spiegelung von menschlichem in tierischem Verhalten zu dem traditionellen Muster kinderliterarischer Komik gehört.[92] Diese Zügellosigkeit sowohl des Hundes als auch des Jungen ist ein Kennzeichen des Nachwuchses der 68er Generation. Die Umgangsweise der fortschrittlichen Eltern mit ihren Kindern ist durch die Antwort auf die Frage gekennzeichnet, die Katharina ihrer Mutter ironisch stellt, weshalb aus dem tollen Studentenjahrgang, in dem man sich gegen jede falsche Autorität gewehrt und jede Unterdrückung bekämpft hat, nichts geworden ist. Die Antwort der Mutter lautet:

> „Soviel ist jedenfalls doch draus geworden, dass du keine Ohrfeigen kriegst und kreischen kannst, wenn du eine Wut hast, und fluchen, wenn dir an mir was nicht taugt!" (S.55)

In der Aussage der Mutter wird das Erziehungskonzept der 90er Jahre als Kontrastprogramm der autoritären Erziehung der 70er Jahre in den Vordergrund gerückt. Die Kinder dürfen mit ihren Eltern richtig streiten, ohne Ohrfeigen zu bekommen. Diese Worte erinnern an die Sybille von „Austauschkind" in der Ohrfeigenszene, in der sie ihre Meinung über die autoritäre Verhaltensweise des Vaters gegenüber Jasper ausdrückt und sofort eine Ohrfeige von ihm bekommt.

---

[90] Hannelore Daubert. Wandel familiärer Lebenswelten in der Kinderliteratur. In: Veränderte Kindheit in der aktuellen Kinderliteratur. S. 60-80. Zitat S. 78.
[91] Vgl. Daubert, ebd. S. 47.
[92] Vgl. Maria Lypp. Lachen beim Lesen. Zum Komischen in der Kinderliteratur. In: Wirkendes Wort 36. H. 6/ 1986, S. 439-455.

Im Gegensatz zu dieser Konfrontation mit der Vaterautorität in den 70er Jahren sind die Umgangsformen der 68er Generation mit ihrem Nachwuchs sehr liebevoll, verständnisvoll und tolerant. Aber wenn die Familien in eine kritische Situation geraten, können die Konflikte so heftig sein, daß die Kinder und Erwachsenen sich gegenseitig anschreien. Folgende Szene ist ein Beispiel des Familienkonflikts in den 90er Jahren.

> „'Mir reicht's', schrie der KOKU-Vater. 'Kein Tag vergeht ohne Hunde-Stunk!'- 'Reg dich ab', schrie die Verena. 'Ist doch eh nix passiert!'
> 'Mir reichen die Scherereien, die ich wegen euch habe', schrie der KOKU-Vater.
> 'Ich mach keine Scherereien,', schrie die Verena.
> 'Hättest dir ja nicht Kind und Hund zulegen brauchen, wennst schwache Nerven hast', schrie der KOKU.
> 'Habe ich ja nicht freiwillig!' schrie der KOKU-Vater.
> 'Ach, sind wir nur ein Betriebsunfall?' schrie der KOKU.
> 'Den Hund mein ich, nicht euch!' schrie der Vater.
> 'Erzieh ihn halt besser!' schrie der KOKU.
> 'Wieso ich?' schrie der Vater. 'Er gehört der Verena!' [...]
> 'Die Verantwortung hast du aber trotzdem!' schrie der KOKU.
> 'Eben!' schrie der Vater. 'Und darum sag ich, dass der Hund weg muß!'
> 'Okay, okay!' schrie der KOKU. 'Alles, was Probleme macht, muß weg! Sauber, sauber!'
> 'Dann wärst du schon längst weg!' schrie der Vater.
> 'Soll ich gehen? Schwer fällt's mir nicht!' schrie der KOKU:
> 'Verdreh mir nicht das Wort im Mund!' schrie der Vater". (S. 50, 51)

Bei dieser heftigen und emotionalen Auseinandersetzung zwischen Sohn und Vater, der als Beamter im juristischen Ministerium arbeitet, bemerkt man, daß die Kinder sich trauen, mit dem Vater zu argumentieren. Rhetorisch gesehen ist Koku dem Vater überhaupt nicht unterlegen. Ohne Hemmung schlägt er damit zurück, daß der Vater weder Kinder noch Hunde anschaffen soll, wenn er schwache Nerven hat. Als der Gegner erwidert, daß er dies nicht freiwillig getan habe, fragt der Junge zynisch, ob er und die Schwester nur ein Betriebsunfall seien. Dieser den Sprachhumor begleitende Zynismus gehört zur Spezialität von Nöstlinger. Aber erst in den 90er Jahren kann diese Art der zynischen Rhetorik in der Kinder- und Jugendliteratur durch einen Jugendlichen ausgedrückt werden, weil ein größerer Spielraum sowohl fürs Handeln als auch fürs Sprechen für sie vorhanden sind. An dieser Stelle sieht man gleichzeitig den Unterschied bezüglich der Konfliktszenen zwischen fortschrittlichen Familien der 68er Generation und der in den 70er Jahren. Während der Vater mit den Kindern heftig streitet, bereitet die Mutter ruhig die Jause vor. Das bedeutet zugleich, daß Konflikte von solch heftiger Art in dieser Familie normalisiert sind. Die Kinder haben wie die Eltern dasselbe Recht, miteinander zu streiten und sich gegenseitig anzuschreien. Die

Mutter von KOKU bezeichnet diesen Streit als „Austausch der Meinung" (S. 51). In Konfliktszenen der 70er Jahren findet kein Austausch der Meinung statt, sondern es findet sich nur Befehle, Verbot und Gewalt der dominanten Väter, die als Hauptemährer immer das letzte Wort haben. Die Meinungen der Kinder sollen nicht ausgedrückt, geschweige denn ausgetauscht, sondern unterdrückt werden. Das Problem mit dem Hund wird dadurch gelöst, daß er zu einer Hundeschule geschickt wird und Beherrschung lernt. Zu diesem Kompromiß der Konfliktlösung bringt Inge Wild ihre Beobachtung so zum Ausdruck:

> „Beide (KOKU und Max) stiften Verwirrung, die auf der Figurenebene des `antiautoritären´ Hundes ins Komische transponiert ist. Die Lösung ist in beiden Fällen die gleiche- es wird ein Kompromiß herbeigeführt. Der Hund soll nicht, wie der Vater wollte, aus der Familie entfernt, sondern behutsam dressiert werden. Der Kompromiß, der mit dem Sohn herbeigeführt wird, ist natürlich differenzierter. KOKU muß einen Teil seiner Autonomie, die sich in unsinnigen Einzel- und Schüleraktionen ausgedrückt hatte, aufgeben [...]"[93]

Der Soziologe Thomas Zieher spricht von einer Normalisierung der Konstellationsveränderung bezüglich des Generationenverhältnisses. Gemeint ist damit, daß eine Konfrontation mit der Rollenhierarchie zwischen Jugendlichen und Eltern nicht mehr herrscht. „Für diese Jugendlichen haben demonstrative Abgrenzungen von ihren Eltern und von anderen Erwachsenen keine eigentliche Schlüsselbedeutung mehr".[94] In dem Werk von Nöstlinger trifft die Theorie von Zieher teilweise zu, teilweise aber auch nicht. Es trifft in der Hinsicht zu, daß sowohl die Elterngeneration als auch die Jugendlichen sehr umweltbewußt sind und viel Wert auf die Verbesserung der Welt legen. In diesem Punkt spielt kein Kulturkampf zwischen den beiden Generationen eine Rolle, worauf Zieher hinweist. Die Jugendlichen im Roman grenzen sich von der passiven Haltung der Eltern dadurch ab, daß sie wirklich etwas für ihre Umwelt unternehmen und die resignierte Verhaltenweise der Eltern verachten, die weintrinkend über den Umweltschutz plaudern.

4.2.1.2. Resignation des rebellischen Geistes

Auf einer Grillparty der Achtundsechziger unterhalten sich die alten ehemaligen Rebellen nostalgisch über ihre Lieblingsthemen wie die Gerechtigkeit, die Zerstörung der Umwelt durch Chemikalien, Atomkraft und den abgeholzten

---
[93] Inge Wild. Komik in den realistischen Jugendromanen Christine Nöstlingers. In: Hans-Heino Ewers (Hg.). Komik im Kinderbuch. Weinheim und München: Juventa Verlag, 1992, S. 173-200, Zitat S. 196.
[94] Vgl. Thomas Zieher. A.a.O., S. 59.

Regenwald. In ihren Gesprächen ist die Resignation des rebellischen Geistes sehr deutlich wahrzunehmen

> „'Jede Stunde stirbt eine Art aus!' rief mein Vater [...]'Eigentlich müssten uns unsere Kinder hassen', sagte meine Mutter weinerlich. 'Weil wir ihnen so eine Welt hinterlassen!' Worauf die Tragetaschen-Mutter sagte: 'Und gerade deswegen muß man Kinder bekommen. Unsere Generation versagt eindeutig. Die nächste muß es besser machen!' 'Ihr Wort in Gottes Ohr', rief mein Vater, und ich dachte: 'Ihr Wort in meinem Ohr reicht auch schon!' [...] Ich war schließlich die nächste Generation! Und ich hatte die Absicht, etwas zu machen! Besser, als weintrinkend herumzulabern, sagte ich mir, ist das auf alle Fälle! Ich hatte echt das Gefühl, als habe mir die Gartentischrunde einen Auftrag erteilt!" (S. 78, 79)

In diesem Gespräch wird ein melancholisches und resigniertes Bild der alten 68er Generation skizziert. Dieses Bild wird von Nöstlinger nicht ohne Kritik dargestellt. Sie kennen sich zwar mit den Umweltproblemen aus und reden ausführlich darüber, unternehmen aber nichts Konkretes, um die schlechten Umweltzustände zu verbessern. Weintrinkend genießen sie ihre Wehmut. Im Vergleich zu dieser unfähigen alten rebellischen Generation ist die Kindergeneration tapfer und tatkräftig. Sie setzt ihre Ideen in Aktionen um, obwohl die Mittel zum Zweck so heftig ausfallen, daß sie für die meisten Leute unakzeptabel sind.

4.2.2. Bild der jungen Generation

In diesem Werk konstruiert die Autorin ein tapferes und temperamentvolles Kinder- und Jugendlichenbild. Sie betrachten ihre Umwelt und die Erwachsenen mit kritischem Blick. Vor allem der Nachwuchs der 68er Generation, wie KOKU, erbt den Geist der Studentenbewegung und ist sehr engagiert in der Bewegung des Umweltschutzes. Diese Erbschaft der Gedanken am Ende der 60er Jahre wird von dem Jungen auf einer latenten Ebene ausgedrückt:

> „'Meine Senioren nehmen mir alles ab. Wie ich bei dir Mistmachen war, habe ich ihnen erklärt, ich wäre stundenlang spazieren gegangen und hätte über den Sinn des Lebens nachgedacht!' Er lachte. 'Und dann habe ich gehört, wie mein Vater meiner Mutter gesagt hat, daß ich ganz nach ihm komme, er hat das in meinem Alter auch getan!'" (S. 115)

Obwohl KOKU diese „angegebene ähnliche Mentalität" mit dem Vater verlacht und sie satirisch als Ausrede ausnutzt, deutet seine kompromisslose Durchsetzungskraft bezüglich des Umweltschutz-Arrangements auf eine Fortsetzung der Revolten der Achtundsechziger hin. Dieser Roman, wie Malte Dahrendorf interpretiert, „schildert hochmotivierte Kinder in ihren Aktivitäten gegen Umweltverschmutzung, die den Alten einmal zeigen sollen, daß man 'etwas tun' kann, wenn sie dabei auch übers Ziel hinausschießen"[95]. Im folgenden wird dieses Jungenbild von dem Moment an, in dem er zum ersten Mal im Roman auftritt, ausführlich analysiert.

4.2.2.1. Konrad Kurde Junior als neue Generation

Ins Gymnasium von Katharina kommt während des Semesters ein neuer Schüler. Gleich vom ersten Tag an, als er auftaucht, verhält er sich anders als ein Neuer in der Schule. Er hat keine Angst vor der neuen Umgebung und sucht sich selbst einen Platz neben der Protagonistin.

Im ersten Abschnitt des Romans wird das Schulleben in dem Gymnasium sehr detailliert dargestellt. Das Verhältnis zwischen Schülern und Lehrern gerät durch das Auftauchen des neuen Schülers in den Vordergrund. Zunächst folgt die Beschreibung des Deutschlehrers, nämlich des Popopapa. Er sieht den Neuen, KOKU, als einen Problemfall an. Er hat so oft die Schule geschwänzt, daß der Schulleiter des anderen Gymnasiums ihn abgewiesen hat. Er hat nicht nur geschwänzt, weil er an einer Umweltorganisation namens „Greenpeace" teilnehmen wollte, sondern sich auch mit den Lehrern in der Schule gestritten, die eine positive Meinung über Atomkraft haben. Kurde Junior ist ein aktiver Umweltbewußter. In der neuen Schule gibt es auch Lehrer, die verschiedene Meinungen zu diesem Problemfall haben. Die Englischlehrerin ist liberaler. Sie betrachtet die Problemfälle in der Schule als normal und gar nicht schlecht, so wie die anderen Lehrer behaupten. Die Biologielehrerin sieht den Kurde eher als Lieblingsschüler aufgrund seiner guten Kenntnisse über Biologie und Natur. Dieses Bildnis als leidenschaftlicher Naturliebhaber und Naturschützer, der keine Kompromisse mit der umweltfeindlichen Umgebung eingeht und wie ein Tragödienheld dagegen kämpft, gehört zum Profil der neuen rebellischen Generation.

4.2.2.2. Katharina und kleine Geschwister

Die Charakteristik der Protagonistin Katharina wird in dem Kapitel über kindliche Geschlechterrollen ausführlich analysiert. Jetzt wird durch die Geschwisterbeziehung nur ein vages Bild von ihr vermittelt. Die Art und Weise, wie Katharina mit ihrem einzigen Bruder Benjamin umgeht, ist nicht besonders liebevoll. Bei manchen konfliktgeladenen Streitszenen findet auch eine

---

[95] Malte Dahrendorf. Literatur für Kinder in ihren besten Jahren. Die Welt der Christine Nöstlinger. In: Die Verlage Beltz & Gelberg, Friedrich Oetinger, Jugend & Volk gratulieren ihrer Autorin Christine Nöstlinger zum 60. Geburtstag am 13. 10 1996, S. 1-15. Zitat S. 7.

Schlägerei zwischen den beiden statt. An zwei Stellen, als Benjamin die Schwester verpetzen will, prügeln die Geschwister heftig miteinander. Vor der ersten brutalen Schlägereiszene erlebte die Schwester gerade einen Misserfolg der Umweltschutzaktion im Supermarkt, die später erwähnt wird. Aus einer schlechten Laune heraus entsteht dieser Konflikt.

> „Der Benjamin, der Idiot, sagte zu mir: `Möcht wissen, wo du dein Hirn hast? Zuerst schreibst du eine lange Liste, und dann vergisst du trotzdem die Hälfte!´
> Ich würdigte ihn nicht einmal einer Antwort, warf ihm bloß vor Verlassen der Wohnung einen meiner Spezialblicke zu. Worauf er rief: `Ich sag´s Papa, dass du immer so arrogant schaust!´
> `Aber ja doch, du kleiner Depp´, antwortete ich. Da kam er hinter mir her und trat mich mit einem Fuß in den Hintern. Ich drehte mich um und gab ihm eine Ohrfeige [...]" (S. 170, 171)

Nach der Ohrfeige fällt der Bruder auf den Boden, dann stößt er sich seinen Kopf am Türstock. Der jüngere Bruder wird in diesem Buch als ein emotionaler Junge dargestellt, der brüllt, wenn ihm etwas nicht passt. In den Augen der Schwester ist er ein Hindernis für die Umweltschutzaktion. Die heftige körperliche Auseinandersetzung taucht wieder auf, als der Bruder aus Rache in ihr Arbeitsjournal für die Aktion reinschaut und es danach zerreißt. „Ich sprang auf den Kerl zu und drosch wie verrückt auf ihn ein. So fertig war ich!" (S. 195) Diese Schlägerei passiert wieder nach einer Niederlage der Umweltschutzaktion. Aus Frustration über das Scheitern und aus Ärger über den Verrat des Bruders entsteht die große Wut der Protagonistin. Objektiv gesehen ist die Geschwisterbeziehung in Katharinas Familie nicht extrem schlimm. Die Initiativen zum Umweltschutz sind die Hauptursache, wieso die Familienkonflikte sich bis zur Schlägerei steigern. Nicht nur Katharina hat Schwierigkeiten mit dem Bruder, wenn sie sich weigert, ihn zur Aktion mitzunehmen, sondern auch KOKU hat Probleme mit der jüngeren Schwester Verena, wenn er heimlich mit Katharina über ihre Pläne spricht. Die Probleme zwischen KOKU und seiner Schwester werden deswegen nicht verschärft, weil sie auch ihrem Wunsch entsprechend an den Initiativen zum Umweltschutz teilnimmt.

4.2.3. Generationskonflikte

Nach der letzten gescheiterten Aktion werden die Kinder zuerst mit den Eltern konfrontiert. Obwohl die Eltern von Katharina und Kurde zu den fortschrittlichen Eltern gehören, sind die Spannungen zwischen den beiden Generationen unvermeidbar. Die Protagonistin flüchtet ins Bad, nachdem die Mutter sie von dem geschlagenen Bruder getrennt hat. Der Vater nimmt sie sofort ins Verhör, als die Tür des Badezimmers aufgeschlossen wird.

> „Mein Vater machte die Lederbank zur Anklagebank. 'Hinsetzen', kommandierte er. Der KOKU nahm zwischen mir und der Verena im Leder Platz. Mir gab er die rechte Hand, der Verena die linke. Der Max ließ sich zu unseren Füßen nieder. Kurde und Kurdin, Babette und Rainer zogen sich Esstischstühle heran und setzten sich uns gegenüber [...]" (S. 196)

Von der Sitzkonstellation erkennt man, dass sich in dieser Konfliktszene zwei Gegnerparteien finden. Eine ist die Kinderpartei, die sich gegenseitig bei den Händen hält und damit ihre Solidarität zeigt. Die andere Partei ist die Elternpartei, die den Kindern gegenüber eine höhere Position auf den Küchentischstühlen besitzt. Dieses Arrangement der Sitzposition spiegelt gleichzeitig die wirkliche Situation in dem Konflikt wieder. Die Kinder sollen beichten, welche Dummheiten sie mit dem Verein „zukünftige Grüne" gemacht haben.

> „'Na schön', sagte meine Mutter. 'Das meiste ist ja nach Lektüre deiner Aufzeichnungen ohnehin schon klar. Das war die Sache mit dem Mist und die mit den Spritzschläuchen. Dann der Supermarkt. Und jetzt die Autos. Sonst noch etwas?'
> Wir schüttelten die Köpfe.
> 'Und wer alles, außer euch, war da noch dabei?'
> 'Wir verraten niemanden', sagte ich.
> 'Werte Trotteltochter', sagte mein Vater, 'Wir versuchen zu retten, was noch zu retten ist. Also red da nicht geschwollen daher!'
> 'Die Katharina kann gar nichts dafür', sagte der KOKU.
> 'Ich übernehme allein die Verantwortung!'
> 'Grundgütiger Sankt Guerilla, steh mir bei', ächzte der Kurde. 'Ist vielleicht auf deinem Sparbuch ein fetter Batzen, mit dem du alle Schadenersatzforderungen bezahlen kannst?' [...]
> Mein Vater blätterte in meinem blauen liniierten Heft und überflog Seite um Seite. Bis in die tiefste Seele hinein tat es mir weh, ihn so ungeniert meine geheimsten Gedanken lesen zu sehen." (S. 197)

In dieser kritischen Situation liest der Vater rücksichtslos das Tagebuch der Tochter, und zwar direkt vor ihren Augen. Dieses Verhalten verletzt gleichzeitig den intimen Bereich der Tochter. Schließlich wird im Heft der Verlauf eingetragen, wie sie sich in KOKU verliebt und um seine Gunst wirbt. Die tiefste Seele und Geheimnisse des Mädchens werden dadurch entlarvt. Respektlos behandelt, schmerzhaft beschämt fühlt sich Katharina von dem Vater, der ihre innere Welt und vor allem ihre Zuneigung für den Jungen durchschaut.

4.2.3.1. Konservative vs. Liberale in der Elternkonferenz

Der Generationskonflikt rückt noch einmal in den Vordergrund, als die Eltern der Aktionsteilnehmer sich versammeln, um sich auf eine solidarische Meinung den

Opfern und der Außenwelt gegenüber zu einigen. Als die Erwachsenen im Wohnzimmer darüber diskutieren, versammeln sich auch die Kinder in Katharinas Zimmer, um zu lauschen. In dieser Elternkonferenz sind hauptsächlich drei Meinungen vertreten. Die erste ist die tolerante Meinung von Seiten der Großeltern. Der Großvater von Joschi bezeichnet die ganze Aktion als Kinderstreich, die von Kindern aller Zeiten gemacht werden. Dafür brauche man sich nicht zu entschuldigen. Die Großmutter von Daniel ist laut Kommentar der Lauschenden die Superfrau. Ganz mutig plädiert sie für die Kinder:

> „Die Bälger sind doch in Ordnung! Die müssen sich ja selber um ihre Zukunft scheren! Sonst tut es ja niemand! Der Jammer ist nur, dass so wenig Kinder so was machen! Wären es Millionen, würde die Welt bald anders aussehen!" (S. 213)

Die progressive Rede der alten Dame beeindruckt die Kinder sehr. Die zweite Meinungsgruppe gehört zu den alten Achtundsechzigern. Sie spielen in der Versammlung eine Rolle als Pragmatiker und Vermittler, die ein Ergebnis zwischen der toleranten und konservativen Meinung finden. Die Eltern der Zwillinge zählen zu der konservativsten Partei der Meinungsgruppe. Sie reden die ganze Zeit über Erziehung und Strafe aufgrund des Fehlverhaltens. Als sie erfahren, dass die Kinder auch den Freund der Eltern und dessen Eigentum schädigen, verlangen sie von den Kindern, sich öffentlich zu entschuldigen und eine Geldstrafe zu akzeptieren. Am Ende der Konferenz gehört der Sieg den Konservativen. Die Kinder sollen sich bei allen Geschädigten entschuldigen. Und alle Eltern sollen sich die Entschädigungskosten teilen, um sie danach den Opfern auszuzahlen. Die Kinder sind enttäuscht und wütend über diese Entscheidung.

4.2.3.2. Enttäuschung der neuen Generation

Die Eltern der 68er Generation enttäuschen ihre Kinder besonders tief, weil sie in der Auseinandersetzung mit den konservativen Eltern die Rolle der Pragmatiker spielen. Sie sind sogar viel feiger als die Großelterngeneration und trauen sich nicht, den Kindern beizustehen. Die Resultate der elterlichen Versammlung verursachen nicht nur eine Empörung der neuen Generation, sondern auch die Flucht von KOKU aus dem Elternhaus. Als Nachwuchs der progressiven Eltern kann er nicht verstehen, daß sein Vater als Jurist von Beruf, der somit ein Meister der Rhetorik ist und gleichzeitig zur rebellischen Generation gehört, in der Konferenz so einfach seine Ideen aufgibt. Seine grünen Ideen entstammen zum Teil auch der „grünen Wurzel" des Vaters. Die Enttäuschung über die Generation der Achtundsechziger und deren Resignation veranlasst ihn, von Zuhause fortzulaufen und auf einen kleinen Bauernhof zu fliehen, auf dem ein alternatives Leben geführt wird.

4.3. Familienkonflikt in „Jeder Tag ein Happening"

Dieses Buch erschien 1993 beim Hamburger Friedrich Oetinger Verlag und umfaßt 142 Seiten. Empfohlen wird dieses Buch ab 12 Jahren. Die zitierte Ausgabe erschien im Juni 1999 beim Deutschen Taschenbuch Verlag.[96] Die Handlung dreht sich in erster Linie um einen seit Jahren gesperrten Kinderspielplatz, der von Dioxin verseucht wurde. Die dreizehnjährige Protagonistin Anna versucht, die Politiker und Erwachsenen unter Druck zu setzen, damit der Spielplatz wieder für die Kinder geöffnet wird. Bei ihrer Aktion muß sie sich allein durchsetzen. Außer der Großmutter wollen die Erwachsenen nicht dabei helfen. Dieses Erwachsenenbild ist in dem Buch sehr kritisch beschrieben worden. Vor allem die Mutter, die zur 68er Generation gehört und regelmäßig an einer Umweltschutzgruppe teilnimmt, wird nicht einmal motiviert, den Jugendlichen bei der Umweltschutzaktivität zu helfen. Im folgenden wird das Elternbild vor allem durch die Charakterisierung der Mutter detailliert auseinandergesetzt.

4.3.1. Elternbild der 68er Generation

Die Eltern in diesem Jugendroman verlangen von den Kindern, sie bei ihren Vornamen statt „Vater" und „Mutter" zu nennen. Ironischerweise beschreibt die Autorin, daß die pubertäre Tochter die Mutter dadurch ärgern will, daß sie sie Mama nennt.

> „'Wenn's sein muss, Mama', sagte ich, weil ich wusste, dass es nicht viele Dinge gibt, die sie so aufregen können. Und ich hatte Recht.
> 'Gott, Anna, ich weiß ja, dass das nur zu dieser pubertären Auflehnung gegen die Autorität gehört', sagte Irene und stellte den letzten Teller in den Schrank, 'aber kannst du nicht trotzdem damit aufhören, mich immer Mama zu nennen? Oder, Kompromiss, wenigstens, wenn meine Freundinnen da sind?'" (S. 26)

Wenn wir diese Handlung unter die Lupe nehmen, sehen wir deutlich, wie die Autorin kritisch die Formalität der „ gleichberechtigten Umgangsweise" in der Familie betrachtet. Die Kinder sollen ihre Mutter nicht Mama nennen, vor allem nicht vor ihren Freundinnen, die auch zur Umweltschutzgruppe und 68er Generation gehören. Mit den Kindern gegenseitig Vornamen zu benutzen, klassifiziert eine „Sondergruppe", die anscheinend den Kindern gegenüber

---

[96] Vgl. Kirsten Boie. Jeder Tag ein Happening. München: Deutscher Taschenbuch Verlag, 1999.

tolerant ist und Kinderrechte respektiert. Aber in diesem Werk führt Boie ein Gegenbeispiel an. Annas Mutter toleriert bei der pubertierenden Tochter, daß Anna ihre Haare rasieren und drei Strähnen vor der Stirne stehen ließ, weil man Irenes Meinung nach den Eigengeschmack der Kinder schulen muß, wenn sie noch klein sind. Ralf Schweikart interpretiert die pädagogische Intention der Mutter: „Dahinter verbirgt sich für Irene die Strategie einer auf die Pubertät gerichteten Konfliktvermeidung, wenn man den Kindern bloß früh genug und mit äußerster Konsequenz die eigenen Werte und Normen vermittelt"[97]. Aber wenn die Leser beobachten, wie die Mutter mit ihrer kleineren Tochter Lea und mit dem kleinsten Sohn Jason umgeht, ist eine dominante Mutterfigur zu sehen. Sie verbietet den Kindern, alles Plastik-Spielzeug aus der Werbung zu kaufen. Sie bastelt mit dem Sohn Einladungskarten für seinen Geburtstag, obwohl er dies völlig desinteressiert, unmotiviert und ungern tut. Ihm wäre es viel lieber, die fertigen Einladungskarten mit Tiermotiven aus dem Fernsehen zu kaufen. Aber am meisten leidet die vom Alter her in der Mitte stehende Lea unter der mütterlichen Dominanz und Autorität.

> „Aus Leas Zimmer hörte man wütendes Protestgeschrei und Irenes ruhige Stimme, aber schon wieder mit diesem Ton. Andere Mütter schreien, wenn man meinen Freundinnen glauben darf, und es gibt welche, die sogar tüchtig zuschlagen können, aber Irene kriegt immer nur diesen Ton. Wenn man so alt ist wie ich, hat man gelernt, dass es dann nur noch wenig nützt, gegen sie anzukämpfen, aber Lea ist gerade erst acht, und da macht sie noch immer Versuche." (S. 19)

Die Ursache der Spannung zwischen der Mutter und der achtjährigen Tochter liegt darin, daß die Mutter der Tochter verbietet, einen „blödsinnigen Spruch" in ein Poesie-Album zu schreiben und ein „groteskes" kitschiges Engelchen darauf zu kleben (Vgl. S. 19). Nach der Anweisung der Mutter soll die Tochter ein anspruchsvolles Gedicht von Brecht im Album zitieren. Die Kritik an der linken Elterngeneration ist an dieser Stelle zweifelsohne zu lesen. Die Mutter will die 8jährige Lea „zu ökologisch bewußtem, antikonsumistischem und pazifistischem Verhalten erziehen"[98]. Deswegen kauft die Mutter den Kindern weder Spielzeuge aus der Werbung noch Plastikpuppen aus Kinderprogrammen, geschweige denn eine Barbiepuppe. Die Umgangsweise der Eltern mit den Medien ist ein

---

[97] Ralf Schweikart. Medienkindheit. Dargestellt in Kinderbüchern von Kirsten Boie. In: Hannelore Daubert. Hans-Heino Ewers (Hg.). Veränderte Kindheit in der aktuellen Kinderliteratur. Braunschweig: Westermann Verlag, 1995, S. 109-126. Zitat S. 114.
[98] Inge, Wild. Kindsein heute- zwischen Lachen und Weinen. In: Hannelore Daubert und Hans-Heino Ewers (Hg.). Veränderte Kindheit in der aktuellen Kinderliteratur. Braunschweig: Westermann Verlag, 1995, S. 81-94. Zitat S. 87.

unübersehbarer Punkt in diesem Buch. Dadurch wird auch ihre Eigenschaft der 68er Generation gekennzeichnet.

4.3.1.1. Umgang mit den Medien

Nicht nur die Mutter Irene, die sich weigert, Leas Freundin ein Barbiebett zum Geburtstag zu schenken und nichts von den Waren aus der Werbung wissen will, sondern auch der Vater Rudolf sind den Massenmedien gegenüber distanziert und feindselig eingestellt. In der Szene, in der Jason dem Vater so begeistert von den Fernsehfiguren erzählt, sieht man die grundlegende Haltung des Vaters.

> „'Aber basteln tu ich die nicht!' sagte Jason auf einmal. 'Meine Einladung! Ich will welche mit K.I.T.T. drauf haben! Oder mit Alf! Oder mit Turtles! Christian hatte die auch!'
> 'Christian hat sowieso immer allen Mist, sobald der auf den Markt kommt', sagte Rudolf und stellte die Butter in den Kühlschrank. 'Kinder lieb haben heißt auch manchmal nein sagen können, mein lieber Sohn.'" (S. 36)

Im Vergleich zu Irene wirkt Rudolf den Kindern gegenüber eher mild und sanft und steht meistens im Hintergrund der Kindererziehung. Aber seine Art und Weise, die Kinder gegen die Medien und Konsumwelt zu erziehen, ist, pädagogisch gesehen, der didaktischen Methode der vernünftigen Auseinandersetzung mit verschiedenen Argumenten nicht entsprechend, so wie die folgende Stelle zeigt. Als der Sohn weiter für seinen Einwand plädiert, „'Das war ja gar nicht auf dem Markt!', sagte Jason maulig. 'Im Spielzeuggeschäft war das, Papa, Geburtstagseinladungen mit K.I.T.T. drauf und Knight-Rider [...]" (S. 37), verliert der gutmütige Vater seine Geduld mit dem Kind, „'Turtles und K.I.T.T. und Knight-Rider!', sagte Rudolf und donnerte die Holzbrettchen in die Spüle. 'Lebt ihr denn nur noch in dieser albernen Plastikwelt? Sogar die Fünfjährigen schon?'" (Ebd.)

Dieses temperamentvolle Vaterbild taucht nur ein einziges Mal in dem ganzen Roman auf. Sonst steht der Vater immer nett im Hintergrund und macht den Haushalt[99] oder ist wegen einer Geschäftsreise von Zuhause abwesend. Dieses gutmütige Bild wird an dieser Stelle zerstört, an der er völlig von der nächsten Generation enttäuscht ist, die sich an der Konsum- und Werbungswelt orientiert. Der vorgeführte Dialog zwischen dem Vater und dem 4jährigen Jason ist ein deutliches Zeichen, daß der Vater nicht die entsprechenden pädagogischen Methoden anwendet, um mit den kleinen Kindern zu kommunizieren und sie zu erziehen. Im folgenden konfliktgeladenen Gespräch mit Lea wird diese

---

[99] In diesem Buch macht der Vater immer mit der Mutter zusammen den Haushalt. Vgl. S. 25: „In der Küche trocknete Rudolf gerade die letzten Teller ab, während Irene einräumte." Oder auf S. 36 deckte er den Tisch ab.

Unfähigkeit der Kommunikation des Vaters noch einmal von der Autorin ironisch dargestellt. Er übt zwar heftige Kritik an der modernen Konsumwelt der Kinder, aber seine Kenntnisse davon sind dermaßen mangelhaft, daß er eine leibliche Fernsehfigur mit einer künstlichen Fiktionsfigur aus Plastik verwechselt. Als seine Tochter Lea ihm erklärt, wer der Knight-Rider ist, „Aber Knight-Rider ist ja gar nicht aus Plastik! [...] Das ist doch David Hasselhoff! Kennst du doch, Papa! Der singt!" will der Vater nicht aufgeklärt werden: „`Kenn ich nicht und will ich nicht kennen´, sagte Rudolf, wieder einigermaßen beruhigt. `Sei froh, dass deine Mutter das nicht hört.´" (S. 37)

Dieser Dialog präsentiert ein Vaterbild, oder genauer gesagt ein Elternbild, das gegen die Toleranz und Gleichberechtigung verstößt, die die Eltern der 68er Generation immer als Selbstbildnis repräsentieren möchten. Hier haben wir ein Gegenbild vom idealen Selbstbildnis dieser Revoltengeneration. Ganz fest fixieren sie ihre linke Ideologie und sind nicht bereit, die neue kindliche Welt kennenzulernen. Außerdem kritisieren sie, ohne sich vorher zu informieren. Ihre Argumente gegen die Konsumwelt sind für die Kinder nicht überzeugend genug. Ganz im Gegenteil wirkt dieses Elternbild nur emotional aufgeladen. Die Kinder empfinden eine irrationelle Feindseligkeit von Seiten der Eltern. Diese Feindschaft ist unbegründet, weil die Erwachsenen diese Medienwelt überhaupt nicht kennen, und sie wollen sie auch nicht richtig kennen, damit sie sie vernünftig kritisieren können.

4.3.1.2. Kritik an der Elterngeneration

In diesem Roman schildert Kirsten Boie ein kritisches Elternbild der 68er Generation. Einerseits sind sie auf ihre Ideologie fixiert und erziehen die Kinder nach ihren ideologischen Prinzipien, und zwar nicht selten auf eine autoritäre Art und Weise. Andererseits legen sie mehr Wert auf die Formalität als auf den Inhalt der Gleichberechtigung in bezug auf die Umgangsweise mit den Kindern. Ihnen ist es außergewöhnlich wichtig, wie sie von der Außenwelt als progressive und emanzipierte 68er Generation angesehen werden, die mit den Kindern „demokratisch" umgeht und einen „Verhandlungshaushalt" mit allen Familienmitgliedern führt. In diesem Roman kritisiert die Autorin, daß die gleichberechtigte Umgangsweise zwischen Kindern und Eltern meistens auf der formalen und oberflächlichen Ebene bleibt, wie zum Beispiel bei der Benennung der Vornamen. Zu Themen wie Umweltschutz und Politik sind sie auch nicht mehr fähig, etwas zu unternehmen, damit ihre Umwelt verbessert wird. Dieses verfaulte und resignierte Bild der 68er Generation wird von der 13jährigen Anna so beobachtet und ironisch beschrieben:

> „Wenn Irene und Rudolf sich über irgendein Problem der Weltgeschichte so aufregten, dass ich erwartete, gleich würden sie aufspringen und Bomben werfen; und stattdessen nahmen sie sich nur eine Flasche Rotwein, um es sich in ihrem Zorn gemütlich zu machen." (S. 52)

Daraus schließt Anna, daß die Eltern einfach das Gefühl genießen, empört zu sein, wenn sie über die Ungerechtigkeit der Welt reden. Bei der Rettungsaktion des Spielplatzes läßt sie sich weder von der im Umweltschutz aktiv engagierten Mutter beraten, noch erkundigt sie sich beim kritisch mit den Medien umgehenden Vater, sondern sie schließt sich den anderen Jugendlichen, Kindern und am Ende der Großmutter an. Dieses Arrangement der Handlung ist nicht zufällig gemacht. Dabei zeigen sich die Generationskonflikte nicht nur im Bereich der Familie, sondern sie erweitern sich auch aufs Umfeld der Auseinandersetzung.

4.3.2. Bildnisse der Kinder und Jugendlichen

Um sich mit dem Konflikt auseinanderzusetzen, soll nicht nur das Bild der Elternpartei, sondern auch das der Kinder- und Jugendlichenpartei ausführlich betrachtet werden. Im folgenden werden drei Typen dieser Partei unterschieden. Den ersten repräsentiert die Protagonistin, die die ganze Veranstaltung für den Spielplatz organisiert. Der zweite besteht aus ihren beiden Helfern aus der Schule, der dritte aus kleinen Kindern in dem Lebensumfeld von Anna.

4.3.2.1. Anna als aktive Organisatorin und bewußtes Mädchen

An der frisch rasierten Frisur mit einigen Strähnen am Kopf kann das eigenartige Aussehen der Heldin wahrgenommen werden. Sie wird von der Autorin als ein kluges Mädchen charakterisiert, das seine Umwelt kritisch beobachtet und die Situation durchschauen kann. Ihre Gegenspielerin in diesem Roman ist die Mutter, Irene. Durch die Konflikte zwischen Mutter und Tochter wird die kritische Eigenschaft des 13jährigen Mädchens besonders beeindruckend dargestellt. Sie provoziert die Mutter absichtlich und weiß genau, welche Stelle die Schwäche der Mutter ist. Diese starken und provozierenden Mädchenfiguren, wie Horst Heidtmann interpretiert, „erinnern- durchaus positiv- an die von Astrid Lindgren oder Christine Nöstlinger geschaffenen Mädchen, auch wenn ihnen

Kirsten Boie ganz eigenständige, originelle Züge verleiht."[100] Den jüngeren Geschwistern gegenüber ist sie aber sehr mütterlich und lieb. An manchen Stellen spielt sie sogar die Rolle der Ersatzmutter. In pädagogischer Hinsicht geht sie ganz korrekt und sehr liebevoll mit den kleinen Geschwistern um. Sie hat Mitleid mit ihnen, die zwanghaft von der Mutter mit ihrer strengen Erziehungseinstellung erzogen werden. Außerdem spielt sie auch eine Rolle als Kommunikationsbrücke zwischen den Geschwistern und der Mutter. Als die Mutter in der Mülltonne das Geschenkpäckchen findet, das sie für Leas Freundin zum Geburtstag vorbereitete, entsteht zwischen der Mutter und der Tochter eine außergewöhnliche Spannung. Die Mutter verlangt von der Tochter eine Erklärung, weswegen sie das Paket mit dem Puzzle wegschmiß und ohne Geschenk zur Geburtsfeier ging. Anna schickt die Mutter aus der Küche und redet mit der Schwester. Lea vertraut Anna und beichtet, dass sie Geld von der Mutter gestohlen hat, damit sie zusammen mit dem Freund Nicki der Freundin Lara ein Barbiebett zum Geburtstag schenken kann. Nach dem Beichten bei der Schwester holt Anna die Mutter und versucht, einen richtigen Dialog zwischen Lea und Irene zu arrangieren.

4.3.2.2. Kleine Geschwister als Opfer der Erziehungseinstellung

Wegen ihrer pädagogischen Intentionen weigert sich die Mutter, den Kindern Sachen aus den Medien und der Werbung zu kaufen. Daraus entsteht eine große Spaltung in bezug auf Erfahrungswelt, Medienwelt und Werten zwischen den Kindern und Mitschülern oder Spielkameraden. Sie dürfen nicht das „Normale" bekommen, was die anderen Kinder haben. Diese absichtliche Distanzierung von der Medienwelt bewirkt gleichzeitig eine Entfernung von der normalen alltäglichen Kinderwelt. Die kleinen Kinder in der progressiven Familie der 68er Generation leiden darunter, daß sie von einer „normalen" Kinderwelt ausgegrenzt werden, die durch Medien und ihre Produkte entsteht. Deswegen heult Lea, während sie der älteren Schwester den Diebstahl beichtet. Diese Distanzierung von anderen Kindern ist eine außergewöhnlich schmerzhafte Erfahrung. Anna seufzt nach der Beichte der bitter weinenden jüngeren Schwester.

> „Wahrscheinlich gab es niemanden, der Lea besser verstehen konnte als ich, aber trotzdem hatte ich das Gefühl, dass es meine Pflicht als große Schwester war, ihr beizubringen, dass solche Sachen nicht gingen." (S. 101)

Anna kennt dieses schmerzhafte Gefühl, von dem „Massenwert" und von der „Peergruppe" abgegrenzt zu werden. Irene, die absichtlich diese Distanzierung für

---
[100] Horst Heidmann. Nichtalltägliche Alltagsgeschichten: Über die Erzählerin Kirsten Boie. In: Oetinger Lesebuch 1989/ 90, Bd. 26, S. 156-162, Zitat S. 162.

ihre Kinder schafft, rechnet nicht damit, daß die Kinder nicht von ihrer Erziehung profitieren, sondern ganz im Gegenteil, so unendlich darunter leiden.

"Irene stand hilflos in der Küchentür und guckte abwechselnd Lea und mich an. `Aber das hättest du doch sagen müssen`, murmelte sie. An ihrem Gesicht konnte ich sehen, dass sie eigentlich etwas anderes hatte sagen wollen. `Ich hab dir ja erklärt, wie es ist`, sagte ich böse. `Und wo es jetzt auch noch ausgerechnet mit Nicki war` [...] Ich hatte das Gefühl, dass sie nur noch einen winzigen Schubs brauchte." (S. 101, 102)

Zu beachten ist, daß dieser Konflikt zwischen Lea und ihrer Mutter dadurch ausgelöst wird, daß die Mutter von der großen Tochter, Anna, erzogen oder zumindest aufgeklärt wird. Sie spielt in diesem Konfliktfall eine Rolle nicht nur für Lea, sondern auch für die Mutter als perfekte Erzieherin. Anna ist diejenige, die Kinderpsychologie aus ihrer eigenen Erfahrung kennt, die schmerzhafte Abgrenzungserfahrungen verarbeitet hat und liebevoll mit den kleinen Kindern umgeht. In diesem Buch kritisiert Boie die „neuen Eltern", die sich zwar pädagogisch viel informiert haben, sich aber in der Praxis den Kindern gegenüber dogmatisch verhalten. Die richtige Pädagogik und Didaktik werden aber von der pubertierenden Tochter als Kontrast zur Mutter praktiziert. Die Art und Weise, wie sie ihre Mutter umschult, ist strategisch sehr geschickt aufgebaut. Nach der strengen Belehrung über Kinder-Psychologie bejaht sie auch die Korrektheit der mütterlichen Haltung den Medien gegenüber. Dabei wird der Erfolg der mütterlichen kritischen Erziehung bezüglich der Medien gleichzeitig bestätigt.

„`Ich finde die Barbies auch beschissen`, sagte ich. `Und die grässlichen Turtles und all den Kram. Weißt du doch hoffentlich.`
`Doch, doch, ich fang an zu begreifen`, sagte Irene und gab Lea zum Schluss einen dicken Kuss auf den Scheitel. `Und jetzt brauch ich ein Käsebrot.`
`Wir könnten ja zu McDonald´s gehen` sagte ich harmlos und natürlich hatte Lea keine Ahnung, warum Irene und ich gar nicht mehr aufhören konnten zu lachen". (S. 103)

„Zu McDonald´s gehen" ist eine Selbstironie von Anna, die wie die Mutter ökologisch und gegen die Werbungskultur eingestellt ist. Die Pop- und Medienkultur wird in diesem literarischen Beispiel nicht einseitig wegen der kindlichen Integration in die gleichaltrige Gruppe akzeptiert, sondern auch von der jugendlichen Anna kritisch betrachtet und durchschaut. Gabriela Wenke weist bezüglich dieser Textstelle darauf hin, daß es Anna gelungen sei, die Kommunikation zwischen Kindern und Mutter zu eröffnen. Ihr gelingt es dadurch zugleich, die Konflikte zu lösen.[101]

4.3.2.3. Umweltschutzaktivität als Spannungsursache

Die Haupthandlung dieses Romans besteht aus der Initiative für den Umweltschutz. Der Konflikt zwischen Anna und ihren Eltern stammt gleichzeitig aus dem elterlichen Desinteresse an dem Umweltschutzproblem vor der Tür, bzw. bei dem verseuchten Spielplatz. Bei ihrer Freundin beschwert sie sich darüber, „Die (Irene) hat ihre Umweltgruppe, da kümmert sie sich um die großen Fragen. Kapierst du? Für so kleinen Popelkram wie den Spielplatz hat sie da einfach keine Zeit." (S. 43) An dieser Stelle pointiert die Autorin die Problematik der 68er Generation. Sie reden zu viel über Ideologie und abstrakte Ideen. Ihre eigene nahe Umwelt wird sehr oft vernachlässigt. Aus diesem Grund bezeichnet Anna den dioxin-verseuchten Spielplatz als Popelkram, der die Eltern nicht interessiert. Ganz satirisch beschreibt dies die Handlungsart dieser rebellischen Generation.

> „Für Irene fängt das Handeln nämlich immer erst an, wenn man mindestens zweihundert Leute mit Transparenten auf die Straße kriegt. Alles darunter ist ihr peinlich, weil es nur beweist, dass sich in Wirklichkeit niemand dafür interessiert. Und für den Spielplatz würde ich ja im Leben keine zweihundert Leute auf die Beine kriegen." (S. 57)

Hier wird die Protestaktion als Mode oder irgendeine gruppenkennzeichnende Aktivität dargestellt. Die Demonstration ist nicht allein der Ausdruck der Meinung, sondern auch eine Macht der Massen. Irene fühlt sich erst sicher, ihre eigene Meinung zu demonstrieren, wenn sie unter einer Masse von 200 Leuten steht. Ganz im Gegensatz zur Mutter sucht Anna eine individuelle Art, um den Spielplatz zu kämpfen.

4.3.2.3.1. Demonstration im Rathaus

Anna veranstaltet eine Demonstration der Kinder, nachdem die Telefonate, die angeblich von einer Fernsehgesellschaft ausgehen, damit der Bürgermeister unter Druck gesetzt wird, offensichtlich keine Wirkung gezeigt haben. Sie kümmert sich mit der Freundin Geesche um Jasons Geburtstagsparty. Anschließend laufen die Kinder mit Laternen in Richtung Rathaus. Der Bürgermeister und die Mitglieder des Stadtrats regen sich sehr auf, weil sie glauben, daß eine Kamera vom Fernsehen kommt, um die Sitzung aufzunehmen. Der Bürgervorsteher hat vor, die Kinder rauszuwerfen. Trotz der Provokation von Seiten der Kinder wirkt der Bürgermeister immer noch sehr freundlich. Er bezeichnet die Kinder als vollwertige Mitglieder der Gemeinschaft und sucht die Kamera im Publikum. Die Karikatur in dieser Konferenzszene ist nicht zu übersehen. In dem Sitzungsraum befinden sich hauptsächlich drei Gruppen. Die erste ist die der

---

[101] Gabriela Wenke. Zwischen Wunsch und Wirklichkeit. Familie und Konflikte in Kirsten Boeis Büchern. In:

Stadtratsmitglieder, die wegen der kommenden Fernsehkamera ihre Haare ordnen und sich am Schlips zupfen. Die zweite bezieht sich auf die Journalisten bei der lokalen Werbezeitung. Die dritte ist die Kindergruppe, die von Anna, Geeschee und Sven-Oliver geführt wird. Als Anna sich zu Wort meldet und eine Frage über den versperrten Spielplatz stellt, verlangt sie gleichzeitig den Austausch des Bodens und die Wiedereröffnung des Kinderspielplatzes. Hier findet ein Duell zwischen der Kinderpartei und der Partei der politischen Macht statt. Anna äußert ganz deutlich den Wunsch der Kinderpartei und vermutet sowohl kritisch als auch ironisch, „wenn es nicht die Kinder wären, die zwei Jahre ohne Spielplatz sein müssen, sondern die Autos, die zwei Jahre auf einen Parkplatz verzichten müssten, dann wäre schon längst was passiert! Dann wäre es Ihnen nicht zu teuer!" (S. 118) Nach dieser kritischen Wortmeldung und gleichzeitig erfolgloser Suche nach der erwarteten Kamera verliert der Bürgermeister sein nettes Gesicht und will die Kinder rauswerfen. In diesem Moment brüllen die Kinder im Chor: „Wir wollen unsern Spielplatz [...] Für die Autos sind sie fix, für die Kinder tun sie nix!" (S. 119)

In diesem spannenden Augenblick, als die protestierenden Kinder und Jugendlichen im Chor ihre Wünsche ausdrücken, guckt der Bürgermeister immer noch, ob die Fernsehkamera schon eingetroffen ist. Nach vergeblicher Suche befiehlt er, die Demonstranten zu verscheuchen. Gerade in diesem kritischen Moment kommt Hilfe für die schwache Kinderpartei.

4.3.2.3.2. Hilfe von der Großelterngeneration

> „Eine ältere Dame trat majestätisch zwei Schritte in den Raum, blieb direkt an der Tür stehen und ließ die Blicke schweifen. Sie tat das auf eine Weise, dass sich alle zu ihr umdrehten. Ich holte Luft. 'Ömchen!' schrie Jason und gleichzeitig brüllten seine Gäste [...]" (S. 120)

Das Auftreten der Großmutter führt zum Höhepunkt der Handlung. Sie gibt sich als Angestellte des Fernsehens aus und zeigt somit öffentlich Interesse an der Kinderdemonstration, wodurch sie die schwachen Kinder und Jugendlichen vor den mächtigen und unfreundlichen Politikern in Schutz nehmen kann. Parallel taucht auch eine Großmutterfigur in der Elternkonferenz in „Nagle einen Pudding an die Wand" auf, die von den Kindern „Superfrau" genannt wird, weil sie für die Initiativen der jungen Generation plädiert. Ihr beeindruckendes Plädoyer für das Kinderrecht auf eine bessere zukünftige Welt stimmt mit der Meinung der Kinder überein. Diese sympathische Darstellung der Großmutterfigur lässt eine liebevolle

Beziehung zwischen Enkelgeneration und Großelterngeneration erkennen. Dieses Bild entspricht dem alten Muster der liebevollen Großeltern in den literarischen Beispielen. Dagegen zeichnen sich auch besonders klar die Konflikte und Spannungen zwischen Eltern- und Kindergeneration ab.

4.4. Vergleich der beiden Werke

Kirsten Boie wird von vielen Kritikern der Kinder- und Jugendliteratur als Nachfolgerin von Christine Nöstlinger bezeichnet. In dieser Arbeit wird anhand der ausführlichen Analyse der beiden literarischen Werke, die thematisch ähnlich sind, überprüft, ob diese Meinung stimmt. Zuerst fangen wir mit dem Elternbild an.

Anhand der beiden Texte läßt sich zeigen, daß sich in beiden Romanen zwei Pole befinden. Nöstlinger schildert das Elternbild der 68er Generation mit Sympathie und Verständnis. Daraus entsteht ein eher positives Bild, während Boie mit einer scharfen Feder heftige Kritik an der Ideologie ihrer Elternfiguren übt. Anhand der autobiographischen Züge beider Autorinnen kann man nachvollziehen, wie diese polaren Bildnisse entstanden sind. Nöstlinger wurde 1936 geboren, gehört selbst zur Elterngeneration der Achtundsechziger. Mitleid und Verständnis mit dieser Generation werden beim Schreiben selbstverständlich erzeugt. Boie wurde 1950 geboren. Im Abstand zur studentischen Revolte der 68er Jahre kann sie diese eher ohne Hemmungen und Rücksicht kritisieren.

Den Massenmedien gegenüber sind in beiden Büchern die Eltern allgemein kritisch, während die Mittel zum Zweck der Kindererziehung unterschiedlich sind. Annas Eltern verbieten ihren Kindern fernzusehen. Katharinas Eltern klären die Kinder auf und erwarten, daß die Kinder von sich aus die „richtigen" Programme aussuchen. Außerdem verhalten sich die von Nöstlinger beschriebenen Eltern der 68er Generation viel toleranter und „jugendlicher" den Kindern gegenüber. Sie geben den Kindern mehr Spielraum und akzeptieren, daß sie mehr „Dummheiten" unternehmen. KOKU läuft ständig von zu Hause und aus der Schule fort. Es wird niemals erwähnt, daß die Eltern vorhaben, ihn ins Internat oder ins Heim zu stecken. Boie beobachtet diese Generation dagegen skeptisch und kritisch. Am Schluß des Konflikts mit Lea verhält die Mutter sich zuerst ratlos, zeigt aber nach der Erklärung der älteren Tochter doch Verständnis für die kleinen Kinder. Sehr liebevoll nimmt sie die jüngere Tochter in den Arm und versöhnt sich mit ihr. Dies könnte man freundlicherweise so interpretieren, daß sie ihre Autorität und Dominanz „unabsichtlich" an den Kindern ausübt. Aber durch die Handlung des ganzen Buches vermittelt Boie ein negatives und dogmatisches Elternbild der 68er Generation.

4.4.1. Bild der Kinder und Jugendlichen

In den beiden Werken finden wir interessanterweise eine einander ähnelnde Figurenkonstellation in der neuen Generation. KOKU und Anna gehören zu dem Typ, der engagiert für den Umweltschutz kämpft und intensiv Aktivitäten für eine verbesserte künftige Umwelt unternimmt. Wegen ihrer Tapferkeit und temperamentvollen Züge werden sie von dem anderen Geschlecht verehrt; Anna gewinnt nämlich unbewußt die Zuneigung von Sven-Oliver, und KOKU verliebt sich während der Aktionen in Katharina, die seinetwegen in den Verein „Grüne Zukunft" eintritt. Im nächsten Teil geht die Analyse auf diese ähnliche Figurenkonstellation ein.

4.4.1.1. Anna und KOKU als engagierte Jugendliche

Die beiden Protagonisten handeln nach der Idee, die Umwelt zu verbessern und die Ungerechtigkeit in der Welt abzuschaffen. Sie sind handelnde Idealisten, die voller Durchsetzungskraft und Ideen sind. In ihrer Kritik an der versagenden 68er Generation sind sich die beiden Autorinnen anscheinend einig. Sie haben dieselbe Meinung durch ihre Protagonisten zum Ausdruck gebracht. Zu erwähnen ist noch eine Gemeinsamkeit zwischen KOKU und Anna. Sie zeigen ihre Solidarität den jungen Geschwistern gegenüber.

4.4.1.2. Unterschiedliche Skizzen der kleinen Kinder

Die kleinen Kinder in den beiden Romanen bzw. die Geschwister der Protagonisten werden aufgrund der unterschiedlichen Darstellungstechnik und Beobachtungspunkte der Autorinnen verschieden dargestellt. Boies Kinderfiguren in diesem Roman, wie Lea und Jason, werden als kleine Opfer repräsentiert. Sie versuchen sich heimlich gegen die Dominanz der Mutter zu wehren, gelangen aber in den meisten Fällen nicht zum Ziel. Hinsichtlich der Beschreibung des Kinderalltags bemerkt man, dass Boie die heutige Kinderwelt sehr gut beobachtet und getreu als Spiegel der Realität in ihre literarischen Werke einsetzt. Ihr Kinderbild ist bei der genauen Beschreibung des kindlichen Medienalltags realitätsnah. Nöstlinger schildert ihre einzelnen Kinderfiguren als individuelle Charaktere. Die Schwester von KOKU, Verena, wird als ein einsames und dickes Kind dargestellt, dass auch mutig für seinen Hund gegen den Vater eintreten kann. Benjamin gehört zum Typ Kind, das neugierig ist und seinen Willen durchsetzen will.

Zusammenfassend kann man behaupten, dass Boies Kinderfiguren die Macht der Massenmedien kennen und sie als Hilfsmittel verwenden. Sie sind zwar rebellisch, überschreiten aber die Grenzen der Gesellschaftsnormen nicht, während sich die Kinderfiguren von Nöstlinger bewußt mit den Grenzen der erwachsenen Gesetzeswelt und ihren Normen auseinandersetzen.

4.4.1.3. Unterschiede unter den Gemeinsamkeiten – eine Zusammenfassung

Die Ergebnisse lassen erkennen, dass beide Autorinnen heftige Kritik an der 68er Generation üben. Gemeinsam ist auch die Darstellung des resignativen Elternbildes. Im Gegensatz dazu sind die Kinder und Jugendlichen tapferer, leidenschaftlicher und engagierter. Auf diesen Punkt wird auch von Inge Wild hingewiesen:

> „Immerhin sind es in beiden Romanen Kinder bzw. Jugendliche, die die Erwachsenen aus ihrer resignativen Haltung herausholen und so ein Element produktiver Unruhe darstellen."[102]

Auch der Generationenkonflikt und die Generationskluft schließen sich den Gemeinsamkeiten an. Die Mutterfigur Irene wird wegen ihrer Vorstellungen ständig mit ihrer pubertierenden Tochter und ihren kleineren Kindern konfrontiert. Sie hat aber zudem auch die Schwierigkeit, ihre eigene Mutter zu verstehen. Der von Nöstlinger präsentierte Generationenkonflikt vollzieht sich hauptsächlich zwischen der 68er Elterngeneration und ihren Kindern. Vom ironischen und witzigen Schreibstil und Arrangement der Handlung her kann man sich der Meinung anschließen, dass Boie als Nachfolgerin von Nöstlinger gesehen werden kann.

---

[102] Inge Wild. Kindsein heute- zwischen Lachen und Weinen. Renaissance kinderliterarischer Komik. In: Hannelore Daubert und Hans-Heino Ewers (Hg.). Veränderte Kindheit in der aktuellen Kinderliteratur. Braunschweig: Westermann Verlag, 1995, S. 81-94. Zitat S. 89.

III Wandel der erwachsenen Geschlechterrolle

Ebenso wie der Begriff der Familie verändern sich auch die Begriffe der Geschlechterrollen zunehmend. Die Soziologen Metz-Göckel und Müller bringen ihre Resultate der Untersuchung so zum Ausdruck:

> „Die Mehrheit von jungen Mädchen und Frauen will die Verbindung von Beruf und Familie, stößt dabei aber auf erhebliche Barrieren – Barrieren auf Seiten der männlichen Partner und der Institutionen."[103]

Diese schwierige Situation der erwerbstätigen Frauen wird auch von einer Untersuchung des Ministeriums für Arbeit, Gesundheit, Familie und Sozialordnung Baden Württemberg bestätigt: „Die Kluft zwischen emanzipatorischen gesellschaftlichen Vorstellungen und praktischem Verhalten führt zunehmend zu Spannungen und dem Gefühl der Benachteiligung bei Frauen [...] "[104]. Die Gesellschaft und die Männer scheinen emanzipierter als früher zu sein, während die Wirklichkeit sich als eine berufstätigen Frauen gegenüber feindselige Welt darstellt: „Bei den Frauen [...] ergibt sich eine konflikthafte und eklatante Nicht-Übereinstimmung zwischen Lebenswünschen und gelebter Konstellation."[105] Diese Diskrepanz zwischen dem gewünschten und wirklichen Leben sowie der Mangel an Kindergartenplätzen, nicht genügende Betreuungsmöglichkeiten für die kleinen Kinder also, ungerechte Verteilung der Hausarbeit zwischen Männern und Frauen und der Zwang der „Doppelorientierung" zwischen Familie und Beruf verursachen vielfältige Probleme und Konflikte innerhalb der Familien. Nach Rosemarie Nave-Herz ist die Situation der erwerbstätigen Frauen deswegen besonders heikel, "denn weder Arbeitswelt noch Familie nehmen Rücksicht auf den jeweils anderen Bereich. Der Beruf erfordert den Einsatz der ganzen Person, die sich zu Haus regeneriert."[106] Die überforderten Berufstätigen schwanken immer zwischen beiden Welten und versuchen, einen Kompromiß dazwischen zu finden. Die Familienforscherin nennt dieses Phänomen „Doppelorientierung" bzw. Orientierungslosigkeit auf den beiden Gebieten Familie und Beruf. Die Orientierung ist deswegen so schwierig, weil in allen Lebensbereichen die Schritte der Emanzipation unterschiedlich sind:

> „Der Wandel der Geschlechterrollen ist, wie viele Untersuchungen zeigen, kein einheitlicher Prozeß, sondern vollzieht sich in unterschiedlichem Ausmaß und Tempo je

---

[103] Elisabeth Beck-Gernsheim. Wandel der Geschlechterrollen in der Familie. In: Klaus A. Schneewind. Wandel der Familie, 1991. S. 42.
[104] Ebd.
[105] Ebd.
[106] Rosemarie Nave-Herz. Familie Heute. Wandel der Familienstrukturen und Folgen für die Erziehung. Darmstadt: Wissenschaftliche Buchgesellschaft, 1994, S. 34f.

nach Bereich und Gruppe, die man betrachtet. Dieser Wandel ist zum Teil noch in den Anfängen, zum Teil schon weit fortgeschritten."[107]

Mit anderen Worten, die berufstätigen Frauen müssen acht Stunden lang arbeiten und danach zu Hause noch eine traditionelle Rolle als Hausfrau spielen. Dies passierte und passiert immer noch den meisten Frauen in der Gesellschaft. Die Väter nehmen sehr bescheiden an der Hausarbeit teil. Diese heikle Problematik und doppelte Belastung wird von Ulrich Beck in seinem Buch, „Risikogesellschaft. Auf dem Weg in eine andere Moderne" deutlich beschrieben:

> „Die jungen Frauen haben – in der Angleichung der Bildung und in der Bewußtwerdung ihrer Lage – Erwartung auf mehr Gleichheit und Partnerschaft in Beruf und Familie aufgebaut, die auf gegenläufige Entwicklungen auf dem Arbeitsmarkt und im Verhalten der Männer treffen. Die Männer umgekehrt haben eine Rhetorik der Gleichheit eingeübt, ohne ihren Worten Taten folgen zu lassen. Auf beiden Seiten ist das Eis der Illusionen dünn geworden."[108]

In Bezug auf das Thema Frauenemanzipation stellt Ulrich Beck in dem Buch ausführlich den Prozeß von einer eindeutigen chauvinistischen Stufe der männlichen Reaktion hin zur ambivalenten Phase dar. Diese Entwicklung wird auch deutlich in anderen Publikationen gesehen. 1978 skizzierte Helge Pross in „Der deutsche Mann" eindeutig das noch immer konservative und traditionelle Bild der Geschlechterrollen:

> „Der Mann ist stärker, er will den Beruf und will Familienernährer sein; die Frau ist schwächer, sie will ihre heutige Familienrolle und nur zeitweise einen dann auch noch anspruchslosen Beruf, und sie will zum Mann aufschauen können"[109]

Nach sieben Jahren veröffentlichten Metz-Göckel und Müller 1985 ihre Ergebnisse der Untersuchung zum Thema Gleichheit der männlichen und weiblichen Beziehung. In ihrer empirischen Studie „Der Mann" taucht ein ambivalentes, aber eindeutiges Bild der Männer auf.: „Die Männer sind in ihren Reaktionen geteilt. Womit sie mit ihrem Kopf eintreten, setzen sie in die Tat nicht um. Hinter den Parolen von Gemeinsamkeiten verstecken sie faktisch Ungleichheit"[110]. Dieser Widerspruch zwischen Vorstellung und Wirklichkeit zeigt sich besonders deutlich in der Verteilung der Arbeit im Haushalt und in der Betreuung der Kinder. Zu beiden Bereichen tragen die Väter ziemlich wenig bei. Wie schon in der Einleitung erwähnt wurde, herrscht in den meisten Familien Ungleichheit bezüglich der Haushaltsverteilung. Währenddessen versuchen einige

---

[107] A.a.O., Gernsheim, S. 41.
[108] Ulrich Beck. Risikogesellschaft. Auf dem Weg in eine andere Moderne. Frankfurt/M.: Suhrkamp Verlag, 1986, S. 162.
[109] Hegel Pross. Der deutsche Mann, Reinbek. 1978, S. 173.
[110] S. Metz- Göcke und U. Müller. Der Mann, Brigitte-Untersuchung, Ms., Hamburg 1985, S. 18.

„fortschrittliche" Frauen, ihre doppelte Belastungen abzugeben. Dabei entstehen die Experimentierfamilien, in denen die Hausmänner den Haushalt führen. Nach den Angaben dieser Hausmänner treffen sie diese Entscheidung „dem Wunsch oder der Forderung der Partnerin folgend, weiter berufstätig bleiben zu können"[111]. In machen Fällen stellen die Frauen diese Forderung als Voraussetzung für eine Schwangerschaft. In der ersten Untersuchung über die neuen Hausmänner von Hoff und Scholz haben die „neuen Männer" im Grunde genommen keine Probleme mit der Frauenemanzipation. Aber sie fühlen sich dann bedroht, wenn die Frauen Forderungen an sie stellen. Zusammenfassend drücken die beiden Forscher die Syndrome der neuen Hausmänner folgendermaßen aus: Sie leiden unter Hausfrauen-Syndromen wie Nichtsichtbarkeit der Arbeit, fehlender Anerkennung und fehlendem Selbstbewußtsein. Außerdem wird der Rollentausch von der Gesamtgesellschaft sehr gering anerkannt. Die Männer werden als Schwächlinge bezeichnet, die auf Kosten der Frauen leben. Die Frauen werden gleichzeitig Unmutter genannt. Nach Becks Meinung gewinnen die Frauen der neuen Generation neue Freiräume in Bereichen wie Recht, Bildung, Sexualität und Beruf, während diese Freiräume immer noch sozial unsicher sind. Die Männer dominieren in Politik, Wirtschaft und Gesellschaft durch ihre männlichen Ansichten. Diese Ungleichheit der Geschlechterrolle verursacht dann Auseinandersetzungen.

1. Neue Rollenverteilung- zwischen Risiken und Chancen
1.1. "Gretchen Sackmeier" als Beispiel
„Gretchen Sackmeier" erschien 1981 und ist ein sehr erfolgreiches Buch, das nicht nur von Kindern und Jugendlichen, sondern auch erwachsenen Frauen viel gelesen wurde, wie Nöstlinger selbst zum Ausdruck bringt:

> „Das ist übrigens ein Buch, das natürlich auch die Töchter lesen, aber am liebsten haben es die Mütter. So die Frauen um 35 bis 40. Daß es gerade Frauen sind, die sagen, dieses Buch gefällt mir wahnsinnig und ich habe es schon dreimal gelesen und daß es kaum einen Mann gibt, der lesen will, wie es dem Herrn Sackmeier geht, einem 35jährigen, daran kann ich nichts ändern."[112]

Im folgenden wird analysiert, wieso dieses Buch beim weiblichen Geschlecht so beliebt ist, aber vom männlichen so distanziert aufgenommen wurde.

1.1.1. Die traditionelle Familie der Sackmeier

---
[111] A. Hoff und J. Scholz. Neue Männer in Beruf und Familie, Forschungsbericht Berlin 1985, S. 5.
[112] Sabine Keiner und Werner Wintersteiner. „Ich mache keine Idealvorstellungen von Frauen". Interview mit Christine Nöstlinger. Information zur Deutschdidaktik. 1/1990, S. 84-90. Zitat S. 87.

Dieses Buch gehört zu dem ersten Buch der Gretchen-Triologie. Der Titel des zweiten Bandes lautet „Gretchen hat Hänschen-Kummer", des dritten Bandes „Gretchen mein Mädchen". In dem ersten Band wird am Anfang eine traditionelle Familienstruktur gezeigt. Der Vater ist der Ernährer der Familie und leitet eine Nudelfabrik. Die Mutter bleibt zu Hause als Hausfrau. Mit 18 wurde die Mutter mit dem Vater wegen einer unerwarteten Schwangerschaft verheiratet. Mit dem Kind im Bauch machte sie Abitur. Die Mutter ist direkt vom „Kindsein" zu einer Phase des „Kinderhabens" übergegangen. Nach dem Abitur lernte sie keinen Beruf und ist Hausfrau und die Mutter der drei Kinder geworden. Gretchen ist die älteste von den dreien, sie ist 14 Jahre alt. Sie hat einen 12jährigen Bruder Hänschen und die 6jährige Schwester Mädi. Die Namen Gretchen und Hänschen spielen auf das Grimm-Märchen „Hänsel und Gretel" an. Das Kennzeichen der Familie ist, daß alle Familienmitglieder übergewichtig sind. Der Nachbarjunge Konni nennt die Familie fünf Säcke. Der Konflikt dieser Familie entsteht in dem Moment, in dem die Mutter sich nach dem Treffen der Abiturienten entscheidet, abzunehmen.

1.1.2. Abnehmen als erster Schritt heraus aus der familiären Tradition

Die Großmutter betrachtet den Abnahmeversuch der Mutter als einen Verrat an der Tradition:

„Die Oma faßte Mamas Abmagerungskur als Verrat an der gesamten Sackmeier-Sippe auf. 'Wir sind alle rund und wohlgenährt! Das ist vererbt!' rief sie schnüffelnd.
Gretchen machte die Oma darauf aufmerksam, daß die Mama kein Sackmeier-Erbteil in sich haben könne, da sie ja bloß einen Sackmeier geheiratet habe." (S. 48)[113]

Das Abnehmen der Mutter ist der erste Schritt für die Mutter, aus der traditionellen Lebensweise auszubrechen. Sie will so dünn sein, wie sie vor der Heirat war. Einen Beruf als Sozialarbeiterin möchte sie erlernen. Sie will eigentlich alles nachholen, was sie vom „Kindsein" bis direkt zum „Kindhaben" versäumt hat. Dabei braucht sie aber Geld zur Ausbildung. Aus diesem Grund arbeitet sie als Haushaltshilfe beim Hofrat. Dieser Bruch mit der traditionellen Rolle als Hausfrau verursacht eine Ehekrise in der Familie Sackmeier. „Schlanksein" ist in diesem Buch keine Annäherung an die Mode, sondern ein Schritt zu sich selbst, wie sie vor der Familie bei einer Abendmahlzeit, in der zu stark mit Pfeffer gewürzt wurde, ankündigt:

„'Ich finde dich so recht schnuckelig', sagte der Papa und drehte freundliche Sechser in den Schnurrbart. Die Mama rief: 'Du, du, du! Als ob's nur auf dich ankäme! Ich will

---

[113] Alle Seitenangaben beziehen sich auf Christine Nöstlinger. Gretchen Sackmeier. Hamburg: Oetinger Verlag, 1981.

schlank sein! Ich! Und zwar für mich! Und nicht für dich!' „Aber Mama [...] ", sagt der
Papa. Weiter kam er nicht. Die Mama schlug mit der flachen Hand auf die
Kaugummikugel, daß die zu einem Pizza-Fladen wurde. 'Und hör auf, mich dauernd
>Mama< zu nennen,' , rief sie. 'Ganz verrückt machst du mich damit! Ich bin nicht
deine Mama! Ich bin deine Frau und heiße Elisabeth!'
Mädi kreischte: 'Elisabeth, ich hab Hunger! Ich kann das aber nicht essen! Es brennt,
Elisabeth!'" (S. 28f.)

Der Wunsch nach Selbstbewußtsein wird in dieser zitierten Stelle sehr deutlich.
Die Mutter will nicht mehr im Rahmen des Mutterbilds von dem Ehemann
eingesperrt werden, sondern sie will für „sich selbst" schlank sein. Das beinhaltet
gleichzeitig, daß sie ihren Lebensinhalt neu gestalten muß.

1.1.3. Emanzipation der Mutter

Der Versuch, aus der traditionellen Rolle auszubrechen, einen Beruf zu erlernen
und finanziell unabhängig zu sein, hat seinen Auslösemoment. Der liegt in der
Schulfreundin Marie- Luise. Sie spielt in diesem Buch die Rolle der Aufklärerin
für Elisabeth. Sie ist Sozialarbeiterin von Beruf und alleinerziehende Mutter eines
sechsjährigen Jungen. Sie ist auch die Helferin für Elisabeth in dem
Ablösungsprozeß von dem traditionellen Lebensmodell. Sie bietet der Freundin
ihre Wohnung in dem Moment an, als Herr Sackmeier ungerechterweise seiner
Frau Schuld zuweist und Elisabeth die Familie verläßt. Diese dramatische
Konfliktszene wird im folgenden analysiert.

1.1.3.1. Reaktion des Vaters

Der Vater ist von Anfang an gegen die finanzielle Unabhängigkeit seiner Ehefrau.
So drückt er seine grundsätzlich andere Meinung aus:

„Der Papa beruhigte sich nicht. Er schrie zwar nicht mehr, aber er lief im Wohnzimmer
auf und ab und erklärte der Mama, daß er erstens genug Geld verdiene und seine Frau
daher nicht zu arbeiten brauche, daß er zweitens, wenn sich seine Frau nicht ausgelastet
fühle, eine Menge Dinge wisse, die daheim zu erledigen seien, und daß die Mama, wenn
sie schon unbedingt halbtägig arbeitsam werden wolle, wohl noch eine andere
Beschäftigung finden werde, als ausgerechnet Putzfrau zu sein. Ein Nudel-Prokurist,
sagte der Papa, könne keine Putzfrau zur Frau haben!" (S. 54f.)

In dieser Aussage sieht man die an der gesellschaftlichen Hierarchie orientierten
Gedanken des Herrn Sackmeier, in dem die Berufe unterschiedliche Ränge haben.
Die Stufen der Berufe präsentieren gleichzeitig die Stellung der Menschen.
Deswegen kann ein Nudel-Prokurist keine Putzfrau als Ehefrau haben. Außerdem
wird die feste Rollenzuweisung der Geschlechter durch die Vaterfigur deutlich
ausgedrückt. Nach seiner Vorstellung soll die Ehefrau zu Hause bleiben, wenn

der Mann genug Geld verdient. Die Interessen der Frau werden nicht berücksichtigt. Er reagiert stur und will nichts von den Bedürfnissen der Frau wahrnehmen. Die Argumentation der Frau ist für ihn weder akzeptabel noch vorstellbar. Mit einem vierten Kind versucht er sogar, die Frau im Haus festzuhalten.

> „'Seit wann schwärmst du für frische Luft?' rief der Papa. 'Seit ich anders werden will!' sagte die Mama. 'Seit ich eingesehen habe, daß man sein Leben ändern muß, wenn man abnehmen will. Das hängt nämlich alles zusammen., weiß du! Hausfrau und Mutter sein, ist ja ganz schön, aber mir ist das nicht Lebensaufgabe genug!'
> Der Papa klatschte sich laut mit beiden Händen auf die Schenkel, er rief: 'Ich schnapp über! Und da lachst du dir einen Tattergreis zum Pflegen an! Warum nicht gleich ein viertes Kind, das wär wenigstens appetitlicher!'" (S. 55)

Der Nudel-Prokurist kann nicht verstehen, daß auch seine Frau ihr Leben selbst gestalten will, daß sie nach dem 14jährigen Hausfrauendasein etwas anderes als Kinder und Haushalt braucht. Inge Wild interpretiert die Position des Vaters als „gesellschaftliche Rückständigkeit"[114]. In Wilds Interpretation wird noch erwähnt, „daß kein böser Vater gezeichnet werden muß, um die patriarchalische Autorität zu demontieren. Vater Sackmeier ist nur noch lächerlich und bemitleidenswert, keineswegs aber unsympathisch."[115] Die Haltung des Vaters verursacht einen heftigen Familienkonflikt bei Sackmeiers. Wegen eines Zwischenfalls im Rahmen einer Kinderkrankheit, die nicht ernst ist, beschuldigt der Vater die Mutter, sie sei eine verantwortungslose Frau, die wegen der beruflichen Tätigkeit ihre Kinder vernachlässigt. So verläuft die Konfliktszene laut der Erzählung des Sohnes:

> „'und als er dann gesehen hat, daß auch du nicht da bist, da ist er ganz wütend geworden. Sauerei und Schweinerei, hat er gebrüllt, und das Tischtuch hat er vom Küchentisch gerissen. Samt dem Frühstücksgeschirr!' Hänschen deutete in Richtung Küche. 'Kannst dir's anschauen. Der Tatort ist unverändert! [...] Dann ist halt die Mama mit Mädi gekommen', sagte er grämig. 'Und der Papa hat mit ihr geschrien. Ganz laut. Und sie hat auch geschrien. Noch lauter. Und daß sie sich scheiden läßt, hat sie gesagt. Und dann ist sie mit Mädi auf und davon!'" (S.117f.)

Die unvernünftige Reaktion des Vaters ist die Hauptursache des Konflikts. Für ihn ist es unerträglich, daß er sich als berufstätiger Vater noch um seine Kinder kümmern soll, damit die Frau woanders als zu Hause arbeiten kann.

1.1.3.2. Reaktion der Kinder

---

[114] Siehe Inge Wild. Christine Nöstlingers Gretchen Sackmeir. In: Fundevogel 1/ 1991. H 82. S. 9.
[115] Vgl. ebd., S. 9, 10.

In diesem Konfliktfall nehmen die Kinder verschiedene Positionen ein. Hänschen identifiziert sich einseitig mit der Meinung des Vaters. Mädi, die Jüngste, weiß immer vor anderen Familienmitgliedern die neuesten Pläne der Mutter und akzeptiert, wie die Mutter ihr neues Leben organisiert. Gretchen will am Anfang neutral in diesem Familienkonflikt bleiben. Nach dem Streit muß sie jedoch Partei ergreifen. Die Sackmeier-Kinder reagieren so:
Die sechsjährige Mädi reagiert auf die Veränderung der Mutter ohne Vorurteile, spontan und am schnellsten. Sie ruft sofort die Mutter beim Vornamen, nachdem die Mutter sich beim Vater Sackmeier beschwert, daß sie nicht seine Mutter sei. Sie akzeptiert nicht nur passiv, was die Mutter fürs Leben neu organisiert, sondern macht auch begeistert mit, was die Mutter in Bezug auf sie umorganisiert. Von dem neuen Leben in der Wohngemeinschaft mit Marie-Luise ist sie als erste in der Familie begeistert. Sie verkörpert eine Kinderfigur, die noch nicht so tief von den traditionellen Lebensformen der Sackmeier beeinflußt ist, wie der zwölfjährige Hänschen und das 14jährige Gretchen. Deswegen kann sie ohne große Probleme mit der Emanzipation der Mutter umgehen. Als kleines Kind nutzt sie sogar die Gelegenheit der Familienkonflikte aus, um davon zu profitieren. Als sie dem Vater den mütterlichen Plan für eine Ausbildung erzählt, ist der Vater dermaßen wütend, daß er ärgerlich schimpft:

„'Ach, leck mich doch am Arsch!' 'Was hat er gesagt?' fragte sie. 'Hat er's wirklich gesagt?' fragte sie.
'Hat er!' sagte die Mama und fing zu weinen an.
Mädi hüpfte vor Freude auf einem Bein um die Mama und den Küchentisch herum. Sie kicherte: 'Wenn er's sagen darf, dann darf ich's auch sagen! Gleiches Recht für alle!'
'Von mir aus, sag, was du willst!' schluchzte die Mama, und Mädi hopste weiter und brüllte in einem fort den ansonsten schwer verbotenen Satz; so lange, bis ihr Gretchen den Mund zuhielt." (S. 91f.)

Mädi bemerkt nicht nur ganz sensibel und schnell, wie die Familiensituation sich verändert, sondern sie paßt sich auch auf eine schlaue Art und Weise an. Sie verlangt das gleiche Recht, nachdem der Vater das verbotene Schimpfwort gesagt hat. Sie wiederholt den Schimpfsatz und genießt dabei die Freiheit der derben Sprache. Diese symbolische Szene ist ein gutes Beispiel für Becks Theorie, welche lautet, daß Krisen nun Chancen hervorrufen.
Als einziger Sohn der Familie reagiert Hänschen im Verlauf der mütterlichen Emanzipation so wie der Vater, einseitig negativ. Er fühlt sich nach dem Auszug der Mutter verlassen. Er lehnt alle Kontakte mit der Mutter und Schwester ab, obwohl die beiden Geschwister in dieselbe Schule gehen. Die Situation ohne Kontakt wird durch eine Schlägerei verändert. Um die Trennung zwischen Vater

und Mutter zu verheimlichen, gibt er vor den Schulkameraden an, daß seine Mutter im Ausland wäre. Von einem Jungen aber, der die Mutter jeden Tag sieht, wird die Lüge entlarvt. Aus diesem Grund schlagen die Jungen sich. In dem Moment, als vier Jungen Hänschen schlagen, kommt Gretchen und rettet den Bruder. Nach der Rettung ruft Gretchen die Mutter an. Wegen dieses Zwischenfalls nimmt Hänschen zum ersten Mal den Kontakt mit der Mutter und Schwester auf. Er kriecht wieder in die Arme der Mutter und versöhnt sich einigermaßen mit ihr. Hänschen ist die Kinderfigur, die bei der Trennung der Eltern am meisten leidet. Durch Essen kompensiert er die unbefriedigende Familiensituation. Sein psychischer Zustand zeigt sich deutlich in der Gewichtszunahme. Diese psychologische Problematik der Kinder, die vom Familienkonflikt verursacht wird, wird weiter im Band 2 „Gretchen hat Hänschen- Kummer" thematisiert. In diesem Band wird er nicht nur wegen des Familienproblems immer dicker, sondern gerät auch in einen kriminellen Fall, in dem er mit einem anderen Jungen einen Mann bei einem Seitensprung verfolgt, ihn beobachtet und schließlich mit Briefen bedroht. Wegen dieses abnormalen Verhaltens des Hänschen, das eigentlich aus den familiären Problemen resultiert, entscheidet sich die Mutter, wieder in die Familie Sackmeier zurückzukehren. Noch zu erwähnen ist, daß die Rollenübernahme der Mutter nach der Rückkehr sich ändert. Die Mutter hat inzwischen ihre Ausbildung abgeschlossen und arbeitet als Sozialarbeiterin. Den Haushalt teilt die ganze Familie, sowohl die männlichen als auch die weiblichen Mitglieder.

1.2. Rollenaustausch in „Mit Jakob wurde alles anderes"[116]

Der Konflikt in Bezug auf die Rollenverteilung stammt eigentlich aus drei Widersprüchen. Der erste ist der Widerspruch zwischen der Erkenntnis und der wirklichen Tat. Die Vorstellungen der Männer haben sich im Verlauf der Entwicklung verändert, werden aber nicht in die Tat umgesetzt. Der zweite Widerspruch beinhaltet die Distanz zwischen Einstellung und Wirklichkeit. Viele „emanzipierte" Männer können die Frauenemanzipation nur unter der Bedingung akzeptieren, daß ihre eigenen Interessen nicht geopfert werden. Manche Männer stellen sich die Existenz der Hausmänner als Urlaub vor, leiden aber unter den Hausfrauensyndromen. Der dritte Widerspruch bezieht sich auf die psychologische Ebene der berufstätigen Frauen. Einerseits wollen sie gleichzeitig eine gute Verbindung zwischen Familie und Beruf. Andererseits haben sie

---

[116] Alle Seitenangaben beziehen sich auf Kirsten Boie. Mit Jakob wurde alles anders. Hamburg: Oetinger Verlag, 1986.

Schuldgefühle, wenn ihre Hausmänner den Haushalt chaotisch führen. An dieser Stelle treffen die gesellschaftlichen Vorwürfe, daß sie die weibliche Verantwortung vernachlässigen, genau auf sie zu. Die geringe gesellschaftliche Anerkennung ist die Hauptproblematik des Ideals bezüglich des gerechten Umgangs der beiden Geschlechter. Die Zuweisung der geschlechtsspezifischen Arbeitsteilung bzw. Klischeebilder sind ein entscheidender Punkt bei diesem Problem. Aus den oben erwähnten Widersprüchen entstehen die Familienkonflikte auf der Ebene der Rollenverteilung. In Kirsten Boies Werken, die die Rollenverteilung tief reflektieren, kann man diese thematische Auseinandersetzung oft erkennen. Das Buch „Mit Jakob wurde alles anders" – das 1986, im selben Jahr wie „Risikogesellschaft" von Ulrich Beck erschien – handelt von einem Experiment des Rollenaustauschs in einer bürgerlichen Familie. In dem Roman geht es darum, daß die Mutter nach einer langen Pause wieder arbeiten geht. Der Vater, der als Lehrer tätig ist, nimmt ein Jahr lang Urlaub, um sich um die Kinder und den Haushalt zu kümmern. Ein Versuch des Rollenaustauschs findet in einer harmonischen Familie statt, in der Konflikte nicht scheinheilig versteckt werden, sondern in der man sich tatsächlich mit ihnen auseinandersetzt.

1.2.1. Konflikt zwischen Ideal und Wirklichkeit

Die „neuen" Eltern mit der neuen Rollenverteilung bedeuten für die Kinder kein glückliches Experiment, sondern eine katastrophale Erfahrung. Die Mutter ist dabei auch sehr unglücklich, weil sie nach der 8 Stunden- Arbeit noch die unerfüllte Hausarbeit des Ehemanns erledigen muß. Dieses Verantwortungsgefühl zur Haushaltsarbeit stammt aus der fixierten Geschlechterrolle und der dazugehörigen Arbeitsteilung. Innerlich ist die Mutter immer noch nicht von der traditionellen Frauenrolle befreit. Die Diskrepanz zwischen der neuen emanzipierten Karrierefrau und der traditionellen Hausfrau und deren Pflicht verursachen den inneren Konflikt der Mutterfigur. Der Familienkonflikt gipfelt an der Stelle, an der der Vater mitteilt, daß er weiter dreimal die Woche Tennis spielen will.

> „'Du trainierst ja nur dreimal die Woche' sagte Mama. 'Und hinterher gehst du jedesmal nur zwei Stunden in die Sauna [...] Die Kinder sind bei mir ja gut aufgehoben, und die Arbeit, die deswegen liegenbleibt, werde ich schon erledigen, nicht? Und wenn du wieder ein Brot brauchst, um damit anzugeben, werde ich es dir schon backen, nicht? Aber ich backe dir auch eine Torte, gerne, und am Wochenende, ich putze auch weiter das Bad, damit du zu deinem Turnier kannst, klar, klar, klar!'" (S. 84)

In dieser empörten und ironischen Aussage der Mutter ist die doppelte Belastung der Berufstätigen deutlich zu sehen. Sie fühlt sich ungerecht behandelt. Von dem Rollenaustausch profitiert sie nicht und wird auch nicht entlastet, sondern mehr belastet. Von einer Seite kommt der Streß auf dem Arbeitsfeld und von der anderen fühlt sie sich immer noch für den Haushalt und die Hausordnung zuständig. Als der Ehemann Freizeit fürs Tennisspielen verlangt, kann die doppelt belastete Frau nicht mehr vernünftig mit ihm reden, obwohl er geduldig ihren Beschwerden zuhört und versichert, daß sie „irgendwie" eine Lösung finden werden. (S. 82) Sie empfindet immer mehr die Ungleichheit in ihrer doppelt orientierten Rolle als Mutter und Juristin. In folgender Auseinandersetzung ist die Ungleichheit der Rollenverteilung ein entscheidender Punkt:

> „`Und du?´ fragte er. `Hast du eigentlich mitgekriegt, daß ich noch nicht einmal Freizeit ohne die Kinder hatte, seit du arbeitest? Ich weiß ja schon gar nicht mehr, wie es ist, sich mit erwachsenen Menschen zu unterhalten oder mal keinen Säugling auf dem Arm zu haben!´ [...] `Glaubst du denn, bei mir war das all die Jahre anders?´ fragte Mama. `Und bin ich auf den Gedanken gekommen, dreimal die Woche Tennis zu spielen und dich die ganze Hausarbeit machen zu lassen?´ `Hättest du es bloß getan!´ rief Papa. `Dann hätte ich mir vielleicht seltener ein mißmutiges Gesicht ansehen müssen!´ Mama sprang auf. Sie war weiß im Gesicht. `Danke schön´, sagte sie. `Vielen Dank! Jetzt kriege ich auch noch Vorwürfe dafür zu hören, daß ich hier jahrelang die Arbeit allein gemacht habe!´ Sie hob ihre Schuhe vom Boden auf und zog sie an. Den Mantel warf sie sich nur über den Arm. Die Wohnungstür knallte laut ins Schloß." (S. 85)

In dieser heftigen Konfliktszene wird die Problematik der Geschlechterrollen offensichtlich. Zum einen kann man nicht leugnen, daß das Hausmänner- bzw. Hausfrauendasein eine eintönige und langweilige Lebensform ist. Nach der Untersuchung von Rosemarie Nave-Herz empfinden die Hausmänner ihre Tätigkeit nicht als befriedigend. Oft wird geplant, auf den Arbeitsmarkt zurückzukehren, wenn das jüngste Kind in den Kindergarten geht. „Die soziale Isolation und Monotonie, die anstrengende Routine werden als schwer erträglich empfunden"[117], skizziert die Forscherin das Hausmännerdasein. Der Vater im Buch versucht, durch das Tennisspielen aus diesem eintönigen Leben auszubrechen, während die Mutter solche Versuche nicht wagte. Zum anderen wird diese Problematik wieder thematisiert: In den meisten Fällen haben die „fortschrittlichen" Männer mit der Frauenemanzipation Schwierigkeiten, wenn ihre eigenen Interessen dadurch eingeschränkt werden. Das genannte Beispiel zeigt auch dieses Phänomen: Der emanzipierte Vater spielt die Rolle als Hausmann. Er fühlt sich bedroht, wenn sein Wunsch, dreimal die Woche Tennis zu spielen, nicht erfüllt wird. An dieser Stelle hat er ein Problem mit der

---

[117] A. a .O., Nave-Herz, S. 54.

Entscheidung, daß er zu Hause bleibt und die Frau „draußen" arbeitet. In dieser Hinsicht ist die Verteilung der Geschlechterrollen eigentlich eine Verteilung von Interessen und Macht. Die Männer haben Angst davor, die dominierende Rolle in der Familie dadurch zu verlieren, daß sie zu Hause bleiben und nichts verdienen. Deswegen müssen die Hausfrauen für die Stabilität in der Familie und der Gesellschaft sorgen.

1.2.2. Neue Orientierung der Geschlechterrolle

Trotz aller Schwierigkeit innerhalb und außerhalb der Familie setzt sich die Mutter in diesem Buch durch, weil ihrer Meinung nach die starre Rollenverteilung die Frauen unfair behandelt. Andererseits kann sie sich doch nicht von der Erziehung zur traditionellen Rollenzuweisung befreien. Eine Auseinandersetzung mit der fixierten Rollenverteilung ist in dem Gespräch zwischen Mutter und Tochter zu finden:

> „'Wir haben gedacht, es geht einfach mit ein bißchen gutem Willen', sagte Mama. 'Wir haben gedacht, weil wir es richtig finden, können wir auch so leben. Aber wir haben ganz vergessen, daß wir schon ziemlich fertige Menschen sind, Wilfried und ich, und daß diese Art zu leben unserer eigenen Erziehung und Erfahrung, und allem, was wir ganz tief innen von uns selber erwarten, widerspricht. Nicht mit dem Verstand, natürlich', sagte Mama und trank noch einen Schluck. 'Der überzeugt uns ja, daß es ganz in Ordnung ist, wenn ich arbeite und Papa bleibt zu Hause. Aber dahinter, weißt du, da sitzt bei mir immer noch ein schlechtes Gewissen und das Gefühl, daß sich eben die Frau um den Haushalt und die Kinder kümmern sollte, und wenn Wilfried zu Hause irgendwas nicht geschafft hat, fühle ich mich gleich verpflichtet, das für ihn zu erledigen. Und dann komm ich natürlich nie dazu, mich auch mal auszuruhen, und fühle mich völlig kaputt. Ach, Mist alles'." (S. 96)

In diesem Zitat ist das ambivalente Gefühl einer berufstätigen „emanzipierten" Frau deutlich zu sehen. Sie ist aufgeklärt, daß Mann und Frau gleichberechtigt sind, sowohl in den Karrieren als auch in den Familien. Andererseits fühlt sie sich verpflichtet, sich um die Familie und die Kinder zu kümmern. Dieses Schuldgefühl ist ein Beweis, wie tief die Struktur der Geschlechterrolle in den Gedanken der Frauen verwurzelt ist. Die Umstrukturierung der Rollen ist für die Frauen besonders schwierig, weil sie gleichzeitig im Beruf sowie in der Familie erfolgreich sein möchten. Vor allem betrachten sie den Bereich der Familie immer noch als das Gebiet, für das die Frauen zuständig sind. Diese Vorstellung dominiert, seitdem die bürgerliche Familie besteht. Die Doppelorientierung der berufstätigen Frauen ist ein Resultat der gesellschaftlichen Erwartung, daß die Frauen „auf keinen Fall" auf die Familiengründung verzichten sollen. Dieses „Sollen" hängt direkt mit der Sozialisation der weiblichen Geschlechterrolle zusammen, deren Vorschrift lautet, daß Muttersein eine Naturpflicht der Frauen ist, sowie das Familienleben. Eine Frau ohne Kinder bzw. eine Familie ohne Kinder wäre unvollständig. Nicht selten taucht dann die Orientierungslosigkeit der erwerbstätigen Mütter auf. An dieser Stelle im Buch schlägt die Tochter vor, daß die Mutter aufhört zu arbeiten. Die Mutter will dies aber nicht.

> „'Das doch nicht!' sagte Mama und stellte ihre Tasse heftig wieder hin. 'Im allgemeinen arbeite ich doch gerne, und außerdem bin ich überzeugt, daß es so auch gehen kann. Und Wilfried ist es ja auch. Warum sollte ein Mann schließlich schlechter staubsaugen und Kinder großziehen und Schränke auswischen können als eine Frau? Und warum sollte eine Frau eine schlechtere Juristin oder Ärztin oder Klempnerin oder sonst was sein als ein Mann? Darüber streitet sich ja auch schon kaum noch einer. Schwierig wird es eben immer erst, wenn man dann auch wirklich so leben will', sagte Mama. 'Dann gucken sie und halten einen für verrückt, und du siehst ja, so richtig klappen tut es auch nicht'." (S. 96)

Die Überzeugung der Mutter und der Druck der Gesellschaft sind hier ausführlich skizziert. Dies ist gerade der Grund, weshalb die Frauen sich für die Familie verpflichtet fühlen und es nicht wagen, sich von dem traditionellen Frauenbild zu lösen.

In diesem Buch ist eine Kontrastfamilie zu sehen, nämlich die Familie von Katta. Diese vorbildliche traditionelle Familie, in der Streitigkeiten der Eltern vor den Kindern verheimlicht werden sollen, gerät am Ende des Romans in eine Scheidungssituation. In dieser konventionellen Familie spielt der Vater als Ernährer die Hauptrolle in der Familie. Die Mutter besucht verschiedene Kurse in der Volkshochschule und strickt zu Hause Teppiche und Pullover. Als sie eines Tages arbeiten gehen möchte, verbietet dies der Ehemann, weil seiner Meinung nach die berufliche Beschäftigung der Frau seinem Geschäft schadet. Seine Geschäftspartner würden denken, daß er in einer finanziellen Krise steckt, weil die Frau arbeiten muß. Die Lebensform der Familie bestimmt der Vater nach seinem Interesse und Willen. Was die Wünsche der Frauen und Kinder angeht, wird darauf keine Rücksicht genommen. Dieses Beispiel deutet auf die Bedeutung der Kooperation des männlichen Geschlechts bezüglich der möglichen Aufhebung der tradierten Rollenzuweisung hin. Die Umstrukturierung der traditionellen Geschlechterrollen ist einerseits ohne männliche Kooperation unpraktizierbar, andererseits ohne Einforderungen der Frauen unrealisierbar. Karin Richter weist in ihrer Interpretation auf diesen notwendigen Schritt der Frau im Emanzipationsprozeß hin:

> „Es ist deutlich, daß es oft nur eines kleinen Anstoßes bedarf, um scheinbar so Festgefügtes, Vereinbartes zerbrechen zu lassen, und daß diese Vereinbarungen nur

funktionieren, wenn die Frau die ihr zugedachte Rolle, die für sie mit Einschränkungen verbunden ist, spielt."[118]

Diese Kontrastfamilie zeigt gleichzeitig, daß der Wandel der Geschlechterrolle kein einheitlicher Prozeß ist, sondern in verschiedenen Gruppen zu unterschiedlichen Erfolgen bzw. Mißerfolgen führt, so wie der Wandel der Familie und Kindheit. Die heterogene Entwicklung basiert auf verschiedenen Lebens- und Kindheitsmodellen.

1.2.3. Trauma der Kinder- Unsicherheit bei der Umstellung

Ein anderes und wichtiges Thema in dieser Geschichte der Familienkonflikte ist das Trauma der Kinder. Gussi, der dreijährige Junge, muß in den Kindergarten gehen, weil die Mutter sich entscheidet, berufstätig zu sein. Er gewöhnt sich nicht an das neue Leben, in dem die Mutter weder bei ihm zu Hause bleibt noch ihn zum Kindergarten begleitet. Gleichzeitig schenkt der Vater dem kleinen Baby Jakob mehr Aufmerksamkeit. Aus Eifersucht wirft er die Karte weg, in die das Körpergewicht seines kleinen Bruders eingetragen wird. Außerdem beginnt er, das Bett naß zu machen – ein Zeichen für die Schwierigkeiten bei der Umstellung der Rollen. Inge Wild bezeichnet ihn als „Hauptleidtragender des familiären Rollentauschs"[119]. Wild versucht, die Ursache des ausgefallenen Verhaltens des Jungen auf der psychologischen Ebene zu suchen. Sie meint, daß der Junge sich in einer Frühphase des Ödipuskomplexes befinde.

> „Dieser Prozeß ist bei dem kleinen Jungen in empfindlicher Weise gestört. Die Mutter versagt sich nicht nur auf der psychischen Ebene als ödipales Liebesobjekt, sie ist zudem im Alltag nicht mehr präsent, während der Vater als ödipaler Rivale um die Gunst der Mutter und damit als bedrohliche Macht nun deren Stelle in der Familie eingenommen hat. Diese psychische Notsituation – die Verschränkung von psychischer und beklemmender Alltagsrealität – verstärkt sich dadurch, daß der Junge in den Kindergarten kommt, also das erste angstbesetzte Verlassen des Familienraums zu bewältigen hat."[120]

Der Behauptung von Wild, daß die Mutter im Alltag nicht mehr präsent sei, kann nicht zugestimmt werden, weil die Mutter nach der Arbeit zu Hause anwesend ist. Außerdem ist die Aussage widersprüchlich, wenn man zunächst voraussetzt, daß sie nicht wirklich als Mutter fungiert. Und dann kommt die Schlußfolgerung, daß der Vater als Rivale fungieren soll, aber doch scheitert. Die Paradoxien bestehen darin, daß die Rivalenrolle nicht entstehen könnte, wenn die Mutter überhaupt

---

[118] A.a.O., Karin Richter. S. 287.
[119] Inge Wild. Wie Väter lernen zu 'Muttern'. In: Hans- Heino Ewers und Inge Wild (Hg.). Familienszenen. Die Darstellung familialer Kindheit in der Kinder – und Jugendliteratur. Juventa: Weinheim und München, 1999.
[120] Ebd., S. 144, 145.

nicht präsent wäre, weil die Dreiecksbeziehung ohne die Anwesenheit der Mutter nicht existieren könnte. Ein deutlicher Grund, weshalb der Junge zu diesem Zeitpunkt Schwierigkeit hat, liegt darin, daß die Eltern sich oft wegen der Umstellung der Lebensform und des Lebensrhythmus streiten. Dieses kriegerische Familienambiente verursacht die Abneigung des Jungen gegenüber der Familie.

Einmal läuft er nach Kindergartenschluß weg. Er mag nicht mehr zu Hause sein, weil sich die Eltern andauernd streiten. Die Eltern werfen es ihm nicht vor, sondern reflektieren über ihr Verhalten – eine neue Umgangsform zwischen Kindern und Eltern. Der dreijährige Gussi kann der Mutter sagen: „Es ist doof bei euch!" Dabei guckt er sie noch sehr böse an, obwohl ihn die Mutter mit einem freundlichen Satz empfängt: „'Gut, daß du wieder da bist', sagte Mama und kniete sich vor ihn hin. 'Es war gar nicht schön bei uns ohne dich'" (S. 101) Hier sehen wir nicht nur die Angst des Jungen, daß er sich in einer kritischen Situation befindet, sondern auch die Geduld und das schlechte Gewissen der Mutter. Sie kniete sich vor den Sohn hin, als sie ihn vor der Tür sieht. Sie läßt sich von ihm beschimpfen, „Oll und doof, und oll und doof!" An dieser Stelle werden nicht nur die Schwierigkeiten des Kindes dargestellt, sondern auch eine sehr sympathische Umgangsweise der Eltern dem Kind gegenüber geschildert. Der Vater vertreibt mit dem Sohn das Monster, das ihn zwingt, das Bett naß zu machen. In dieser Geschichte werden die Eltern sehr positiv skizziert. Sie reden mit den Kindern über ihre Probleme und versuchen mit ihnen zusammen eine Lösung für den Familienkonflikt, der wegen der Umstellung der Rollenzuweisung entstanden ist, zu finden. Aber trotzdem fühlen sich Kinder in dieser neuen Konstellation des Rollenspiels unsicher und überfordert.

> „Ich wäre gerne rausgegangen. Ich haßte es, wenn Mama und Papa sich stritten. Sie hatten so eine Theorie, daß man seine Auseinandersetzungen nicht vor den Kindern verheimlichen sollte, damit wir rechtzeitig lernten, daß es nichts Schlimmes ist, Konflikte auszutragen. Das war wichtig für unsere Persönlichkeitsentwicklung, sagten sie. Das konnte ja auch alles stimmen, und bestimmt war es besser als bei Kattas Eltern, die sich immer weiter anlächelten, und wo Katta nur merkte, daß sie Krach hatten, weil sie dann besonders höflich zueinander und besonders schweigsam waren. Eisig, sagte Katta. Aber irgendwie fand ich, daß Gussi und ich das mit den Konflikten nun langsam gut genug gelernt hatten. Meinetwegen konnten Mama und Papa sich jetzt gerne immer abends streiten, wenn ich im Bett war." (S. 59)

In dieser Beschreibung wird aus der Perspektive der jugendlichen Erzählerin dargestellt, wie viele Konflikte in der Familie die Kinder wirklich ertragen können. Die neue Methode – die ausführliche Auseinandersetzung mit den Konflikten ohne Verheimlichung – ist nach der Ansicht der Autorin eine

Überforderung für die Kinder. Eigentlich sind sie nicht so stark, wie die Erwachsenen es sich vorgestellt haben. Die Kritik an der neuen pädagogischen Vorstellung über Konfrontation ist durch dieses Zitat nicht zu übersehen, während die traditionelle Umgangsweise mit dem Konflikt gleichzeitig durch das Adjektiv „eisig" abgetan wird. Die Autorin bietet eigentlich durch diese Formulierung keinen konkreten Vorschlag an, wie man mit Kindern die konfliktgeladene Situation überwinden soll. Nur die Anforderung an die Kinder bezüglich der Konfrontation mit Konflikten wird vielfach deutlich dargestellt. Die Überforderung sieht man auch, wenn die Mutter arbeitet und der Vater chaotisch den Haushalt führt. Die älteste Tochter Nele muß sich als Ersatzmutter um die beiden kleineren Brüder kümmern. Karin Richter beschreibt den Konflikt der Experimentierfamilie als Schwierigkeiten und Widerstände innerhalb und außerhalb der Familie. Mit Krise außerhalb der Familie ist gemeint, daß die Anerkennung durch Neles Mitschüler und die Gesellschaft fehlt. Die Widerstände innerhalb der Familie beziehen sich dann auf das Bettnässen des vierjährigen Gussi und „Nele blickt zuweilen mit Neid auf die scheinbar intakte Familie ihrer Freundin Katta, in der man den tradierten Rollen folgt"[121]. Die Geschichte endet mit einem positiven Schluß. Die Mutter arbeitet weiter. Der Vater führt den Haushalt immer noch ein bißchen chaotisch; aber das Experiment geht gut aus.

„Krach gibt es bei Mama und Papa immer noch ab und zu. Aber es ist keiner mehr weggelaufen. Zwischendurch küssen sie sich. Ich finde, das müßte vor uns Kindern wirklich nicht sein." (S. 126)

Dieser Schlußsatz indiziert, daß in den Augen der Kinder die Eltern eigentlich entsexualisiert sein sollen. Die Peinlichkeit, der Intimität der Eltern zu begegnen, ist eine Verhaltensweise in der Pubertät, in der man nicht genau weiß, was Sexualität ist und daraus besondere Neugier und Unannehmlichkeit entsteht.
Dieses positive Ende zeigt gleichzeitig eine positive Bewertung des Themas Rollenaustausch. Genau diesen Punkt bringt Gabriela Wenke zum Ausdruck: „Sie (die Eltern) probieren etwas Schwieriges, was ihnen wichtig ist, und obwohl es im Getriebe knirscht, ist letztlich weder der Zusammenhalt der Familie noch das Seelenheil der einzelnen Mitglieder ernsthaft gefährdet."[122] Im nächsten literarischen Beispiel von Boie „Mit Kindern redet ja keiner" betrachten wir eine völlig andere Familienkonstellation, in der ein Versuch, aus der traditionellen Hausfrauenrolle auszubrechen, scheitert.

---

[121] Karin Richter. Überlegungen beim Schreiben von Kinderliteratur. Zum Realismus in den Kinderbüchern Kirsten Boies. In: Deutschunterricht. Berlin. H6, 1998, S. 286.
[122] Gabriela Wenke. Zwischen Wunsch und Wirklichkeit. Familie und Konflikte in Kirsten Boies Büchern. In: Eselsohr. H4, 1995, S. 37.

2. Scheitern des Rollenausbruchs in „Mit Kindern redet ja keiner"[123]

Die Hauptfigur des Romans „Charlotte" ist neun Jahre alt. Sie ist ein frohes und offenes Mädchen. Der Vater ist von Beruf Jurist und die Mutter Hausfrau. Dieses Buch besteht aus zwei Teilen. Der erste Teil handelt von der schönen frühen Kindheit des Mädchens und von den Anfängen der Depression der Mutter. Der zweite Teil schildert den Verlauf der Erkrankung, an dessen Ende die Mutter ins Krankenhaus eingeliefert wird. Sie nimmt eine Überdosis Schlaftabletten, um einen Suizid zu versuchen. Die Erzählstrategie und Erzähltechnik werden im 6. Kapitel „Psychologischer Kinderroman" ausführlich analysiert. In diesem Kapitel konzentriert sich die Analyse auf das Thema Geschlechterrolle.

2.1. Doppelorientierung der studierenden Mutter

Die Ich-Erzählerin blickt am Anfang der Geschichte auf ihre frühe Kindheit zurück, in der die Mutter noch gesund und als Studentin beschäftigt ist.

> „Wir haben auch immer viele Sachen zusammen gemacht [...] Meistens auf dem Spielplatz. Da haben sich die Mütter mit den Kindern immer nachmittags auf dem Spielplatz getroffen [...] wir haben es schön gehabt, aber dann hat Mama plötzlich gemeint, es reicht ihr nicht mehr. Warum sie das gefunden hat, weiß ich nicht genau [...] Jedenfalls hat Mama dann angefangen zu studieren, und ich bin zu Frau Kümmel gekommen". (S. 7f.)

Dieses Zitat zeigt, daß die Mutter an dem Hausfrauensyndrom leidet. Mangel an Anerkennung, Unsichtbarkeit der Hausarbeit und Einengung der Lebenserfahrung veranlassen sie, aus der traditionellen Rolle als Hausfrau auszubrechen und sich dem Studium zu widmen. Sie engagiert eine Tagesmutter für die Tochter, um ihr Studium fortzusetzen. Die Tochter fühlt sich auch ganz wohl bei der Tagesmutter und ist mit deren Tochter Beate gut befreundet. Der Vater, der in einer Kanzlei arbeitet und selten zu Hause ist, möchte nicht, daß die Tochter von einer Tagesmutter betreut wird. Eine Auseinandersetzung mit dem Vater und seiner konventionellen Einstellung zur Rollenzuweisung befindet sich in dem folgenden Dialog:

> „'Daß du unser Kind da hingeben magst!' hat er zu Mama gesagt.
> 'Und wohin denn sonst, bitte schön?' hat Mama gefragt. 'Kindergartenplätze gibt's schließlich nicht wie Sand am Meer!'
> 'Davon rede ich nicht', hat Papa gesagt. 'Ich rede von dieser ganzen albernen Geschichte mit dem Studieren! Kannst du mir mal erzählen, wozu du das brauchst?'"
> (S. 9)

---

[123] Alle Seitenangaben beziehen sich auf Kirsten Boie. Mit Kindern redet ja keiner. Hamburg: Oetinger Verlag, 1990.

Dieser konfliktgeladene Dialog erinnert an die Schwierigkeiten der modernen Frauen, von der die Soziologin Elisabeth Beck-Gernsheim spricht: „Die Mehrheit von jungen Mädchen und Frauen will die Verbindung von Beruf und Familie, stößt dabei aber auf erhebliche Barrieren. Barrieren auf Seiten der männlichen Partner und der Institutionen."[124] Der Ehemann, der Jura studierte, kann nicht verstehen, wozu seine Frau ein Studium braucht, obwohl er selbst ein Studium beendet hat und dadurch jetzt gut verdient. Als „alberne Geschichte" bezeichnet er das Studium seiner Frau. In dieser Äußerung zeigt er seine Einstellung, daß sich eine Mutter nur als Hausfrau um die Familie und Kinder kümmern soll. Sie brauche keinen eigenen Lebensraum und müsse sich auch nicht selbst entwickeln und studieren. Diese konservativen Gedanken der tradierten Zuweisung der Geschlechterrollen verursachen danach eine Depression der Frau, die aus ihrer langweiligen Rolle ausbrechen will. Die Mutter erwidert nichts zu dem Vorwurf des Mannes und studiert weiter.

2.2. Resignation – Rückkehr ins Hausfrauendasein

Eines Tages findet die Mutter ihr Traumhaus in einem Dorf. Sie ziehen dann aufs Land. Charlotte geht dort in den Kindergarten und in die Schule. Die Mutter mag das Leben auf dem Lande, aber es ist ungünstig für das Studium. Sie hat kein Auto und kommt mit der Verkehrsverbindung nicht zurecht. Zu diesem Zeitpunkt ist ihr Ehemann immer heftiger dagegen, daß sie weiter studiert. Seine konventionellen Gedanken über die Frauenrolle und seine Erwartung an die Ehefrau, daß sie die traditionelle Hausfrauenrolle spielen soll, sind im folgenden Zitat zweifellos zu sehen:

> „'Ich bin froh, daß du es selber siehst', hat er gesagt.
> 'In diesem Haushalt hat ja auch wirklich nichts mehr gestimmt. Und das Kind war auch schon völlig vernachlässigt. Gerade jetzt, wo sie in die Schule geht! Ich bin froh, daß du es selbst gemerkt hast, Liebes. Man kann eben nicht alles haben: ein schönes Heim, ein Kind und dann auch noch ein Studium.'" (S. 16)

Der Ehemann in diesem Kinderbuch ist nicht das einzige Beispiel, mit dem die Feindseligkeit gegen die Weiterausbildung der Partnerin deutlich gezeigt wird. Anja Meulenbelt stellt dies als allgemeines Phänomen: „Häufig nahmen Männer das 'Wieder zur Schule gehen' ihrer Frauen anfangs kaum ernst, mit der Zeit aber wurden sie immer ärgerlicher. Sie reagierten mit Sabotage [...] sowie höhnischen Bemerkungen bis hin zu Mißhandlungen. Einige Frauen, die das Gefühl haben, ihre Weiterbildung könne sie ihre Ehe kosten, hören wieder auf. Anderen Frauen

---

[124] A. a. O., Gernsheim, S. 41.

gelingt es manchmal weiterzumachen, indem sie sich gegenseitig unterstützen [...]"[125] Elisabeth, die Mutter in „Gretchen Sackmeier", gehört zu den letzteren, die mit der Unterstützung durch ihre Schulfreundin, Marie-Luise, auf ihren eigenen Füßen stehen und die Ausbildung zur Sozialarbeiterin fortsetzen kann. Die Mutter von Charlotte gehört zu denen, die keine Unterstützung von außen bekommen und davor Angst hat, daß das weitere Studium sie ihre Ehe und Familie kosten würde. So bleibt die Mutter wieder zu Hause und macht den Haushalt. Allmählich hat sie keine Lust mehr, das langweilige Leben als Hausfrau weiter zu führen. Sie ist sich auch nicht mehr sicher, was für einen Sinn ihr Leben hat. Sie ist depressiv und kümmert sich weder um das Kind noch um den Haushalt. Sie schlägt das Kind, als es nicht Klavier übt. Sie wäscht sich nicht mehr, liegt den ganzen Tag auf der Couch oder läuft im Zimmer herum. Der Ehemann redet nicht mit ihr über ihre Probleme, sondern macht ihr Vorwürfe, wenn sie seine Erwartungen nicht erfüllt. Er lädt Gäste zum Essen nach Hause ein und verlangt von seiner kranken und depressiven Frau, daß sie ein großes Mahl kocht und gleichzeitig eine schöne Gastgeberin spielt. Als er ein staubiges Zuhause und eine saufende, auf dem Sofa sitzende Frau sieht, sagt er die Einladung mit einem erfundenen Grund telefonisch ab und schreit sie an: „Wenigstens die Schande bleibt einem erspart, daß Kohlhaases kommen und das Haus in diesem Zustand erleben. Und meine Frau!" (S. 39) Der Mann kann die Welt nicht mehr verstehen. Nach seiner Logik ist es für die Frau viel einfacher, sich auf eine Rolle, nämlich die Hausfrauenrolle und die Mutterrolle, zu konzentrieren, als sich im Dilemma der Doppelbelastung vom Haushalt und Studium zu befinden. Die Situation nach dem Verzicht aufs Studium sollte eigentlich nach seiner Vorstellung viel besser sein, sowohl für die ganze Familie als auch für die Ehefrau selbst. Er rechnet nicht damit, daß seiner Frau die Bedürfnisse nach Selbstentfaltung und nach weiterem Lebensraum durchs Studium so viel bedeuten, daß sie es nach dem Scheitern ihrer Pläne psychisch nicht mehr aushalten kann. Als seine Frau einen Selbstmordversuch unternimmt und ins Krankenhaus eingeliefert wird, telefoniert er herum, statt mit dem Kind über die Krankheit der Mutter zu reden. Diese Fassungslosigkeit und Strategie der Verheimlichung beweisen, daß er die Situation wieder falsch einschätzt und nicht entsprechend reagieren kann. Er betrachtet die psychisch kranke Frau als Schande, über die in der Öffentlichkeit nichts erwähnt werden soll. Elvira Armbröster-Groh analysiert ausführlich die beiden Elternfiguren und ihre Probleme:

---

[125] Anja Meulenbelt. Wie Schalen einer Zwiebel oder Wie wir zu Frauen und Männern gemacht werden. München: Frauenoffensive, 1985, S. 144.

„Der Vater hat diese ohnehin voller Missfallen verfolgt, da eine Frau sich seiner Ansicht nach vorrangig um Kind, Ehemann und Haushalt zu kümmern hat. Im Gegensatz zu ihm erscheint die Mutter zwar von ihren Vorstellungen her emanzipiert – sie ist aber letztlich zu schwach um sich gegen Widerstände durchzusetzen. Ihr Ausbruchsversuch aus dem traditionellen Rollenkonzept scheitert damit nicht nur an den starren familiären Rahmenbedingungen, sondern gleichzeitig an einer persönlichen Instabilität."[126]

Armbröster-Groh betrachtet das Problem der Mutter auf zwei Ebenen. Die eine ist die sozial bedingte Geschlechterrolle und deren Beschränkung. Die andere ist die Struktur der Persönlichkeit. Eine Schwäche besitzt die Figur der Mutter. Statt sie auszudrücken, unterdrückt sie ihre Meinung, vor allem, wenn sie mit der konventionellen Vorstellung des Mannes konfrontiert wird. Eigentlich wird nicht nur die Vaterfigur negativ als ein konservativer Jurist dargestellt, der kein Verständnis für die Selbstentfaltung der Frau hat, sondern auch die Mutterfigur wird nicht sympathisch geschildert. Von einer Schwarz-weiß-Malerei des Figurencharakters kann man in diesem Fall nicht sprechen, weil keine schuldlosen erwachsenen Figuren existieren. Die depressive Mutter blamiert, schlägt und vernachlässigt das Kind. Ein Opfer und gleichzeitig ein Täter ist hier die Mutter, die sich vom eigenen Kind distanziert und es launisch behandelt, nachdem ihr Lebenswunsch gescheitert ist.

Die einzige positiv dargestellte erwachsene Figur in diesem Werk ist die Mutter von Lulle. Sie redet mit dem kleinen Mädchen Charlotte über die Krankheit der Mutter, wenn alle Erwachsenen vor ihr den Mund halten. Sie meint, daß sie selbst als Berufstätige auch eine Phase hatte, in der sie überhaupt nichts schaffen konnte und sich so depressiv fühlte. In dieser Phase brauchte sie jemanden, mit dem sie über die Definition ihrer Rolle und über den Sinn ihres Lebens reden konnte. Aber Charlottes Mutter isoliert sich in ihrem einsamen Lebenskreis. Deswegen verschlimmern sich die depressiven Symptome. Dieselbe Problematik wird nicht nur literarisch behandelt, sondern auch in soziologischer Perspektive bearbeitet, wie Gabriele Kunkel es zum Geschlechterrollenkonflikt bemerkt:

> „Durch den ökonomischen Wandel und seine Wirkung auf das gesellschaftliche Wertsystem vollzog sich der Übergang von der patriarchalen zur partnerschaftlichen Ehe, der die Rollendefinition der Geschlechter entscheidend verändert hat. Diese Veränderung der traditionellen Rollendefinition hat aber auch zu Problemen im Zusammenleben der Geschlechter geführt."[127]

Die Mutter von Charlotte hat nicht nur die doppelte Belastung durch Studium und Haushalt, sondern auch große Schwierigkeiten mit dem Vater, der die

---

[126] Elvira Armbröster-Groh. Kirsten Boie: Mit Kindern redet ja keiner. In: Lesen in der Schule mit dtv junior. Moderne Kinderromane 2. München: dtv, 1999, S.13- 26. Zitat S. 15.
[127] Gabriele Kunkel. Die Beziehungsdynamik im Familienrechtskonflikt. Tübingen: Dissertation, 1997, S. 14.

patriarchalischen Vorstellungen repräsentiert. Eine heftige und richtige Auseinandersetzung zwischen dem Vater und der Mutter über ihre Wünsche findet in dem Buch nicht statt. Die Kommunikation zwischen den Partnern funktioniert nicht richtig, weil der Vater eine dominante Ernährerrolle und die Mutter eine schwache weibliche Rolle spielen – ganz genau nach dem Konzept der traditionellen Geschlechterrollen. Nach dem Scheitern des Ausbruchsversuchs aus diesem konventionellen Rahmen kann sie weder durch den Übergang eine neue Definition ihrer Rolle finden noch zu ihrer alten Rolle zurückkehren. Diese Ausgangslosigkeit verursacht dann den psychischen Zusammenbruch.

2.3. Kritik an der patriarchalischen Rollenzuweisung

Nach dem Gespräch mit Lulles Mutter weiß Charlotte erst, daß ihre Mutter mit dem „allgemeinen" Problem berufstätiger Mütter konfrontiert ist. Ab diesem Moment kann sie erst die Krankheit der Mutter und sich selbst akzeptieren. Man findet ein überfordertes Kind und die Problematik der Rollenzuweisung des weiblichen Geschlechts in diesem Werk, so übt Gabriele Wenke in ihrer Interpretation scharfe Kritik an der Vaterfigur in diesem Buch, die für die Depression der Ehefrau verantwortlich ist:

> „Als die Mutter zunehmend depressiver wird, beschimpft er sie als faul. Er scheint nicht im geringsten zu begreifen, was vorgeht und scheint auch seine Frau, als sie nicht mehr funktioniert, nicht genug zu mögen, um überhaupt auf die Idee zu kommen, ihr zu Hilfe zu kommen. Zu seinem Kind scheint er keinen Kontakt zu haben. Wenn man die Geschichte aufmerksam verfolgt, fragt man sich, wer von den beiden Eltern wohl der kränkere Teil ist."[128]

Krank ist der Vater in dem Sinne, daß er tief in der tradierten Rollenverteilung verwurzelt ist. Deswegen will er weder die Veränderung der Frau noch den Wandel der Gesellschaft und der Geschlechterrollen wahrnehmen. In seinen Vorstellungen soll alles bleiben, wie er es sich wünscht. Diese autoritäre männliche Ansicht ist die Hauptursache der Familienkonflikte und der Depression der Frau. Unter der Kontrolle dieser autoritären Struktur muß die Frau bei ihrem Ausbruch aus der traditionellen Mutterrolle scheitern, weil sie weder Unterstützung noch Verständnis von dem Ehepartner bekommt. Die Theorie von Gernsheim ist eine optimale Ergänzung von der soziologischen Perspektive her zu diesem im Buch dargestellten Problem: Das Scheitern der Verbindung zwischen Beruf und Familie resultiert aus dem Verhalten von Institutionen und Partnern. Ohne die Kooperation des Partners und die Hilfe der sozialen

---

[128] A. a. O., Wenke, S. 38.

Institutionen können Frauen das Ziel – die Verbindung von Familie und Beruf – nicht erreichen. Carsten Gansel analysiert dieses Werk auch in ähnlicher Weise.

„Dabei geraten Problemfelder in den Blick, mit denen Kinder und Erwachsene es unter den Bedingungen von gesellschaftlicher Modernisierung heute zu tun bekommen: Studium und Berufstätigkeit der Mutter, Überforderungssyndrome, psychische Erkrankung und ihre Auswirkungen auf die Familie und das soziale Umfeld".[129]

An dieser Stelle soll die Diskussion über die Risikogesellschaft in den Vordergrund gerückt werden. Ulrich Becks Meinung nach befinden sich in der modernen Gesellschaft mehrere Wahlmöglichkeiten der ehelichen bzw. außerehelichen Beziehung. Durch diese Entscheidungsmöglichkeiten entstehen sowohl verschiedene Chancen als auch Risiken im Rahmen der Interaktion zwischen Männern und Frauen[130]. Aufgrund der Wahlmöglichkeit in der modernen Gesellschaft hat die Mutter der Protagonistin eine Chance, ihre geistigen Interessen neben der Mutterrolle zu verwirklichen. Das Studium soll eigentlich für sie eine Chance sein. Die Chance birgt aber auch unvermeidliche Risiken. Sowohl Männer als Frauen müssen ihre neue Rollenverteilung definieren und daran arbeiten. In diesem literarischen Beispiel ist die Mutter nicht stark genug, die Doppelbelastungen des Studiums und der Familie zu verkraften und ihren Willen gegen die Vorstellung ihres Mannes durchzusetzen. Der Ehemann sucht keine neue Definition für seine Männerrolle, bleibt unverändert konventionell und läßt den Versuch des neuen Lebensmodells scheitern. Dieses Scheitern verursacht dann den psychischen Zusammenbruch der Ehefrau. Die Instabilität und Schwäche der Mutter plus der Inflexibilität des Vaters bewirken die Familientragödie. Die Familienkonflikte in diesem Roman, die wegen des Ausbruchs aus der traditionellen Frauenrolle entstehen, sind ein hervorragendes literarischen Beispiel für die Risiken der modernen sich wandelnden Gesellschaft.

3. Konflikt in der traditionellen Geschlechterrollen- Konstellation

Die Behauptung könnte aufgestellt werden: „wenn der Ausbruch aus den traditionellen Rollen und der Rollenaustausch so viele Probleme und Schwierigkeiten mitbringen, dann könnte man einfach bei dem alten Wertsystem bleiben." Leider kann die sich wandelnde Gesellschaft weder zurückkehren noch stehenbleiben. Die Risiken der Modernität gelten nicht nur für die emanzipierten bzw. sich emanzipierenden Frauen. Die in dem konventionellen Rollenmuster

---

[129] Carsten Gansel. Beim Schreiben setzt sich das Mögliche durch – Zu Kirsten Boies Kinderroman „Mit Kindern redet ja keiner". In: Carsten Gansel und Sabine Keiner (Hg.). Zwischen Märchen und Welten. Kinder- und Jugendliteratur im Literaturunterricht. Frankfurt/M.: Peter Lang Verlag, 1998. S. 177-186. Zitat S.179.
[130] Vgl. a.a. O., Beck, U., S. 176.

bleibenden Frauen werden davon auch betroffen. Die Gefahr besteht darin, daß sie in der Gesellschaft nicht mehr wandlungsfähig sind und die neue Generation nicht verstehen können. Daraus entstehen Generationsklüfte und Konflikte, die aus verschiedenen Lebensentwürfen stammen. In dem Werk „Das Ausgleichskind"[131] von Boie wird diese heikle Problematik thematisiert.

3.1. Traditionelle Hausfrau und ihr überfordertes Ausgleichskind

Die Protagonistin Margarete ist ein braves und kluges Mädchen. In der Schule bekommt sie ohne Schwierigkeiten die besten Noten. Zu Hause muß sie immer wegen der hohen Ansprüche der Mutter Klavier üben. Nach dem Plan der Mutter soll die Tochter eines Tages Pianistin werden. Sie ist das Ausgleichskind in der Familie, wie ihr bester Freund Akki feststellt:

> „'Die Familie', sagte Akki [...] 'ist ein System. Jedes Mitglied hat seine Rolle zu spielen. Verändert sich die Situation des einen, muß sich notwendig auch die aller anderen verändern. Verstehst?' [...] 'Und deine Rolle, kluge Margarete', sagte er, 'ist es, in eurer Familie auszugleichen. Je mehr bei euch schiefgeht, desto mehr bist du gefordert. Nur wenn alles einigermaßen gut läuft, lassen sie dich in Frieden. Mehr oder weniger.'" (S. 6f)

Akkis Behauptung klingt ähnlich wie Luhmanns Systemtheorie, der zufolge die Gesellschaft aus verschiedenen Systemen besteht, wie sie Mikl Horke definiert: „Die Systemtheorie ist die Grundlage für den Einsatz der funktionalen Analyse, denn sie konstruiert das Problem. Probleme versteht Luhmann als zusammenhängend und daher nicht isoliert – und lösbar, als Systemprobleme bzw. Problem-Systeme."[132] Die Familie als kleinstes Element der Gesellschaft entspricht auch dieser Theorie. Der frühreife Mitschüler Akki führt die Veränderung der Familiensituation auf die Spannung zwischen der Mutter und ihrer ersten Tochter zurück. Die fünf Jahre ältere Schwester Marthe war auch eine Vorzeigeschülerin. Sie spielte Geige und war so brav wie die jüngere Schwester. In der traditionellen, kleinen Familie spielt sie gemeinsam mit der jüngeren Schwester die Rolle als perfektes Kind. Die scheinbar harmonische Familiensituation wird dadurch verändert, daß sie sich mit einem dreißigjährigen Gebrauchtwagenhändler anfreundet, den der Vater als „windigen Typ" (S. 35) bezeichnet. Mit dieser Freundschaft sind die Eltern nicht einverstanden. Eines Tages hat die Tochter die Vermutung, schwanger zu sein. Sie erzählt Margret von ihrer Angst. Die jüngere weiß keinen anderen Rat, als der Mutter dieses

---

[131] Alle Seitenangaben beziehen sich auf. Kirsten Boie. Das Ausgleichskind. München: DTV, 1996. Erste Ausgabe erschien in Hamburg: Oetinger Verlag, 1990.
[132] Mikl Horke. Soziologie. 4. Aufl. München: Oldenbourg Verlag, 1997. S. 286.

Geheimnis zu verraten. Die Mutter verlangt von der Tochter, daß sie abtreiben läßt. Die Tochter ist wegen der brutalen Einstellung der Mutter wütend. Sie ist am Ende sicher, daß sie doch nicht schwanger ist. Aber wegen der Enttäuschung über die Mutter zieht sie von zu Hause weg und wohnt eine kurze Weile mit ihrem Freund zusammen. Dann beendet sie das Verhältnis, meldet sich in der Schule ab und geht als Au-pair Mädchen nach England. Ab diesem Moment, wo die Schwester von zu Hause wegläuft, muß Margarete alleine die Rolle als perfektes Kind spielen und gleichzeitig die Familienatmosphäre ausgleichen. Der Zwischenfall mit der „angenommenen Schwangerschaft" ist nur ein Katalysator. Die erste Tochter in der Familie setzt sich einer heftigen Auseinandersetzung mit der mütterlichen Macht aus. Sie will nicht, daß ihr ganzes Leben von der Mutter kontrolliert wird.

> „Marthe ist gegangen, weil sie Mama nicht verziehen hat, daß sie wollte, Marthe sollte abtreiben. Obwohl Marthe nachher gar nicht schwanger war. Aber Marthe fand, das hätte Mama ja nicht wissen können und vielleicht hätte sie sich sogar selber gegen das Kind entschieden – also, wenn sie nun wirklich schwanger gewesen wäre – aber Mama hätte ihr wenigstens die Entscheidung überlassen müssen. Es ist schließlich ihr Leben, sagte Marthe." (S. 35)

Zu diesem Ausbrechen der Tochter meint Gabriele Wenke, daß der Vater die Verantwortung auch mitübernehmen soll: „Der Konflikt mit der Mutter – und dem zurückhaltenden, aber nicht hilfreichen Vater – hat die fünf Jahre ältere Schwester schon aus dem Haus getrieben"[133]. Die jüngere Schwester leidet aber immer mehr unter der mütterlichen Kontrolle, nachdem die Schwester weggezogen ist, weil die Mutter sich nun auf das einzige Kind zu Hause konzentriert. Die Mutter wird als eine krankhaft-ehrgeizige Frau dargestellt, die sich ständig mit anderen Leuten vergleichen muß, damit sie sich von ihrer Überlegenheit überzeugen kann. Nicht nur sollen ihre Kinder bessere Noten als die Kinder der Verwandtschaft haben, auch ihr Ehemann soll erfolgreicher im Arbeitsleben als sein Bruder sein. Die Szene auf der Geburtstagsparty ist so realistisch dargestellt, daß der Scheinfriede der kleinen Krisenfamilie und die Konkurrenz der Mutter mit ihrer Umwelt genau skizziert wird. Nach der Feier drückt sie ihren Neid auf die materiell überlegenen Verwandten aus:

> „Hast du Erdmutes Rock gesehen? Und Gittas neue Sachen? Die kleiden sich ständig neu ein, es ist nicht zu fassen. Und das bei Roberts Schlachtergehalt! Aber natürlich leben sie mietfrei [...] Und dabei hätte dein Vater mindestens den gleichen Anspruch auf das Haus [...] Nur weil sie in Elmshorn mit seiner Mutter zusammen wohnen wie die Schnorrer, zahlen sie keinen Pfennig Miete [...] Und wenn es ans Erben geht, glaub mir, dann fällt das auch alles an Robert und Erdmute. Ganz selbstverständlich [...] ". (S. 46f.)

---
[133] A. a. O., Wenke, S. 38.

Dieses Bild der Mutter im Buch ist sehr traditionell und negativ skizziert. Sie interessiert sich nur für das, was höheres Ansehen bringt. Sie bleibt in dem engen Rahmen der Familie und vergleicht ihre familiäre Position mit den anderen. Sie möchte eine erstrangige Familie haben, in der die Kinder ausgezeichnete Noten bekommen und der Ehemann die beste Stelle hat, damit sie anderen Frauen überlegen ist. Karin Richter weist darauf hin, daß sie sich völlig auf die traditionelle Hausfrauenrolle beschränkt: „Ihr Dasein als Hausfrau führt dazu, daß sie ihren Wert über die Leistungen von Töchtern und Mann definiert."[134] Solch ein Mutterbild ist ziemlich negativ, aber leider sehr realistisch. Es ist anstrengend, eine Tochter solch einer Mutter zu sein. Margarete traut sich nicht ihrer Mutter mitzuteilen, daß sie nicht zum Klavierspielen für das Schulkonzert gewählt wurde, weil der Vater am selben Tag auch nicht zum neuen Leiter der Abteilung gewählt wurde. Sie muß die Familienstimmung ausgleichen. Dies sieht man auch beim Streiten zwischen Mutter und Tochter. Die Mutter versucht gar nicht, sich mit der Tochter zu versöhnen, nachdem sie sich weigert, den ganzen Tag vor dem Klavier zu hocken.

> „Ich hatte nicht mehr mit Mama gesprochen am Donnerstagabend. Wenn sich einer in der Küche einsperrt und stundenlang mit Getöse Töpfe räumt, kann das ja nur Ärger bedeuten. Mama war sauer auf mich, und ich hatte keine Lust, mich noch mal bei ihr zu entschuldigen [...]" (S. 125)

Statt Klavier zu spielen, nimmt sie an einer Aktion für den Umweltschutz im Supermarkt teil, obwohl die Mutter ganz und gar gegen die Aktion und immer heftiger gegen die Beteiligung der Tochter ist. Ihrer Meinung nach soll Margarete überhaupt nichts mit der rebellischen Aktion zu tun haben. Die Ursachen der Familienkonflikte in diesem Buch sind hauptsächlich die Auseinandersetzung mit der mütterlichen Macht und deren Kontrolle. In der oben zitierten Szene sieht man deutlich, daß die Mutter sich selbst in ihrer Rolle als Hausfrau beengt fühlt und keinen Ausweg aus ihrem eintönigen Leben finden kann. In der Küche sperrt sie sich ein und drückt durch das Lärmen beim Abwaschen ihren Ärger aus. Ralf Schweikart beschreibt sie als eine „durch krankhaft auf das Kind projizierten Ehrgeiz auffällige Mutter"[135]. Diese Krankheit spiegelt genau die Risiken der traditionellen Hausfrau in der sich wandelnden Gesellschaft wider. Sie will die Veränderung der Familie ebenso wenig wahrnehmen wie der konventionelle Vater in „Mit Kindern redet ja keiner" und gerät in ihrer traditionellen Rolle

---

[134] A. a. O., Karin Richter. S. 285.
[135] Ralf Schweikart. Vom aufrechten Schreiben für Kinder. Kinderbücher von Kirsten Boie im Taschenbuch. In: Kinderliteratur aktuell in Grundschule und Praxis. Grundschule Mai 1997, S. 6.

immer tiefer in den Abgrund, in dem die Ansehenssteigerung der Familie und die Leistung des Ehemannes und der Kinder zu ihrer einzigen Aufgabe zählt. Karin Richter sieht die Mutter als Opfer des konventionellen Rollenmusters, „daß diese Lebenssituation der Mutter nicht einfach selbst gewählt ist, sondern daß diese Familienstruktur mit ihren tradierten Rollenmustern gesellschaftlichen Determinanten unterliegt."[136] Sie möchte alle Familienmitglieder nach ihrer eigenen Vorstellung formen. Nicht nur die Töchter, sondern auch der Ehemann sollen so erfolgreich sein, wie die Hausfrau es sich vorstellt. Der Vater ist zu feige, sich gegen das Wunschbild seiner Frau zu wehren. Er macht mit, was sie will, und verlangt auch von seiner Tochter mitzumachen bzw. die Mutter nicht zu ärgern und sich nach dem Willen der Mutter zu verhalten. Dieses Männerbild mit vagem Gesicht und ohne starken Charakter ist typisch in der Kinder- und Jugendliteratur in den 80ern und 90ern. Die Väter sind in den meisten Werken entweder zu Hause nicht anwesend oder mischen sich selten in die Erziehung ein. Haus und Haushalt haben hauptsächlich mit Frauen und Kindern zu tun.

Die Mutter in „Das Ausgleichskind" wird als spießige und lieblose Hausfrau dargestellt, die sich selbst nicht weiter entwickeln kann und gleichzeitig die Entfaltung ihrer Kinder beschränkt. Margarete folgt dem Rat von Akki und schenkt der Mutter Klavierstunden zum Geburtstag. Beim Lernen weiß die Mutter erst, wie schwer es ist, einen hohen Anspruch zu erfüllen.

> „'Meine Güte, Margret! [...] Jetzt weiß ich ja überhaupt erst, wie phantastisch du spielst! Soweit komm ich im Leben nicht mehr!' Und dann drückt sie verbissen die Tasten herunter, und der kleine Finger zeigt starr in die Luft." (S. 155)

Am Ende der Geschichte verändert sich die Mutter etwas. Darin besteht ein Hoffnungsschimmer, daß künftig die Tochter etwas mit der Mutter anfangen kann. Aber „Manche Dinge kann man Mama nicht sagen" (S. 156). In diesem Satz erkennt man wieder die Schwierigkeit, die in der Kommunikation zwischen Mutter und Tochter herrscht. Einige Wahrheiten sind zu grob und zu roh, so daß man sich niemals traut, sie auszusprechen. Der Grundton des Buches ist melancholisch und traurig. Man fühlt sich erstickt, muß aber unbedingt weiterlesen. Die Probleme sind so nah und machen einen ohnmächtig, weil man auch keine Lösung finden könnte. Am Ende bietet die Autorin jedoch eine empfehlenswerte Lösung für die Familienkonflikte an, die durch die beengten Lebensräume der Hausfrau erzeugt werden: Ansprüche sollen nicht an andere, sondern an sich selbst gestellt werden.

3.2. Negatives Mutterbild als Hausfrau in „Stolperschritte" von Pressler

Derselbe traurige Grundton herrscht auch in „Stolperschritte" von Mirjam Pressler. Die Konflikte der Familie in diesem literarischen Werk liegen auf verschiedenen Ebenen. Der erste bezieht sich auf die Beziehung zwischen der Mutter und den Kindern. Auf dieser Ebene geht es hauptsächlich um die Erziehung durch die Mutter. Sie ist schnell gereizt und gibt Ohrfeigen als Strafmethode:

> „Bei unserer Mutter sitzt die Hand oft locker. Mich hat sie jetzt schon lange nicht mehr geschlagen, aber Frieder erwischt schon noch hin und wieder eine. Sein Gesicht wird wieder ganz leer." (S. 12)[137]

Sie schlägt Frieder heftig, als er wegen der schlechten Note im Zeugnis aus Angst zu spät nach Hause kommt. Das hysterische Verhalten wird aus der Perspektive von Thomas so erzählt:

> „Endlich kam er dann, klein, verschüchtert, und hielt Mama, ohne ein Wort zu sagen, sein Aufsatzheft hin. Er hatte wieder eine Fünf geschrieben. Mama gab ihm sofort eine Ohrfeige und tobte fürchterlich über die Fünf und darüber, dass er so spät gekommen war und sie sich Sorgen gemacht hatte. Frieder steckte den Schlag mit einem leichten Ducken des Kopfes ein und stand mit unbeweglichem Gesicht dabei, als Mama schimpfte. Wenn er nur weinen würde, dachte ich. Oder Mama anschreien! Er sieht in solchen Augenblicken so fremd aus, so leer." (S. 54f)

Frieder wird als ein schweigsamer Junge dargestellt, der nichts vom Kämpfen und vom Sich-Wehren weiß. Er ist so ruhig wie die Pflanzen, die er am liebsten mag. Das Problem zwischen ihm und der Mutter liegt darin, daß er die von der Mutter in ihn gesetzten Erwartungen an seine Schulleistung nicht erfüllen kann. Er hat auch keine Kraft, sich gegen die dominante Mutter zu wehren. Er läßt die Mutter ihn überzeugen, daß er dumm ist und bestraft werden muß. Nach der Strafe wird er immer „kleiner" und distanziert sich von der Familie. Am Ende sieht er Selbstmord als den einzigen Ausweg aus seinem Leben. Er ist nicht so stark wie der Bruder, der sich sowohl innerlich als auch äußerlich gegen die Mutter wehrt. Dieses negative Mutterbild gipfelt an der Stelle, als sie Thomas´ Tagebuch findet und sich mit ihm streitet, weil er sie im Tagebuch als „Ziege" beschreibt. Mit Fünfzehn bekommt Thomas immer noch eine Ohrfeige, als er sich weigert, ihr zu sagen, wohin er geht:

> „´Und ich glaube, ich bin alt genug, um nicht immer sagen zu müssen, wohin.´ Klatsch, habe ich eine Ohrfeige weg. ´Dafür bist du aber noch nicht zu alt.´ Ich hätte heulen können vor Wut, aber den Gefallen tue ich ihr nicht. Ich schaue sie nur kühl an. Sie ist

---

[136] A.a.O., Richter, S. 286.
[137] Alle Seitenangaben beziehen sich auf: Mirjam Pressler. Stolperschritte. Ravensburger Verlag, 1984.

jetzt selbst bestürzt und unsicher, das sieht man, die Ohrfeige ist ihr nur so herausgerutscht." (S. 63)

Die emotionale und unpädagogische Reaktion der Mutter zeigt nicht nur ihre Unsicherheit, sondern auch das Problem ihres Hausfrauendaseins. In dieser bürgerlichen Familie nimmt der Vater die Rolle des Ernährers ein. Als berühmter Architekt bietet er der Frau und den Kindern ein wohlhabendes und an materiellen Werten orientiertes Leben an. Diese traditionelle Familienkonstellation, vor allem die hohen Ansprüche, die die Mutter an ihre Kinder stellt, erinnert an das „Ausgleichskind" von Boie. Margrets Mutter konzentriert wie Thomas Mutter ihre Leistung als Hausfrau auf den Erfolg der Kinder und des Mannes. Die Kinder werden überfordert, ungerecht behandelt, wenn sie versagen, und distanzieren sich deswegen von der Mutter. Unterschiedlich ist die Charakterisierung der Vaterfiguren in den beiden Werken. Der Vater von Margret unterwirft sich der dominanten Ehefrau, weil er auf der Berufsebene nicht so erfolgreich wie Thomas' Vater ist. Der berühmte Architekt flieht vor dem unangenehmen Familienambiente und vor der gereizten Frau. Dadurch vernachlässigt er gleichfalls seine Kinder, die andauernd mit der launischen Mutter konfrontiert werden. Außer dem Berufsleben hat er gleichzeitig in seinem privaten Leben eine Affäre.

3.2.1. Ehebruch des Vaters

Am Anfang des Buches wird das seltene Dasein des Vaters thematisiert. Er behauptet immer, daß er Arbeit habe. In Wirklichkeit hat er eine Affäre mit seiner Arbeitskollegin und weilt bei ihr, auch an dem Tag, an dem Frieder verschwunden ist. Die Probleme zwischen dem Ehepaar resultieren nicht nur aus Frieders Angst vor der Scheidung der Eltern, sondern auch aus der launischen und hysterischen Gewalt der Mutter in der Erziehung der Kinder. In einer ganz dramatischen Szene, in der die Mutter erfolglos dem Sohn Mathematik beibringt, wird die Wirkung der schlechten Ehebeziehung implizit dargestellt:

> „Plötzlich brüllte Mama: `Ich halte das nicht mehr aus!' Sie nahm die Kaffeekanne, die auf dem Tisch stand, und hielt sie mit beiden Händen ganz hoch über den Kopf. Ich dachte noch: Das gibt's nicht. Da schmiss sie die Kanne auf den Boden. Die Porzellanstücken sprangen nach allen Seiten, und der Kaffeerest spritzte hoch. Mama rannte ins Haus." (S. 77)

Thomas versteht nicht, weshalb die Mutter überreagiert und ungeduldig ist. Er fragt sich gleichzeitig, aus welchem Grund sich die Mutter so aufregt, wohl nicht nur wegen der Mathematik. Diese hysterische Reaktion hängt auch mit anderen Faktoren zusammen, wie zum Beispiel der Tatsache, daß der Bruder zufälligerweise im botanischen Garten den Vater eine junge Frau küssen gesehen hat. In einem Gespräch mit dem Sohn, in dem über die Schuld an Frieders Tod geredet wird, bekennt er seine eigene Schuld:

> „'Ich habe alles falsch gemacht', sagt er. 'Ich hätte Mama nicht allein lassen dürfen, nicht so, wie ich es gemacht habe. Ich hätte entweder zu Hause bleiben oder mich scheiden lassen müssen. Damit wäre auch eure Mutter irgendwie fertig geworden. Aber so war es nicht richtig. So hat sie immer nur versucht, mich zurückzubekommen' [...] " (S. 100)

Aus diesem Bekenntnis heraus wird das bösartige Verhalten der Mutter plötzlich verständlicher. Sie ist sowohl ein Opfer des Ehebruchs in einer unglücklichen Ehe als auch der Täter in der Erziehung, in der sie die Kinder schlägt und terrorisiert als Ventil ihres Ärgers. Dieser Teufelkreis ist leicht zu erkennen in ihrem Verhalten. Ihre Dominanz den Kindern gegenüber stammt eigentlich aus der Ohnmacht dem Mann gegenüber. Das Opfer einer unglücklichen Ehe kann eine sehr brutale Mutter werden, die die ersehnte Anerkennung bei den Kindern oder durch die Kinder kompensieren will, aber wieder scheitert. In diesem Fall wird ein unglückliches Hausfrauendasein gezeigt, das auf die Kinder und den Ehemann verweist. Diese von dem Ehemann abhängigen Frauen brechen zusammen, wenn sie mit dem Ehebruch konfrontiert werden und üben Gewalt auf die Kinder aus, wie es in dem oben analysierten Werk und in „Novemberkatze" von Pressler (Siehe Kapitel V 3.2.) skizziert wird.

3.2.2. Distanzierte und entfremdete Beziehung der Familienmitglieder

In „Stolperschritte" wird das Problem der Entfremdung thematisiert. Die Ursache der Entfremdung liegt in der Ohnmacht einer problematischen Situation gegenüber. Man versucht durch Gleichgültigkeit, sich von den Problemen zu distanzieren bzw. zu fliehen. Solch eine Haltung zeigt Thomas auch beim Ehebruch des Vaters. „Es geht mich nichts an. Und es wird sich sowieso nichts ändern. Viele Familien leben so wie wir. Ich bin entschlossen, mich um nichts zu kümmern." (S. 61) Aber dem jüngeren Bruder gegenüber fühlt Thomas sich nicht so hilflos wie bei den Problemen des Vaters. Thomas versucht mit der achtzehnjährigen Schwester über die unglückliche Situation des Bruders zu reden, und zwar in der leisen Hoffnung, daß sie mit der Mutter reden kann.

> „'Er ist so unheimlich ruhig', sage ich zu Elisabeth.
> 'Frieder geht vor die Hunde', sagt sie. 'Und Mama ist schuld daran. Für sie müssen ihre Kinder in allem besser sein als andere, müssen mehr bringen, mehr leisten. Und das kann er nicht. Er ist halt ein bisschen dumm.'
> 'Meinst du das wirklich?'

'Ich glaube schon [...] Er hat kein Selbstbewusstsein', sagt Elisabeth nachdenklich. 'Und durch seine Misserfolge in der Schule wird das immer schlimmer.'
'Warum redest du nicht mal mit Mama?', frage ich. 'Auf dich hört sie vielleicht. Du bist ja kein Kind mehr.'
Sie bekommt ein abweisendes Gesicht. Sie sieht aus wie Papa, wenn er Schwierigkeiten kommen sieht. 'Ich habe keine Lust, mir ständig das Maul zu verbrennen. Ich ziehe sowieso irgendwann einmal aus'." (S. 61f.)

In diesem Gespräch tauchen drei wichtige Probleme auf. Das erste ist der Leistungsdruck der Kinder, die den Ehrgeiz der Mutter befriedigen sollen. Auf diese problematische Einstellung der Mutter gegenüber ihren Kindern weist Schindler hin: „Die Mutter, die ihre Kinder wie Schmuckstücke präsentieren wollte und es nicht ertragen konnte, ein Kind zu haben, das in der Schule keine guten Noten aufwies [...] ".[138] Frieder ist ein Versager in der Schule. Deswegen verliert er sein Selbstbewußtsein zu Hause. Das zweite Problem ist eine Frage der Wertung, als Thomas überlegt, ob Frieder dumm ist, wenn er in der Schule keine guten Noten bekommen kann. In der Waldszene, wo Thomas und Frieder mit einem Mädchen spazieren gehen und Frieder seine botanischen Kenntnisse zeigt, wird gefragt, was eigentlich Intelligenz ist. Frieder bringt sich selbst viel Wissen durch die vom Bruder geschenkten Bücher über Pflanzen bei. Und Thomas bewundert den jüngeren Bruder wegen seiner Fähigkeit, die giftigen Pilze von den ungiftigen zu unterscheiden (Vgl. S. 41). In dem Schulsystem wird das aber nicht als wichtig beurteilt. Frieder kann weder gut schreiben noch rechnen. Nach den Beurteilungskriterien der Mutter, der Schule und sogar der Schwester gehört Frieder zu den Dummen, die Schwierigkeiten mit dem Lernen haben. Aber auf dem Gebiet der Naturkunde kennt er sich aus und pflegt den Garten wie ein professioneller Gärtner. Mit einem einzigen Wertesystem alle Kinder zu beurteilen, ist sowohl das Problem der Schule, der Eltern als auch das der Gesellschaft. Das dritte Problem liegt an der Entfremdung den Mitmenschen gegenüber. Thomas möchte gern dem Bruder helfen und sucht die Hilfe und Solidarität der Schwester. Jedoch ist die Reaktion der Schwester abweisend. Sie kennt zwar die Probleme des Bruders sowie die Ursache des Problems. Aber aus Bequemlichkeit distanziert sie sich von dem Problem dadurch, daß es sie nichts mehr angeht, sobald sie von zu Hause auszieht. Thomas ist enttäuscht von der Schwester, weil er immer ein Idealbild von ihr hatte. „Ich war richtig froh, als Elisabeth kam. Wenn sie lächelt und 'Hallo, Thomas' sagt, geht es mir immer gleich besser." (S. 21) Sie verteidigt das Recht des Bruders gegenüber der Mutter.

---

[138] E.-B. Schindler. Sehnsucht nach Zärtlichkeit. In: Jugendliteratur 2/ 1983. S. 6-8, Zitat S. 6.

Für Thomas ist sie ein Sonnenschein, der Fröhlichkeit in die trübe familiäre Atmosphäre hineinbringt. Sie ist diejenige, die sich der Geschwister wegen mit der Mutter streiten kann. Aber ihre Distanzierung bezüglich Frieders Problem enttäuscht den Bruder. In diesem Problem der Entfremdung spielt der Vater auch eine Rolle. Durch den Ehebruch distanziert er sich nicht nur von der Ehefrau, die er nicht mehr liebt, sondern auch von den Kindern. Er ist selten zu Hause. Ganz fern hält er sich von seinem problematischen Familienleben und von der schlechten Laune der Ehefrau. Er weiß sogar nichts davon, daß die Frau Frieder schlägt, wenn er schlechte Schulnoten bekommt. Frieder öffnet sich einmal und spricht mit dem älteren Bruder über die Angst vorm Sitzenbleiben. Der Bruder tröstet ihn damit, daß sogar Einstein schon einmal sitzengeblieben ist und fragt nach dem Grund der Angst.

> "'Ich habe Angst vor Mama. Und alle werden mich auslachen und darüber reden, wie dumm ich bin.' 'Hast du schon mal mit Papa gesprochen?' Er schaut mich erstaunt an. 'Wann denn? Er ist doch nie da.' Er erinnert mich an einen geschlagenen Hund, so klein und mager sitzt er da." (S. 60)

Aufgrund der Abwesenheit des Vaters fehlt dieser Familie eine alternative Stimme in der Kindererziehung. Die Leser können nicht genau wissen, daß der Vater nichts gegen das Sitzenbleiben hat. Aber eins ist zu erwarten, daß er die Schulleistung des Kindes objektiver als die Ehefrau, die unter einer krisenhaften Partnerschaft leidet, beurteilen kann. Durch die Abwesenheit lässt er sein Kind im Stich. In diesem Buch versucht die Autorin, durch eine pädagogisch orientierte Perspektive die Interaktion der Familienmitglieder und die Ursachen von Frieders Selbstmord zu klären. Die Mutter, die ihre Kinder zum Leistungsdruck vertreibt und schlägt, ist an der ersten Stelle Schuld daran, wobei die anderen Familienmitglieder, die sich von Frieders Problem distanzieren, nach dem Motto: "Jeder für sich; Niemand für andere", sich auch nicht von der Schuld befreien können. Thomas nimmt auch die Verantwortung für den Tod des Bruders auf sich und macht sich selbst Vorwürfe, daß er dem Bruder nicht genug und rechtzeitig geholfen hat, obwohl er der einzige in der Familie ist, der geduldig mit Frieder lernt und ihm bei den Schulaufgaben hilft. Nach dem Selbstmord des Bruders entfremdet er sich weiter von der Familie. Er ist immer verschlossener und will sich nicht mit seiner Mutter versöhnen. Durch ein Gespräch mit dem Vater über die Schuldzuweisung erkennt er, daß die Mutter sowohl ein „Täter" in der Kindererziehung als auch ein Opfer der gescheiterten Ehebeziehung ist und entwickelt Verständnis und Toleranz der Mutter gegenüber. Die Familienkonflikte werden dadurch gelöst, daß Thomas durch die Freundschaft mit Suse und Wolfgang immer offener wird. Diese Offenheit veranlaßt ihn, die Mutter zu akzeptieren und ihre Traurigkeit und Reue dem gestorbenen Sohn gegenüber mitzufühlen.

In den beiden analysierten Werken wurde nicht nur ein negatives Hausfrauenbild gezeigt, sondern auch die Probleme durch den Mangel an Selbstbeschäftigung und den damit verbundenen Bedürfnissen nach Kontrolle und Macht. Die beiden Bücher enden mit einer positiven Entwicklung der Kinder- und Mutter-Beziehung.

Im folgenden wird ein anderer Muttertypus vorgestellt. Im Gegensatz zu der traditionellen Geschlechterrolle wird hier eine studierende Mutter der neuen Generation vorgeführt.

4. Emanzipierte alleinerziehende Mutter in „Nella-Propella"

Jacquo, die Mutter von Nella, wird als moderne Frau, die ihren Willen durchsetzt, dargestellt. Sie ist 25 Jahren alt, ledig und hat eine fünfjährige Tochter. Sie will ihr Kind neben dem Studium allein großziehen. In den Vater der Tochter war die Mutter nur kurze Zeit verliebt. „Nicht für ein ganzes Leben, sagt Jacquo. Da hätte es nicht gereicht. Und darum haben sie auch gar nicht erst geheiratet." (S. 9)[139] Die studierende Mutter steht auch im Dilemma der Doppelorientierung. Sie kann die studentische Pflicht und die Kinderbetreuung nicht perfekt koordinieren und muß andere Leute beauftragen, auf die Tochter aufzupassen. Uli, der leibliche Vater von Nella, übernimmt meistens die Betreuung, wenn die Mutter es von ihm verlangt. Außerdem sieht er die Tochter regelmäßig einmal in der Woche. In die Erziehung darf er sich aber nicht einmischen. Zwischen dem Vater und der Mutter gibt es eine enge Freundschaft, die man in der folgenden Szene deutlich sieht:

„'Hier bring ich dir dein Kind zurück', sagt Uli und gibt Jacquo einen winzigen Kuss auf die Backe, als sie die Tür aufmacht.
'Auch dein Kind', sagte Jacquo und zieht Nella gegen ihren Bauch. 'Vielen Dank.'
'Ist mir jeden Dienstag ein Vergnügen', sagt Uli und kneift Nella in die Backe. 'Schlaf gut, Prinzessin. Bis bald.'" (S. 77)

Dieser liebevolle Umgang zwischen den Eltern, die nicht zusammenwohnen und nicht verheiratet sind, baut die Klischees der Eineltern-Familie ab, die oft so dargestellt werden, als ob diese Familienform „selbstverständlich" mit der Mißhandlung und Vernachlässigung der Kinder sowie mit dem Alkoholismus

---

[139] Alle Seitenangaben beziehen sich auf „Nella-Propella". Kirsten Boie. München: dtv, 1997. Erste Ausgabe erschien in Hamburg: Oetinger Verlag, 1994.

zusammenhängt.[140] Im Gegensatz zu diesem Klischeebild nimmt die Mutter die Tochter hier sehr ernst. Sie versuchen, ihre Konflikte durch Verhandlungen und Gespräche gemeinsam zu lösen. Nella ist im Vergleich zu anderen Kindern, die in „vollständigen" Familien aufwachsen, offener, mutiger und kreativer. Dieses positive Bild der Eineltern- Familie wird von dem Soziologen Rauchfleisch folgendermaßen begründet: „Zum Teil sind sie (Kinder in Einelternfamilien) schulisch sogar besonders erfolgreich. Diese Beobachtung wird als Ergebnis des elterlichen Erziehungsstils interpretiert, da die Mütter und Väter in Eineltern-Familien den Kindern im allgemeinen sehr viel zutrauen und ihre Selbständigkeit fördern. Außerdem wird die hohe Leistungsfähigkeit als Folge des partnerschaftlichen Erziehungsstils in Eineltern-Familien gesehen".[141]

Die Beziehung zwischen der alleinerziehenden Mutter und der Tochter ist, wie Rauchfleisch darstellt, partnerschaftlich und freundschaftlich. Im allgemeinen nehmen sie gegenseitig Rücksicht aufeinander, finden auch Kompromisse in den Konflikten. Die Familienkonflikte in dieser liebevollen Mutter- Tochter- Beziehung entstehen hauptsächlich auf zwei Ebenen. Die erste ist die unterschiedliche Vorstellung von Geschlechterrollen. Die zweite ist die Unsicherheit und Eifersucht, die durch den neuen Freund der Mutter in die Familie eingebracht werden. Im Kapitel IV „Wandel der kindlichen Geschlechterrolle" wird dieses Problem der neutralen Geschlechtserziehung der Mutter anhand der Figurenanalyse von „Nella Propella" ausgeführt.

4.1. Kontrastfamilie – traditionelle Rollenverteilung des Nachbarn
Wegen der unregelmäßigen Arbeitszeit der Mutter als Studentin, die unter dem Streß der Examina leidet, übernachtet die fünfjährige Nella nicht selten woanders. In den anderen vollständigen Familien, in denen Nella übernachtet, sieht sie die Vorteile, aber auch die Nachteile der „normalen" Familien. Die Nachbarfamilie Schlabermiehl ist ein typisches Beispiel dafür. Die Mutter bleibt als Hausfrau zu Hause und kümmert sich um den Jungen Kai. Der Vater arbeitet und will immer seine Ruhe haben, wenn er von der Arbeit nach Haus zurückkommt. Deswegen müssen die Kinder schon ins Bett gehen, und ruhig bleiben, damit der Ernährer der Familie nicht gestört wird. An der Zimmerverteilung der Familie kann man schon bemerken, wie hierarchisch die Familie strukturiert ist.

„Kai hat nämlich das kleinste Zimmer in der Wohnung, weil seine Eltern ein großes Wohnzimmer und ein großes Schlafzimmer brauchen, da bleibt für ihn nur das kleine

---
[140] Vgl. Udo Rauchfleisch. Alternative Familienformen. Göttingen: Vandenhoeck & Ruprecht, 1997. S. 24.
[141] Ebd., S. 33.

übrig. Und Nella hat zu Haus natürlich das größte Zimmer, weil Jacquo zum Glück nicht so viel Platz braucht." (S. 23f.)

Die Mutter konzentriert sich nur auf den Ehemann und auf den kleinen Sohn. Sie streicht ihm Brote und leistet dem Mann während des Abendessens Gesellschaft. Der einzige Junge in der Familie ist ängstlich und fürchtet sich vor der Autorität der Eltern. Als Nella und er die Eltern in der Morgenfrühe mit dem Frühstück überraschen wollen, brüllt der Vater laut vor Wut. Der Junge fängt in diesem Moment an zu weinen, während Nella immer noch tapfer bleibt. (Vgl. S. 46f.) In dieser Kontrastfamilie herrscht die patriarchale Struktur, in der die Umgangsformen zwischen Eltern und Kindern, zwischen Mann und Frau zugunsten des Ehemannes bestimmt werden. Nella, die in einer alternativen Familienform aufwächst, beobachtet diese traditionelle Familie mit einer kritischen Haltung. Nicht nur das umwelt-unfreundliche Verhalten von Kais Mutter, daß sie das Brot mit Alufolie einpackt, wird von Nella kritisiert, sondern auch die autoritäre Verhaltensweise des traditionellen Familienvaters wird von ihr verurteilt: „Und Herr Schlabermiehl hat sogar gebrüllt. Da kann man ja mal sehen, wie das ist mit einem Mann im Haus, nein danke. Erst immer sagen, er will seine Ruhe, und dann brüllt er selber so rum." (S. 48) Mit dem eigenen Vater, der nicht bei ihr wohnt und den sie selten sieht, ist sie aber ganz zufrieden. „Nella hat es wirklich ziemlich gut. Sie hätte ja auch Pech haben und einen Vater wie Herrn Schlabermiehl kriegen können" (S. 77). Durch die Perspektive der fünfjährigen Nella wird die traditionelle Rollenzuweisung in der Kontrastfamilie kritisch unter die Lupe genommen. Sie erkennt schon, daß das Gesetz oder die Ordnung auf den Ernährer abgestimmt wird. Der Vater als mächtigste Person in der Familie kann laut brüllen, wenn ihm etwas nicht gefällt. Ansonsten will er seine Ruhe haben, und alle anderen Familienmitglieder sollen den Mund halten, auch wenn sie etwas stört.

4.2. Komischer Darstellungsstil der Familienkonflikte

Mit fünf Jahren ist Nella in diesem Werk nicht nur frühreif, sondern auch altklug. Die Kritik an der unökologischen Verhaltensweise von Kais Mutter ist ein deutliches Zeichen dafür, ebenso wie die Konfrontation mit der alleinerziehenden Mutter. Neben den unerfüllten Wünschen des konventionell weiblichen Rollenbildes und dessen Aussehen spielen in dieser Eineltern-Familie die Beziehungen der ledigen Mutter auch eine wichtige Rolle in bezug auf Familienkonflikte. Daß Nella am frühen Morgen zufällig in der Küche einen halbnackten Mann im Bademantel der Mutter sieht, wirkt auf dieses Kind merkwürdig. Komisch wirkt sie selbst in dem Sinne, daß sie sich wie eine Erwachsene verhält und ganz anders als ein fünfjähriges Kind spricht. Diese unpassende Eigenschaft des kleinen Mädchens ist besonders eindrucksvoll, als sie dem Freund der Mutter Vorwürfe macht und von ihm verlangt, sich anständig zu bekleiden und zu verhalten.

> „Das ist ja schon manchmal passiert, dass Jacquos Freunde bei ihr übernachtet haben, und Nella hat auch gar nichts dagegen. Sie schläft ja auch gerne mal auswärts [...] Aber morgens müssen die sich doch anziehen! Da hat Jacquo bei den anderen immer aufgepaßt, daß die sich nicht einfach splitterfasernackt an den Frühstückstisch gesetzt haben. Weil sich das so nicht gehört. 'Zieh dich mal an, Arno!' sagt Nella und stopft Frau Schlabermiehls Frühstückspaket in ihren Rucksack. 'Hat dir das deine Mutter nicht beigebracht?'" (S. 56)

Die Wut auf den unerzogenen Jungen, Arno, von Nella „Pferdeschwanz" genannt, wird immer heftiger, als sie im Kindergarten von der Spielkameradin Miri hört, daß Mann und Frau heiraten, wenn sie miteinander schlafen. Die Unruhe der Tochter, daß sie den „Pferdeschwanz" Vater nennen solle, spiegelt sich auch im Umgang mit der neuen Freundin des Vaters wider. Nella beurteilt die junge Frau als ein „großes Mädchen", das immer noch zu unreif ist, um eine Mutter zu sein. Sie ist höchstens geeignet, eine große Schwester zu sein. Nella stellt der neuen Freundin die Frage, ob sie mit dem Vater schläft und verheiratet sein will. Die Freundin wird rot im Gesicht und flüchtet vor der direkten Frage. Der Konflikt wird erst gelöst, nachdem die Mutter ernsthaft und liebevoll mit der Tochter über das Problem redet:

> „Dann kommt sie zu Nellas Stuhl und nimmt Nella auf den Schoß und die Arme legt sie vorne um den Bauch, daß es richtig gemütlich und kuschelig ist.
> 'Man heiratet nicht gleich jeden, mit dem man mal schläft', sagt Jacquo und mit ihrem Kinn wühlt sie immer oben in Nellas Haaren rum' [...] 'Und ich bin ja auch sonst ganz allein', sagt Jacquo und nun wiegt sie Nella ganz sanft hin und her. 'Verstehst du das, Nella?'
> Nella schüttelt den Kopf. 'Du hast doch mich' [...] 'Aber ich hab keinen Mann, so wie Miris Mutter Miris Vater hat, und Frau Schlabermiehl hat Herrn Schlabermiehl' [...]
> 'Na, das ist auch ein Glück, dass du nicht Herrn Schlabermiehl hast, was?', sagt Nella. 'Der will nur immer seine Ruhe.'" (S. 127f.)

Im Dialog zwischen Mutter und Tochter in der Nacht, als die Tochter nicht schlafen kann und Angst davor hat, daß die Mutter ihr von dem neuen Freund weggenommen wird, wird deutlich, daß ein frühreifes Kind wie Nella eigentlich ein Produkt der Risikogesellschaft ist. Von der Umwelt und der Mutter wird sie aufgefordert, selbständig zu sein und allein in den Kindergarten zu gehen, wenn die Mutter es nicht schafft, sie in den Kindergarten zu begleiten. Außerdem muß sie bei Freunden oder Nachbarn übernachten, wenn die Mutter Arbeitsgruppe oder Veranstaltungen am Abend hat. Die Unsicherheit aufgrund der wechselnden Beziehungen der Mutter und des leiblichen Vaters zwingen sie, sich zu überlegen, wie sie in diesen wechselhaften Umständen ihre Sicherheit finden kann. Diese Überforderung veranlaßt die fünfjährige Nella, altklug und frühreif zu sein. Insgesamt ist das Modell „frühreife Kinder" und „jugendliche Erwachsene" die neue Figurenkonstellation in der modernen Kinder- und Jugendliteratur. Es ist eine Tendenz in dieser literarischen Gattung, daß die traditionelle Rollenzuweisung reflektiert wird, nicht nur in Bezug auf die Geschlechterrollen, sondern auch bezüglich der Kinder- und Erwachsenenrollen. In diesem Zusammenhang ist es nicht überraschend, daß Nella den neuen Freund der Mutter als einen Jungen, der für die Rolle des Vaters nicht geeignet ist, und die neue Freundin des Vaters als großes Mädchen charakterisiert.

5. Fazit

„Es ist nicht möglich, daß man mit Männern zusammenlebt, ohne gegen sie zu kämpfen und das wird noch ein paar Generationen so sein [...] Aber eine Frau, die wirklich ihre Chancen wahrnehmen will, die ihr diese Gesellschaft bietet, muß eigentlich unverheiratet bleiben oder eine Partnerschaft führen, die sehr locker ist."[142]

So äußert sich Christine Nöstlinger in einem Interview zum Thema Frauenbewegung und zum Werk „Gretchen Sackmeier". Wie es am Anfang dieses Kaptitels schon erwähnt wurde, geht es in diesem Werk um die Frauenemanzipation und ihre Schwierigkeit. Die Familie Sackmeier gerät in eine Krisensituation, nachdem die Mutter sich entscheidet, eine Ausbildung zu machen und berufstätig zu sein. Dieselbe Ursache der Familienkonflikte findet sich auch in einer Experimentierfamilie, die gegen traditionelle Geschlechterrollen rebelliert und einen Rollenaustausch praktiziert, wie „Mit Jakob wurde alles anderes" zeigt. Zum Thema Geschlechterrolle gehört nicht nur die Analyse des Machtverhältnisses in der Partnerschaft, sondern auch die Prägung durch Sozialisation und die Identitätsfrage der beiden Geschlechter. Bei dem „fortschrittlichen" und mutigen Ehepaar in „Mit Jakob wurde alles anders" resultiert daraus aber unvermeidlich auch eine Konfrontation, die aus der Diskrepanz zwischen Ideal und Wirklichkeit besteht. Diese Problematik hängt mit der fixierten Erziehungsvorstellung bei Geschlechterrollen direkt zusammen. Von dem Versuch der neuen Rollenverteilung profitiert die Mutter in dem literarischen

---

[142] Sabine Keiner und Werner Wintersteiner. „Ich mache keine Idealvorstellungen von Frauen". Interview mit Christine Nöstlinger. In: Information zur Deutschdidaktik. 1/ 1990. S. 84-90. Zitat S. 90.

Werk überhaupt nicht, sondern fühlt sich noch belasteter. Der Ehemann ist von seinem langweiligen Hausmännerdasein enttäuscht, das er sich früher als Urlaub vorstellte. Die Kinder leiden unter dem Trauma, das die Umstellung der elterlichen Rollenspiele verursacht. Diese Familie und deren Konflikte zeigen eindeutig, wie schwierig es für die Familienmitglieder ist, sich an die wandelnde familiäre Struktur anzupassen. Die Phasen des Wandels bergen überall Risiken und Gefahren. Die Mutter von Charlotte in „Mit Kindern redet ja keiner", die versucht, aus dem Rahmen der traditionellen Hausfrau auszubrechen, überwindet diese Gefahr nicht. Sie ist gegenüber der patriarchalischen Vorstellung des Ehemannes zu schwach und muß resignieren. Aber in die alte Rolle kann sie nicht mehr zurückkehren, weil sie sich Gedanken über ihre Rolle als Hausfrau und Mutter machte und damit nicht zufrieden war. Eigentlich blockiert nicht nur der konventionelle Vater den Rollenausbruch der Mutter, sondern auch die gesellschaftliche und traditionelle Vorstellung zur Frauenrolle schränkt die Entfaltung der Frauen ein. Die hochgeschätzten Familienwerte und der persönliche Wunsch nach Mutterschaft sind zweifelsohne eine Einschränkung für die Handlungsfreiheit des weiblichen Geschlechts. Dieses Dilemma besteht nicht nur bei emanzipierten Frauen und Familien, die neue Lebensformen probieren und praktizieren. Die traditionellen Familien, die nach alten Geschlechter- und Rollenbildern miteinander umgehen, geraten in Gefahr. Die konventionellen „Kontrastfamilien" in „Mit Jakob wurde alles anders" und „Nella Propella" zeigen schwerer zu lösende Konflikte, die aufgrund der väterlichen Autorität entstehen, als die neue Experimentierfamilie und die alleinerziehende Familie. Mangel an Kommunikation und gleichberechtigter Verhandlung ist das Hauptsymptom solcher traditionellen Familien. Beispielhaft sind die Mutter in „Das Ausgleichskind", die sich in die Küche sperrt und den Dialog mit der Tochter verweigert und die gereizte Hausfrauenmutter in „Stolperschritte", die ihre Kinder schlägt und den Sohn unter Leistungsdruck bis in den Selbstmord treibt. Im Gegensatz zu der an der traditionellen Geschlechterrolle orientierten Mutter ist die neue emanzipierte Mutter Jacquo in „Nella Propella" viel sympathischer. Sie redet offen und ernsthaft mit ihrer fünfjährigen Tochter über ihre Angst und Unsicherheit. Mehrere Lebensräume und Entfaltungsmöglichkeiten bietet die junge Mutter ihrer Tochter an. Die emanzipierte Mutter ist aber nicht antipädagogisch. Sie setzt Regeln und Grenzen in ihrer Erziehung ein. Aber trotzdem sind diese Gesetze verhandelbar, wenn sie die Tochter stören. Die beiden Familienmitglieder führen einen gleichberechtigten Haushalt. Diese neue alternative Familie ist von Konflikten und Risiken auch nicht verschont. Die Tochter wehrt sich innerlich und äußerlich gegen die neutrale Geschlechtserziehung der Mutter, obwohl sie davon deutlich profitiert. Wegen der Vorstellung der Mutter ist sie offener, kreativer und mutiger als andere gleichaltrige Kinder. Das Recht zur Rebellion gehört zu dem wichtigsten Kennzeichen der neuen Lebensform in „Nella Propella".

Die oben angeführten literarischen Beispiele zeigen, daß die Forschungsergebnisse der Soziologen mit der Darstellung der Autorin übereinstimmen. Über die Doppelorientierung der erwerbstätigen Frauen und ihrer Schwierigkeiten mit den Institutionen und Partnern liest man nicht nur in den Forschungsberichten, sondern sie spiegeln sich zweifelsohne auch in der Kinder- und Jugendliteratur. An dieser Stelle wird klar, daß der Krieg zwischen Männern und Frauen in Familien, der aufgrund der Ungerechtigkeit der Rollenzuweisung ausbricht, sich nicht nur in literarischen Werken findet, sondern auch in der Wirklichkeit. Diese Ungerechtigkeit ist eine Hauptursache für Familienkonflikte, sowohl in der Realität als auch in der untersuchten Kinder- und Jugendliteratur.

IV Wandel der kindlichen Geschlechterrolle

Die Geschlechterrolle sowohl der Erwachsenen als auch der Kinder ist nicht biologisch, sondern kulturell bedingt. Kultur, gesellschaftliche Normen und Erziehung sind drei wichtige Elemente für die „geschulte Geschlechtsidentität". „Wir werden nicht zweigeschlechtlich geboren", wie Hagemann-White in ihrem Aufsatz feststellt, sondern zum Mann und zur Frau erzogen:

> „In der Alltagstheorie der Zweigeschlechtlichkeit unserer Kultur wird die Geschlechtszugehörigkeit als eindeutig, naturhaft und unveränderbar verstanden. Ohne jede bewußte Überlegung wird davon ausgegangen, daß jeder Mensch entweder weiblich oder männlich sein müsse, was im Umgang erkennbar zu sein hat (Eindeutigkeit), daß die Geschlechtszugehörigkeit körperlich begründet sein müsse (Naturhaftigkeit), und daß sie angeboren ist und sich nicht ändern könne (Unveränderbarkeit). Nicht alle Gesellschaften teilen diese Auffassung. Eine Theorie, die unreflektiert die Alltagsannahmen der sie umgebenden Gesellschaft übernimmt, bleibt den Macht- und Herrschaftsverhältnissen dieser Gesellschaft verhaftet [...] Selbst die Humanbiologie, die ohnehin als eine spezifische Denkform unserer Gesellschaftsverhältnisse durchaus noch ideologieverdächtig ist, liefert keine eindeutige Definition des Geschlechtsunterschiedes im Sinne der kulturell geforderten vollständigen Disjunktion."[143]

Gleichzeitig weisen die Biologen Wellner und Brodda (1979) darauf hin, daß das äußere morphologische Geschlecht nur eine unter mehreren Möglichkeiten der Geschlechts-bestimmung sei. Es könne nicht begründet werden, daß ausgerechnet diese Sammlung von Körpermerkmalen als einzige Kategorie zu gelten habe. Ihrer Meinung nach gilt die Definition der Eindeutigkeit, Unveränderbarkeit und Naturhaftigkeit vielleicht für die Mehrheit der Bevölkerung, aber definitiv nicht für alle Menschen. Margaret Mead (1961) führt Beispiele an, in denen manche Kulturen drei oder mehr Geschlechter kennen. Deswegen könne man in diesen Kulturen problemlos die Geschlechtszugehörigkeit wechseln.[144]

Hagemann-White geht davon aus, daß die Zweigeschlechtigkeit bzw. die Polarität der Geschlechter einem „Konzept der kulturellen Reproduktion"[145] entspreche. Damit ist gemeint, daß männliches und weibliches Dasein in der Gesellschaft unterschiedlich betrachtet und beurteilt werden. Wenn Frauen und Mädchen das Gleiche wie Männer und Jungen unternehmen, muß dieses Gleiche dennoch verschieden erfahren und verarbeitet werden. Aufgrund dieser gegensätzlichen sozialen Konzeption von Weiblichkeit und Männlichkeit entsteht eine Polarisierung des Männerbildes und Frauenbildes. In einem kulturellen Kontext

---

[143] Carol Hagemann-White. Wir werden nicht zweigeschlechtlich geboren. In: Hagemann-White, Carol. Rerrich, Maria (Hg.). Frauen-Männer-Bilder. Männer und Männlichkeit in der feministischen Diskussion. Bielefeld: AJZ Verlag. S. 224-235. Zitat S. 228.
[144] Vgl. M. Kay Martin und Barbara Vorhies. Female of the species. New York und London, 1975.
[145] Hagemann-White, a.a.O., S. 231.

spielt das symbolische System eine wichtige Rolle. Weiblichkeit und Männlichkeit sind von daher gleichsam eine Inszenierung der kulturellen Akzeptanz einer vorgeprägten Geschlechterrolle sowohl in der Sprache als auch im Wertesystem. „Das, was in der Erziehung bewußt thematisiert wird, sind Verhaltensregeln, die unter der Voraussetzung eindeutig geklärter Geschlechtszugehörigkeit geltend gemacht (oder aber außer Kraft gesetzt) werden können."[146] Hagemann-Whites These deutet darauf hin, daß mit dem Erlernen der symbolischen Zeichen im Wertesystem einer Kultur Kinder ihre Geschlechtsidentität erwerben, die von der Gesellschaft und ihren Normen im engeren Sinne konstruiert und passiv reproduziert wird. Margaret Mead weist auch in ihren kultur-anthropologischen Vergleichen darauf hin, daß die Geschlechterrollen vor allem kulturell determiniert sind. Ein Beweis dafür ist zum Beispiel, daß in einer matriarchalischen Kultur die Frauen die aktive, dominante und kompetente Rolle spielen sollen und müssen.[147]

Den Prozeß, wie Menschen zu Frauen und Männern gemacht werden, beschreibt Anja Meulenbelt in „Wie Schalen einer Zwiebel"; Frauen und Männer werden durch verschiedene soziale Instrumente und Mechanismen geschlechtsspezifisch sozialisiert.[148] Verschiedene Faktoren der geschlechtlichen Differenzierung spielen in diesem Prozeß eine große Rolle. Zum Beispiel, daß die Eltern erwarten, daß Mädchen und Jungen unterschiedliche Charaktere hätten. Von Jungen werden Wildheit, Schlampigkeit und Tapferkeit erwartet. Dagegen sollen die Mädchen auf Sauberkeit, Höflichkeit und Zärtlichkeit achten[149]. Weitere Sozialisationsfaktoren sind beispielsweise das sprachliche Umfeld, geschlechtsspezifisch gesellschaftliche Normen und die Medien. An dieser weiblichen bzw. männlichen Sozialisation bzw. Erziehung wurde in der neuen Kinder- und Jugendliteratur sehr viel Kritik geübt. Im folgenden wird ausgeführt, wie dieses Thema „kindliche und jugendliche Geschlechterrolle und ihre Sexualität" von den drei Autorinnen behandelt wurde.

1. Starke Mädchen vs. schwache Jungen
In den 70er Jahren wurde die Zuordnung zur traditionellen Geschlechterrolle kritisch unter die Lupe genommen, vor allem die durch das patriarchalische

---
[146] Ebd., S. 233.
[147] Margaret Mead. Mann und Weib. Das Verhältnis der Geschlechter in einer sich wandelnden Welt. Reinbek 1958.
[148] Vgl. Anja Meulenbelt. Wie Schalen einer Zwiebel oder wie wir zu Frauen und Männern gemacht werden. München: Frauenoffensive, 1984.
[149] Vgl. ebd., S. 108.

soziale System beeinflußten Normen. Von Kindheit an muß ein Junge bereits auf eine „stärkere" Rolle in der Gesellschaft vorbereitet werden, damit er in Zukunft die „Verantwortung" für die Familie als Ernährer und für den Staat als Soldat übernehmen kann. Ganz im Gegensatz dazu sollen sich die Mädchen so verhalten, daß sie von den starken Männern beschützt werden können. Diese Normen werden sehr deutlich in dem Frühwerk von Nöstlinger „Konrad oder das Kind aus der Konservenbüchse" relativiert. Im Gegensatz zur klischeehaften schwachen Mädchenfigur schildert Nöstlinger Mädchen, die sowohl stark als auch tapfer sind, etwa wie Kitti in dem erwähnten Werk, die den wehleidigen jungen Musterknaben aus der Fabrik beschützt:

„dabei boxte sie den Florian und mit der anderen Faust drosch sie ihm auf den Schädel, und mit einem Fuß trat sie ihm gegen das Schienbein" (K. 88)[150]

Dieses Bild eines mutigen Mädchens verstößt geradezu gegen die traditionelle Vorstellung von einem Mädchen. Deswegen fragt der verunsicherte Konrad seine Mutter, ob es richtig sei, „wenn ein siebenjähriges Mädchen einen siebenjährigen Knaben beschützt. Sollte das nicht umgekehrt sein?" (K. 89) Die Verhaltensweise eines Jungen soll aufgrund der zugeordneten Geschlechterrolle tapferer und kräftiger sein als die eines Mädchens, damit dieses von ihm beschützt werden kann, wie Frau Rusika, Kittis Mutter betont:

„es sei lächerlich, wenn ein kleines Mädchen einen Jungen beschützte [...] er (Konrad) grüßte immer sehr höflich. Aber er soll sich gefälligst selber seiner Haut wehren!" (K. 97)

Entgegen der traditionellen Vorstellung von kindlichen Geschlechterrollen gestaltet Nöstlinger ein mutiges Mädchen und einen Jungen, der sich nicht wehren kann und deshalb eine Beschützerin braucht. Diese Konstellation ist kein Zufall, sondern geht eindeutig auf die Intention der Autorin zurück, das Klischeebild der Rollenfixierung von Jungen und Mädchen zu zerstören. In Nöstlingers Frühwerken erscheinen fast immer Mädchenfiguren mit emanzipierter Mentalität, die gegen die sozialen Normen eingestellt sind und sich dementsprechend verhalten. Die Sybille von „Austauschkind", die tapfer gegen die Autorität des Vaters rebelliert und die trotzige Christine in „Zwei Wochen im Mai" sind typische Beispiele dafür. Die Thematik der Rollenfixierung wird auch von Kirsten Boie in ihren Werken behandelt. In ihrem Kinderbuch „Lena hat nur Fußball im Kopf" wird dieses Problem zum Beispiel thematisiert.

1.1. „Lena hat nur Fußball im Kopf"

Fußball ist der Mittelpunkt des Lebens für Lena. Leidenschaftlich gern spielt sie Fußball. Als sie fünf war, durfte sie aber nicht in den Fußballverein eintreten. Nach dem „Kodex" der Geschlechterrollen gehört Fußballspiel zur Männlichkeit, ist absolut nicht für Mädchen geeignet, wie die folgende Textstelle zeigt:

> „'Du willst doch bestimmt lieber mit deinen Freundinnen spielen!' hat Papa gesagt. Aber der Trainer im Fußballverein wollte, daß sie es erst mal versucht. 'Vielleicht wird es ihr sowieso schnell langweilig', hat er gesagt. 'Bald kommt die Zeit, wo sie schöne Kleider tragen und nichts mit Jungs zu tun haben will.'" (S. 14)[151]

Die Vorstellung sowohl des Vaters als auch des Trainers stammt ursprünglich aus dem kulturellen Konzept der Geschlechterrollen, demzufolge die Mädchen gerne schöne Kleider tragen und nichts mit Jungs zu tun haben wollen. Lena paßt sich aber nicht diesem von Erwachsenen entworfenen und vorbestimmten Konzept an.

> „Es ist Lena aber nicht langweilig geworden, kein bisschen. Weil sie nämlich Fußball spielen und schöne Kleider tragen und mit ihren Freundinnen spielen kann. Und gegen Jungs hat sie auch nicht soviel." (S. 14)

„Zuschreibungen von Weiblichkeit sind immer zugleich Reflexe und Projektionen gesellschaftlicher Vorgaben"[152], wie Gudrun Schäfer und Rose Wecker behauptet haben. Kirsten Boie gestaltet in diesem Kinderbuch fürs erste Lesealter eine Mädchenfigur, die nicht von der vorprogrammierten Vorstellung der Geschlechterzuweisung beengt wird. Die neunjährige Lena ist eine Torkönigin, die zwei Tore im Fußballspiel schießt und sogar für die ganze Mannschaft das Spiel gewinnt. Aber diese emanzipierte Mädchenfigur zieht auch gerne schöne Kleider an und spielt gerne mit ihren Freundinnen. Für sie ist eine Kombination von „Weiblichkeit" und „Männlichkeit" weder ein Widerspruch noch ein Verstoß gegen Verhaltensregeln, sondern eine Ergänzung, die das Leben bereichert. Zu beachten ist auch, wie die Autorin ironisch die Szene darstellt, in der Lena vom Fotografen entdeckt und in die Zeitung gebracht wird.

> „Und dann kommt auch noch der Fotograf von der Zeitungsbeilage, und als er Lena sieht, kriegt er ganz glückliche Augen. 'Dich stellen wir vorne hin!' ruft er. 'Und dann hältst du den Ball! Als Torschützenkönig!' Und als Lena ihm erklärt, daß sie aber gar nicht der Mannschaftskapitän ist, ist ihm das egal. Ein Mädchen beim Fußball macht sich immer gut." (S. 54)

---

[150] Alle Seitenangaben mit K beziehen sich auf Christine Nöstlinger. Konrad oder Das Kind aus der Konservenbüchse. Hamburg: Oetinger Verlag, 1995.
[151] Alle Seitenangaben beziehen sich auf Kirsten Boie. Lena hat nur Fußball im Kopf. Hamburg: Oetinger Verlag, 1993.
[152] Gudrun Schäfer und Rose Wecker. Konstruktionen von Weiblichkeit. Blicke auf das Fremde. Pfaffenweiler: Centaurus-Verlagsgesellschaft, 1997, S. 3.

Weshalb macht sich ein Mädchen beim Fußball gut? Weil es der neuen Ideologie von Emanzipation entspricht. Durch dieses Foto macht die Zeitung einen liberalen Eindruck in Bezug auf Geschlechterrollen. Boie betrachtet die Massenmedien immer sehr kritisch. Ein fußballspielendes Mädchen vermittelt der Zeitung ein fortschrittliches Image. Lenas Leidenschaft zum Fußballspiel wird dadurch für eine neue Einstellung oder Ideologie propagiert.

Die Geschlechterzuweisung wird auch an der Stelle thematisiert, an der Lena wegen schlechter Mathematiknoten von der Mutter Fußballverbot bekommt. Sie teilt den Jungen in der Mannschaft die schlechte Nachricht mit. Daraus entsteht eine Auseinandersetzung mit Lena wegen ihrer Weiblichkeit.

„'Meine Mutter lässt mich nicht mehr.' Jonas starrt sie an. 'Läßt dich nicht mehr?' fragt er, 'Was heißt das? Und bei unserem Freundschaftsspiel am Sonntag, lässt sie dich da?' Lena guckt auf den Boden. Jetzt ist noch Arne dazugekommen, der spielt auch in der Mannschaft. 'Ich muß erst besser in Mathe werden', murmelt Lena. 'Vorher darf ich nicht mehr.' 'Wo du jetzt in den Sturm sollst?' schreit Jonas. 'Deine Mutter ist ja verrückt!' 'So sind die Weiber', sagt Arne. 'Das sagt mein Vater auch immer, auf Weiber ist kein Verlaß. Kaum gibst du ihnen einen guten Job, schon werden sie schwanger und lassen dich sitzen. Auf Weiber ist kein Verlaß.' 'Ich bin gar nicht schwanger!' ruft Lena. Arne zuckt die Achseln. 'Ist doch egal', sagt er. 'Unzuverlässig ist unzuverlässig. Ich hab ja gleich gesagt, keine Weiber in unserer Mannschaft', und er packt Jonas am Arm, und sie rennen zusammen zum Klettergerüst". (S. 18f.)

Mit dieser negativen Beurteilung der Frauen, wie sie sich im Vorwurf der Unzuverlässigkeit zeigt, wird Lena konfrontiert. Sie hat auch ein schlechtes Gewissen der Mannschaft gegenüber und macht sich Selbst-vorwürfe. Um die Vorurteile der Jungen gegen die Frauen abzuschaffen, spielt sie hinter dem Rücken der Eltern weiter Fußball. Das heimliche Fußballspielen wird jedoch am Ende durch die Zeitung von der Mutter entdeckt. Lena bringt trotzdem eine gute Mathenote nach Hause und wird von der Mutter als Heldin empfangen. In diesem Kinderbuch sieht man eine Mädchenfigur, die sehr naturhaft mit ihrem Geschlecht umgeht. Sie ist weder knabenhaft noch ganz mädchenhaft orientiert. Nach Laune und Lust verhält sie sich. Solch eine unkonventionelle Figur ist ein Idealbild für die Erziehung frei von determinierten kindlichen Geschlechterrollen.

1.2. „Jenny ist meistens schön friedlich"
Die Zuweisung der Geschlechterrolle wird auch in „Jenny ist meistens schön friedlich"[153] von Boie thematisiert. Durch die Augen der kleinen Kinder wird reflektiert, was die Geschlechterrolle für sie bedeutet. In der Geschichte

---

[153] Kirsten Boie. Jenny ist manchmal schön friedlich. Hamburg: Oetinger Verlag, 1988.

„Rohrzange" geht es um fixierte Rollenbilder: Jenny wünscht sich eine Rohrzange. Aber ihr Vater meint, daß das nichts für Mädchen, sondern für Jungen sei. Jenny hat sofort ein Gegenbeispiel angeführt, Nikos Mutter könne gut mit Rohrzangen umgehen und Sachen reparieren. Trotzdem kann der Vater seine feste Vorstellung, daß eine Rohrzange ein männlicher Gegenstand sei, nicht ändern. Nach drei Tagen bringt er für Jenny eine Bibi-Puppe nach Hause. Er zeigt ihr begeistert, wie man die Puppe umkleiden soll. Beim Abendessen redet er darüber und zeigt ihr immer die Puppe. Jenny ist aber nicht so begeistert wie der Vater und behauptet, gemäß väterlicher Demonstration und Zuneigung, daß die Puppe wohl eher für Männer und Rohrzangen eher für Mädchen seien. In dieser Geschichte wird gezeigt, wie die „Weiblichkeit" durch die Erziehung der Eltern gebildet wird. Jenny soll kein Interesse an Rohrzangen haben, weil diese eher zu Jungen gehört. Diese automatische Teilung der Interessen von Geschlechtern wird an dieser Stelle von der Autorin dadurch ironisiert, daß der Vater bei seiner Erziehung der Geschlechter beständig das Gegenbeispiel anführt. Er spielt beim Abendessen mit der Puppe und scheint sehr begeistert von der Puppe zu sein. Durch diese väterliche Vorführung und Begeisterung wird von Jenny bestätigt, daß die Puppe fürs männliche Geschlecht und die Rohrzange fürs weibliche geeigneter seien. Der Vater bewirkt während seiner edukativen Demonstration ungewollt eine Gegenwirkung. Diese Geschichte ist eine ironische Parodie auf die geschlechtsspezifische Sozialisation. Die darin enthaltene Parodie stimmt mit der Beobachtung und Behauptung von Elena Gianini Belotti überein. Sie beschreibt in ihrem Buch „Was geschieht mit kleinen Mädchen?" den Verlauf der Differenzierung bezüglich kindlicher Interessen:

> „Ich habe Mädchen von ca. 18 bis 20 Monaten beobachtet, die stundenlang Autos, Schiffe, kleine Spielzeugzüge, Hubschrauber auf dem Teppich herumschoben, nachdem sie sie entzückt aus einem Sack gefischt hatten; sie spielten mit derselben Freude und Konzentration wie kleine Jungen. Und ich habe auch kleine Jungen gesehen, die mit Feuereifer Taschentücher wuschen, Tische abwischten, Schuhe putzen usw. Später verschwindet dieses Phänomen. Die Kinder haben gelernt, das 'richtige' Spielzeug zu verlangen, weil sie wissen, daß ihnen das 'falsche' verweigert wird."[154]

Diese Verweigerung findet nicht nur in Spielen statt, sondern auch im Alltagsleben, sowohl bei Kindern als auch bei Erwachsenen. Die typische Arbeitsteilung beim Küchen- und Puppenspiel spiegelt die Realität des Erwachsenenlebens wider. Die Frauen sind für den Haushalt und das Kochen zuständig. Und die Männer sollen draußen arbeiten und die Familie ernähren. Die folgende Geschichte thematisiert diese Problematik.

In „Heiraten" wird die geschlechtsspezifische Arbeitsteilung und soziale Normen kritisiert. Jenny wohnt in der Nähe einer Kirche und sieht ständig Hochzeitspaare. Sie versteht aber nicht, weshalb man heiratet. Die Mutter meint, daß man heiratet, weil zwei Menschen sich liebhaben und ihr ganzes Leben zusammen verbringen möchten. Und vielleicht wollen sie auch Kinder haben. Jenny fragt weiter, ob man nicht ohne Heiraten auch Kinder bekommen kann. Die Mutter bejaht. Jenny geht dann zu einer Braut und sagt ihr, daß man ohne Heiraten auch Kinder kriegen könne. Aber nach dem Heiraten müsse die Braut für ihren Mann kochen, waschen und alles machen, was zu Hause die Mutter für ihre Tochter tue. Aus Jennys Beobachtung heraus beinhaltet die traditionelle Rollenzuweisung viele Nachteile für die Frauen. Der Leser reflektiert auch den nicht zwingenden Zusammenhang zwischen Heiraten und Kinderkriegen. Aus einer praktisch orientierten Perspektive fragt das kleine Kind nach der Notwendigkeit der sozialen Rituale. Die zurückgehenden Heiratszahlen belegen eben diese Reflexion über gesellschaftliche Anforderungen an die Ehefrauen.

In der Geschichte „Das Sonntagskleid" wird die Körperlichkeit der Kinder thematisiert. Wegen eines Besuchs soll Jenny das beste Kleid anhaben. Beim Spielen mit Niko zieht sie das Kleid aus, um es sauber zu halten. Allein mit der Unterhose sieht sie ziemlich komisch aus. Deswegen bleibt sie nackt. Sie spielt Schwimmen am Meer. Niko soll auch mitspielen und alles ausziehen. Die Nachbarin sieht die beiden Kinder sich nackt schwimmend bewegen und schimpft, daß sie sich schämen sollten. In der Welt der Kinder hat das Nacktsein nichts mit Scham zu tun. Es ist eine natürliche Situation des Körpers, wenn man schwimmt und zudem das schöne Kleid vor dem Schmutz schützen kann. In dieser Geschichte fragt man sich, aus welchem Grund sich die Nachbarin aufregt. Dahinter steckt das Sexualtabu der Erwachsenen. Die Kinder sollen ihre Unschuld so behalten, daß sie überhaupt nichts mit Sexualität zu tun haben. Das Nacktsein mit der Schwimmbewegung konnotiert für die erwachsene Nachbarin eine Ähnlichkeit mit dem Sexualakt. Aber für die beiden Kinder spielt diese Konnotation keine Rolle. Für sie ist die Nacktheit des Körpers etwas Natürliches, denn es soll nichts beschmutzt werden. Ihr Spiel verläuft ganz normal, gleichgültig, ob mit oder ohne Kleider. Sich wegen des Nacktseins schämen zu müssen, ist eine Folge der kulturellen Erziehung, die Angst vor der „bösen" Sexualität suggeriert, wie Ingeborg Weber-Kellermann aus einem historischen Rückblick formuliert:

---

[154] Elena Gianini Belotti. Was geschieht mit kleinen Mädchen? München: Frauenoffensive, 1975, S. 78.

„Sexualität als Schuld: dieser Vorstellung hatte der Apostel Paulus bereits im 1. Korintherbrief 7, V. 1-2 Ausdruck gegeben: `Es ist dem Menschen gut, daß er kein Weib berühre. Aber um der Hurerei willen habe ein jeglicher sein eigen Weib und eine jegliche habe ihren eigenen Mann´"[155].

Diese engen Zusammenhänge zwischen Sexualität und Schuld artikuliert die Kirche seit dem Mittelalter, zum Teil bis heute. Seit Ende der 60er Jahre ist diese Vorstellung allerdings viel unproblematischer geworden. Aber Sex als Tabuthema ist in der deutschen Gesellschaft immer noch vorhanden. In der neuen Kinder- und Jugendliteratur wird es häufig thematisiert. Im nächsten Teil wird diese Thematik behandelt. Zunächst jedoch kehren wir zurück zu den kindlichen Protagonisten, die noch weit von der Pubertät entfernt sind. Wie oben gezeigt, skizziert Boie ein sympathisches neues Bild eines Mädchens mit „Lena". Nöstlinger gestaltet in ihren Franzgeschichten auch einen sehr lieben Jungen, der Schwierigkeit mit seiner Geschlechterrolle hat.

1.3. „Franzgeschichte"

Franz ist sechs Jahre alt, hat blonde Ringellocken, einen Herzkirschenmund und rosarote Plusterbacken. Mit seinem Aussehen und seiner Piepsstimme wird er immer für ein vierjähriges Mädchen gehalten.
Wegen dieses mädchenhaften Aussehens wird Franz sehr oft von anderen Jungen ausgegrenzt, vor allem wenn er beim Fußballspiel mitspielen möchte.
„`Verzieh dich! Mädchen werden in unsere Mannschaft nicht aufgenommen!´ Sagt der Franz den Buben, daß er kein Mädchen ist, lachen sie ihn aus und glauben ihm nicht. Sie sagen: `Lüg doch nicht! Man merkt es ja schon an deiner Stimme! So eine Pieps-Stimme wie du, die hat nur ein Mädchen.´" (S. 7)[156]

Nöstlinger skizziert in der Serie der Franzgeschichten einen hübschen Jungen, der von Frühkindheit an mit seiner Geschlechterrolle konfrontiert wird. In der Gesellschaft der Zweigeschlechtlichkeit wird nicht nur das Mädchenbild, sondern auch das Jungenbild festgeschrieben. Ein Junge soll mutig sein und keine Piepse-Stimme haben. Franz passt aber in diese Kategorie nicht hinein.
Eines Tages kommt ein fremder Junge in den Hof des Hauses. Franz fährt mit seinem nagelneuen rotlackierten Fahrrad und will den Jungen kennenlernen. Der Fremde fragt nach dem Namen von Franz und meint, daß ein Mädchen keineswegs Franz heißen soll. In diesem Augenblick kommt Gabi, die Freundin von Franz, die neben Franz wohnt und gerade mit ihm verkracht ist. Der fremde

---
[155] Ingeborg Weber-Kellerman. Die deutsche Familie. Frankfurt/M.: Suhrkamp Verlag, 1974, S. 47.
[156] Alle Seitenangaben beziehen sich auf Christine Nöstlinger. Geschichten vom Franz. Hamburg: Oetinger Verlag, 1984.

Junge fragt Gabi danach, ob Franz wirklich ein Junge ist. Aus Rache gibt sie an, daß die „Franziska" immer spinnt und sich vorstellt, daß sie ein Junge wäre. Franz ist völlig aufgeregt und piepst mit seiner Stimme. In dieser Notsituation zieht er die Hose aus und zeigt dem Jungen sein männliches Glied. Die Verwandte des Jungen, die Nachbarin von Franz, beobachtet diese Szene, schleppt Franz in die Wohnung und schimpft mit ihm, daß er sich schämen soll. Franz kann nicht verstehen, weshalb er die Wahrheit nicht zeigen darf. Die einzige Erklärung ist, daß die alte Nachbarin nichts von der Wahrheit wissen will. In der Franzgeschichte stellt die Autorin humorvoll die Frage, was weiblich und was männlich ist. Unterliegt Männlichkeit einer subjektiven Wahrnehmung oder objektiver Beurteilung? Biologisch gesehen ist Franz zwar männlich, aber sein Aussehen und Auftreten wirken mädchenhaft. Das Fahrrad, mit dem Franz beim Auftritt des Jungen fährt, ist knallrot lackiert. Die „Weiblichkeit" von Franz wird in dieser Szene des Treffens der Jungen absichtlich konstruiert. Diese Inszenierung der „falschen Geschlechterrolle" erreicht ihren Gipfel, als Gabi aus Rache angibt, daß Franz Franziska heißen würde und sich immer als Junge ausgebe. An dieser Stelle wird die Frage gestellt, was eigentlich die Wahrheit der Geschlechter ausmache. Der Junge nimmt Franz als weiblich wahr. Diese Wahrnehmung wird durch die falsche Aussage Gabis bestätigt. In diesem Moment soll Franz, von der Mehrheit „objektiv" gesehen, ein Mädchen sein. Diese „Wahrheit" der „Mehrheit" widerspricht aber der biologischen Tatsache von Franz' Geschlecht. Auf eine humorvolle und ironische Weise stellt die Autorin in der Franzgeschichte in den Raum, wie subjektiv die Bestimmung des Geschlechts sein kann.

2. Restauration des Werts oder neue Mädchentypen ?
In den neunziger Jahren werden andere Mädchenfiguren sowohl in Nöstlingers als auch in Boies Werken dargestellt. Diese Figuren sind von emanzipierten Müttern erzogen worden. Sie verhalten sich zwar nicht typisch weiblich, viele haben aber Sehnsucht nach der Weiblichkeit, wie Nella Propella von Boie. Für Nöstlinger ist die Veränderung der Mädchenfiguren dermaßen groß, daß man die rebellischen Züge der 70er Jahre nicht mehr finden kann, wobei man diese Mädchen jedoch nicht mehr in traditionelle Mädchentypen einordnen kann, weil sie aufgrund ihrer „neutralen" Erziehung anders als traditionelle Mädchen geworden sind. Die Katharina in „Nagle einen Pudding an die Wand" gehört zum Beispiel zu einer Mädchenfigur, die sich einerseits traditioneller Rollenzuweisung

entsprechend verhält, die andererseits aber Machos kritisch beobachtet und sie nicht im geringsten tolerieren kann.

2.1. Katharina in „Nagle einen Pudding an die Wand"

Katharina, die Erzählerin des Romans, wird der traditionellen Mentalität von Mädchen entsprechend dargestellt. Weder Ideen noch Ideologien, wie bei KOKU, sondern Liebe und Freundschaft bestimmen hauptsächlich ihre Handlungsweise. Katharina engagiert sich aufgrund ihrer Zuneigung zu Konrad intensiv bei Umweltaktionen. So bringt es die Erzählerin selbst zum Ausdruck:

„Wenn ich es mir recht überlege, dann war ich in die Firma nicht der Sache wegen, sondern dem KOKU zuliebe eingetreten. Und nun war plötzlich der Hiasi Firmen-Teilhaber, und dem zuliebe wollte ich keinen Finger rühren. Den wollte ich bloß schnell wieder loswerden, aus Angst, er könnte mir die Zuneigung vom KOKU stehlen!" (S.117)

In diesem Selbstbekenntnis der Protagonistin ist zu erkennen, dass sie die Umweltschutzinitiative als Mittel verwendet, um ihr Ziel, nämlich die Zuneigung, Freundschaft und Liebe von Konrad, zu verfolgen. Strategisch gesehen erreicht sie dieses Ziel, weil die Zuneigung durch die gemeinsamen Tätigkeiten der beiden immer stärker und tiefer wird. Die Darstellung dieses Bildes von einem Mädchen entspricht den alten Klischees, in denen sich Mädchen nur für Liebe und Freundschaft interessieren. Aber andererseits fügt Nöstlinger auch kritische Eigenschaften in diese Figur ein, z.B. indem diese eine enorme Abneigung gegen den autoritären Hiasi zeigt:

„Es war nicht so, dass ich total gegen die Aktionen war, ich hatte bloß das Bedürfnis nach einer Verschnaufpause. Und ich wollte mich nicht drängen und zwingen lassen! Und schon gar nicht vom Hiasi! Der hat seit eh und je so eine Art, die mich enorm stört! Kaum kommt er irgendwo dazu, mischt er sich auch schon ein und führt das große Wort. Er ist ein alles-hört-auf-mein-Kommando-Typ, und das kann ich einfach nicht haben! [...]" (S. 116)

Die Eigenschaft von Katharina als Nachwuchs der 68er Generation ist dadurch gekennzeichnet, daß sie keine Autorität in einer Freundschaft oder Beziehung erdulden kann. Sie sucht in ihrem Umfeld auch ganz bewußt den Typus, der nicht diese „Anschaffer-Kommando-Masche" von Hiasi hat. Deswegen entscheidet sie sich für Paule als „besten Freund", obwohl Hiasi ihr viel lieber als Paule ist. (Vgl. S. 116.) Beim Treffen dieser Entscheidung ist zu erkennen, dass ihr zwar Liebe und Freundschaft sehr wichtig sind, aber der Charakter eines Freundes ihrem Anspruch entsprechen soll. Und ihre Ansprüche entstammen nicht selten dem, wie ihre Eltern miteinander umgehen und was für ein Männerbild ihr Vater repräsentiert. In dieser Hinsicht unterscheidet sich Katharina von anderen traditionellen weiblichen Figuren in Mädchenromanen, die Liebe als einzigen Schwerpunkt im Leben betrachten. Außerdem skizziert die Autorin diese Figur als ein bewußtes Mädchen, das ganz genau weiß, was es will und das gleichzeitig die Kraft hat, sich zu wehren, wenn die Umwelt ihrem Willen entgegensteht. Dieser Charakterzug zeigt sich sowohl im Umgang mit den Jungen bzw. den Mitgliedern der „Gründer der Zukunft" als auch in Streitigkeiten mit dem Bruder. Eine Kritik an dem neuen Mädchenbild von Christine Nöstlinger zeigt der Artikel von Pachler. Er kritisiert, daß die Autorin lediglich die Problemsituation und das Renitenzverhalten der heranwachsenden Mädchen darstelle, die traditionelle Geschlechterrolle tadele, aber selten alternative Rollenbilder aufzeige[157]. In der Figur Katharina wird von Nöstlinger ein untypisches Mädchen verkörpert, das eine Mischung zwischen traditioneller Verhaltensweise bezüglich der Liebe und der Renitenz eines neuen Mädchens bildet. An Pachler muß die Frage gestellt werden, ob aus dieser Mischung nicht ein alternatives Mädchenbild entstanden ist.

2.2. „Nella Propella"

Das Aussehen von Nella ist nicht typisch mädchenhaft. Sie hat kurze Haare und wird oft von der Mutter mit einer Latzhose bekleidet. Die Mutter erzieht das Kind aus einer „neutralen" Geschlechtsvorstellung heraus. Lieber sieht sie die Tochter wild wie Jungen herumtoben als ein Prinzessinnen-Theaterstück spielen. Aber Nella möchte gerne Myrthe heißen, die mit langen blonden Haaren wie ein Engel aussieht und ein langes weißes durchsichtiges Kleid anhat. (Vgl. S. 6.) Außerdem spielt sie unheimlich gerne Prinzessin im Kindergarten. Diese ideale Weiblichkeit wird von der Mutter bewußt unterdrückt, obwohl der leibliche Vater auch findet, daß „Mädchen sich hübsch machen dürfen, aber leider hat er nichts zu sagen. In ihre Erziehung funkt er Jacquo nicht rein, sagt Uli." (S. 67) Nellas Problematik entsteht hier aus Konflikten zwischen dem traditionellen weiblichen Bild und der neutralen Geschlechtserziehung durch die emanzipierte Mutter. Dies ist genau die Ambivalenz, die Elvira Armbröster-Groh zum Ausdruck bringt:

> „Die Auseinandersetzung mit verschiedenen Rollenbildern wird in diesem Fall in Nellas Inneres verlagert. Indem ein ständiger Widerstreit zwischen der anerzogenen Abkehr von typisch mädchenhaften Verhaltensweisen und geheimen Wünschen nach eben diesen Klischees von Weiblichkeit stattfindet, verweist die Autorin Kirsten Boie

---

[157] N. Pachler. Literatur für Kinder- Literatur zur Kindheit. Eine kritische Würdigung des Werks von Christine Nöstlinger durch einen „einheimischen Germanisten". In: 1000& 1 Buch 3/1993. S. 29-31. Vgl. S. 30f.

implizit auf deren Fortbestehen trotz einer stark feministisch orientierten Erziehung wie der von Jacquo."[158]

Beim Spielen mit anderen Kindern kann man besonders deutlich ihren mutigen Charakter eines Jungen und ihre Sehnsucht nach Weiblichkeit beobachten. Aus dem Kindergarten reißt sie mit einem kleinen Mädchen namens Myrthe aus. Das Mädchen hat ein Kleid an und verhält sich typisch mädchenhaft. Myrthe ist ein Gegenbild zu Nella. Das schöne brave Mädchen mit langen blonden Haaren entspricht dem idealen Mädchenbild des tapferen und knabenhaften Mädchens Nella. Sie hat alle Eigenschaften, die Nella nicht hat und nach denen sie sich sehnt. Zum Beispiel ist Myrthe schwach und weinerlich. Mädchenhafte Eigenschaften, wie schutzlos, unschuldig und schwach zu sein, gehören ebenfalls zu den Merkmalen von Myrthe. Dem konventionellen Geschlechtsbild gegenüber steht die starke, mutige und selbständige Nella, die immer weiß, wie man sich vor der Umwelt schützen muß. Die Protagonistin wird als ein kreatives und kritisches Kind skizziert, das sich innerlich gegen die Geschlechtserziehung der fortschrittlichen Mutter wehrt und das eine Sehnsucht nach dem Gegenteil von sich selbst, nämlich nach dem mädchenhaften Bild von Myrthe, hat. Sie spielen Waisenprinzessinnen und flüchten vor dem bösen Jäger, der von der bösen Stiefmutter beauftragt wurde, sie zu ermorden. Nella tauscht mit Myrthe die Kleidung aus. Sie klettern nach dem Vorschlag von Nella über die Mauer des Kindergartens und springen in die Außenwelt, auf die gefährliche große Straße. Als die Betreuerin und Jacquo in großer Panik die beiden Kinder finden, weint Myrthe heftig vor lauter Angst. Nella ist ganz im Gegenteil fröhlich und will noch gelobt werden, weil ihnen nichts passiert ist und sie ganz selbständig gut auf sich aufgepaßt hat. Durch diese Handlung zeigt die Autorin, daß sich das jungenhafte Mädchen Nella in Bewährungsproben selbstbewußter als Myrthe, das Idealbild der Weiblichkeit, verhält. Ähnlich wie Nella verhält sich die Protagonistin Nele in „Mit Jakob wurde alles anders" auch jungenhaft. Diese Eigenschaft verursacht hier aber das Scheitern ihrer ersten Liebe. Darauf wird die folgende Analyse eingehen.

2.3. Nele in „Mit Jakob wurde alles anders"
Dieser Roman, der im Kapitel III ausführlich analysiert wurde, behandelt nicht nur die Problematik der Geschlechterrolle der Eltern, sondern auch die der

---

[158] Elvira Armbröster-Groh. Der moderne realistische Kinderroman. In: Kasseler Arbeiten zur Sprache und Literatur. Frankfurt/M.: Peter Lang Verlag, 1997, S. 148.

Kinder. Die Tochter, die gerade in der Pubertät ist, verliebt sich in einen Jungen namens Oliver.
Bevor sie sich in Oliver verliebt, schenkt sie ihrem Aussehen keine Aufmerksamkeit und spielt gerne Fußball. Sie versucht sogar durch das Fußballspiel Oliver zu beeindrucken. Diese untypische Verhaltensweise eines Mädchens ist besonders durch ein Kontrastprogramm zu verdeutlichen. Wie Myrthe zu Nella ist Neles Freundin Katta ein Gegenbild zu ihr. Sie ist erotisch und attraktiv. In der Szene, in der Nele Fußball spielt, um die Gunst von Oliver zu gewinnen, zeigt sich unübersehbar die verführerische Haltung von Katta.

> „Oliver lehnte am Zaun, schwenkte die Arme weit und unterhielt sich mit Katta. Katta lachte und legte dabei den Kopf hübsch auf die Seite, und dann sah sie mich und winkte, und ich ging auf die beiden zu. Es ist dumm, daß man mit Stollen so eierig geht, man muß die Füße zu sehr anheben, und für einen verführerischen Gang ist das bestimmt ungünstig. Aber jetzt brauchte ich ja auch keinen verführerischen Gang mehr. Jetzt wußte Oliver, daß ich Fußball spielen konnte, und wir hatten eine gemeinsame Leidenschaft." (S. 77)

In dieser Szene wirkt Nele mit zu großen Fußballschuhen komisch und lustig. Sie bemerkt, daß sie keinen verführerischen Gang annehmen kann. Dagegen ist Katta nicht nur schön und zärtlich, sondern auch „hundertprozentig weiblich". Sie schminkt sich jeden Tag sorgfältig vor dem Spiegel der Schultoilette, bevor der Unterricht beginnt. Gegenüber dieser Weiblichkeit steht Nele, die leichte O-Beine hat und immer noch keinen BH braucht. Von den körperlichen Kennzeichen her gesehen ist sie immer noch nicht weiblich.
Die obenerwähnte Nebenhandlung der pubertierenden ersten Liebe schließt mit Neles Eigentor beim Wettkampf um den Pokal. Oliver und die ganze Mannschaft verachten sie. Inge Wild hat Neles Schwierigkeit mit ihrer geschlechtlichen Körperlichkeit in der pubertierenden Phase präzise interpretiert:

> „Mit den Körperveränderungen der Pubertät und der Suche nach weiblicher Identität ist für Nele diese jungenhaft-wilde Triebabfuhr offenbar nicht mehr möglich: sie schießt ein Eigentor. Bemerkens- und bedenkenswert ist dieses Handlungselement deswegen, weil die Übernahme aktiver, männlich konnotierter Tätigkeiten und Verhaltensweisen bis heute als wirksames Movens weiblicher Emanzipation gilt. In der Ironisierung nicht nur alter, sondern auch neuer weiblicher Rollenexperimente ist Boies Roman daher ein Beispiel für die aktuelle Prozeßhaftigkeit von gender identity."[159]

Inge Wild spricht in dieser Interpretation zugleich eine Problematik des emanzipatorischen Diskurses an: Ist die Nachahmung des männlichen Verhaltens selbstverständlich identisch mit der Frauenemanzipation? Boies Arrangement der

---

[159] Inge Wild. Wie Väter lernen zu Muttern. In: Hans-Heino Ewers. Familienszenen. Die Darstellung familialer Kindheit in der Kinder- und Jugendliteratur. Juventa: Weinheim und München, 1999. S. 133-150. Zitat S. 137.

Handlung in diesem Buch tendiert zu der Antwort Nein. Sie läßt nicht nur die Initiative des verliebten und sich jungenhaft verhaltenden Mädchens scheitern, sondern auch die weiblich aussehende und verführerische Rivalin siegen. Am nächsten Tag findet Nele heraus, daß ihre beste Freundin sie verrät und mit Oliver kuschelt.

> „Da merkte ich erst, daß an meinem Tisch sonst niemand saß. Ich sah mich um. Und da entdeckte ich sie. Sie saßen vorne in der Klasse auf dem Pult. Katta hatte ihren Kopf an Olivers Schulter gelehnt, und Oliver streichelte ihr ganz sanft über das Gesicht. Sie sahen aus, als merkten sie gar nicht, daß noch andere Leute in der Klasse waren, und flüsterten miteinander." (S. 121)

An dieser Stelle läßt sich die Frage stellen, ob das Scheitern von Neles Versuch gleichzeitig eine Bewertung der Autorin bezüglich dieses Liebesverhaltens ist. Die traditionelle weibliche Mädchenfigur besiegt im Liebesduell die „neue" Mädchenfigur, die nach der Vorstellung der neutralen Geschlechterrolle erzogen wurde. Inge Wild tendiert dazu, dies dahingehend zu interpretieren, daß Oliver ein „nachwachsender Macho" ist. Deswegen bevorzuge er eine traditionelle weibliche gutaussehende Mädchenfigur.[160] Hinsichtlich des Konzepts der Geschlechterrolle kommen die kritischen Gedanken der Autorin über die Emanzipation mit männlichem Nachahmungsmuster gleichzeitig zum Ausdruck. In dieser Figurenkonstellation läßt sich zugleich erkennen, daß Kirsten Boie ihre Mädchenfiguren „wider alte und neue Klischees" darstellt. Sie will nicht nur die alten Klischees durch die Form der Literatur aufbrechen, „sondern neue erst gar nicht entstehen lassen."[161] Ihre nicht-hundertprozentig sympathische Haltung der neuen Mädchenfigur Nele gegenüber wird ein wenig durch das Scheitern von deren Liebesverhalten gezeigt: Die aktive jungenhafte Nele kann nicht immer erfolgreich sein, nur weil sie sich aktiv, unkonventionell verhält und Fußball spielt. Zu dieser vorsichtigen Haltung den neuen „starken Mädchenfiguren" gegenüber bringt die Autorin in einem Interview ihre Meinung zum Ausdruck:

> „Natürlich will ich keine Bücher, in denen Macho-Rollen oder traditionelle Mädchenrollen propagiert werden. Dennoch halte ich es für problematisch, daß in der Beurteilung von Kinder- und Jugendliteratur dieser Punkt das Kriterium schlechthin ist. Anders gesagt, man muß als Autor(in) heute nur ein Buch schreiben, das >emanzipatorisch< angelegt ist, und schon wird es von der Kritik positiv besprochen. Das finde ich zu dünn, zu oberflächlich. Es gibt ganz schlechte Bücher, in denen Mädchen stark sind [...] Und ich muß zugeben, daß ich auch ambivalente Gefühle habe, wenn ich sehe, wie sich Mädchen in einer bestimmten Phase sehr >pink und glitzerig<

---

[160] Vgl. ebd., S. 138.
[161] Alexandra Rak. Wider alte und neue Klischees. In: Börsenblatt für den Deutschen Buchhandel. H 600, 1995, S. 25.

entwickeln. Da möchte ich dann am liebsten mit Büchern dagegensteuern, aber bitte nicht mit so plattem Lesestoff."[162].

In dieser Aussage sieht man die Grundhaltung der Autorin zur Thematik „Geschlechterrolle". Sie plädiert nicht für die traditionellen Geschlechterrollen, indem sie beschreibt, daß die mädchenhafte Katta die jungenhafte Nele besiegt, sondern sie hofft sogar, durch die Literatur die kindliche Rollenfixierung zu verändern. Gleichzeitig weist sie auf eine Problematik der „emanzipatorischen Kinder- und Jugendliteratur" hin, daß nämlich das Kriterium der literarischen Qualität dem der modernen Ideologie unterliege. Gemäß ihrer Meinung kann ein Buch nicht deswegen positiv rezipiert werden, nur weil es der Ideologie entsprechend eine starke positive Mädchenfigur darstellt. Boie deutet an dieser Stelle kritisch auf die Problematik der „neuen" Kinder- und Jugendbücher hin, die stark von Ideologien geprägt sind. Ganz vorsichtig und kritisch gehe sie selbst mit Ideen und Ideologien um. In ihren Werken sieht man nicht selten die Kritik an den „neuen Eltern". Die neuen Mädchenfiguren werden von ihr auch nicht nur einseitig hoch gelobt. Diese objektive Distanz ihrer eigenen Vorstellung und Einstellung gegenüber ist auf dem Gebiet der Kinder- und Jugendliteratur oder bei der Literatur überhaupt ein Sonderfall. Dadurch unterscheidet sie sich von anderen Autoren. Das Studium und die Promotion in der Literaturwissenschaft boten ihr die Möglichkeit, literarische Beispiele kritisch zu beobachten. In ihren eigenen Werken will auch sie nicht von irgendeiner Ideologie geblendet werden.

3. Sexualität in der Pubertät

In der Jugendliteratur, die sich an der jugendlichen Zielgruppe orientiert, ist die Thematik Sexualität ein brisantes Thema für das pubertierende Lesepublikum. Die Autorinnen nehmen diese Tatsache zur Kenntnis und behandeln diese Thematik. In dieser Arbeit wird versucht, durch die Untersuchung der Darstellung von Sexualität herauszufinden, wie die drei Autorinnen ihre Mädchenfiguren sich gegenüber dieser Thematik verhalten lassen bzw. wie diese mit der Sexualität konfrontiert werden. Zu dieser Konfrontation gehört auch die Erziehungsvorstellung der Eltern über die Sexualität. Diese Thematik spielt sich auf drei Ebenen ab. Die erste bezieht sich auf die körperliche und psychische Entwicklung der Jugendlichen bzw. die erwachende sexuelle Neugier. Die erste Liebe gehört zum Teil zu diesen erwachenden Bedürfnissen. Die zweite Ebene bezieht sich auf die Konflikte zwischen Kindern und Eltern in der Pubertät. Die

---

[162] Dorit Maria Schwan. Bücher können immer noch Weichen stellen. Interview mit Kirsten Boie. In: Bulletin

Renitenz der Jugendlichen und die elterlichen Verbote des sexuellen Erprobens sind die Konfrontationspunkte. Die dritte Ebene bezieht sich auf die Art und Weise, wie drei Autorinnen die sexuellen Szenen darstellen. Dahinter stecken verschiedene pädagogische Vorstellungen über sexuelle Aufklärung. Im folgenden fängt die Analyse über die Sexualität mit Presslers „Zeit am Stiel" an.

3.1. Martina in „Zeit am Stiel"

In einem Roman, in dem sich die Hauptfigur gerade in der Adoleszenzphase befindet, spielt die Darstellung der Sexualität eine große Rolle. Die Antwort auf die Frage, wie die Hauptfiguren mit ihrer erwachenden Sexualität und mit ihrem Körper zurecht oder nicht zurecht kommen, ist die Hauptthematik.

Sehr kühn und detailliert beschreibt Pressler in „Zeit am Stiel" die Szene, in der die Jugendlichen auf einer Geburtstagsparty schmusen. Im Religionsunterricht wird Sexualität auch auf eine heftige Weise diskutiert. Ein „modernes" Buch wird zur Diskussion gestellt. Es geht um ein Mädchen, das sich überlegt, ob sie mit ihrem Freund schlafen oder die Erfahrung für später aufheben soll. Die Mädchen im Unterricht langweilen sich über solche Diskurse:

> „'Langweilig. Wann treiben es die beiden endlich miteinander? Ein bißchen Porno zur Auflockerung, das würde bringen' [...] 'Wenn sie es beide wollen', sagt Petra, 'warum sollen sie es dann nicht machen? Natürlich nicht gleich heiraten und Kinder kriegen, aber einfach so' [...] 'Also ich finde das alles Quatsch', sagt Corinna und holt ihr Strickzeug heraus, 'Ich kann mir nicht helfen, das Buch ist stinklangweilig.' Christine, auch aus der k-Klasse, meldet sich: 'Aber es ist auch nicht richtig, daß man es nur macht, weil alle es machen', sagt sie. 'Das ist doch auch Zwang, irgendwie, meine ich, wenn man eigentlich nicht will' [...] 'Was heißt hier Frust?' sage ich lauter, als ich es gewollt habe, fast wäre mir die Stimme übergekippt. 'Ich finde es nur ungerecht. Wir sollen uns hier mit der Moral rumschlagen, und bei Männern sagt keiner was, wenn sie vor der Ehe in der Gegend rumficken. Da gehört's dazu.'" (S. 30f.)

Martina ist wütend über die Jungen, die sich von der Diskussion fernhalten. Mit dem drastischen Wort „rumficken" kritisiert sie die Doppelmoral in der Gesellschaft. In der Diskussion werden hauptsächlich zwei Meinungsgruppen repräsentiert. Die eine vertritt die sexuelle Freiheit der Jugendlichen; die andere weigert sich, von einem Gruppenzwang beeinflußt zu werden. Die moralische Debatte der Sexualität bildet die theoretische Auseinandersetzung des Buches. Eine realistische Darstellung der Sexualität findet in der depressiven Lebensphase des Mädchens aufgrund des Todes des Hundes statt: Eine Vergewaltigung wird am Ende des Romans von der Ich-Erzählerin als eigenes Erlebnis beschrieben. Martina stellt sich eine schöne sexuelle Erfahrung mit dem Jungen, der ihr gefällt, vor. Teilweise aus Einsamkeit und Langeweile, teilweise aus Rivalität, weil Mäcki mit der Freundin Sonja schmust, geht sie aus der Kneipe und lockt Mäcki heraus. Im Park gerät die Situation außer Kontrolle.

> „Meine Brustwarzen werden hart vor Aufregung. Ich zerre mein T-Shirt nach unten, über die Brust, möchte mich vor ihm verstecken. 'Nein', sage ich, 'Nicht. Bitte nicht gleich heute' [...] Er stöhnt und drängt sich an mich, versucht, sein Knie zwischen meine Beine zu drücken. Ich stemme mich gegen ihn, aber er hat mehr Kraft. 'Nein, nicht so', sage ich, 'nur schmusen. Das hast du versprochen'. Er achtet nicht darauf.
> Er drückt mir die Oberarme auf den Boden, ist auf einmal über mir. 'Du bist schuld, du hast mich aufgeilt.'
> Ich friere, ich habe Angst. 'Nicht, Mäcki.' Ich wehre mich, presse meine Beine fest zusammen, weiß nicht, ob ich schreien soll oder nicht. Es gelingt mir, einen Arm freizubekommen. Ich schlage ihn ins Gesicht. Er schlägt zurück. Mein Kopf ist ganz leer, ich kann nicht mehr denken, ich kann nur noch um mich hauen.
> Aber er ist stärker als ich.
> Ich habe mich geirrt. So ist das also. Ich wehre mich, obwohl es sinnlos ist.
> Dann, endlich, läßt er von mir ab, steht auf, zieht sich an, geht weg. Wie ein Fremder". (S. 150, 151)

Diese Darstellung beinhaltet einerseits die Enttäuschung über die erste sexuelle Erfahrung bzw. die Zerstörung der sexuellen Illusion; andererseits die Grausamkeit der sexuellen Gewalt. Der Junge nimmt keine Rücksicht auf die Reaktion des Mädchens und will Martinas Körper benutzen, um seine Triebe zu befriedigen. Diese sexuelle Darstellung ist im Vergleich zu der von Nöstlinger und Boie viel grausamer und realistischer. Realistisch ist in diesem Sinne zu verstehen, daß die rohe und häßliche Realität von Gewalt und Vergewaltigung nicht vage, sondern detailliert dargestellt wird, ohne Verklärung und Verstecken durch die Sprache. Die Lust und Triebe sowohl des Mädchens als auch des Jungen werden weder verheimlicht noch verschluckt, begleitend zu der Szene die Enttäuschung offen und realistisch in Worte gefaßt.

Außer der sexuellen Erfahrung mit dem gleichaltrigen Jungen wird im Roman angedeutet, daß das Mädchen von einem der Freunde der alleinerziehenden Mutter sexuell belästigt wird.

> „Julius, ein schmieriger Typ, der sich nach außen hin nichts zuschulden kommen läßt, aber heimlich an kleinen Mädchen rumfummelt. Lauf doch nicht weg, Martina-Schätzchen, ich werde dich doch mal in den Arm nehmen dürfen. Es ist aus, hat Mama gesagt, sonst nichts. So ist es immer, sie schleppt einen Typ an, und dann ist es vorbei. Ich muß nett sein, wenn er kommt, und darf nichts fragen, wenn er geht. Aber ein Scheißkerl war das, dieser Julius mit seinen neugierigen Händen." (S. 11)

Die sexuelle Belästigung wird nicht detailliert behandelt. Dieser Tatbestand hängt aber eng mit einem ernsthaften Streitpunkt zwischen Tochter und Mutter zusammen und weist auf einen Grund des Konfliktes in der Familie hin: die wechselnden Beziehungen der alleinerziehenden Mutter. Dieser Punkt wird im Kapitel V anhand der Risikokindheit ausführlich diskutiert werden. Das nächste literarische Beispiel zum Thema „Sexualität" ist „Oh du Hölle – Julias Tagebuch" von Christine Nöstlinger.

3.2. Julia in „Oh du Hölle – Julias Tagebuch"[163]

Das Buch erschien 1986. Die geschiedenen Eltern darin vertreten zwei verschiedene Erziehungshaltungen bezüglich der Sexualität. Der Vater führt ein zügelloses Sexualleben und wechselt andauernd die Freundinnen. Mit ihm kann die Tochter offener als mit der Mutter über das Thema „Sexualität" reden. In der Beziehung zwischen Mutter und Tochter ist die Sexualität ein „Tabuthema", dem die beiden ausweichen wollen. Die Mutter hat Angst davor, daß die Tochter früh sexuelle Erfahrung mit dem Freund macht. Der Freund Stefan wird als sehr sympathisch dargestellt, nämlich als ein blonder, gutaussehender und geistig interessierter Typ. Er liest viel und interessiert sich für die politische Lage der Welt. Er geht in die Kirche und kritisiert das ungerechte System der Kirche. Im Vergleich zu ihm ist Julia naiv und unwissend. Sie liest nur Comics und weiß nichts von der Politik und Religion. In dieser Figurenkonstellation ist ersichtlich, daß der Junge Stefan bezüglich der Intelligenz dem Mädchen Julia überlegen ist. Ähnlich wie bei Kirsten Boie sind die Protagonisten in Nöstlingers Werken politisch engagierter als die Protagonistinnen. Diese interessieren sich meistens nur für ihre Liebesbeziehungen und für ihr Familienumfeld. In „Nagle einen Pudding an die Wand" findet man auch dieselbe Figurenkonstellation, wie es im Kapitel II Punkt 4 und 2.1. dieses Kapitels schon ausgeführt wurde.

Die Sexualität ist auch hier eine Ursache für Familienkonflikte. Der Vater ist der Ehefrau sexuell untreu. Deswegen ist die Ehebeziehung zerbrochen. Die intime Beziehung zwischen Stefan und Julia verursacht auch Konflikte zwischen Mutter und Tochter. Die Duschszene, die am Ende des Buchs dargestellt wird, ist eine wichtige Szene, in der die Neugier auf Sexualität in der Pubertät sehr ausführlich dargestellt wird. Julia duscht und holt Stephan, ihr eine Seife zu reichen. Dabei zieht sie ihn mit unter die Dusche. In dem Tagebuch schreibt sie, daß sie ihren nackten Körper von ihm sehen lassen will und gleichzeitig seinen nackten Körper sehen will. Sie vermutet, daß Stephan sie deswegen verläßt, weil sie nach körperlicher Leidenschaft verlangt. Bei dem ersten Schmusen mit Stephan bemerkt Julia, daß sein Penis ganz hart ist. Sie denkt, daß dies ganz unangenehm

---

[163] Christine Nöstlinger. Oh du Hölle- Julias Tagebuch. Weinheim und Basel: Beltz & Gelberg Verlag, 1986.

sein muß. Neugier und Mißverständnisse bezüglich der sexuellen Reaktion tauchen nicht selten im Tagebuch der 14-jährigen Julia auf. Julias Problem mit der Sexualität in der ersten Liebe hängt mit ihrer Geschlechterrolle zusammen. Als Mädchen hat sie Angst davor, im Liebesakt die aktive Rolle zu übernehmen bzw. die Duschszene zu inszenieren. Diese Angst ist deutlich bei ihrer Vermutung zu erkennen, daß der Freund sie aufgrund des Duschereignisses verlasse. Ihre Furcht, als unanständiges Mädchen von Stephan angesehen zu werden, stammt aus dem Bild der traditionellen weiblichen Geschlechterrolle, die konservatives und passives Umgehen mit ihrer Sexualität vorschreibt und sexuelle Wünsche nicht zuläßt. Diese Einstellung ist der konservativen Erziehung seitens der Mutter bezüglich der Sexualität zu verdanken. Nicht nur Julia hat Probleme mit ihrer ersten Liebe und Körperlichkeit, sondern auch Mariechen gerät in eine komplizierte Liebesbeziehung.

3.3. Mariechen in „Villa Henriette"
Im Werk von Nöstlinger „Villa Henriette" wird eine Dreiecksbeziehung zwischen Liebe und Freundschaft dargestellt:
Konrad, ein Sohn eines reichen Kaufmanns, wurde von Mariechen Nachhilfe gegeben einerseits wegen der schlechten Note, andererseits, weil er sie mag und mit ihr „gehen" möchte. Bei dem Sommerfest verlangt er, daß sie sich zwischen ihm und Stephan entscheidet. Sie entscheidet sich für ihn. Aber danach findet sie diesen Typ ganz langweilig, weil er keine körperliche Leidenschaft hat.
Der Rivale, Stephan, hat bessere Schulleistungen als Konrad. Er geht sofort mit der Freundin von Mariechen, nachdem sie sich für Konrad entschieden hat. Er ist ein stärkerer Typ als Konrad. Er möchte immer überlegener als Konrad sein, sowohl im Bereich des Sports als auch in der Freundschaft.
Mariechen als Heldin in diesem Roman ist ein kluges Mädchen, das gute Noten in der Schule hat, das dem Mitschüler Konrad Nachhilfe in Mathematik geben kann. In der Familie spielt sie eine Rolle als Brücke. Sie baut eine Beziehung für alle Mitglieder der ganzen Familie auf. Sie ist sympathisch, nett und selbständig. Durch ihre Mühe wird die finanzielle Schwierigkeit der Villa gelöst. Aktiv arrangiert sie ein Familientreffen zwischen der Großmutter, die finanzielle Not hat, und ihren Geschwistern. Durch die Initiative von Mariechen erbt sie das Eigentum von der Verwandtschaft, damit die Villa nicht versteigert werden soll. Sie entspricht einem Idealbild des neuen Mädchens: hilfsbereit, pfiffig und intelligent. Der Charakter dieser Mädchenfigur wurde in II 2. „Kampf um die Ernährungsfreiheit – Konflikt mit der Mutterliebe" bereits analysiert. Die

Charakteristik von ihr, Feli und Gretchen gehört zu dem rollenspezifischen Klischeebild für die neuen Mädchen, wie Mirjam Pressler zum Ausdruck bringt:

„Wachsamkeit ist angeraten, wenn uns auffällt, daß wir wieder angepaßt werden sollen. Ein selbständiges, stets gut gelauntes Mädchen ist, wenn man es genau nimmt, noch bequemer als das brave, ängstliche Mädchen der 'alten' Bücher: Mann muß es nicht mehr beschützen, Mann muß nicht mehr die – auch finanzielle – Verantwortung übernehmen, Mann kann – außer Liebe – auch erwarten, daß die neue Frau selbst ihren Lebensunterhalt verdient und zugleich die emotionale und praktische Versorgung der Familie übernimmt. Es könnte gut sein, daß Mädchen in den 'neuen' Kinderbüchern auf diese Rolle vorbereitet werden."[164]

Dieser Verdacht trifft besonders auf die beiden Figuren Mariechen und Gretchen zu. Sie sind selbständig und übernehmen die Verantwortung für die Familienversorgung, nachdem die Erwachsenen versagt haben - im Fall des Mariechens auch finanziell. Sie brauchen nicht beschützt zu werden. Im Gegenteil übernehmen sie die Rolle als Ersatzmutter für die anderen Familienmitglieder. Diese fürsorgliche Rolle des neuen Mädchens als Ersatzmutter ist besonders in der Figur der Familientrilogie „Gretchen Sackmeier" verkörpert. Sie kümmert sich um die seelischen Zustände des Vaters und Bruders und berät den Vater bei seinen Eheproblemen. Wenn die Mutter nach dem Streit von zu Hause wegläuft, muß Gretchen das ganze Chaos in der Küche aufräumen.

3.4. Gretchen in „Gretchen Sackmeier"

Gretchen als Protagonistin im Buch verfolgt eine sehr klare Spur der Entwicklung. Am Anfang ist sie ein rundes Mädchen, das weder Sicherheit noch Selbstbewußtsein bezüglich des Körpers hat. Sie ist in allen Fächern sehr gut in der Schule, bis auf Turnen. Sie weicht jeder Art der Bewegung in der Öffentlichkeit aus, weil ihr Busen heftig wackelt, wenn sie sich bewegt. Die Körperlichkeit und Sexualität werden in den drei Bänden des Mädchenbuchs behandelt. Am Anfang des ersten Bandes mag sie ihren Körper nicht – der beste Zustand wäre, daß man ihn überhaupt nicht spürt und er nicht beachtet wird. Diese negativen Gefühle gegenüber dem eigenen Körper werden durch zwei Ereignisse allmählich verändert. Das erste bezieht sich auf die Verliebtheit in den schönen Jungen Florian Kalb. Er regt sie auf, so daß sie sich traut, ihren Körper und ihre Weiblichkeit zu spüren, so wie sie im Regen den körperlichen Kontakt mit Florian genießt:

---

[164] Mirjam Pressler. Als der Fleck auf der Bluse noch ein großes Unglück war. Rollenspezifisches Verhalten im Kinderbuch. In: Ich Tarzan- Du Jane. Geschlechtsspezifisches Rollenverhalten in Kinderbüchern. München: Arbeitskreis für Jugendliteratur, 1995, S. 5-9. Zitat S. 9.

"'Sollen wir zu einem Haustor laufen, oder sollen wir den Regen hier abwarten?'' fragte Florian. Gretchen, die Stirn an Florians Wange, die Babynase an Florians Hals, den Mund an Florians Schlüsselbeinknochen, murmelte: 'Dableiben!'" (S. 78)[165]

Das zweite bezieht sich auf den Kummer wegen des Familienkonflikts. Gretchen nimmt ohne Anstrengung während der Trennung der Eltern enorm ab. Durch die schöne Figur gewinnt sie Selbstsicherheit gegenüber ihrem Körper.

In der ersten Phase des Familienkonflikts will sich Gretchen nicht einmischen. Sie ist zwar immer verständnisvoll, trotzdem hat sie Schwierigkeiten mit der mütterlichen Emanzipation, oder genauer gesagt: sie empfindet Unbehagen bezüglich des Anlasses der Abnahme von der Mutter.

„'Nur weil mir sonst nichts zum Gerntun eingefallen ist', sagte die Mama in den blankgeputzten Spiegel hinein. 'Und weil ich geglaubt hab, ich kann nur überleben, wenn ich mich der Sackmeier-Lebensart anpasse!'
Gretchen war Mamas Spiegel-Zwiesprache unangenehm. Einer Mutter, fand sie, standen derartige Probleme nicht. Mütter sollten möglichst problemlos sein, und wenn sie schon Probleme hatten, dann Wirtschaftsgeldprobleme oder Kinderschulprobleme oder Wohnungsputzprobleme. Wenn's unbedingt sein mußte, dann auch Schlankheitsprobleme, aber die höchstens auf die Art: Damit ich wieder ins alte Frühjahrskostüm passe!" (S. 83)

In diesem Zitat ist die erste Reaktion Gretchens auf die mütterliche Veränderung deutlich zu sehen. Sie hat ein festes traditionelles Mutterbild in ihrer Vorstellung, in dem die Mutter problemlos bleiben soll. Oder wenn doch unbedingt Probleme bei Müttern auftauchen sollen, dann höchstens im Rahmen der Familie. Das bedeutet, daß Elisabeth als Mutter keine individuellen und persönlichen Probleme haben darf. Sie kann ihre Persönlichkeit ausleben, aber nur im Namen der Familie, und zwar in der Rolle als Mutter. An dieser Stelle sieht man, daß in der ersten Phase des Familienkonflikts Gretchen immer noch von der traditionellen Mutterrolle geprägt ist.

Der Wendepunkt in Gretchens Haltung findet nach dem Konflikt statt, in dem der Vater den Frühstückstisch zerstört. Gretchen beginnt, das Chaos in der Küche aufzuräumen. Dabei informiert sie sich über die Ursachen des elterlichen Streits beim Bruder.

„Gretchen bückte sich, zog das Tischtuch vom Mülleimer, klappte ihn auf und warf Scherben hinein.
'Na, bist du vielleicht nicht auf der Seite vom Papa?' Hänschen fragte es empört.
'Nein!' rief Gretchen. 'Ich bin auf keiner Seite. Aber wenn es unbedingt sein muß, halt ich zur Mama. Weil die Mama mehr recht hat!'" (S. 118)

---

[165] Alle Seitenangaben beziehen sich auf Christine Nöstlinger. Gretchen Sackmeier. Eine Familiengeschichte. Hamburg: Oetinger Verlag, 1981.

Die unvernünftige Art und Weise, wie der Vater auf die Mutter reagiert, zwingt Gretchen, die Partei der Mutter zu ergreifen. Nach dem Streit mit der Mutter bestellt der Vater die Oma in die Familie und verhält sich so, als ob nichts passiert wäre. Die Mutter kommt am selben Abend und will mit dem Vater und Gretchen reden, wobei der Vater seine Mutter einbezieht und nicht mit seiner Frau reden will. In diesem kritischen Augenblick kommt Hinzel Gretchen besuchen, ein Punk, der im Gesicht tätowiert ist. Der Vater bezeichnet den Jungen als Ungeheuer und verbietet der Tochter sofort, mit dem „abnormalen" Jungen umzugehen. Die spießige und autoritäre Verhaltensweise des Vaters veranlaßt das milde Gretchen zu schreien und dem Vater zu drohen, in der Nacht von zu Hause wegzulaufen, wenn sie nicht mit der Mutter ausziehen darf. Seitdem wohnt die Familie Sackmeier getrennt: Der Vater mit Hänschen in der Sackmeier-Wohnung und die Mutter mit Gretchen und Mädi in der Marie-Luise-Wohnung. Dieses Arrangement zeigt nicht nur die Wirklichkeit von Familienkonflikten, sondern auch die Kosten der Frauenemanzipation in diesem literarischen Fall.

4. Fazit

Anhand der vorherigen Ausführungen sieht man, daß die drei Autorinnen ihre „neuen" Mädchen unterschiedlich gestalten. Boies Anna in „Jeder Tag ein Happening", die im Punkt II 4. ausführlich analysiert wurde, und Lena, die gerne Fußball spielt, gehören zum positiven neuen Mädchenbild, in dem sich das Mädchen entgegen der traditionellen Rollenzuweisung verhält. Wie bereits erwähnt wurde, geht Boie mit der Charakterisierung des „neuen Mädchens" sehr vorsichtig um. Eine Warnung vor dem neuen Klischee wurde schon im vorigen Teil erwähnt. Nöstlingers neues Mädchenbild in den 70er Jahren unterscheidet sich von dem in den 90ern. So beschreibt Winfred Kaminski die Mädchenfiguren Nöstlingers: „Die Attraktivität von Mädchengestalten im Werk der Christine Nöstlinger – so die zu belegende These – geht dagegen von deren Renitenz aus."[166] Diese Renitenz sieht man ganz deutlich in den Figuren in den 70er Jahren und am Anfang der 80er Jahre. Am Ende der 80er Jahre bis zu den 90er Jahren sind zwei Mädchentypen zu beobachten. Einer ist die nette und einfühlsame Mädchenfigur, die beinahe die Ersatzmutterrolle spielt, z. B. Mariechen und Gretchen. Der andere ist eine postmoderne bzw. eine Mischung zwischen einer mit neuen und einer mit traditionellen Eigenschaften. Der Diskurs der postmodernen Eigenschaft wird in der Zusammenfassung ausführlicher diskutiert.

---

[166] Winfred Kaminski. Die renitenten Mädchen der Christine Nöstlinger. In: Wilma Grossmann, Britta Naumann (Hgg.). Frauen- und Mädchenrollen in Kinder- und Schulbüchern. Frankfurt: Max-Trager-Stiftung 1987. S. 84.

Katharina in „Nagle einen Pudding an die Wand" und Boies „Nella Propella" gehören dazu. Mirjam Pressler hat ihre eigene Art, die neuen Mädchenfiguren darzustellen. Martina in „Zeit am Stiel" ist ein pubertierendes Mädchen, das mit sich selbst und mit ihrem eigenen Leben nicht zufrieden ist. In mancher Hinsicht ist sie renitent. Sie ist gleichzeitig melancholisch und traurig. Katharina in „Katharina und so weiter"[167] stellt ein neues Mädchenbild dar in den Werken von Pressler. Sie ist tapferer als andere Mädchenfiguren von Pressler und wehrt sich gegen Ungerechtigkeit und Bösartigkeit. Sie schützt ihre Sitznachbarin vor der Belästigung eines Jungen, der andauernd die Unterhosen der Mädchen anguckt und sich darüber lustig macht. Die Nachbarin ist viel größer als Katharina. Diese ist fast die kleinste und dünnste in der ganzen Klasse, aber nicht mehr die schwächste. In diesem Buch sieht man nicht nur die Entwicklung von Katharina, sondern auch die von den Presslerschen Mädchenfiguren. Am Anfang der Geschichte hat sie keine gleichaltrigen Freunde. Einsamkeit herrscht in ihrem kindlichen Leben, vor allem, wenn die Mutter am Abend zum Englischkurs geht. Sie wünscht sich einen Hund, der mit ihr kommunizieren und ihr Freund sein kann. Der Wendepunkt im Leben von Katharina ist an dem Tag, an dem sie den Mitschüler Benjamin, der mit der Mutter in einer Wohngemeinschaft wohnt, besucht. Seitdem hat sie erst Kontakt zu gleichaltrigen Kindern. Sie ist offener und verbringt mit anderen Kindern die Nachmittage. Sie malen sogar ein schönes Plakat für Onkel Wilhelm, der wegen des Umbaus aus der Wohnung ausziehen muß, damit er ein Zimmer finden kann. Von einem Mädchen, das ängstlich und scheu war, ist Katharina zu einem geworden, das mutiger ist und Initiative ergreift. Malte Dahrendorf weist darauf hin, daß Pressler sich mit dieser Mädchenfigur von ihrer „niederdrückenden und bedrängenden"[168] Charakterisierung des Mädchens verabschiedet. Als eine Verwandte des Lausemädchens Pippi Langstrumpf wurde Katharina von Dahrendorf bezeichnet. Gleichzeitig verweist er auf die Ähnlichkeit zwischen dieser Mädchenfigur und der von Nöstlinger: „Sie hat etwas Farbe abbekommen von den 'anti-autoritären' Mädchen (und Jungen) der Kinderliteratur der siebziger Jahre, insbesondere Christine Nöstlingers"[169]. Dieses Buch wurde 1984 vom Beltz und Gelberg Verlag herausgegeben. Pressler zeigt ihre Begeisterung über die neue Kinder- und Jugendliteratur ganz deutlich in verschiedenen Interviews. Sehr wahrscheinlich ist, daß Pressler von Nöstlingers neuen Mädchenfiguren in den 70er Jahren oder

---

[167] Mirjam Pressler. Katharina und so weiter. Beltz & Gelberg, 1984.
[168] Vgl. Malte Dahrendorf. A.a.O., Mirjam Pressler. S. 7.
[169] Ebd.

von der antiautoritären Tendenz überhaupt beeinflußt wurde und sie zum Vorbild nahm. Die Autorin schrieb in einer E-mail an mich über ihre eigenen Lebenserfahrungen mit diesem Mädchentypus. Sie wohnte in den 70er Jahren mit ihren Töchtern in einer Kommune, in der eine solche Mentalität der Mädchen aktuell war. Pressler kreiert diese Figur zehn Jahre später, weil sie erst am Anfang der 80er Jahre mit ihrer Schreibkarriere anfing. Presslers neue Mädchenfigur unterscheidet sich trotzdem von der Nöstlingers. In ihren neuen Mädchenfiguren herrschen immer noch Einsamkeit und Melancholie vor. Katharina bleibt nicht die einzige dieses Typus in ihren Werken nach 1984. In „Goethe in der Kiste", der 1987 im Loewe Verlag erschienen Erzählung, findet man auch Simone, die sich von einem ängstlichen, zurückhaltenden und traurigen Mädchen zu einem heiteren, mutigen und einem ein wenig renitenten entwickelt. Diese Entwicklung wurde in II 1.3. ausführlich analysiert. Zusammenfassend kann man behaupten, daß 1984 mit Katharina sowohl der Schreibstil als auch die Charaktere der Mädchen von Pressler verändert worden sind. Die Veränderung tendiert zu einer optimistischen und fröhlichen Entwicklung der neuen Mädchen. Zu beachten ist, daß eine Rückkehr zur autobiographischen Einsamkeit und Traurigkeit in „Wenn das Glück kommt, muß man ihm einen Stuhl hinstellen." stattfindet. Dieser Roman erschien 1994 im Beltz und Gelberg Verlag und wurde vom „Deutschen Jugendliteraturpreis" und Zürcher Kinderbuchpreis „La vache qui lit" gekrönt. Im Kapitel VI wird die Innenwelt und Charakterisierung des Mädchens Halinka ausführlich dargelegt.

An der Gestaltung der Sexualität sieht man die unterschiedlichen Darstellungsstile. Pressler ist die kühnste von den drei Autorinnen, die wirklich in die Einzelheiten geht und die sexuellen Aktionen sehr realistisch darstellt. Wenn man die Vergewaltigungsszene in „Zeit am Stiel" beobachtet, sieht man, daß die Autorin keine Hemmung hat, auch eine grausame Seite der Sexualität darzustellen. In „Wenn das Glück kommt" gibt es auch die unverklärte und kühne Beschreibung über das gegenseitige Streicheln der Mädchen im Heim. Diese Handlung wird im Kapitel VI anhand der psychologischen Romane diskutiert. Im Vergleich zu Pressler sind Nöstlinger und Boie bei den sexuellen Darstellungen viel zurückhaltender. Nöstlinger gesteht selbst in einem Interview mit Gabriela Wenke, daß sie Schwierigkeiten hat, die Thematik „Erotik" zu behandeln.

> „Sämtliche Dinge von Erotik, die lieben sie ungeheuer – Nur ist das halt wahnsinnig schwierig. Nicht weil es Verlage nicht nehmen, sondern weil ich manchmal wirklich nicht weiß, wie schreiben. Es ist zum Beispiel eine Tatsache, daß wahrscheinlich 99,9 Prozent aller Kinder onanieren. Ich bin dem Problem, so wie man das hierzulande schreiben darf, sprachlich nicht gewachsen. Wenn ich das so hinschreibe, daß es meiner

Ansicht nach für Kinder verständlich ist, und so, daß es nicht so verdeckt, so schön, so zugedeckt ist, sondern echt hinschreibe, dann ist es das, was bei uns als Pornographie gilt. Denn anders kann ich's einem Kind nicht beschreiben."[170]

Nöstlinger hat in dieser Aussage gestanden, daß sie als Kinder- und Jugendbuchautorin Schwierigkeit hat, eine Onanie zu inszenieren. Solche Hemmungen, sich an deren Stellen anzunähern, hat Pressler hingegen nicht. Zum Beispiel ist Sexualität ein herausragendes Thema in dem in II 1.2. interpretierten Roman „Kratzer im Lack". Herbert gelangt in die Pubertätsphase und hat Sexualphantasien über die junge und schöne Nachbarin Frau Kaminski, die einen großen Busen hat. Es ist kein Zufall, daß er das rote Auto von Kaminskis Freund verkratzt. Der Freund ist sein Rivale in dem Traum und in seiner Phantasie. Die Rache am roten Auto symbolisiert eine Kompensation der Unzufriedenheit auf der erotischen Ebene in bezug auf seine „Liebhaberin" in der Realität. Bemerkenswert ist auch die Szene, in der Herbert den Sexualverkehr der Eltern beobachtet. Die Triade-Theorie von Freud zwischen Vater, Mutter und Kind ist in diesem literarischen Werk ersichtlich. Die Szene des elterlichen Sexualakts wird so von Pressler dargestellt:

„Ganz leise öffnete Herbert die Tür, damit sie nicht erschraken. Sie lagen nackt im Bett, dicht beieinander, Mund an Mund lagen sie im rosaseidenen Licht der Nachttischlampe und lachten. Sie sahen ihn nicht. Herbert machte die paar Schritte zum Bett, stand plötzlich da und lachte auch. Er streckte die Hand aus und legte sie seinem Vater auf die Schulter. `Jetzt hab ich euch´, sagte er. Und dann war nur noch Wut im Gesicht des Vaters, als er zuschlug. Herbert hat es nicht verstanden. Aber er hat gelernt, daß er aufpassen muß, wenn einer lacht."[171]

Diese Szene beinhaltet einerseits die Eifersucht des Jungen auf die intime Beziehung der Eltern, andererseits den Ärger des Vaters, in seinem Vergnügen gestört zu werden. Diese Rivalensituation taucht in einem sexuellen Kontext auch in „Nella Propella" von Kirsten Boie auf. Nella hat Angst davor, daß der neue Freund die Mutter durch den Beischlaf wegnimmt. In diesem Moment erklärt die Alleinerziehende dem Kind über die intime Beziehung zu ihrem Freund.

„`Man heiratet nicht gleich jeden, mit dem man mal schläft´, sagt Jacquo [...] Und ich bin ja auch sonst ganz allein [...] `Verstehst du das, Nella?´ Nella schüttelt den Kopf. `Du hast doch mich´, sagt sie. `Und Omi hast du und Uli [...]´ ''Das ist was anderes´, sagt Jacquo. `Ich hab dich ja auch fürchterlich lieb. Aber ich hab keinen Mann, so wie Miris Mutter Miris Vater hat, und Frau Schlabermiehl hat Herrn Schlabermiehl´ [...] `Na, das ist auch ein Glück, dass du nicht Herrn Schlabermiehl hast, was?´ sagt Nella. `Der will nur immer seine Ruhe.´ Jacquo lacht. `Ja, da sind wir gut

---

[170] Gabriela Wenke. „Ich will Kinder nicht mit Büchern beglücken". Gespräch mit Christine Nöstlinger. In: Eselsohr- Informationsdienst für Kinder- und Jugendmedien. 10/ 1984, S. 14- 18. Zitat S. 16.
[171] Mirjam Pressler. Kratzer im Lack. Weinheim und Bassel: Beltz & Gelberg Verlag, 1981. S. 23.

dran´, sagt sie. `Aber das musst du mir schon gönnen, Nella, dass ich auch mal einen Mann lieb haben darf.´" (S. 128)

Sehr vage drückt die alleinstehende Studentin ihr Bedürfnis danach aus, „einen Mann lieb zu haben". Es wird auch nicht erklärt, worin der Unterschied zwischen der Liebe der Tochter gegenüber und der dem Freund gegenüber liegt. In diesem Kinderbuch hat Kirsten Boie eine sehr zurückhaltende Art und Weise, mit dem Thema Sexualität umzugehen. In ihren Jugendbüchern kann man auch nur sehr behutsame Beschreibungen über Sexualität finden. Eine „naturalistische" Darstellung der sexuellen Szene, wie sie Mirjam Pressler in ihren Werken gestaltet, ist bei Boies Jugendbüchern nicht zu finden. Diese Verhaltenheit und Vagheit in der sexuellen Darstellung finden sich in Nöstlingers Werken auch, während Boie eine ausweichende Art hat und die Darstellung des körperlichen Kontakts vermeidet. Boies pubertierende Figuren haben zwar Probleme mit der ersten Liebe, werden aber sehr selten direkt mit der Sexualität konfrontiert, geschweige denn damit, sich entscheiden zu müssen, ob sie mit ihrem Freund schlafen. Sexualakte oder Schmusen spielen im Grunde genommen keine Rolle in Boies Werken. Mit anderen Worten: Kirsten Boie versucht durch eine verdeckte Schreibweise, bei ihren jungen Lesern diese Thematik anzusprechen. Seit der thematischen Enttabuisierung der Sexualität in der Kinder- und Jugendliteratur der 70er Jahre finden wir in den Werken dreier Autorinnen verschiedene Haltungen und Stile, Sexualität zu thematisieren. Nöstlinger gehört zur Klassikerin, die eine Balance zwischen sexueller Aufklärung und literarischer Schönheit der Darstellung sucht. Boie ist Realistin, die zwar dieses Thema anspricht, aber auf eine indirekte und verdeckte Weise mit der heiklen Thematik umgeht. Pressler ist eher Naturalistin, die genau und detailliert über die jugendlichen sexuellen Phantasien, über Petting und erste Erfahrungen schreibt.

V Veränderte Kindheit

Die Kindheitsforschung als Spezialgebiet in der Sozialgeschichte verbreitete sich, worauf der Soziologe Michael-Sebastian Honig hinweist, nur langsam und verzögert. Sie wurde entweder der Familienforschung oder der Jugendforschung untergeordnet.[172] Jürgen Zinnecker, ein Sozialpädogoge, ist auch der Meinung, daß es an Studien zur jüngeren und jüngsten Kindheitsgeschichte sehr mangelt.[173] Wegen dieses Mangels widmen sich inzwischen einige Pädagogen und Soziologen tüchtig diesem Forschungsbereich. Ulf Preuss-Lausitz, Helga Zeiher und Dieter Geulen gehören dazu. In einem von den drei gemeinsam verfaßten Artikel wurde der Begriff der „Generationen" geprägt. Unter diesem Begriff versteht man eine Gruppe von Gleichaltrigen, die in bestimmten sozialen und kulturellen Räumen gemeinsame Erfahrungen gemacht haben.[174] Die gemeinsame Kindheit spielt darin eine nicht übersehbare Rolle. Die Kindheitsforscher im 20. Jahrhundert wie Preuss-Lausitz, Zeiher und Peter Büchner meinen einstimmig, daß Kindsein heute vollkommen anders ist, als es vor 30 oder 50 Jahren war. Vor allem seit dem Zweiten Weltkrieg veränderten sich die Lebensverhältnisse drastisch, sowohl für Kinder wie für Erwachsene.[175] In den Studien werden die „Trümmerkindheit" im Zeitraum der Währungsreform, die „Nachkriegskindheit" der 50er und frühen 60er Jahre, die „Konsumkindheit" oder „Wirtschaftswunderkindheit" der Mitte der 60er Jahre, die „Risikokindheit" der 80er Jahre und die verplante Kindheit der 90er Jahre unterschieden.[176] Die Resultate wurden und werden von den Erforschern der Kinder- und Jugendliteratur aufgenommen. Sie diskutieren die literarischen Werke auf der Basis der sozialgeschichtlichen Forschung. Das von Hannelore Daubert und Hans-Heino Ewers herausgegebene Buch „Veränderte Kindheit in der aktuellen Kinderliteratur" ist dafür ein Beispiel. Zu dieser wissenschaftlichen Schrift trugen nicht nur Literaturwissenschaftler wie Daubert, Ewers und Inge Wild bei, sondern auch Soziologen und Pädagogen wie Preuss-Lausitz und Zeiher. Das Studienthema ist interdisziplinär und stellt ein neues Arbeitsgebiet dar, das in den

---

[172] Siehe Michael-Sebastian Honig. Sozialgeschichte der Kindheit im 20. Jahrhundert. S. 209. In: M. Markelfka und B. Nauck (Hg.). Handbuch der Kindheitsforschung. Neuwied u. a.: Luchterhand 1993, S. 207-218.
[173] Ebd.
[174] Ulf Preuss-Lausitz, Helga Zeiher und Dieter Geulen. Was wir unter Sozialisationsgeschichte verstehen. S. 11. In: Preuss-Lausitz, u.a.: Kriegskinder, Konsumkinder, Krisenkinder. Weinheim und Basel, 1989, S. 11-25.
[175] Vgl. Peter Büchner. Vom Befehlen und Gehorchen zum Verhandeln. Entwicklungstendenzen von Verhaltensstandards und Umgangsnormen seit 1945. In: Ulf Preuss-Lausitz (Hg.). Kriegskinder, Konsumkinder, Krisenkinder. Weinheim und Basel: Beltz Verlag, 1983, S. 196.
[176] Vgl. Hans-Heino Ewers. Veränderte kindliche Lebenswelten im Spiegel der Kinderliteratur der Gegenwart. In: Hannelore Daubert und Hans-Heino Ewers (Hg.). Veränderte Kindheit in der aktuellen Kinderliteratur. Braunschweig: Westermann Verlag, 1995, S. 35.

90er Jahren entstanden ist. Es geht um die veränderte Kindheit von verschiedenen Generationen und deren Widerspiegelung in der Kinder- und Jugendliteratur. Mit anderen Worten, es wird erforscht, wie die gesellschaftliche Wandlung in der Literatur dargestellt wird und wie sich das Bild von Kindern entwickelt und verändert hat.

Kindheit ist immer geprägt vom Zeitgeist und von historischen Ereignissen. Kinder und Erwachsene leben in einem gesellschaftlichen Kontext und werden von ihrer Umwelt beeinflußt. In der Kinder- und Jugendliteratur lassen sich die Spuren der sozialen Entwicklung auch deutlich sehen. In diesem Kapitel werden Kriegskindheit, Trümmerkindheit, moderne verplante Kindheit und Risikokindheit anhand der literarischen Werke von drei Autorinnen vorgestellt. In diesen Werken sehen wir nicht nur die Unterschiede der Kindheit in den verschiedenen Zeiträumen, sondern auch die Gemeinsamkeiten bezüglich der Erziehungsvorstellungen. Das bürgerliche Ideal von guter Erziehung bleibt sowohl in der Nachkriegszeit als auch in den 90er Jahren unverändert. Was sich rasch verändert, sind die Familienumstände. Die heutigen Kinder sind andauernd mit der unberechenbaren Beziehungsdauer der Eltern konfrontiert – sei es die Trennung und Scheidung oder Ehebruch der Eltern, seien es die wechselnden Liebesbeziehungen der getrennten Elternteile, sei es der schulische Leistungsdruck durch die Eltern. Die Kinder in der Risikogesellschaft sind nicht glücklicher als die in der Nach- oder Kriegszeit. Zu verschiedenen Zeiten begegnen die Kinder unterschiedlichen Phänomenen, die ihnen das Leben schwer machen und die Spannungen in der Familie verursachen. In diesem Kapitel wurden folgende Werke zum Thema Nachkriegskindheit ausgewählt: „Zwei Wochen im Mai", „Maikäfer flieg" von Nöstlinger und „Novemberkatze" von Pressler – drei autobiographische Kinderromane; zum Thema Risikokindheit „Susis geheimes Tagebuch und Pauls geheimes Tagebuch" von Nöstlinger und „Stolperschritte" von Pressler. Zum Vergleich der literarischen Darstellung von wechselnden Beziehungen werden „Einen Vater habe ich auch" von Nöstlinger und „Zeit am Stiel" von Pressler in den Mittelpunkt gestellt. „Mittwochs darf ich spielen" von Kirsten Boie ist ein gutes literarisches Beispiel, in dem die moderne verplante Kindheit mit Terminkalender thematisiert wird. Zunächst sei das erste Beispiel von Nöstlinger analysiert.

1. Pulverlandkindheit in „Maikäfer flieg!"

Dieser Kinderroman ist 1973 erschienen. In dieser „Pulverlandgeschichte", wie die Autorin sie nennt, wird erzählt, wie die achtjährige Christine das Ende des

Zweiten Weltkriegs in einer Villa mit zwei Kindern der jungen Witwe von Braun erlebt und wie sie die Russen als Siegertruppe empfindet und mit ihnen zusammenlebt. Angst, Abenteuer und Emotionen sind drei Hauptthemen der kleinen Kriegsbeobachterin.

1. 1. Kriegsalltag

Die „Pulverlandkindheit" ist eine Kindheit im Krieg: „Es war schon lange Krieg. Ich konnte mich überhaupt nicht daran erinnern, daß einmal kein Krieg gewesen war. Ich war den Krieg gewohnt und die Bomben auch" (S. 7)[177]. Die Kinder dieser Zeit müssen nicht nur mit Krieg, Bomben und Brand, sondern auch mit Leben, Tod und Angst konfrontiert werden. In der Vorbemerkung zu diesem Roman wird ein Lied zitiert: „Maikäfer, flieg! Der Vater ist im Krieg [...] Die Mutter ist im Pulverland, Pulverland ist abgebrannt". Den Text dieses Liedes haben die Wiener Kinder im Zweiten Weltkrieg nicht nur gesungen, sondern auch selbst am eigenen Leib erlebt.

Der Roman fängt mit einem „Bombenalltag" an, in dem die schwerhörige Großmutter auf den Blockwart, auf Hitler, seine Bande und die Gemüsefrau flucht. Die Achtjährige nutzt die Schwerhörigkeit der Großmutter aus und will die Flugzeuge am Fenster sehen. In diesem Augenblick wird der grausame Kriegsalltag aus der Perspektive des Kindes als eine Mischung zwischen Abenteuer und sehenswürdiger Schönheit dargestellt:

„Die Flugzeuge ließen so viele Bomben so schnell hintereinander aus ihren Bäuchen, daß es aussah, als hinge aus jedem Flugzeug eine dunkelgraue, glänzende Perlenkette. Und dann zerrissen die Perlenketten, die Bomben zischten herunter". (S. 11)

Diese verschönte Bombenszene steht in großem Kontrast zu der grausamen Realität. Die wie eine Perlenkette glänzenden, vom Bauch der Flugzeuge herunterfallenden Bomben verursachen Tod und zerstören Häuser. Nach dem abenteuerlichen Schauerlebnis des Bombenangriffs verlieren Christine und ihre Familie ihr Zuhause und werden Obdachlose. Die Nachbarhäuser erkennt man im Schutt auch nicht mehr. Das Haus der Großeltern ist zwar teilweise heil geblieben, aber ein großer Riß befindet sich im Zimmer. In diesem Augenblick bietet die reiche und vornehme Frau von Braun ihnen ihre Villa an. Der Anlaß zu diesem Angebot besteht darin, daß die Nazifrau vor den in die Wiener Innenstadt vordringenden russischen Soldaten flüchtet. Wegen der Flucht braucht sie Leute, die sich um ihre große Villa kümmern. Als Christine mit ihrer Mutter und

---

[177] Alle Seitenangaben beziehen sich auf Christine Nöstlinger. Maikäfer flieg! München: dtv, 1973.

Schwester ins reiche Villengebiet eintritt, bemerkt das kluge Mädchen sofort die Unterschiede zwischen den armen und reichen Bezirken:

> „Hier gab es keine Bombenruinen. Hier gab es nur hübsche Villen in großen Gärten. Keine einzige Villa war zerstört. Ich fragte: `Warum schmeißen die Amerikaner keine Bomben auf Neuwaldegg?'" (S. 28)

Die Antwort der Schwester lautet, daß die Bomben für dieses Gebiet zu teuer seien, weil die Bomben hier nicht genug Leute umbringen. Das Kind neigt dazu zu glauben, daß die Grausamkeit des Kriegs nur das Leben und die Wohnungen der Arbeiter zerstört habe. Dort, wo die Villen stehen und Kirschbäume blühen, ist alles heil geblieben, „als sei die Welt in Ordnung", wie es die Autorin in „Ein Kind von Wien" ausdrückt:

> „Für mich – als Kind – war es widerspruchslos hingenommene Tatsache, daß die Bomben dort fallen, wo die Arbeiter wohnen, daß die Russen dort plündern und vergewaltigen, wo die Arbeiter wohnen, daß die Amis für Nylons und Instant-Coffee dort beischlafen dürfen, wo die Arbeiter wohnen"[178].

An dieser Stelle ist die Kritik am Klassenunterschied sehr klar zum Ausdruck gebracht. Im grausamen Kriegsalltag muß die soziale Unterschicht viel mehr als die Oberschicht leiden. Diese Tatsache wird noch einmal von der Erzählerin bestätigt, als die Kinder in einem verlassenen Nazihaus einen prächtigen Vorrat aus Einsiedegläsern mit Hirschbraten, Leberwurst und Rehfleisch entdecken und stehlen. Außer Erdäpfeln haben die meisten Menschen nichts zu essen, während der Nazi Leinfellner eine Menge köstlicher Eßwaren behält. Kein Wunder, daß er mit diesem Vorrat unbeirrt wiederholt: „Durchhalten müssen wir bis zum Endsieg". Der Abscheu gegen die Nazis und gegen den Krieg ist in dieser Erzählung deutlich zu bemerken.

Die Erzählperspektive in dem Roman ist die einer Ich-Erzählerin. In manchen Szenen, in denen die Ich-Erzählerin in Angst gerät, tauchen innere Monologe auf, um die innere Welt der Achtjährigen darzustellen. Die Technik der Darstellung ist spannend und wie eine Montage im Film. (Vgl. S. 79.) Beispielhaft ist die Szene, in der die russischen Soldaten kommen und der Mutter plötzlich einfällt, daß die deutsche Soldatenuniform des Vaters verbrannt werden sollte. Die Erzählerin schildert ausführlich, wie sie in der hektischen und panischen Situation nach der Uniform sucht und wie sie gleichzeitig ihre Umwelt wahrnimmt.

> „Von der Straße her hörte ich den Lärm der Wagen, von den Pferden, von den fremden Stimmen. Einzelne Worte konnte ich klar und deutlich hören. Der Himmel vor dem Fenster war blau. Das Sonnenlicht fiel durch die schmutzigen Fensterscheiben auf den

---

[178] Christine Nöstlinger. Ein Kind von Wien – Einführung. In: Robert Neuman. Die Kinder von Wien. Weinheim und Basel: Beltz & Gelberg, 1979, S. 9.

Parkettboden und auf die aufgerollten Teppiche und auf die leinenüberzogenen Sesselungeheuer. Die Tür zum Onkelzimmer war offen. Etliche Onkel glotzten. Aus der Küche rief meine Mutter: 'Christel, so komm doch! Komm doch schon, bitte!'
Die Stimme meiner Mutter klang sehr weit weg und sehr leise. Und die Tür zum Vorhaus schien auf einmal sehr weit weg zu sein.
Ich starrte auf den zusammengerollten Teppich zu meinen Füßen. Die Teppichrolle war unheimlich lang. Ich würde ewig brauchen, bis ich in der Küche war.
Ich ging langsam die Teppichrolle entlang. Alles sah aus wie durch den Operngucker betrachtet, wenn man auf der falschen Seite hineinschaut. Der leinenüberzogene Kronleuchter hing schief. Die Staubkörner wirbelten im Sonnenlicht. Die Bilder im Onkelzimmer wurden auf einmal so groß wie Schränke und dann so klein wie Spielkarten und dann wieder so groß wie Schränke.
Ich stand still. Ich konnte mich nicht rühren.
Meine Mutter erschien in der Salontür. Sie war so klein wie ein Stehaufmännchen in einem Vogelkäfig. Sie lief auf mich zu und wurde dabei immer größer, wurde riesengroß. Sie riß mir das Uniformbündel aus der Hand und rannte in die Küche zurück. Bei der Salontür war sie wieder winzig klein." (S. 79f.)

In dieser Szene wird die panische Situation aus der Perspektive des achtjährigen Mädchens wahrgenommen. Bemerkenswert ist an dieser Darstellung, daß wie durch einen „Operngucker" betrachtet wird. Diese Stelle ist ein gutes Beispiel für die sogenannte Kinderperspektive. In dieser angstbesetzten Situation spielt ihre Phantasie eine wichtige Rolle in ihrer Wahrnehmung der Umwelt. Durch die Ich-Erzählsituation schlüpft der Leser in die Gedanken des Kindes und erlebt mit, wie sie den Saal mit vergrößertem Blick sieht. Die Sichtweise, wie die Mutter sich ihr nähert, fungiert wie eine Kamera. Von ferne betrachtet die Kamera die Mutter, so klein wie ein Männchen. Als der Apparat ganz nah bei der Mutter ankommt, wird die Figur riesig groß. Danach verläßt die Kamera die Mutter, als sie mit der Uniform wegläuft. Die Figur wird wieder winzig klein. Alles funktioniert wie im Film. Die Kamera ist das Auge des Kindes. Es repräsentiert ihre Phantasie, Angst und Sichtweise der Umwelt. Derselbe dramatische Effekt findet gleichzeitig beim Gehör statt. Die Stimme der Mutter ist nach der Wahrnehmung des Kindes sehr weit entfernt. Der psychische Zustand des Kindes wird durch die unterschiedliche Art und Weise, die Umwelt wahrzunehmen bzw. zu hören und zu sehen, dargestellt. Diese Darstellung kommt nur unter der Voraussetzung zustande, daß die Autorin die Situation aus der Sichtweise der kindlichen Erzählerin wahrnimmt. Dies gelingt der Erwachsenen deshalb, weil sie die Kinderpsychologie kennt. Sie kann sich in die Kinderrolle und deren Innenwelt hineinversetzen. Deswegen betont Christine Nöstlinger, daß sie nur das schreiben kann, was sie kennt.
In dieser Zeit waren Plündern und Stehlen keine Sünde mehr, sondern vielleicht der einzige Weg zu überleben. Beim Stehlen des köstlichen Vorrats von

Leinfellner haben die Kinder große Angst davor, daß die Erwachsenen sie wegen der gestohlenen Sachen heftig tadeln. Jedoch überrascht sie die Reaktion der Mutter und die der Frau von Braun. Die beiden starren auf die Gläser und „dann knieten sie sich auf den Boden und nahmen die Gläser in die Hände [...] Da begann die Frau von Braun zu lachen, und meine Mutter lachte mit, und dabei kugelten ihnen Tränen über die Wangen" (S. 51f.). In dieser Hochachtung und Demütigung vor Lebensmitteln spiegelt sich nicht nur der Mangel an Essen, sondern auch eine Umkehrung der Moralvorstellung. Die neue moralische Einstellung während der Kriegszeit ist eine ungewöhnliche und hängt eng mit der Überlebensstrategie zusammen. Darüber berichtet Christine auch, als ihre ganze Familie mit der von Braun und den Leuten aus der Gegend das Lebensmittellager vom NSV-Heim plündert:

"'Die Kinder kommen mit uns!' entschied meine Mutter. 'Westen anziehen!' rief mein Vater. Der Erzengel machte runde Augen. Riß den Mund auf. 'Wohin gehen Sie denn? Was wollen Sie denn?' Der Erzengel starrte uns an. 'Sie werden doch nicht auch?' 'Natürlich werden wir!' sagte meine Mutter. 'Sie wollen tatsächlich?' fragte der Erzengel ungläubig.'Wir gehen plündern!' rief mein Vater. 'Verstehen Sie, werte Dame? Plün-dern!' Der Erzengel hörte zu starren auf, flatterte aufgeregt, rief: 'Warten Sie, warten Sie doch! Ich komme mit!'" (S. 67)

An diesem Zitat sieht man, wie satirisch die Autorin die Heuchelei des Erzengels beschreibt. Am Anfang kritisiert sie heftig die unmoralische Tat des Stehlens, während sie am Ende doch zum Plündern mitgeht. An dieser Stelle muß der Spruch „Erst kommt das Fressen, dann kommt die Moral" angeführt werden. Im Krieg verlieren die kleinen Leute ihr Eigentum und vor allem ihre Menschenwürde, damit sie im Alltagsleben den Sieg im Kampf mit dem Hunger erringen können. Bei diesem Kampf verändert sich die Moralvorstellung und entwickelt sich eine neue Moral. Stehlen ist in der ungewöhnlichen Zeit nicht unbedingt ein Verbrechen. Es ist Teil des Überlebens. Diese zeitbedingte moralische Vorstellung beschreibt die Autorin deutlich in dem Aufsatz „Moralisch unterwegs":

„Stehlen, wenn man es nicht für sich selber, sondern für jemand anderen tat, vermutete ich aus ihren Worten, war keine unmoralische, sondern eine sehr moralische Handlung. Mit Elan eiferte ich meiner Mutter nach. Ich stahl heldenhaft, wo es nur ging, und achtete stets darauf, daß ich nicht für mich selber stahl."[179]

In diesem Zusammenhang erzählt die Heldin, wie geschickt sie von zwei NS-Soldaten Zigaretten stiehlt. Als die ältere Schwester sie wegen der unmoralischen

---

[179] Christine Nöstlinger. Moralisch unterwegs. In: Was ist und wie entsteht Kinderliteratur? Hans-Joachim Gelberg. Materialien für die Vorlesung im SoSe 1994, Frankfurt/M.: Johann Wolfgang Goethe Uni., S. 52.

Tat tadelt, plädiert ihr Vater für die umgekehrte Moralvorstellung: „Es ist sehr gemein, gestohlene Zigaretten zu rauchen. Aber es ist noch gemeiner, Zigaretten zu besitzen, wenn andere Leute keine mehr haben." (S. 57)

1.2. Kritik an der Grausamkeit des Kriegs

In diesem Buch wird eine bestimmte politische Botschaft vermittelt, z.B. die Kritik an der Grausamkeit des Kriegs und Sympathie für die russischen Soldaten. Im folgenden werden anhand präziser Stellen und Handlungsweisen die beiden Punkte erörtert.

Die Autorin plädiert in diesem Kriegsroman für eine Friedenswelt und übt Kritik an der patriotischen Ideologie und an dem Mißbrauch der staatlichen Macht. Ursprünglich haben die Leute um der Freiheit und Sicherheit willen einen Staat gegründet, nachher werden sie aber selbst von der patriotischen Ideologie in Schach gehalten und werden nicht selten zum Opfer des großen „Leviathans"[180]. Durch die patriotische und pseudoideologische Erziehung sind sie zu Untertanen des „großen Menschen", mit anderen Worten, zu Soldaten des Staates geschult worden: „der kann nicht tun, was er will. Der muß tun, was ihm befohlen wird." (S. 29)[181] Dieser Mißbrauch der Macht im Namen des Staates ist das, woran Nöstlinger heftige Kritik übt. Mit der Darstellung der „Pulverlandgeschichte" wird eine Präferenz der Autorin zur „humanen und pazifistischen Weltsicht erschlossen."[182] Der Vater der Heldin ist ein „unfreiwilliger" Soldat in der deutschen Truppe. Wegen des zerschossenen Fußes darf er im Wiener Lazarett bleiben und am Tag des Truppenaufmarsches zu seiner Familie flüchten, die in die Villa der Frau von Braun eingezogen war. Als er seiner Ehefrau und seinen zwei Töchtern auf dem Weg begegnet, seufzt er tief und sagt: „Für mich ist der Krieg aus" (S. 28). In diesem Augenblick hat die kluge kleine Tochter Christine große Angst, weil sie ganz genau weiß:

> „Ein Soldat, so krank und verwundet und zerschossen er auch ist, ist trotzdem noch immer ein Soldat [...] Ein Soldat, der statt im Zug nach Deutschland auf einer Parkbank in Neuwaldegg sitzt, ist ein Deserteur. Deserteure werden erschossen. In letzter Zeit sogar ohne Gerichtsverfahren, ohne Prozeß, einfach erschossen." (S. 29)

---

[180] Leviathan ist eine Bezeichnung für den Staat, die von Hobbes geprägt wurde. Siehe Eberhard Orthbandt. Geschichte der großen Philosophen und des philosophischen Denkens. Hanau: Werner Dausien Verlag, ohne Jahrgang, S. 273.
[181] Die Seitenangabe bezieht sich auf Christine Nöstlinger. Zwei Wochen im Mai. Weinheim und Basel: Beltz & Gelberg Verlag, 1981.
[182] Klaus Doderer. Christine Nöstlinger. In: Lexikon der Kinder- und Jugendliteratur. 2. Band. Weinheim und Basel: Beltz & Gelberg Verlag, 1977, S. 564.

Durch diese Angst des Mädchens wird deutlich, daß die Gewalt des Staates, die ohne Gerichtsverfahren oder mit „verfälschten"[183] Verfahren ausgeübt wird, die Lebensrechte des Individuums zu Zeiten des Kriegs total vernichtet. Wo ist die Sicherheit des Menschen? Wo sind die Würde und der Wille des souveränen Volks? Sie sind in dem Rausch des Patriotismus verschwunden. Die gewöhnlichen Leute verlassen notgedrungen den ihnen „gehörigen" Platz in der Heimat und treten in die deutschen oder die russischen Truppen ein. Zu Hause waren sie Bäcker, Uhrmacher, Schneider, Tischler, Lehrer, Buchhalter oder Koch. Jetzt in den Truppen müssen sie zum „Mörder" geschult werden, entweder in der deutschen oder russischen Armee, „da ist kein Unterschied, gar keiner". (S. 188) Jedoch werden Erinnerungen ans friedliche Leben immer wieder durch die ehemaligen Namen der Soldaten hervorgerufen. Dieser Konflikt im Innern des Herzens kann vielleicht nur mit Alkohol betäubt werden. Der russische Bäcker ist solch eine tragische Figur, die immer Alkohol trinkt und die Geschichte weinend erzählt: „wie die deutschen Soldaten seinen Vater totgeprügelt hatten; wegen einer versteckten Sau, die sein Vater nicht hatte hergeben wollen." (S. 100) Dabei schreit er immer „Budem chleb"[184] und möchte Brot backen. In diesem Augenblick denkt er an die Kinder zu Hause und erzählt, wie groß sie sind. „Eins war so groß wie ein Brotwecken, eines war so groß wie unser Tisch." (S. 100f.), als er noch ein Bäcker und Familienvater in der Heimat gewesen war. Diesen Schmerz erleidet nicht nur der Bäcker, sondern auch alle Leute, die wegen des Kriegs das friedliche Leben verlassen und körperliches und geistiges Leid erdulden müssen. Der deutsche Uhrmacher, dessen Fuß im Krieg zerschossen worden war, findet ebenfalls im Trinken den einzigen Ausweg aus der trüben Wirklichkeit. Tag und Nacht trinkt er und repariert Uhren, die die Russen ihm übergeben. Dabei nehmen sie auch Alkohol mit und fordern ihn auf zu trinken:

„'Trink, Kamerad, trink.' Dann trank der Kamerad. Der Kamerad trank alles. Marillenlikör und Rotwein, Weinbrand und Wermut [...] Manchmal schwankte der Kamerad auf dem Drehstuhl [...]" (S. 99)

Der deutsche Deserteur, der von seinen „Feinden" als „Kamerad" angeredet wird, repariert die Uhren für die Feinde und trinkt aus der Flasche der feindlichen Truppen. Die Kritik an der Dummheit des Patriotismus ist hier nicht zu verkennen. Der Haß gegen die Feinde ist nämlich der erste Schritt bei der patriotischen Erziehung, während der Feind in der Tat kein ungeheures Wesen,

---

[183] Hier ist mit den verfälschten Verfahren vor allem der Mißbrauch der Jurisdiktion durch Hitler und die Nazis gemeint.
[184] „Budem chleb" bedeutet auf Russisch „Brot backen".

sondern auch Opfer des Kriegs ist, der mit Tränen und Heimweh die Grausamkeit des unmenschlichen Kriegslebens ertragen muß. Der mächtige und starke Feldwebel, dessen Uniform mit vollen Orden bedeckt ist, ist ein typisches Beispiel dafür. Als er merkt, daß er seine Pistole verloren hat, macht er sich selbst bittere Vorwürfe und weint. Dieses böse Gewissen kommt eigentlich aus der patriotischen Ergebenheit, aus der unhinterfragten Treue dem Herrscher gegenüber. In Rußland spielt Stalin eine ebenso herausragende Rolle wie der „Führer" in Deutschland. Deswegen schämt er sich nach dem Pistolenverlust vor Stalin und verneint den Sinn seines Lebens:

> „Der Feldwebel schluchzte, daß das Leben keinen Sinn mehr für ihn habe, seit man ihm die Pistole gestohlen habe [...] ein Leben ohne Orden war nichts wert, seines nicht und unseres nicht." (S. 115)

Vergleicht man diesen russischen Helden mit dem Nazi Herr von Braun, wird die Ähnlichkeit zwischen den beiden Figuren eindeutig. Sie halten den „Ruhm" für das Wichtigste auf der Welt, sogar für viel wichtiger als das Leben selbst. Und was „Ruhm" für sie bedeutet, ist, den Befehl des Herrschers, entweder Hitlers oder Stalins, selbstlos auszuführen und damit die Loyalität eines Helden zu demonstrieren. Der Gipfel des Ruhms ist nämlich, für den Staat, und zwar für den „Führerstaat", im Krieg zu fallen. Mit anderen Worten, in der „falschen Ruhmideologie" müssen die „Interessen des Staates" ganz vorne gestellt und die Rechte des Individuums beseitigt werden. In diesem Fall ist ein toter Held ruhmeswerter und großartiger als die lebendigen kleinen Leute. Eben die kleinen Leute müssen die Grausamkeit des Kriegs am meisten erdulden, egal von welcher Seite. Das deutsche Volk leidet ebenso unter dem Krieg, Hunger und Not wie das russische Volk. Die Bomben kennen keine Gnade, vor allem die Bomben von der Seite der sogenannten Gerechtigkeit bzw. von den U.S.A. zerstören die Häuser und menschliches Leben. In diesem Roman übt Nöstlinger nicht nur Kritik an der Nazi-Ideologie, sondern an dem grausamen Wesen des Kriegs überhaupt.

1.3. Sympathie für die russischen Soldaten

Zu beachten ist, daß die nationalsozialistische Ideologie kein Produkt des Zufalls war, sondern eine programmgesteuerte lügnerische Politikintrige, die von Hitler und seinen Handlangern ausgearbeitet und ausgeführt wurde. Propaganda war das wichtigste Instrument, mit dem der Mythos und die Autorität des Führers entstand und gleichzeitig der Rassismus verbreitet werden konnte.[185] Durch die Propaganda haben die Nazis nicht nur den Hochmut der germanischen Nation, sondern auch die Feindseligkeit gegen andere Rassen und Nationen tief in das Denken mancher Deutscher eingeprägt.

Die Nazis haben Juden, Zigeuner, Russen usw. derart als „Untermenschen" verunglimpft, wie dies die Autorin in dem Handlungsverlauf von „Maikäfer flieg!" darstellt. In der Schule und beim BDM (Bund Deutscher Mädchen) prägt man solche bösen Vorstellungen in die Köpfe der Kinder hinein: „Die Russen schneiden den Frauen die Busen ab und erschießen die Kinder und rauben die Häuser aus und zünden alles an, und alle verbrennen." (S. 29) Durch diese brutalen, grausamen Bilder setzt man den Leuten das Vorurteil gegen die „bösen" Russen in die Herzen hinein, ohne daß sie je mit ihren eigenen Augen solche Gewalttaten gesehen hätten. Diese Stereotype werden dann generell auf alle Russen übertragen, als sie in die Wiener Stadt einmarschieren. Die Leute in den Villen halten sich in den Kellern versteckt, als die russischen Truppen mit Pferden und Wagen da sind. Diese Vorurteile hören erst dort auf, wo man die Wahrheit selbst erlebt. Der russische Major und seine Soldaten ziehen in die Villa von Braun ein. Durch den unvermeidlichen Umgang miteinander versuchen alle Menschen im Haus, gegenseitiges Verständnis entstehen zu lassen. Die Brücke der Kommunikation wird durch den sprachlichen Austausch gebaut. Nach kurzer Zeit können die Deutschen ein bißchen Russisch sprechen und die russischen Soldaten etwas Deutsch. Die Freundlichkeit zwischen den Völkern wird von der Handlungsweise der „Papahelfer" bestätigt. Als der Vater von Christine in der Polizeisperre verhaftet worden ist, läuft die Kleine zu den Russen in der Villa, um Hilfe zu holen. Acht russische Soldaten fahren mit einem Streifenwagen zur Wachstube. So schildert die Erzählerin die Hilfsaktion an der Sperre:

„Die Papahelfer umdrängten das Ganze, fragten dumm, was denn da überhaupt los sei, und drängten dabei meinen Vater immer mehr von den Wachablösesoldaten weg, drängten so lange, bis mein Vater aus dem ganzen Russenwirrwarr draußen war" (S. 186)

Der Vater ist ein Deutscher, und zwar ein deutscher Soldat, der so lange in Rußland war, daß er Russisch gut beherrscht, während die Russen ihm in einer Notsituation helfen. Die Hilfsbereitschaft und Freundschaft können nur aufgrund der Voraussetzung stattfinden, daß die Vorurteile übereinander aufgehoben sind. Die Liebe zwischen Christine und Cohn entsteht eben auf dieser Basis. Der

---

[185] Vgl. Hans Mommsen. Kumulative Radikalisierung und Selbstzerstörung des Regimes. In: Meyers Enzyklopädisches Lexikon in 25 Bänden. Bd. 16. Mannheim: Bibliographisches Institut Lexikon Verlag, 1971, S. 786.

häßliche Cohn ist ein russischer Jude aus Leningrad. Er arbeitet als Koch in der Truppe und wird von allen Soldaten ausgelacht und verachtet.
Die Grundlage der Liebe zwischen Cohn und der Ich-Erzählerin ist die Menschlichkeit, die Cohn in der unmenschlichen Zeit noch besitzt, wie die Heldin erklärt:

> „Ich liebe den Koch, weil er kein Krieg war. Nichts an ihm war Krieg, gar nichts. Er war ein Soldat und hatte kein Gewehr und keine Pistole [...] er war ein Russe und konnte deutsch reden. Er war ein Feind und hatte eine sanfte, tiefe Schlafliedstimme." (S. 94)

In dem warmen menschlichen Cohn findet Christine einen Zufluchtsort, an dem sie vor der grausamen Wirklichkeit des Kriegs flüchten kann.
Die „Lusthausküche", in der Cohn arbeitet, ist der Ort, an dem die Heldin Trost und Liebe finden kann. Leise singt der Koch in seiner eigenartigen Schlafliedstimme für das Mädchen. Interessiert hört er Christine zu, wenn sie von ihrem Kummer und ihrer Sehnsucht nach ihren Großeltern erzählt, die noch in der Wiener Stadt sind. Wenn sie auf Schwierigkeiten im Alltag stößt, flüchtet sie sofort über die Wiese in die Lusthausküche von Cohn, weil dort die Sicherheit ist. Diese Sicherheit verschwindet, nachdem der russische Koch die Villa verlassen hat. Sie kehrt mit dem Frieden auch nicht mehr zurück, wie es Christine in der Fortsetzungsgeschichte über ihre Trümmerkindheit erzählt.

2. Trümmerkindheit in „Zwei Wochen im Mai"
2.1. Erzählperspektive
– Die Ich-Erzählerin im autobiographischen Roman

Dieser Roman fängt mit einer Vorbemerkung der Autorin an:

> „Die Geschichte, die ich erzähle, ist mehr als dreißig Jahre alt. Zwölf war ich damals, und der große Krieg war seit drei Jahren zu Ende [...] Den Krieg hatte ich gut gekannt, im Krieg hatte ich mich ausgekannt. Den Frieden mußte ich erst lernen, und ich war keine gute Schülerin im Frieden-Lernen, denn was ich da lernen sollte, hatte so gar nichts mit dem zu tun, was sich mein Kriegs-Kinder-Glaube unter 'Frieden' vorgestellt hatte. Und die Erwachsenen waren keine sehr ehrlichen Lehrer. Weil sie das heute oft auch nicht sind, ist meine alte Geschichte vielleicht immer noch passend." (S. 1)[186]

Die erwachsene Erzählerin taucht am Ende des Romans wieder auf: „Bis heute glaube ich es ihm nicht. Er hat es einfach nicht ausgehalten, daß ich jemand anderen genauso stark liebe wie ihn. Nur das hat er nicht zugelassen." (S. 204) Die Erzählsituation ist vom Erzähltempus her zu erkennen. „Die Geschichte, die ich erzähle" endet an der Stelle: „Bis heute glaube ich es ihm nicht". Die

---

[186] Alle Seitenangaben beziehen sich auf Christine Nöstlinger. Zwei Wochen im Mai. A.a.O.

42jährige Erzählerin ordnet ihre Erinnerungen, setzt sie mit ihrer Phantasie zusammen und bietet den Lesern eine Geschichte an. Das sich erinnernde Ich berichtet in der erzählten Zeit die Geschichte. Zwischen dem sich erinnernden Ich und der 12jährigen Christine besteht selbstverständlich eine Diskrepanz, die die 42jährige Autorin rückschauend nicht überwinden kann. Ob die erwachsene Erzählerin wirklich noch aus der Kinderperspektive erzählen kann, hängt davon ab, wie realistisch sie die Mischung zwischen Erinnerung und Phantasie durch das sich erinnernde kindliche Ich darstellen kann. Darin spielen die Sprache, das Lebensbild und die Darstellung der inneren Welt des Kindes eine sehr wichtige Rolle. Diesen Punkt bringt die Autorin in einem Interview selbst zum Ausdruck:

„Sich in junge Leute zu versetzen, das kann ich ja überhaupt nicht. Das ist so: Ich bin ja nicht jung, ich bin 48 Jahre alt und auch nicht, wie viele Autoren erklären, im Herzen jung geblieben [...] Ich kann von heutigen jungen Menschen eigentlich nur die Ausstattung nehmen und zur Kenntnis nehmen, wieviel Taschengeld junge Leute heute haben, wo sie sitzen, wie sie reden. Wenn's aber um Emotionen geht, dann kenne ich heutige junge Leute nicht, dann kann ich mich nur an mich selber erinnern, wie ich in dem Alter war [...] Aber nicht nur Emotionen: Ich kann tatsächlich eine Lateinstunde so schildern, wie ich sie erlebte vor mehr als einem viertel Jahrhundert."[187]

Nun kommt die Frage: Ist es für eine erwachsene Autorin möglich, aus der Kinderperspektive zu schreiben? Wenn ja, wie? Was für eine Haltung nimmt die Autorin ein, wenn sie schreibt? Auf diese Frage antwortet Nöstlinger in ihrem Frankfurter Vortrag.

„Und unterhaltenden Spaß natürlich auch, erstens, weil ich den zum Leben und zum Arbeiten brauche, und zweitens, weil man damit kindliche Leser bei den Seiten hält. Die Sache fiel mir auch gar nicht so schwer, weil meine eigenen Töchter inzwischen etwas herangereift waren und mich mit jeder Menge realen, alltäglichen Kinderlebens bekannt machten, und ich wütend merkte, daß sich ihr Kinderleben von meinem Kinderleben noch immer nicht viel unterschied, und ich meine alte Kinderwut und mein altes Kinderglück bloß wieder hervorzuholen brauchte, um da mitreden zu dürfen."[188]

Wichtig ist in diesem Zitat der Ausdruck „kindliche Leser bei den Seiten hält". Auf dieser Schreibhaltung fußt die Kinderperspektive. Zu dieser gehören die Beobachtung der aktuellen Kindheit und die Erinnerungen aus eigener Kindheit. Die Erfahrung als Mutter spielt in diesem Prozeß, wie Nöstlinger es im Vortrag ausdrückt, auch eine wichtige Rolle. Die Kindheit ihrer Tochter erlaubt ihr mitzureden, und zwar in der Sprache einer erwachsenen Erzählerin, die sich bemüht und einigermaßen fähig ist, Geschichten aus der Kinderperspektive zu

---

[187] Sabine Jörg. Gespräch mit Christine Nöstlinger. In: Hans-Joachim Gelberg. (Hg.). Nussknacker. Über Kinderbücher und Autoren. Weinheim und Basel: Beltz & Gelberg Verlag, 1986, S. 15f.
[188] Christine Nöstlinger. Jeder hat seine Geschichte. In: Freundeskreis des Instituts für Jugendbuchforschung der Johann Wolfgang Goethe-Uni., Frankfurt/M.: 1992, S. 9.

erzählen. So kennzeichnet Vergin das neue Kommunikationsmuster der Kinderliteratur:

"Der Erzähler spricht den kindlichen Leser kaum mehr direkt an, er bezieht keine Stellung, sondern identifiziert sich mit einer Figur, aus deren Perspektive er in der dritten Person erzählt."[189]

Bei diesem Roman, der Kindheitserinnerungen darstellt, ist gleichzeitig zu fragen, auf welche Weise die Nachkriegskindheit erinnert wird. Karin Steier antwortet: "als Versuch, die kindliche Erfahrungs- und Empfindungswelt, die weder von beschönigenden Erinnerungen, noch von einem bestimmten, in den Text eingeschriebenen Normen- und Wertegefüge eines Erwachsenen (impliziter Autor) bestimmt ist, schonungslos zu vergegenwärtigen".[190] Schonungslos ist in dem Sinne zu verstehen, daß die Konflikte zwischen Moral und Lebenswirklichkeit, zwischen verschiedenen sozialen Schichten und zwischen Kindern und Eltern unverklärt dargestellt werden.

2.2. Nachkriegskindheit

In „Ein Kind von Wien" hat Nöstlinger in einem zynischen Ton den Mangel an materiellen Mitteln im Leben der Nachkriegszeit so zum Ausdruck gebracht:

"Richtig hungerten wir nicht. Und Schinken, Schnitzel, Torten, Erdbeeren und ähnliche gute Dinge entbehrten wir ja gar nicht. Aus dem einfachen Grund, weil wir sie nicht kannten. Wir waren im Krieg aufgewachsen. Da hatte es das alles auch nicht gegeben."[191]

Karin Steier bezeichnet dieses Buch als die „Aufarbeitung einer letztlich sehr persönlichen Kindheitsproblematik", die eine gesellschaftliche Relevanz hat.[192] Die persönliche Kindheitsproblematik fängt mit der langweiligen Klavierstunde an, die unendlichen Streit und Spannungen zwischen der pubertierenden Tochter und der Mutter verursacht. Klavierspielen gehört in der Vorstellung der Mutter zur guten Erziehung. „Sei froh, daß du Klavier lernen darfst! Die Klavierstunden sind fürs Gymnasium notwendig! [...] Wenn wir mehr Geld hätten, dann müßtet ihr auch reiten lernen und Fechten und Ballett tanzen. Das würde alles zu einer guten Erziehung gehören." (S. 15) Diese feste Vorstellung von der „guten Erziehung" bleibt unverändert bis in die 90er Jahre. Sie erreicht ihren Gipfel bei

---

[189] Evelyn Verena Vergin. Das Motiv der Scheidung im Kinderroman der Gegenwart. Institut für Jugendbuchforschung. Magisterarbeit. Frankfurt/M.: Johann Wolfgang Goethe Uni. 1994, S. 110.
[190] Karin Steier. Nachkriegskindheit als Thema der Gegenwartsliteratur für Kinder und Jugendliche. Magisterarbeit der Johann Wolfgang Goethe- Uni.. Frankfurt/M.: Institut für Jugendbuchforschung, 1996, Mai, S. 33.
[191] Christine Nöstlinger. Ein Kind von Wien. Einführung. In: Robert Neumann. Die Kinder von Wien. Weinheim und Basel: Beltz Verlag, 1979, S. 6.

der verplanten Kindheit, in der sich die Kinder nach dem Terminkalender mit den Aktivitäten richten, die zur guten Erziehung gehören. Dieser Punkt wird auch in dem Buch „Mittwochs darf ich spielen" von Kisten Boie diskutiert werden. Die 12jährige Christine empfindet das Klavierspiel nicht als positiv, sondern als Quälerei des Lebens: „Der Stutzflügel stand mitten in unserem einzigen Zimmer und hinderte uns am Leben." (S. 15) Dieser Ausdruck ist ein Protest gegen die bürgerlichen Ideale, an denen die Mutter inmitten des Trümmerschutts immer noch hängt.[193] Der andere Streitpunkt zwischen Christine und ihrer Mutter ist der Umgang mit Rudi, einem Kind aus einer Familie von Sozialfällen. Die Mutter macht sich Sorgen darüber, daß dieses Kind, das auf der Außenseite der Gesellschaft steht, schlechten Einfluß auf ihre Tochter ausübt. Rudi gegenüber steht Eva, die die Mutter als guten Umgang für die Tochter sieht. Rudi und Eva repräsentieren zwei Pole der Nachkriegszeit. Und Christine ist ein Kind, das zwischen den beiden Welten wandert, wie es Steier schön ausdrückt,

> „zwischen ihrem Freund Rudi, der nicht aus seinen – als Kriegsfolgen sichtbaren – armseligen Lebensverhältnissen herauskommt und der Freundin Eva, die mit ihrer Familie von den Lebensumständen profitiert. Von einem Pol zum andern schwankend, beschreibt Nöstlinger alle möglichen Lebensformen und Äußerungen; es ist die 'ganze Welt'. Dabei bleiben die Beobachtungen des Mädchens sachlich. Eine Bestandsaufnahme der Auswirkungen des Krieges ohne den Hauch einer Schuldzuweisung und ohne Larmoyanz wird sich hier präzis erinnert."[194]

Diese Erinnerung an die Kindheit und an die damalige Umwelt stellt nicht nur die persönliche Lebensgeschichte, sondern auch die Geschichte eines Zeitabschnitts dar. Sie fungiert in mancher Hinsicht als historisches Dokument, aus dem man die damaligen gesellschaftlichen Zustände sowie die Familienbilder einer historischen Zeit kennenlernen kann.

In diesem Roman wird die Nachkriegskindheit in einer Familie dargestellt. Die Konflikte zwischen den Familienmitgliedern hängen eng mit der Zeitgeschichte zusammen. Die 12jährige Christine erzählt, wie sie zwei Wochen im Nachkrieg verbringt. Sie redet mit Rudi über die Kriegszeit, gräbt mit ihm leidenschaftlich in den Trümmern und plant mit ihm einen Raub, um den gesundheitlichen Zustand ihrer Eltern zu verbessern.

> „Vorher, sagte der Rudi, würde seine Mutter kein Geschäft machen. Sie hatte nur ein Auge. Bei einem Bombenangriff war das zweite Auge kaputtgegangen. Der Rudi träumt davon, seiner Mutter zum Geburtstag ein Glasauge zu schenken. Ein blaues. Ich träumte davon, meinem Vater zu Weihnachten weichgepolsterte Spezialschuhe zu schenken.

---

[192] Vgl. Karin Steier, a.a.O.
[193] Vgl. Beate Simon-Link. Gegen das Müdewerden. In: Deutsches Allgemeines Sonntagsblatt. Hamburg, 25. Dezember, 1981.
[194] Karin Steier, a.a.O., S. 38.

Mein Vater hatte eitrige, zerschossene Beine mit Granatsplittern in der Knochenhaut."
(S. 24)

Diese Wünsche der Kinder drücken unmittelbar die Notsituation der beiden Familien aus. Gleichzeitig wird die gewandelte Moralvorstellung der Nachkriegszeit thematisiert. Der Mangel an materiellen Mitteln nach dem Krieg wird nicht nur durch die veränderte Moral, sondern auch durch den Kontrast zwischen den Proletarierkindern und den „neureichen" Kindern besonders deutlich hervorgehoben. Christines Freundin Eva wechselt jeden Tag die Kleider, während die anderen Kinder schäbig angezogen sind. Bei der Familie, die Schleichhandel betreibt, steht Schnitzel auf dem Speiseplan, während die anderen Kinder aufgrund ihres Untergewichts ins Ausland geschickt werden müssen.

> „Die Eltern der Eva hatten sehr viel Geld, doch irgend etwas stimmte mit dem Geld nicht. 'Sie sind doch nur neureich', sagte die Helene, die vor mir saß, verächtlich [...] Ich nickte der Helene zustimmend zu und hatte keine Ahnung, was 'neureich' bedeuten sollte. Wenn man 'neureich' sein konnte, dann konnte man ja auch 'altreich' sein, sagte ich mir. Aber 'Altreich' sagte die Frau Brenner, die ein Nazi gewesen war, wenn sie von Deutschland sprach." (S. 35f.)

Der soziale, historische und politische Hintergrund wird durch die Wortspiele indirekt angesprochen. „Neureich" bezieht sich auf die Leute, die nach dem Krieg Schleichhandel betreiben und damit reich geworden sind. „Altreich" bezieht sich auf die Nazivergangenheit, die in diesem Buch als unverarbeitete Vergangenheit dargestellt wird. Die alte Oberschicht der sozialen Hierarchie ist nach dem Krieg immer noch existent und eine neue dringt in sie ein.

In diesem Werk wird die Enttäuschung über die Friedensresultate des Buches in einem Satz deutlich ausgesagt: „die Erwachsenen waren keine sehr ehrlichen Lehrer" in der Friedenszeit (S. 6). Weder kommt Gerechtigkeit mit dem Frieden, noch wurden die Nazis bestraft. Die Ungerechtigkeit, die nach dem Krieg herrscht, existiert nicht nur auf der materiellen Ebene, wie die 12jährige Christine auf eine direkte Art im Roman anklagt: „Nun war der Krieg seit drei Jahren zu Ende, meine Unterhosen waren noch immer viel zu groß und baumelten lästig um die Schenkel herum [...] Und die Nazis, die ich kannte, lebten immer noch und hatten immer noch mehr als wir" (S. 58). Sie existiert auch auf einer emotionalen Ebene für die Kinder in der damaligen Zeit, wie Christine Nöstlinger sich in „Ein Kind von Wien" erinnert:

> „und auch das wunderte mich nicht – es war besser, ein Nazi-Kind zu sein als ein Kommunistenkind. In meiner Klasse gab es zwei Nazi-Töchter. Sie schämten sich nicht

für ihre Eltern. Ganz im Gegenteil. Sie fühlten sich – etwas leidend – einer verkannten Elite zugehörig."[195]

Dieses Leidensgefühl der „Elite" von Nazikindern deutet darauf hin, daß sich die Anhänger des Nationalsozialismus als Opfer fühlen und unfähig sind, über ihre Vergangenheit, geschweige denn ihre Schuld, zu reflektieren. Die Kritik am Nationalsozialismus und an der Unfähigkeit der Menschen, sich der Fehler der Vergangenheit bewußt zu werden, ist an dieser Stelle eindeutig zu sehen.

Die politische Botschaft, die Nöstlinger in diesem Buch vermittelt, steht zwar nicht im Vordergrund. Aber man kann indirekt die Parteinahme der Autorin sehr deutlich ablesen. Die negative Darstellung der Familie des Schleichhändlers und das Mitleid mit der Unterschicht zeigen eindeutig die politische Meinung der Autorin. Außerdem ist die kritische Betrachtung der Nazivergangenheit, die unbestraft bleibt, ein klares Indiz für die Kritik an dem Nazitum – sie wird nicht verarbeitet, sondern als Nostalgie der Eliten dargestellt. Andere politische Meinungen werden mittels des Buches „Maikäfer flieg!" zum Ausdruck gebracht, das im vorigen Abschnitt schon ausführlich behandelt wurde. Die politische Botschaft ist in dem Roman „Zwei Wochen im Mai" latent vorhanden, wohingegen sie in „Maikäfer flieg!" als Hauptmotiv thematisiert wurde.

2.3. Vater-Mutter-Kind-Beziehung

Die Autorin beschreibt in „Maikäfer-Zeit", wie sie damals den Roman verfaßte:

> „Ich schrieb mir also meine Wut und meine Trauer von der Seele. Ich schrieb diese zwei Bücher zu einem guten Teil wohl auch für meine Eltern, als ziemlich hilfloses Angebot zur Auseinandersetzung mit dem, was sie mir als Kind 'angetan' hatten."[196]

Der Roman ist in insofern ein Familienroman, als die Konflikte zwischen der pubertierenden Tochter und ihren Eltern in den Vordergrund gerückt werden. Es wird dargestellt, wie die 12jährige mit ihrer Umwelt nicht zurechtkommt. Die Spannung zwischen der Mutter und ihr spielt hierbei eine zentrale Rolle. Konfrontationen zwischen der Mutter und Christine finden nicht nur beim Klavierspielen oder beim Umgang mit anderen Kindern, sondern auch beim Schul- und Alltagsleben statt.

> „Wir kämpfen miteinander wegen der Lehrer, wegen dem Waschak-Rudi, wegen der Unordnung, wegen der Kleidung. Sie wollte mich dazu bringen, ein braves, friedliches, freundliches, nettes Kind zu werden. Ich wollte sie dazu bringen, mir wenigstens richtig zuzuhören und endlich zu kapieren, was ich meinte." (S. 18)

---

[195] A.a.O., Nöstlinger. Ein Kind von Wien. S. 9.
[196] Christine Nöstlinger. Maikäfer-Zeiten, ein Nachwort. In: Aller Dings. Versuch 25 Jahre einzuwickeln. Werkstattbuch. Weinheim und Basel: Beltz und Gelberg, 1996. S. 54-55. Zitat S. 54.

Dieses Gefühl, „weder verstanden noch gehört" zu werden, ist die Hauptproblematik zwischen Christine und ihrer Mutter. Mit anderen Worten, zwischen den beiden herrscht eine Kommunikationsblockade, wie es in den Romanen von Pressler häufig vorkommt. Anders als die Figuren von Pressler, die schweigsam die Situation hinnehmen, führen Nöstlingers Tochterfiguren richtige Kriege mit ihren Müttern. In obengenanntem Buch werden beispielsweise verschiedene Formen des Krieges zwischen den beiden Parteien gezeigt; sei es kalter Krieg, in dem Schweigen als Strafe benutzt wird, sei es heißer Krieg, in dem gestoßen und geschimpft wird. Im folgenden wird eine heftige Streitszene vorgestellt. Das Schulkind steht spät am Morgen auf, wäscht sich ganz langsam und will die Mutter mit der Verzögerung bestrafen, weil diese die Pünktlichkeit der Tochter für ihre wichtigste Pflicht hält. Die Mutter nimmt den Waschlappen und wäscht Christine schimpfend:

> „'Zwölf Jahr alt und kann sich nicht einmal waschen! Zwölf Jahr alt stellt sich an wie ein Baby! Dabei ist sie dreckig wie ein Sandkastenkind! So was von einem Dreck ist ja nicht mehr normal!' Ich bekam eine rotzornige Wut. Ihr fester Griff, ihre eckigen Bewegungen mit dem Lappen und das kalte Wasser machten mich stierwild. Und als sie mir dann den seifigen Lappen auch noch mitten ins Gesicht klatschte, ganz so, wie unsere Hausmeisterin immer den Ausreibfetzen auf die Gangkacheln klatschte, stieß ich sie weg. Meine Mutter war auf den Stoß nicht gefaßt und taumelte. Ich brüllte, weil mir Seife in die Augen gekommen war." (S. 73)

In dieser Konfliktszene beim Waschen steht einerseits die dominante Mutter, die den Waschlappen an sich nimmt und in das Waschen der Tochter eingreift. Die Körperberührung verletzt den intimen Bereich der Heranwachsenden. Auf eine grobe Weise, wie „die Hausmeisterin immer den Ausreibfetzen auf die Gangkacheln klatschte" und mit kaltem Wasser mischt die Mutter sich in den Privatbereich der Tochter ein. In diesem Augenblick wehrt sich die Tochter und gibt der Mutter einen Stoß. Diese abwehrende Reaktion der Tochter ist typisch für die Mädchenfiguren von Nöstlinger. Sie haben eine kämpferische Art und Weise, mit ihrer Umwelt, besonders mit ihren Müttern umzugehen, wenn sie angegriffen werden. In diesem Fall ist die 12jährige nicht nur körperlich attackiert worden – die Seife war in die Augen gekommen –, sondern auch seelisch verletzt: sie wurde als ein dreckiges Kind beschimpft, das nicht in der Lage ist, sich selbst sauber zu waschen. Deswegen müsse die Mutter auf eine gewaltsame Art eingreifen. Die Mutter, die Kindergärtnerin ist, versteht an dieser Stelle nichts von der Psyche der Kinder und verhält sich im Umgang mit der Wut des Kindes auf der pädagogischen Ebene falsch.

In dieser Konfliktsituation, in der das weibliche Geschlecht körperlich und psychisch gegen einander kämpft, kommt der Vater als Retter hinzu, indem er seine Lieblingstochter aus der „grausamen Mutterhand" befreit:

> „Die Tür zum Kabinett rollte auf. Barfuß tappte mein Vater zu mir. Ich sah ihn nicht, weil ich die Augen wegen der beißenden Seife fest zudrückte, aber ich spürte seine Hand auf meiner Schulter und hörte seine Stimme. Er sagte leise 'Gleich hört's auf, Menscherl! Gleich! Das muß man mit sehr viel Wasser auswaschen, dann geht's gleich vorbei'. Ich beugte den Kopf vor. Viel kaltes Wasser schwappte gegen mein Gesicht. Jetzt war das kalte Wasser angenehm. Ich konnte die Augen wieder ein bisschen aufmachen. Ziemlich verschwommen, so als wäre ich sehr kurzsichtig, sah ich dicht neben mir braune Vaterhaut." (S. 73)

Dem Vater ist es mit seiner sanften Art gelungen, die wütende Tochter zu beruhigen. Er weiß, was dem Kind nicht paßt und weh tut und versucht ihre Schmerzen zu lindern – durch das Wegspülen der Seife und liebevolle Gesten. Bezüglich der pädagogischen Methode ist der Vater der Mutter überlegen, obwohl diese von Beruf Kindergärtnerin ist. Er bewegt sich auf eine für die Tochter angenehme Art, um sie zu waschen. Er schimpft nicht mit ihr, sondern tröstet sie. Er versteht, weswegen sich die Tochter wütend fühlt und brüllt. Er ist ein Kontrastprogramm zur Mutter in der Kindererziehung. Dieses verständnisvolle und liebevolle Vaterbild wird zerstört, als der Vater heimlich und hinterhältig den ersten Geliebten der Tochter, Hansi, und ihren engen Freund, Rudi, vergrault.

Die Liebesszene, in der die 12jährige ihren Geliebten um Mitternacht küßt, wird von Christines Vater zufällig beobachtet. Vor der Tochter verhält sich der Vater immer noch tolerant und beherrscht. Er erinnert den Jungen daran, daß es spät sei und er am besten nach Hause gehe. Der eigenen Tochter gegenüber hört er freundlich zu, wie sie den Raubplan, die Liebe und ihre Erlebnisse mit Rudi und Hansi darstellt. In diesem Augenblick wirkt die Vaterfigur der Tochter gegenüber sehr verständnisvoll und liebevoll.

Aber hinter dem Rücken der Tochter zeigt der Vater die Familie von Rudi an, damit der schlechte Umgang seiner Tochter beendet wird. Der Junge wird ins Heim geschickt.

Mit Hansis Mutter organisiert er eine Kinderabschiebung in die Schweiz, damit sich die erste große Liebe zwischen deren Sohn und seiner Tochter nicht weiterentwickelt. Diese Hinterhältigkeit und Anmaßung des Vaters läßt Christine schockiert sein und tief trauern. Als der Freund sagt, „Die tun doch alle, was sie wollen! Sie haben doch die Macht über uns!" (S. 202) , wird die autoritäre Macht des Vaters bzw. der Erwachsenen unmittelbar kritisiert. Aber den Vater kann die

Tochter nicht im geringsten kritisieren. Sie geht voller Wut und Traurigkeit nach Hause und will mit dem Vater schimpfen. Aber sie ist unfähig, auf ihn böse zu sein.

> „Ich schrie schluchzend: 'Vati!', stürzte auf ihn zu und fiel ihm um den Hals. Er zog mich auf seinen Schoß, er streichelte mich, er machte mit seinen Armen einen festen sicheren Käfig um mich herum. 'Warum bist du denn so?' schluchzte ich. Ob mein Vater meine Frage beantwortete, weiß ich nicht mehr." (S. 202f.)

Die heranreifende Tochter bleibt am Ende doch in dem Käfig, den der Vater mit seiner Liebe aufbaut und mit seiner sanften Umgangsweise ummauert, damit die Tochter unter seinem Schutz unschuldig bleibt. Die erwachsene Erzählerin tendiert dazu, die Handlungsweise des Vaters als eine Art invertierten Ödipuskomplex zu interpretieren.

> „Meinen Vater habe ich lange nicht gefragt, warum er mir den Hansi weggenommen hat. Ganz erwachsen war ich schon, als ich ihn danach fragte, und er hat gelacht und hat mir zur Antwort gegeben, daß das doch ganz selbstverständlich gewesen sei [...] 'Es war wirklich nur zu deinem Schutz', hat mein Vater gesagt. Aber das glaubte ich nicht. Bis heute glaube ich es ihm nicht. Es hat es einfach nicht ausgehalten, daß ich jemand anderen genauso stark liebe wie ihn. Nur das hat er nicht zugelassen." (S. 204)

Die starke Liebe zum Vater läßt die erwachsene Erzählerin nicht wahrnehmen, daß der Vater wie andere normale Menschen auch eine Schattenseite hat, die hinterhältig und autoritär wirkt. Ein perfektes Vaterbild, das sich weit von der Realität entfernt, gesteht sich die Autorin auch in einem kleinen Aufsatz über sich selbst ein:

> „Mein Vater war zur Zeit meiner Geburt arbeitslos, zur Zeit meiner Kindheit auf dem großen Fußmarsch Moskau-retour. Daß er ein sehr schöner Mann war, ist auf Fotos zu besichtigen. Daß er der liebste, klügste und herrlichste Mensch war, den es nur geben kann, ist eine Erfindung von mir, an der ich wahrscheinlich bis zu meinem Lebensende festhalten werde, denn Beweise, daß dem nicht ganz so war, habe ich schon reichlich vorgelegt bekommen und empört abgelehnt."[197]

In diesem Roman wird gezeigt, daß die Autorin immer noch die negativen Seiten des Vaters ignoriert. Diese ungewöhnlich starke Liebe zum Vater wurde von der Autorin immer wieder betont, zum Beispiel in „Moralisch unterwegs":

> „Mein Vater wurde die große Liebe meines Lebens. Meinen ganzen kindlichen Eifer und meine ganze kindliche Intelligenz setzte ich ein, um die Tochter zu werden, die sich mein Vater wünschte, um die Tochter zu sein, die meinem Vater Partnerin sein konnte. Vielleicht wurde mein Vater die große Liebe meines Lebens, weil es mir leicht fiel,

---

[197] Christine Nöstlinger. Nöstlinger über Nöstlinger. In: Joachim Gelberg. Was ist und wie entsteht Kinderliteratur? Vorlesung im Sommersemester 1994 an der Johann- Wolfgang Goethe Uni., Frankfurt/M.: Materialien. S. 44.

seinen Anforderungen zu entsprechen. In diese nämlich verliebte ich mich auf den ersten Blick."[198]

Bei dieser Aussage ist zu verstehen, aus welchem Grund die Bindung zwischen dem Vater und der Tochter so stark ist. Die Konfrontation mit der Mutter bzw. die große Schwierigkeit damit, die liebe und brave Tochter der Mutter zu sein, veranlaßt das Kind, sich immer näher auf die Seite des Vaters zu stellen und bei ihm Anerkennung zu suchen. Die Asymmetrie in der Dreiecksbeziehung zwischen Vater, Mutter und Kind ist ein Resultat aus dem konträren weiblichen Verhalten in Bezug auf Erziehung, moralische Vorstellung und Lebensentwurf. Wie Christine Nöstlinger gehört Mirjam Pressler auch zur Nachkriegsgeneration. Im folgenden wird analysiert, wie Pressler ihre Kindheitserlebnisse in der Nachkriegszeit in „Novemberkatze" präsentiert.

3. Trümmerkindheit in „Novemberkatze"
3.1. Traurige Kindheitsbilder
In den Werken von Pressler wird ein sehr trübes Kindheitsbild gestaltet. Man fragt sich nach dem Grund, weshalb die Autorin immer wieder solche traurigen und einsamen Kindheiten auf ihren literarischen Bühnen inszeniert. Zu der Frage, warum ihre Werke den Leser immer mit den Schattenseiten des Alltags konfrontieren, antwortet die Autorin in einem Interview:

„Das hat wiederum biographische Gründe. Ich interessiere mich als jugendliche Leserin eher für die Schattenseiten des Alltags, weil sie mich ängstigen und ich Strategien brauche, um mit ihnen umzugehen. Das bedeutet, dass ich sie kennen muss."[199]

Wenden wir den Blick auf die Biographie der Autorin, „1940 als uneheliches Kind in Darmstadt geboren, bei einer Pflegefamilie und im Heim aufgewachsen", bemerkt der sensible Leser sofort, was die Autorin damit meint, daß sie „Novemberkatze" sehr autobiographisch findet. Die eigene Verlassenheit und Einsamkeit, die in den Tiefen der Innenwelt versteckt sind, könnten sehr wahrscheinlich die Hauptgründe sein, weshalb die Kindheitsbilder in ihren Werken unheimlich trüb sind. Auch Christoph Launer weist auf diese Vermutung hin: „Mag sein, dass Mirjam Presslers Literatur deshalb so berührt und nachwirkt, weil die Kindheitserfahrungen der Autorin selbst nicht frei waren von physischen und psychischen Verletzungen, was ihren Texten [...] ein hohes Maß an

---
[198] Ebd., S. 55.
[199] Margrit Herren-Zehnder, Anne-Marie Fröhlich – Interview. Im Gespräch mit Mirjam Pressler. In: Jugendliteratur 4/1993, S. 13-16, Zitat S. 14.

Authentizität verleiht."[200] Im Vergleich zu der Autorin Christine Nöstlinger, die in ihren Werken immer Konflikte und rauhe Alltagsrealität der Kindheit zeigt, findet sich bei diesen beiden Autorinnen ein entscheidender Unterschied, wie Gabriela Wenke zum Ausdruck bringt:

> „Anders als in den Büchern von Christine Nöstlinger, die für mich eine Vorreiterfunktion in der Darstellung deprimierender Familienszenarien hat, war die Bitterkeit von Mirjams Büchern auch nicht durch Komik, Ironie und Sarkasmus scheinbar verdaulicher gemacht."[201]

Zusammenfassend kann man die Behauptung aufstellen, daß bei Nöstlinger die unattraktive Realität der Kindheit immer noch mit dem Zuckerguß der Ironie und mit Humor überzogen wird, während bei Pressler der „Zuckerguß" fehlt. Sie bietet den jungen Lesern gerade das an, was uns die graue Wirklichkeit des Lebens aufnötigt. Die unfreiwillige Frühreife in der Kindheit ist ein nicht zu ignorierendes Indiz hierfür.

3.2. Ilse – die einsame und ängstliche „Novemberkatze"

Ilse geht in die vierte Klasse. Wegen ihres nachlässigen Aussehens und ihren Lern- bzw. Konzentrationsschwierigkeiten ist sie außergewöhnlich unglücklich in der Schule. Ihre Sitznachbarin ärgert, tritt und beschimpft sie, und die anderen Kinder lachen sie aus. Einmal wehrt sie sich und schlägt die böse Nachbarin zurück. Danach muß sie aber wegen der schlechten Schulleistung beim Rechnen und Lesen sitzenbleiben. Sie offenbart ihre Gefühle nicht, auch nicht der netten Lehrerin, die ihr beim Lernen helfen will und nach dem Grund der Schlägerei fragt. Verschlossen und ganz allein lebt sie in ihrer Innenwelt.

Zu Hause muß sie der Mutter viel im Haushalt helfen und bekommt von ihr Prügel, wenn diese schlechte Laune hat. Das Bild der Mutter in diesem Buch ist alles andere als sympathisch. Die von dem Ehemann verlassene Frau leidet unter einer Hautkrankheit und unter dem materiellen Mangel. Dieses Drama, daß ihr Mann die Familie mit fünf Kindern wegen einer Witwe verläßt, macht die finanziell vom Mann abhängige Hausfrau sehr unglücklich. Aus diesem Grund ist sie zu den Kindern auch nicht besonders lieb.

Ilse arbeitet nicht nur bei der Mutter, sondern hilft auch der Oma tüchtig auf dem Feld, im Haushalt und beim Wäschekochen. Im Vergleich zur Mutter ist die Oma freundlicher und gibt mehr Geborgenheit, vor allem wenn das Kind krank ist.

---

[200] Christoph Launer. Wahrhaben und Wahrmachen. Die Schriftstellerin und Übersetzerin Mirjam Pressler wird 60 Jahre alt. In: Bulletin Jugend & Literatur 6/2000, S. 6-8, Zitat S. 7.
[201] Gabriela Wenke. Mirjam Pressler. Porträt einer Autorin und Übersetzerin. In: Eselsohr 10/ 94, S. 38-41. Zitat S. 39.

Aber Ilse muß sich bei ihr auch nützlich machen. Im Sommer darf sie sechs Wochen lang bei der Oma die Ferien verbringen. Aber wegen fünf Mark, die beim Einkauf verschwunden sind, sperrt die Oma sie in eine dunkle Abstellkammer. Die Angst vor der Dunkelheit vertreibt sie von dem einzigen Ort, an dem sie Wärme findet.

Weihnachten kommt. Ilse wartet auf den Tag, an dem der Vater zurückkommt. Sie hat fast vergessen, wie der Vater aussieht. Sie stellt sich vor, daß der Vater ihr Schokolade bringt und sie auf den Schoß nimmt. Der Vater ist groß und hübsch, wie sie sich ihn vorgestellt hat. Aber das ideale und schöne Vaterbild wird zum zerstörten Traum in dem Moment, wo ein Mädchen auf seinem Schoß sitzt, das die jüngste Tochter der anderen Familie und Prinzessin des Vaters sein soll. Mangel an Liebe, Sicherheit und Wärme sind Auslöser für die Not des zehnjährigen Mädchens Ilse, der „Novemberkatze".

Die Mutter Ilses stellt sich als alleiniges Opfer dar und kommt mit der neuen Lebenssituation überhaupt nicht zurecht. Sie fühlt sich im Stich gelassen und muß mit der elenden Situation fertig werden. Die Kinder bekommen von der Mutter mehr Prügel als Liebe wegen ihrer schlechten Laune, Traurigkeit und Einsamkeit. Die finanzielle Not der Familie besteht aber zum Teil auch darin, daß die Mutter nicht versucht, finanziell unabhängig zu werden, weil der Ernährer der Familie ausfällt. Sie wendet sich an die Mutter des Ehemannes, um von ihr Geld zu verlangen.

„'Geld', sagt die Mutter. 'Ich brauche Geld. Ihr habt noch andere Enkel , nicht nur die Marga.'
'Wir können nicht für alle sorgen', sagt die Oma und wischt sich die großen Schweißtropfen aus der Stirn. 'Du kriegst ja Geld. Vom Schorsch und vom Sozialamt.'
'Das langt nicht.'
'Du könntest putzen gehen', sagt die Oma. 'Dann hättest du was extra. Ich geh ja auch immer putzen im Winter, wenn der Opa arbeitslos ist.'
Die Mutter bekommt ein ganz rotes Gesicht. 'Wenn der Schorsch nicht mit dieser Hure abgehauen wäre, dann bräuchte ich nicht bei dir um Geld zu betteln. Dann könnte er für seine Kinder sorgen.' [...] Die Oma hat sich aufgerichtet, stemmt die Arme in die Seite und sagt leise: 'Er wird schon einen Grund gehabt haben, daß er weggegangen ist.'
'Was für einen denn? Sag mir doch, was er für einen Grund gehabt hat, der Schorsch.'
Die Oma sagt noch leiser als vorher. 'Wenn man es einem Mann recht macht, dann geht er nicht fort.' Ilse sieht, daß die Mutter sich jetzt bemühen muß, ihren Ärger zu beherrschen. Die Wut läßt ihr Gesicht aufquellen und rot werden wie bei dem Truthahn, der beim Degnerbauern im Hof herumläuft. Aber sie nimmt sich zusammen. Ilse weiß, daß sie das nicht deshalb tut, weil sie die Oma mag. Sie will Geld. Ilse hört den Haß in der Stimme ihrer Mutter. Wie eine Schlange zischt sie: 'Was habe ich ihm denn nicht recht gemacht? Was denn? Habe ich nicht immer die Beine auseinander-gemacht, wenn er das wollte? Habe ich ihm nicht die vier Kinder auf die Welt gebracht?' Die Oma kneift die Lippen zusammen [...] Der Leberfleck an ihrer Oberlippe zittert. 'Das ist nicht

alles', sagt sie böse. 'Ein ordentliches Haus braucht ein Mann. Was Richtiges auf den Tisch.'
'Ein Hurenbock ist er, dein Sohn, das ist alles', schreit die Mutter. Ilse läßt den Holzlöffel los und drückt sich in die hinterste Ecke des Waschhauses [...] Die Oma nimmt den Löffel, rührt weiter in dem Waschkessel und schaut nicht hoch, als sie sagt: 'Sei doch leise. Wenn dich jemand hört.'
'Das kann jeder hören', schreit die Mutter weiter. 'Das ist die Wahrheit. Und wenn ihr mir nicht helft, dann hole ich die Marga zu mir, dann kriege ich mehr vom Sozialamt.'"
(S. 18f.)[202]

In dieser Konfliktszene geht es hauptsächlich um die Frage des Geldes. Aber die Problematik, die diese Szene beinhaltet, ist viel komplizierter. Die verlassene und verletzte Mutter fühlt sich vom Mann ungerecht behandelt und will durch das Geld der Großmutter ihre materielle und seelische Not kompensieren. Das Selbstbild vom elenden Opfer veranlaßt sie, sich nicht auf die eigenen Füßen zu stellen, zum Beispiel, indem sie arbeiten geht, sondern von dem Vater oder seinen Verwandten zu profitieren. Sie ist der Meinung, daß, wenn sie die sexuellen Bedürfnisse des Mannes befriedigt und Kinder in die Welt setzt, der Mann treu bei ihr bleiben soll und ihre finanzielle Existenz absichern muß. In dieser Meinung steckt eine Vorstellung von der traditionellen Ehe als funktionaler Austausch. Der Mann bietet finanzielle Sicherheit und ernährt die Frau und die Kinder. Als Gegenleistung bietet die Frau ihren sexuellen „Gehorsam" an. In der noch konservativeren Einstellung der Großmutter gehören das anständige Essen und ein ordentlicher Haushalt auch zur Gegenleistung und Pflicht der Frauen. Dieser „Fall" ist wieder als ein literarisches Beispiel der Risikogesellschaft zu lesen. Der Vater bleibt nicht im Rahmen der traditionellen Familienrolle und erfüllt seine Pflicht nicht. Einfach abgehauen ist er, als ihm vier Kinder zu viel waren. So kommentiert der Großvater von Ilse das Verhalten seines Sohns vorwurfsvoll:

„Dein Vater gehört geschlagen, weil er sich nicht um euch kümmert. Ich hab das auch nicht gekonnt, einfach abhauen. Ich bin dageblieben und habe für meine Familie gesorgt, auch wenn es mir oft sauer gewesen ist [...]" (S. 149, 150)

Das heißt, die traditionelle Vorstellung von der Funktion und Arbeitsteilung der Familie gilt ab diesem Moment nicht mehr. Die von ihm abhängige Frau ist plötzlich ratlos und nicht mehr fähig, die fünfköpfige Familie allein zu ernähren. Die älteste Tochter Marga wird von den Großeltern erzogen, weil sie als Kind sehr krank war. Die beiden Söhne und die jüngste Tochter Ilse schickt sie arbeiten, z. B. Beerenpflücken, obwohl die Mutter selbst nicht mitgeht. „Wenn

---

[202] Alle Seitenangaben beziehen sich auf Mirjam Pressler. Novemberkatze. Weinheim und Basel: Beltz & Gelberg Verlag, 1982. Zitat aus einmaliger Sonderausgabe 1996.

Mama da wäre, denkt sie, dann wäre alles anders. Aber die geht ja nie mit. Sie hält die Weiber nicht aus, sagt sie. Die sind ihr viel zu blöd." (S. 42) Ihr Lebenskonzept ist nicht selbständig die Kinder groß zu ziehen, sondern durch die Abhänhigkeit von Männern ihre Existenz zu sichern. Am Ende des Romans geht sie endlich in eine Fabrik arbeiten, weil ihre Überlebensstrategie, von einem Mann schwanger zu werden, damit sie und die Kinder ernährt werden, noch einmal scheitert. Der Liebhaber würde sie nur heiraten, wenn sie nicht noch drei andere Kinder hätte. Pressler schildert in diesem Buch ein traditionelles, reales und elendes Bild der Frau, die die Ehe als Existenzsicherheit betrachtet und unfähig ist, nach dem Ehebruch des Mannes allein zu überleben. Sie lebt in ihrer eingebildeten alten Vorstellung der Mann-und-Frau-Beziehung und kommt mit der sich wandelnden Familienstruktur und deren Risiken nicht zurecht. Im folgenden wird vorgestellt, wie die Risikokindheit in Presslers Werken dargestellt wird.

4. Risikokindheit in „Stolperschritte"
4.1. Entstehungsgeschichte und Aufbau

„Stolperschritte" hatte ursprünglich einen anderen Titel, nämlich: „Der Tod meines Bruders". Dieser Titel gehört zum ersten Schreibversuch, mit dem die Autorin ihre Karriere als Schriftstellerin begann. Die Entstehungsgeschichte des Buches wird von Hans-Jochim Gelberg in dem Vorwort zum Werkstattbuch von Mirjam Pressler beschrieben:

> „Auch ein Manuskript von Mirjam Pressler lag einmal im Stapel der unverlangten Manuskripte, mit Begleitbrief: `[...] übersende Ihnen mein erstes Buch „Tod meines Bruders" mit der Bitte um wohlwollende Prüfung [...]`' Dieses Manuskript wurde vom Verlag am 15. 1. 1980 bestätigt [...] das eingesandte Manuskript wurde beiseite gelegt, und es erschien dann 1981 in überarbeiteter Fassung unter dem Titel „Stolperschritte" (bei Spectrum)"[203].

Ähnlich wie andere Frühwerke der Autorin konzentriert sich die Thematik des ersten Buches auf die Angst vor und die Schwierigkeit mit der zwischenmenschlichen Kommunikation. Durch die Perspektive des Ich-Erzählers Thomas wird die Familientragödie, „Der Tod des Bruders", geschildert.
In dieser Geschichte wird das Alltagsleben, vor allem das Familienleben und dessen Probleme sowie die unfreundliche familiäre Atmosphäre, anhand verschiedener kleiner Beispiele dargestellt. So interpretiert Karin Richter die Situation dieser Familie:

---
[203] Hans-Jochim Gelberg. Dem Glück einen Stuhl hinstellen. In: Frank Griesheimer. Werkstattbuch Mirjam Pressler. S. 8-10, vgl. S. 8.

„Die Beziehungen innerhalb der Familie mit fünf Kindern erscheinen angespannt und gestört. In den Reflektionen von Thomas hat sich seit der positiven Veränderung des materiellen Hintergrundes die Atmosphäre zum Negativen gewandelt"[204].

Vom Romananfang bis zum Höhepunkt, nämlich dem Selbstmord des Frieder, kreist das Problem hauptsächlich um Thomas und seine Umwelt. Nach dem Tod des Bruders wird die Beziehung zwischen ihm und der ganzen Familie immer angespannter. Mit Hilfe seiner Freunde öffnet Thomas am Ende doch sein Herz für die Familienmitglieder, vor allem für die Mutter. Die Schlußszene spielt vor dem Grab des Bruders. Die Mutter zündet Kerzen an und der Sohn umarmt die Mutter und versöhnt sich mit ihr.

Der Ich-Erzähler Thomas berichtet, wie er sein Leben als Behinderter führt. Die Geschichte bleibt meistens im Präsens. In den erinnerten Szenen wird normalerweise die Vergangenheitsform benutzt. Manchmal wechselt die Erzählsituation zum Präteritum, wenn es der Erzähler als Erlebnis darstellt. Die Leser lernen die innere Situation des Erzählers kennen. Er ist gehbehindert und bemitleidet sich selbst wegen seiner körperlichen Beeinträchtigung. Aus seiner Perspektive wird auch über Frieders Probleme mit Schulanforderungen und über Familienkonflikte ohne Verklärung berichtet. Der Höhepunkt des Buches ist an dem Tag, an dem Frieder wegen schlechter Noten in einem Diktat sich nicht nach Hause traut. Thomas versucht mit der Schulkameradin Suse, die ähnlich wie der Bruder auch ein Versager in der Schule ist, über die Schwierigkeit des Lernens zu sprechen. Dadurch versteht er, daß auch andere Probleme als seine körperliche Behinderung existieren. Und sie sind nicht weniger schlimm als sein eigenes Problem. Bevor Frieder starb, lernte Thomas mit dem Bruder. Nach dessen Tod gibt er Suse Nachhilfe als Kompensation dafür, daß er für den Bruder nichts mehr tun kann.

4.2. Sprachstil

Die Sprache dieses Buchs ist im üblichen Stil von Pressler: bedrückt, aber poetisch. Ganz melancholisch fängt die Geschichte an. Thomas sitzt am Fenster und beobachtet, wie die Regentropfen „auf die Blätter fallen und sie zum Tanzen bringen". (S. 7)[205] Die Autorin beschreibt die Bewegung der Blätter im Regen durch eine Personifikation, in der die Blätter tanzen können. Durch diese lyrische Sprache wird ein melancholisches Bild hergestellt: ein einsamer behinderter

---

[204] Karin Richter. Mirjam Pressler. In: Deutschunterricht, H 6, Berlin: 1996, S. 285.
[205] Alle Seitenangaben beziehen sich auf: Mirjam Pressler. Stolperschritte. Ravensburger Verlag, 1997.

Junge steht am Fenster und beobachtet die Welt. Die Friedhofsszene am Schluß wird melancholischer, sentimentaler und trauriger inszeniert als der Anfang:

„'Ich hätte ihm zu Weihnachten ein Fahrrad gekauft', sagt sie. 'Mit Einundzwanziggangschaltung.' Das klingt so komisch, so absurd, dass ich anfange zu lachen. Ich sehe Mamas erstauntes Gesicht, merke an ihrem Erschrecken [...] Frieder, warum wird mein Lachen zum Weinen, wenn es doch so komisch ist? Warum weine ich und kann nicht aufhören?" (S. 122)

Im letzten Zitat führt Thomas einen inneren Dialog mit dem Bruder. Diese Sprache wird oft in psychologischen Kinderromanen verwendet. Viele Stellen im Buche nähern sich an Merkmale dieser Gattung an. Der Grund liegt darin, daß die Innenwelt von Thomas durch die Ich-Erzählerperspektive in den Mittelpunkt gerückt wird. Ob dieser Roman als psychologischer Kinderroman bezeichnet werden kann, ist auch eine Frage der Quantität der narrativen Darstellungsmittel für das innere Erleben bzw. der Frage, wieviel Prozent des Buchinhalts die inneren Monologe, indirekte Rede oder innere Dialoge mit einem fiktiven Partner ausmachen. In diesem Buch werden die Probleme und Konflikte der Familie nicht nur äußerlich, sondern auch von innen beschrieben. Nur die Beschreibung der Gefühle ist manchmal etwas zu kurz geraten. Lange Monologe tauchen nicht sehr oft auf. Nach dem Sprachstil und Aufbau von psychologischen Kinderromanen sollte dieses Buch dazu gehören, obwohl die Quantität der inneren Monologe dagegen spricht. Außerdem fehlt die Darstellung von Fremdheit und Sehnsucht nach Ferne als Kennzeichen des psychologischen Kinderromans. Die Probleme und Konflikte in dieser Familie wurden bereits im Kapitel III ausführlich analysiert. Es handelte hauptsächlich von der Untreue des Ehemannes, von Hausfrauensorgen der Mutter und vom Leistungsdruck, den diese auf die Kinder ausübt. Die Konsequenz erfolgt im Selbstmord des jüngsten Sohnes. Das nächste literarische Beispiel für die Risikokindheit ist ein Kinderbuch, in dem die Scheidung als Risikofaktor thematisiert wird.

5. Risikokindheit in „Susis geheimes Tagebuch und Pauls geheimes Tagebuch"
Dieses Buch erschien 1987 im Wiener Dachs-Verlag. Es besteht aus zwei Tagebüchern, die an denselben Tagen Einträge haben. Durch die beiden Tagebücher wird ein Scheidungserlebnis rekonstruiert. Paul ist der von der Scheidung betroffene Junge. Sein Vater ist Tierarzt von Beruf. Nach der Trennung zieht Paul mit seiner Mutter vom Land in die Stadt Wien zurück. Er hat enorme Schwierigkeiten mit der Anpassung an die neuen Lebensumstände. Zuerst ist da die Veränderung des Lebensraumes. Auf dem Land hatte er viel Platz zum

Spielen, während er in der Stadt gegen alle Regeln der Hausordnung verstößt. Er fühlt sich einsam und eingesperrt in einem städtischen Käfig. Der Junge hat Sehnsucht nach der alten Lebensordnung und der intakten Familie.

5.1. Struktur

Die Struktur von Pauls Tagebuch läuft parallel zu der von Susis Tagebuch. Formal gesehen gibt es zwei Anfänge im Buch. Auf der einen Seite ist es Susis Tagebuch, auf der anderen Pauls. Am 1. September steht der erste Eintrag, als Paul mit der Mutter nach Wien zieht. Danach folgen weitere Eintragungen im September. Die Autorin konstruiert die beiden Tagebücher so, daß zwei Kinder über dieselben Geschehnisse reflektieren. Durch Paul gewinnt der Leser den psychologischen Blickwinkel des Kindes, das sich mit der elterlichen Trennung und Scheidung beschäftigt. Susi spielt die Rolle einer Beobachterin, die die negative Entwicklung von Pauls Charakter und seiner Lebensgewohnheiten kritisch betrachtet. Mit dieser strukturellen Parallelität ist der Leser in der Lage, über die Subjektivität der Tagebuchform hinauszugehen und gleichzeitig durch eine andere Stimme eine andere Seite der Wahrheit wahrzunehmen. Diese Art des Erzählens ist für junge Leser eine gute Übung, um die verschiedenen Gesichter der Wahrheit zu sehen. Vor allem, wenn man liest, wie unterschiedlich zwei Protagonisten dieselben Ereignisse beobachten, beurteilen und darstellen, bemerkt man, daß eine Sache oder ein Mensch unter verschiedenen Gesichtspunkten völlig anders interpretiert werden kann.

In Pauls Fall kann man die kindlichen psychologischen Zustände in drei Phasen beschreiben. Die erste Phase ist die absolute Verweigerung der Akzeptanz der Situation. Durch die Ablehnung kommt es dann in der zweiten Phase zur Aggression, die sich auf andere Kinder richtet. Diese negative psychologische Entwicklung der Kinder aufgrund der Trennung der Eltern wird von Jeannette Kardas und Arnold Langenmayr so beschrieben:

> „Sowohl Jungen als Mädchen aus Scheidungsfamilien waren einerseits deutlich aggressiver, andererseits anlehnungsbedürftiger und mittelpunktsbezogener [...] Kaum vorhanden waren die Fähigkeiten, Hilfsbereitschaft zu zeigen und Kompromisse zu schließen. Im non-verbalen Verhalten von Scheidungskindern überwogen negative Emotionen in Form von Weinen, Schmollen, Drohgebärden, Inaktivität, Unkonzentriertheit und Klammerverhalten."[206]

In dem Buch von Nöstlinger sieht man, daß die Autorin die inneren Empfindungen des betroffenen Jungen entsprechend darstellt. Paul kann den

---

[206] Jeannette Kardas und Arnold Langenmayr. Familien in Trennung und Scheidung. Stuttgart: Ferdinand Enke Verlag, 1996. S. 114.

ausländischen Freund von Susi nicht leiden, weil er selbst nicht mehr im Mittelpunkt der Beziehung steht. Das aggressive Verhalten von Paul zeigt sich sehr deutlich in den vielfachen Schlägereien mit Ali. Die Instabilität seiner Innenwelt realisiert sich auch im Schulschwänzen, Lügen und Stehlen. Die dritte Phase ist die der Resignation. Die Kinder erkennen durch Erfahrung, daß es unmöglich ist, in die alten Lebensumstände zurückzukehren oder die Eltern zur Versöhnung zu bringen. Als einziger Weg bleibt nur, die Wirklichkeit hinzunehmen, wie sie ist.

5.2. Umstellung des Lebens
Für Paul, der seine Kindheit teilweise auf dem Land verbracht hat, ist die Trennung der Eltern eine Doppelbelastung. Einerseits muß er sich wieder an das städtische Leben gewöhnen, neue Freunde finden, den Verlust des alten Freundeskreises auf dem Land ertragen und die neue Umgebung und Umgangsweise in der Stadt kennenlernen. Andererseits muß er emotional betroffen miterleben, wie sich die Eltern miteinander verfeinden, sich entfremden und schließlich scheiden lassen. Die anschließende schwierige finanzielle Lage der Mutter wird in dem Buch auch thematisiert. Die Mutter muß Arbeit finden, um den eigenen Haushalt zu finanzieren. Das Kind bekommt kein Taschengeld, wenn die Mutter nicht arbeitet. Es fängt an, seine Mutter zu bestehlen, um ein Geburtstagsgeschenk für eine Freundin kaufen zu können. Die radikale Umstellung und deren Schwierigkeiten werden von Katrin Pahl gut beschrieben.

„Manche Anfänge als Alleinerziehende/r beginnen schwierig, da die Situation eine grundlegende Umstellung bedeutet. Unzureichender Wohnraum, permanente Geldnot und das deprimierende Gefühl, mit dem geringen Einkommen die Familie langfristig nicht absichern zu können, belasten viele Eltern. Betroffen sind besonders alleinerziehende Mütter mit Kleinkindern."[207]

Außer der Veränderung des materiellen Lebens spielt die Umstellung der Beziehung zu dem abwesenden Elternteil, im Buch dem Vater, eine wichtige Rolle. Die unberechenbare und allmählich distanzierte und entfremdete Beziehung zum Vater verursacht eine emotionale Unsicherheit des Kindes.
In der Eintragung vom 22. September berichtet Paul begeistert, daß sein Vater ihn zum ersten Mal nach der Trennung besuchen will. Er verspricht, etwas mit dem Kind zusammen zu unternehmen. Paul wünscht sich, daß der Vater ihn nach Hause fährt.

---

[207] Katrin Pahl. Die Einwirkung von Trennung und Scheidung der Eltern auf die Psycho-soziale Entwicklung des Kindes. Marburg: Magisterarbeit, 1996, S. 44 .

„Am liebsten würde ich weder ins Kino noch in den Prater noch in den Zirkus gehen, sondern heimfahren. Bis morgen abend wenigstens könnte ich doch daheim sein. Ich könnte meine Freunde wiedersehen. Und mein Zimmer. Und den Garten. Und überhaupt alles." (S. 32)[208]

Anhand des Wunsches bemerkt man, daß das alte Zuhause beim Vater ein Fluchtort vor der Wirklichkeit, vor der neuen Realität ist. Das Kind stellt sich vor, alle Probleme würden gelöst, wenn es in die alte Ordnung zurückkehrte. Diese Vorstellung zeigt sich deutlich bezüglich des Schullebens:

„Für mich gibt es jetzt nur mehr eine Möglichkeit: Ich muß wieder zum Papa ziehen. Dann gehe ich wieder daheim in die Schule. Und niemand merkt, daß ich hier die Schule geschwänzt habe." (S. 29)

Diese Darstellung präsentiert gleichzeitig die Idealisierung der Vaterfigur, die nach der Trennung im Alltag abwesend ist. Figdor weist darauf hin, daß der Besuchsvater in eine ideale Rolle schlüpfen kann, so daß für das Kind die Illusion entsteht, daß es ein besseres Leben mit dem Vater führen könnte.[209] Diese Illusion vom idealen Vater wird zunächst durch die Enttäuschung nicht zerstört, daß der Vater doch nicht wie versprochen zu Besuch kommt, sondern erst in dem Moment, in dem er das von der Mutter weggelaufene Kind abweist.

Als die Mutter durch eine Postkarte herausfindet, daß Paul die wertvolle Halskette der Großmutter gestohlen hat, ist sie unfreundlich zu ihm und will ihn zur Rede stellen. In diesem kritischen Moment läuft er von Zuhause weg. Er flüchtet vor dem Streit und Ärger in der Wirklichkeit zum Vater, zu seinem Traumort, wo die alte Ordnung herrscht. Um die Kosten für die Hinfahrt aufbringen zu können, stiehlt er wiederum Geld von seiner Mutter. Die Realität, mit der die Flucht endet, ist ein Alptraum für das Kind. Nur durch Susis Bericht kann der Leser die grausame Wirklichkeit erfahren. Susi trägt in ihr Tagebuch ein, was sie von ihrer Mutter über Pauls Flucht erzählt bekommt. Er fuhr mit dem Zug und per Anhalter, wurde von dem Fahrer zur Polizei gebracht und von seinem Vater abgeholt. Der Vater schlug ihn so heftig auf die Wange, daß sie anschließend geschwollen war. Nach der Ohrfeige fährt er das Kind zu seiner Mutter. Vom Scheitern der Flucht und von der Ohrfeige des Vaters ist nichts in Pauls Tagebuch zu lesen. Nur von einem verbesserten Alltagsleben mit der Mutter steht etwas darin. Erst durch die enttäuschende Erfahrung mit dem Vater kann das Kind die Realität wahrnehmen und versuchen, das Alltagsleben mit der Mutter besser zu akzeptieren. Zu beachten ist, daß die negative Entwicklung

---
[208] Alle Seitenangaben beziehen sich auf. Christine Nöstlinger. Susis geheimes Tagebuch. Pauls geheimes Tagebuch. München: dtv, 1993.
[209] H. Figdor. Kinder aus geschiedenen Ehen: Zwischen Trauma und Hoffnung. Mainz, 1991, S. 165f.

bezüglich des Kontakts mit dem Vater schwerwiegende Konsequenzen in der kindlichen Seele hat, wie Wolfgang Krieger sie beschreibt:

„Schwieriger noch gestaltet sich die Situation, wenn der Kontakt zum nichtsorgeberechtigten Elternteil gänzlich erloschen oder auf ein sehr geringes Maß reduziert worden ist. Die damit verbundene Enttäuschung, die oft nur diffus erfahren wird und keineswegs in ihren Gründen wirklich bewußt sein muß, mündet bei vielen Kindern in Zustände des Selbstmitleids und in einen träumerischen Rückzug aus den Alltagserfordernissen ein. Zuweilen erreichen solche kompensatorischen Fluchten in das Reich der Phantasie das Erscheinungsbild schizoider fixer Ideen. Schulschwierigkeiten und überhaupt eine mangelnde Bereitschaft, sich mit Leistungsanforderungen auseinanderzusetzen, gehen mit dieser Lebensstimmung Hand in Hand."[210]

In diesem Kinderbuch gerät Paul nicht nur in Schwierigkeiten durch die unberechenbare und mangelhafte Beziehung zu seinem Vater, sondern auch in Hinsicht auf Schulleistungen und Konzentrationsfähigkeit. Die Darstellung dieser negativen Entfaltung des Jungen kann der Leser nur durch Susis Tagebuch wahrnehmen.

5.3. Kontrast der Darstellung

Das Nachbarskind, Susi, spielt in dieser Scheidungsgeschichte die Rolle eines Spiegels, der Pauls Entwicklung von außen beobachtet und eine „objektive" Wahrheit im Vergleich zu der inneren und subjektiven Seite von Pauls Tagebuch reflektiert. Susi beschreibt ihre Beobachtung aus ihrer Kinderperspektive, die von der Außenseite das Trennungsereignis betrachtet.

Der größte Unterschied zwischen dem Tagebuch von Susi und dem von Paul ist also die Selbstbetrachtung von Paul und die Beobachtungen von Susi. Am 2. Oktober fällt der Eintrag von Susi über Paul sehr negativ aus:

„Der Paul wird immer widerlicher und bösartiger. Heute in der großen Pause hat er wieder irgendeinen Quatsch von seinem Papa erzählt und von den drei schnellen Flitzern und von der Mooshütte, die er im Garten stehen hat. Sogar ein echter Ofen zum Einheizen soll in der Hütte sein. Niemand wollte dem Paul richtig zuhören. Wenn der Paul merkt, daß man ihm nicht zuhört, erzählt er noch blödere Sachen!" (S. 44)

In dieser Sichtweise ist das Problem der Mittelpunktbezogenheit von Kindern aus Trennungsfamilien, wie Jeannette Kardas und Arnold Langenmayr es nennen, thematisiert. Andere Symptome von sieben- bis achtjährigen Kindern aus Scheidungsfamilien, wie z.B. die Verhaltensänderung im schulischen Kontext

---

[210] Wolfgang Krieger. Scheidung und Trennung im kindlichen Erleben: Belastungen, Perspektiven und Bewältigungschancen eines kritischen Lebensereignisses und ihre Bedeutung für die Scheidungsberatung. In: Wolfgang Krieger (Hg.). Elterliche Trennung und Scheidung im Erleben von Kindern. Berlin: Verlag für Wissenschaft und Bildung, 1997. S. 107-158. Zitat S. 136.

und die Beeinträchtigung der schulischen Leistung[211], wie Martina Schmitt in ihrem Artikel erwähnt, lassen sich gleichzeitig aus Susis Bericht über Pauls Verhalten ablesen. Als seine Sitznachbarin in der Schule erzählt Susi von Pauls auffallender Verhaltensstörung im Unterricht: „Der Paul paßt in der Schule überhaupt nicht auf. Er starrt nur vor sich hin. Dreimal habe ich ihm heute einsagen müssen. Dem Alexander ist aufgefallen, daß sich der Paul anders benimmt. 'Hat irgendwas unserem Maulhelden die Red' verschlagen?' hat er mich gefragt." (S. 62) Außer dem Versagen in der Schule und seiner auffälligen Verhaltensweisen, die in Pauls Tagebuch verschwiegen werden, skizziert Susi auch ein anderes Bild von Pauls Vater. In Susis Augen ist der Vater von Paul ein widerlicher Mann, der dem Kind gegenüber weder Geduld noch Freundlichkeit zeigt. Sie kommentiert im Hinblick auf die Scheidung von Pauls Eltern:

> „Die Eltern vom Paul lassen sich scheiden. Und der Paul will bei seinem Papa bleiben. Der spinnt doch! Der könnte doch froh sein, daß er den widerlichen Kerl endlich los ist. Der Papa vom Paul ist ein echter Kotzbrocken. Das ist nicht nur meine Meinung, das hat sogar mein Papa gesagt. Im Griechenlandurlaub war das eindeutig zu merken. Richtig widerlich war er oft. Besonders zum Paul. Aber manche Kinder merken eben nicht, wie ihre Eltern sind." (S. 57)

Susis Perspektive vermittelt nicht nur ein anderes Bild von Pauls Vater, sondern läßt auch die Idealisierung der Vaterfigur durch Paul selbst erkennen. Dieses Problem von Kindern aus Scheidungsfamilien wurde bereits behandelt. Susis Tagebuch ist eine Ergänzung zur Realität des Vaterbildes von Paul. In beiden Tagebüchern findet man ein Vaterbild vor, das extrem gestaltet ist. Paul berichtet den Scheidungsverlauf vom Anfang der Eintragungen an, Susi hingegen erst am Ende. Ihre Antipathie gegen Paul und seine auffälligen Symptome stellt einen Kontrast zum Selbstmitleid von Paul dar. Erst in der letzten Eintragung vom 11. Oktober zeigt Susi ihr Mitleid mit Paul. Durch ihre Mutter erfährt sie, was mit Paul geschieht, vor allem durch die Ohrfeige und die Zurückweisung seitens seines Vaters. Sie nimmt den Vorschlag ihrer Mutter an und verspricht, jeden Nachmittag mit Paul zu spielen. Ihr Tagebuch endet mit einer Widerrede gegen die Worte der Mutter. Die lauten: „Weil Kinder sehr taktlos und gemein sein können!" Susi schreibt: „Also bitte! So taktlos und gemein wie viele Erwachsene können Kinder gar nicht sein. Weil sie nicht soviel Macht haben." (S. 63) Der Satz klingt nicht nach einem siebenjährigen Mädchen, sondern nach einer erwachsenen Autorin, die mit dieser Scheidungsgeschichte für die Partei der

---

[211] Martina Schmitt. Präventive Methoden in der Gruppenarbeit mit Kindern in Trennungs- und Scheidungssituationen. In: Wolfgang Krieger (Hg.). A.a.O., S. 11-76. Siehe Symptome der Entwicklungsstufe 5: Siebtes bis achtes Lebensjahr auf S. 37.

Kinder plädieren will. Die Symptome und Veränderungen von Paul sind in diesem Kinderbuch klassisch und theoriebezogen. Das Leid und die Schmerzen der Kinder werden von zwei Gesichtspunkten her beleuchtet: einerseits durch Susis Abneigung gegen Paul, andererseits von Paul selbst anhand seiner Entwicklung – Unsicherheit, Schulschwänzen und Weglaufen. Die Risikokindheit wird hier durch die Kontrastierung der Tagebücher zweier Kinder zum Ausdruck gebracht.

6. Unterschiedliche Darstellung der Risikokindheit

Die Risiken der modernen Kindheit, vor allem die unberechenbare Beziehung der Eltern zueinander, nämlich Ehebruch, Trennung, Scheidung und wechselnde Partnerschaft der geschiedenen Elternteile werden ohne Beschönigung in die Kinder- und Jugendliteratur eingebracht. Christine Nöstlinger und Mirjam Pressler haben sehr intensiv diese Thematik, die Problematik der modernen postindustriellen Familien, in ihren Werken behandelt. Bemerkenswert ist, daß die Autorinnen mit zwei unterschiedlichen Grundhaltungen an dieses Thema herangehen. Vor allem zu der Problematik der wechselnden Bekanntschaften der geschiedenen Elternteile haben die beiden Autorinnen zwei Pole in ihren Fällen literarisch dargestellt. In „Einen Vater habe ich auch" von Nöstlinger wird der Vater nach der Scheidung als ein glücklicher, gutaussehender Junggeselle, der oft die Freundinnen wechselt, dargestellt. Die Scheidungssituation ist für das Kind auch nicht dramatisch traurig, sondern manchmal hat sie dadurch Vorteile. Der Grundton des Buches ist heiter, humorvoll und gleichzeitig voller Hoffnung. Die Autorin vertritt die Ansicht mancher Soziologen wie Stoltenberg, Meier und Osthoff, daß das Klischee der Scheidungsfamilie als Defizitfamilie beseitigt werden sollte und „daß elterliche Trennungen und Scheidungen auch für Kinder positive Veränderungen mit sich bringen können"[212]. Im Gegensatz zu Nöstlingers Ton stellt Pressler eine Risikokindheit dar, in der die Kinder voller Angst und Traurigkeit leben. „Zeit am Stiel" ist ein gutes Beispiel dafür. Martina leidet sowohl unter den wechselnden Beziehungen der Mutter als auch darunter, daß die Mutter mitten in der Nacht immer noch fort bleibt. Diese Lebenssituation der Kinder wird von den beiden Autorinnen aus verschiedenen Perspektiven gesehen und beschrieben. Im folgenden wird anhand dieser beiden Werke und

---

[212] Ralf Osthoff. Elterliche Trennung und Scheidung aus der Perspektive der betroffenen Kinder. In: Wolfgang Krieger (Hg.). Elterliche Trennung und Scheidung im Erleben von Kindern. Berlin: Verlag für Wissenschaft und Bildung, 1997. S. 77-106. Zitat S. 85.

von anderen Werken bezüglich der Themen Trennung, Scheidung und Ehebruch die Risikokindheit der Kinder- und Jugendliteratur bearbeitet.

6.1. Risiken gleichen Chancen in Nöstlingers Werken

Als ein Scheidungskind hat Feli in „Einen Vater habe ich auch" eine Menge Vorteile im Alltagsleben. Dieses altkluge Kind nutzt die Situation aus, wie es selbst erzählt:

> „Geschiedene Eltern halten zum Beispiel gegen ihr Kind nicht wie Pech und Schwefel zusammen. Das können sie gar nicht, weil sie nicht wissen, was der andere Elternteil gerade für richtig hält." (S. 8)

Diese Vorteile von Kindern geschiedener Eltern genießt sie besonders, wenn sie einen Wunsch hat, der bei einem Elternteil nicht realisiert werden kann. Nicht nur von den getrennten Eltern, sondern auch von der ehemaligen Partnerin ihres Vaters profitiert die elfjährige Feli. Nach der Trennung des Vaters von der Freundin freundet sich die Tochter mit ihr, die eine Töpferei besitzt, an. Wenn sie einsam zu Hause bleibt, weil der Vater zu der neuen Freundin geht, kümmert sich die Exfreundin um das Kind. „Die Marina war auch so lieb, an den Abenden, die mein Papa beim Liesi-Hasi zubrachte, mit mir auf eine Pizza zu gehen oder mir bei ihr daheim ein Nachtmahl zu kochen." (S. 106) In diese optimistische Darstellung, in der sogar die ehemalige Freundin sich mit dem Kind befreundet und sie freiwillig versorgt, mischt Nöstlinger andererseits auch einige realistische graue Farben des Alltagslebens des Kindes. Das Kind fühlt sich einsam und fürchtet sich, alleine die leere Wohnung des Vaters zu betreten und da zu bleiben. Die Freundin entwirft eine Überwindungsstrategie für Feli. Wenn sie das Kind nach Hause fährt, soll es das Licht anmachen und vom Fenster aus Marina zuwinken. Die junge und schöne Künstlerin dient der Pubertierenden auch als ihre Beraterin in der Liebe. Als Feli erfährt, daß ihr Freund Lorenz sie betrügt und eine Neue hat, will sie ihre 12. Geburtstagsfeier komplett absagen. In diesem Moment rät Marina ihr, das Gegenteil zu tun.

> „Die Marina sagte zu mir: 'Also bitte! Das ist doch wirklich kleinkariert. Ich an deiner Stelle ließe mir kein bißchen anmerken, daß mich das wahnsinnig trifft. Ich würde sogar diesen verdammten Lorenz einladen und diese Lizzi. Cool muß man so etwas nehmen, wenn man es nicht ändern kann!' War ja auch ihre Privatmethode, mit der kaputten Liebe zu meinem Papa umzugehen!" (S. 117)

Durch den Vorschlag von Marina gewinnt Feli ihren Freund auf der Party wieder zurück. Die Rolle von Marina ist eine Mischung aus erfahrener Freundin und Ersatzmutter für Feli während der Abwesenheit der Eltern. Die tiefe und vertraute

Freundschaft zwischen der Exfreundin des Vaters und der Tochter stellt im Vergleich zu der gespannten Feindseligkeit zwischen der neuen Geliebten des Vaters und Feli eine Kontrastbeziehung dar. Die Frau mit ihrem 3jährigen Kind wird als egoistisch, rücksichtslos und dumm skizziert. Die Katastrophe, die sie mit ihrem Sohn in einem vornehmen Restaurant verursacht, verdeutlicht einen Teil der Wirklichkeit des kindlichen Leidens. Das Kind muß mit der neuen Beziehung zurechtkommen, egal wie schwierig die Situation ist. Aber insgesamt vermittelt Nöstlinger ein sehr optimistisches Bild des Lebens von Kindern mit getrennten Eltern. Sie haben mehr Freiräume, Entscheidungen zu treffen, neue Dimensionen des Lebens kennenzulernen und neue Freundschaften zu schließen, wie im Fall von Feli. Risiko bedeutet zugleich Chance, wie Ulrich Beck in seiner „Risikogesellschaft" meint. Nöstlinger sieht in der Risikokindheit eine Chance für die Kinder, die Gelegenheit zu nutzen, auch glücklich in einer geschiedenen Familie aufzuwachsen. Wenn die Mutter als Bezugsperson versagt, bleibt noch der Vater. Wenn er in der neuen leidenschaftlichen Beziehung verweilt, kümmert sich vielleicht auch die Ex-Freundin um das Kind. Irgendwie schafft man es, mit der Situation klarzukommen. Realistisch gesehen fungiert dieses Arrangement der Handlung eher als Trostpflaster für die Kinder aus geschiedenen Familien. Denn wieviel Prozent der Kinder freunden sich schon mit den ehemaligen Freunden der Elternteile an? Aus diesem Blickwinkel gesehen, bietet Mirjam Pressler in „Zeit am Stiel" eine grausame und trostlose, aber realitätsnähere Schilderung der Welt der Kinder aus geschiedenen Familien an.

6.2. Unsichere Risikokindheit bei Pressler

In dem o.g. Buch wird das problematische Zusammenleben der heranwachsenden Tochter und ihrer Mutter, die nicht selten ihre Freunde wechselt und verschiedene Männer mit nach Hause bringt, thematisiert. Die Tochter fühlt sich allein und ängstlich, wenn die Mutter nachts ausgeht und spät nach Hause kommt. Sie macht Theater und läßt sie nicht ausgehen. Aus diesem Grund kauft ihr die Mutter einen Hund, um ihre Angst und Einsamkeit zu beseitigen. Schindler erklärt das Motiv, aus dem die Mutter der Tochter den Hund schenkt, auf eine sehr harmlose Art und Weise: „Sie hat das Tier von ihrer Mutter geschenkt bekommen, damit sie nicht so allein ist, wenn die Mutter arbeitet"[213]. Tagsüber, wenn Martina in die Schule und die Mutter zur Arbeit geht, hat das Mädchen weniger Schwierigkeiten mit dem Alleinsein. Die Angst, Einsamkeit und Verlassenheit tauchen dann auf,

---

[213] E. – B. Schindler. Sehnsucht nach Zärtlichkeit. Das Bild junger Menschen in Mirjam Presslers Jugendromanen. In: Jugendliteratur 2/ 1983, S. 6-8, Zitat S. 7.

wenn die Mutter nachts ausgeht. Nach dem Tod des Hundes kehrt dieses ursprüngliche Einsamkeitsgefühl wieder zurück. Sie führt eine Zeit lang ein zweckloses und unstrukturiertes Leben. Die enge Verbindung, die sie zur Hündin Asta statt zu ihrer Mutter aufbaute, verliert sie durch den Tod des Hundes. Ihr fehlt nicht irgendein Hund, sondern eine unersetzbare Freundschaft, Wärme und gegenseitiges Liebhaben. Auch deswegen kann Asta nicht durch einen anderen Hund ersetzt werden. Die wechselnden Beziehungen der Mutter sind ein entscheidender Punkt der Probleme zwischen Martina und ihrer Mutter. Die Mutter arbeitet als Dolmetscherin, bringt Männer zum Übernachten nach Hause, die manchmal nur ein einziges Mal auftauchen. „So ist es immer, sie schleppt einen Typ an, und dann ist es vorbei. Ich muß nett sein, wenn er kommt, und darf nichts fragen, wenn er geht." (S. 11)[214] Diese wechselnden Bekanntschaften verursachen ein Gefühl der Unsicherheit bei der Tochter. Zugleich blockiert diese Unsicherheit die Kommunikation zwischen Martina und ihrer Mutter.

Nach dem Tod von Asta kann Martina mit der Mutter nicht über ihr Verlustgefühl sprechen. Das Schweigen zwischen ihr und der Mutter veranlaßt sie, sich das Abendessen abzugewöhnen.

> „Wir sitzen uns nur noch schweigend gegenüber. Mittags, wenn ich allein in der leeren Wohnung herumhocke, hoffe ich, daß es abends einmal anders sein könnte, denke, sie wird lachen, ich werde lachen, wir werden uns was erzählen, sogar zusammen fernsehen, wenn es sein muß [...] Haben wir jemals miteinander geredet, so richtig? Ich kann mich nicht erinnern. Ich weiß, wie meine Mutter die Gabel hält, könnte haargenau beschreiben [...] Aber wenn mich jemand fragen würde: Wie ist deine Mutter? Ich wüßte keine Antwort.
> Aber du mußt sie doch kennen, du lebst fast sechzehn Jahre mit ihr.
> Stimmt, sage ich, trotzdem kann ich dir nicht viel erzählen. Sie arbeitet. Sie hat einen Freund.
> Weiter, sagt der Jemand.
> Weiter weiß ich nichts. Meistens sitzen wir uns schweigend gegenüber.
> Aber doch nicht nur, sagt der Jemand. Du übertreibst [...]" (S. 137)

Das Schweigen oder die Kommunikationsblockade zwischen Tochter und Mutter tauchen als Leitmotiv in Werken von Pressler sehr oft auf. Auf diesen Punkt wird die Analyse im Kapitel VI „Psychologischer Kinderroman" wieder eingehen. Im o.g. Buch leben Martina und ihre Mutter eng zusammen, aber entfremden sich dadurch, daß sie einander nicht verstehen und überhaupt nicht verstehen wollen, geschweige denn miteinander sprechen. Die Einsamkeit der Tochter zeigt sich sehr deutlich in ihrer Sprache. Sie führt einen inneren Dialog mit einem fiktiven Gesprächspartner oder mit ihrem alter ego:

---

[214] Alle Seitenangaben beziehen sich auf Mirjam Pressler. Zeit am Stiel. Weinheim und Basel: Beltz und Gelberg Verlag, 1982. (1992).

> „Die andere Martina greift sich an den Kopf. Jetzt hakt es aber ganz aus bei dir. Schätzungsweise soundsoviel Kubikzentimeter Rauminhalt. Das ist dann alles, was dir fehlt, oder?
> Was verstehst du denn davon, sage ich, werde rot, zerreiße das Blatt in winzige Fetzchen und werfe sie in den Papierkorb. Außerdem geht dich das einen Dreck an. Ich kann rechnen, was ich will. Aber sie ist schon fort." (S. 109)

Martina verbirgt ihre Trauer über den Tod des Hundes, versucht die Sachen, die sie an ihn erinnern, zu verkaufen, aber sie muß sogar bei den Mathematikhausaufgaben an den Hund denken und seine Körperbreite ausrechnen. Die Einsamkeit und Verlassenheit aufgrund des Verlustes des Hundes werden vom inneren Dialog mit einer anderen Martina bzw. einem inneren Monolog von zwei Ich's repräsentiert. Mit der Sprache verfolgt die Autorin eine eigenwillige Schreibstrategie in der Kinder- und Jugendliteratur, um den Konflikt der Innenwelt der Protagonistin zu verdeutlichen - ein Dialog mit sich selbst, nämlich „Ich streite mit einem anderen Ich". Eine Martina scherzt mit der anderen traurigen Martina und ist der Meinung, daß man sich nicht wegen eines Hunds einsam und traurig fühlen sollte. Die andere bohrt aber in der Tiefe ihrer Traurigkeit und berechnet, wieviel Kubikzentimeter sie in ihrem Herzen verliert.

Durch den inneren Dialog und den inneren Monolog versucht die Autorin die Einsamkeit und Traurigkeit der Protagonistin zu verbalisieren. Der Ton der Sprache ist der typische Presslersche Stil – melancholisch und herb. Außer der Bitterkeit bietet Pressler noch schwarzen Humor an, wie sie in „Wenn das Glück kommt, muß man ihm einen Stuhl hinstellen" auch zeigt:

> „Ich decke den runden Tisch im Wohnzimmer. Drei Teller, drei Messer, drei Gabeln. Mama läuft dauernd in die Küche und wieder zurück. Wie aufgezogen. Wie eine Spielzeugente. Fehlt bloß noch, daß sie quak-quak macht. Wenn ihr Jürgen in der Nähe ist, bewegt sie sich wirklich ganz anders, schneller, eifriger, betonter." (S. 55)

Ironisch und scherzhaft beobachtet Martina die Art und Weise, wie die Mutter sich bewegt. Als eine Spielzeugente, die quak-quak schreien könnte, wird sie von ihrer Tochter beschrieben. Diese heitere Darstellung, die einen witzigen Effekt hat, ist im Vergleich zu dem Grundton des Werkes eine kleine Region, in der die Autorin den Schwermut der Leser vertrieben hat.

6.3. Vergleich - stilistischer Unterschied und gemeinsames Resultat

Die Darstellung des Kinderlebens in geschiedenen Familien hat durch die beiden Werke zwei völlig andere Gesichter bekommen. Bei Nöstlinger ist von Vorteilen die Rede, wird eine relativ heitere Welt mit Hoffnung und Humor gestaltet. Von

Pressler ist eine graue und schwere Welt mit Kummer und Einsamkeit skizziert worden. Feli schließt Freundschaft mit der Exfreundin des Vaters, während Martina von dem Ex-Freund der Mutter sexuell belästigt wird. Zwei völlig unterschiedliche Perspektiven der Autorinnen, unter denen sie das Leben der Jugendlichen in geschiedenen Familien sehen, sind eindeutig zu erkennen. Nöstlinger versucht die unveränderbare Realität optimistisch zu betrachten und dadurch Vorteile herauszufinden. Pressler schildert die Grausamkeit der Wirklichkeit so pessimistisch, wie sie sein kann. Die Grundhaltung im Stil und die Selektion in der Darstellung von Sonnen- oder Schattenseite der Ereignisse macht den Unterschied der beiden Werke deutlich, die gleiche Lebenssituationen darstellen.

Beiden Büchern ist aber eins gemeinsam: Sie haben zwei Protagonistinnen, die frühreif sind. Dies ist eines der Resultate der Risikokindheit. Um eine Überlebensstrategie zu finden und mit den Schwierigkeiten des Lebens fertig zu werden, müssen die Kinder frühreif werden, weil die Umwelt es ihnen abverlangt. Feli muß ihre Einsamkeit und Angst überwinden, wenn sie nachts die leere Wohnung des Vaters betritt. Und Martina muß die Furcht, allein zu sein, besiegen. Wenn Malte Dahrendorf sich über die altklugen und über-frühreifen Kinderfiguren bei Pressler und Nöstlinger beschwert, muß man danach fragen, womit die Kinder in ihrem Alltagsleben konfrontiert werden. In einer Gesellschaft, wo alleinerziehende Mütter und Väter arbeiten gehen müssen und keine Zeit für Kinder haben, müssen und sollen die Kinder „überfrühreif" werden, um „überleben" zu können.

7. Moderne verplante Kindheit in „Mittwochs darf ich spielen"[215]

Dieses Buch erschien 1993 im Oetinger Verlag. Die Ich-Erzählerin Fabia berichtet, wie sie eine Woche lang ohne Kalendertermine einen Freiraum gewinnt, aber dadurch die Orientierung verliert. In diesem Buch wird die Problematik der verplanten Kindheit thematisiert. Fabias fürsorgliche Mutter plant für ihr Kind eine Kindheit voller Aktivitäten. Das an den Terminkalender gewöhnte Kind verliert plötzlich seinen Lebensmaßstab, als die Tante Pia, eine Studentin vor dem Examen, die weder Interesse noch Zeit für die Termine der Nichte hat, sie pflegt. Die Tante vertritt in diesem Buch eine andere Erziehungsvorstellung als die Mutter.

---

[215] Alle Seitenangaben beziehen sich auf. Kirsten Boie. Mittwochs darf ich spielen. Hamburg: Oetinger Verlag, 1993.

7.1. Ironische Darstellung der Mutter

Das Bild der Mutter in diesem Buch ist durch einen ironischen Stil gekennzeichnet. Fabias Mutter, die viel Wert auf die Kindeserziehung legt, kontrolliert die Hausaufgaben und das Alltagsleben des Kindes: Zähneputzen und Waschen. Sie fährt die Tochter zu jedem Termin und gestaltet für die Siebenjährige ihre Freizeit. Am Montag steht auf dem Terminkalender Ballet, am Dienstag Flöten, am Donnerstag Tennis und am Freitag Hockey. Am Mittwoch darf Fabia spielen. Die Mutter vereinbart für sie mit anderen Müttern einen Spieltermin per Telefonat. Jürgen Zinnecker interpretiert den „Terminkalender" der Kinder als ein „Symbol für Kindheit in der urbanen Zivilisation."[216] Auf eine satirische Art und Weise präsentiert Kirsten Boie diese fürsorgliche Mutterfigur und ihre pädagogischen Ideen. Zum Beispiel: das Verbot der Süßigkeit für die Kinder: „Das sagt Mama immer, Süßigkeiten schaden auch innerlich, aber wenn Oma Frankfurt das noch nicht weiß, muss ich es ihr ja nicht unbedingt erzählen." (S. 9) In Bezug auf Leistung in der Schule handelt die Mutter auch nach einer bestimmten pädagogischen Theorie, nach der die Kinder vor der Schule mit Hilfe von Bildern zusammen mit der Mutter Buchstaben lernen, jeden Tag üben, aber nicht so belastet werden sollen, daß sie die Freude am Lernen verlieren; sie sollen dadurch einen Vorsprung beim Schulanfang haben. Bei diesem Phänomen der modernen Kindheit spricht Jürgen Zinnecker von einer „Verschulung des Familienlebens"[217]. Gemeint ist damit, daß Mütter zu Hause die Rolle der Hauslehrerin spielen. Ganz deutlich kann man bemerken, daß die Autorin sich über die Erziehungsideen der Mutter lustig macht, wenn die siebenjährige Fabia erzählt:

> „Aber wie ich in die Schule gekommen bin, war es da doch ganz anders. Weil die anderen Kinder nämlich auch alle 'Bussi Bär' hatten, und Lesen geübt hatten sie auch alle heimlich. Da hab ich dann eben keinen Vorsprung gehabt [...]" (S. 26f.)

Dieser ironische Ton erscheint wieder, als Fabia ihre Termine nicht einhält und damit Schwierigkeiten hat, einen Spielpartner zu finden. Alle ihre Freundinnen haben einen vollen Terminkalender. Sogar zum Spielen muß man vorher Termine vereinbaren. Ein spontanes Treffen zwischen Freunden wird in der modernen Gesellschaft immer seltener. Sozialpädagoge Büchner zeigt in seiner empirischen Forschung über moderne Kindheit dasselbe Ergebnis, das Kirsten Boie durch ihr literarisches Werk als Realität darstellt:

---

[216] Jürgen Zinnecker. Kinder im Übergang. In: Aus Politik und Zeitgeschichte. Bd. 11, 1996, S. 3-10. Zitat S. 7.
[217] Ebd.

„Heutige Kinder können sich ohne vorherige Absprache nicht mehr darauf verlassen, ihre Freunde und Freundinnen am Nachmittag auch wirklich anzutreffen. Keine Verabredungen zu treffen, bedeutet so, das Risiko einzugehen, letztlich alleine dazustehen, weil die anderen bereits 'vergeben' sind oder aber feste Termine haben."[218]

Fabia geht ohne Terminvereinbarung zu drei Freundinnen, um zu spielen. Drei Versuche des spontanen Treffens scheitern. Bei diesen mißlungenen Versuchen werden andere negative Mütter skizziert, z.B. die die Tochter verpetzt, weil das Kind Angst vor Wasser hat und nicht die Schwimmanforderungen erfüllen kann. Hinter dem Terminkalender für die Kinder steckt ein Hauptgedanke, nämlich, daß „ein Kind seinen Tag am sinnvollsten gestalten" soll (S. 32), wie Boie durch die siebenjährige Fabia zum Ausdruck bringt. Peter Büchner weist darauf hin, daß die Verabredungspraxis der Kinder nach sozialer Herkunft unterschiedlich sei. Je höher die Berufsposition der Eltern ist, desto stärker organisiert ist die Freizeit der Kinder.[219] Im o.g. Kinderbuch werden zwei Kindergruppen dargestellt. Die eine gehört zur bürgerlichen Familie, deren Kinder Ballet tanzen, Flöte spielen und sich Termine fürs Spielen von der Mutter, die keinen Beruf ausübt und sich nur um die Kinder kümmert, machen lassen. Die andere gehört zur Unterschicht der Gesellschaft, nämlich Kinder aus einer russischen Siedlung, in der die Mütter arbeiten müssen und die Kinder alleine mit anderen Kindern im Hof spielen und zurechtkommen sollen. Die literarische Darstellung spiegelt die Ergebnisse der soziologischen Studien.

7.2. Tante Pia als Kontrastprogramm

Bei der Figurenkonstellation im Roman sieht man deutlich, daß die Tante Pia als eine Kontrastfigur zur Mutter fungiert. Sie verkörpert ein Gegenprogramm zu den pädagogischen Ideen der Mutter. Wenn sie zu der siebenjährigen Nichte sagt, „Ich bin hergekommen, um auf ein Kind aufzupassen, nicht auf einen dressierten Affen" (S. 61), ist ihre Position eindeutig. Sie vertritt die Meinung, daß die Erwachsenen nicht in das kindliche Leben eingreifen und es kontrollieren sollen, sondern die Kinder sich entwickeln zu lassen. Sie ist ein Gegenbild zu der ängstlichen Mutter, die das Kind sorgfältig behütet und vor aller Art von Gefahr schützt, damit es sich in einem sicheren Rahmen bewegt. Dadurch verliert das Kind die Gelegenheit, selbst etwas zu probieren und seine eigenen Erfahrungen zu machen, mit anderen Worten, selbständig zu werden. Dies zeigt sich in dem

---
[218] Burkhard Fuhs und Peter Büchner. Freizeit von Kindern im großstädtischen Umfeld. Unna: LKD-Verlag, 1993, S. 37f.
[219] Ebd.

Handlungsverlauf, als Fabia sieht, wie die sechsjährige Bruno tagsüber allein zu Hause bleibt und für ihren Gast Tee kocht.

> „Mama würde sich zu Tode ängstigen, wenn ich so lange alleine zu Hause wäre. Manchmal lässt sie mich eine Stunde allein, wenn sie einkauft, aber dann sagt sie mir immer, dass ich die Tür nicht aufmachen darf, wenn einer klingelt. Weil das ein Einbrecher sein könnte. Und sie verbietet mir, an den Herd zu gehen und Streichhölzer zu nehmen und alles Mögliche sonst. Und dabei bin ich schon sieben." (S. 52)

Zu erwähnen ist, daß die, pädagogisch gesehen, verständiger als die Mutter eingestellte Tante nicht hundertprozentig positiv dargestellt wird. Sie kümmert sich die ganze Zeit nur um ihre Prüfungen und ihre Bedürfnisse, achtet wenig darauf, was die Nichte braucht und wie sich die anderen fühlen. Sie ist eine beschäftigte Studentin, die recht egoistisch ist. Diese Figur ist eigentlich sehr ambivalent gestaltet. Sie redet wenig mit der Nichte, wirkt kalt, aber bereitet für sich und die Siebenjährige ein Schneckenessen um Mitternacht. Das ungewöhnlich romantische Abendessen wird so inszeniert. Die Tante weckt die tief eingeschlafene Fabia um Mitternacht und fragt, ob sie gerne gebackene Schnecken kosten möchte.

> „Da bin ich blitzschnell aufgestanden und hab meinen Bademantel übergezogen und dann hab ich mit Tante Pia in der Küche gesessen, mitten in der Geisterstunde, und Schnecken mit Knoblauchbutter gegessen. Und ich hab auch gewusst, dass ich Mama davon lieber nichts erzähle, bis Mitternacht auf sein darf ich sonst nur Silvester [...] und eigentlich hätte ich auch keine Schnecken gebraucht, so besonders gut haben die nicht geschmeckt. Aber ich hab es lustig gefunden, sie aus ihren Häusern zu pulen, und auch ein bisschen eklig. Und die Lampe hat Tante Pia ganz tief über den Tisch gezogen, dass es nur einen winzigen hellen Kreis darauf gab, in dem waren die Schnecken und wir. Das ganze übrige Zimmer hatte Geisterstunde und das war ein gutes Gefühl, gerade richtig gruselig und gerade richtig gemütlich." (80f.)

Diese Szene des Schneckenessens wird von der kindlichen Erzählerin als etwas Unerwünschtes, Geheimnisvolles und Unheimliches dargestellt. Sie hat eine Bedeutung für das Kind als eine Überschreitung der bisherigen Erfahrungsgrenze. Sie darf etwas Ungewöhnliches kosten, und zwar um Mitternacht, wenn ihr bei der Mutter verboten wird aufzubleiben. Als ein phantastisches und unheimliches, aber positives Erlebnis empfindet Fabia das Ambiente des außergewöhnlichen Essens. Die Tante, die dieses Eßerlebnis gewährt, ist für Fabia eine seltsame, unheimliche Person, die in dem Moment ihre Wirkung auf Fabia positiv verändert, als diese ihr das Geheimnis über die Abenteuer auf der Straße und in dem Domrösehof anvertrauen kann. Tante Pia veranstaltet nicht nur merkwürdige Dinner, auch die Art und Weise, wie sie redet, ist unheimlich zynisch. Als sie sich mit der Nichte über die Fahrt zu Terminen streitet, bedroht das Kind sie damit:

> "'Aber du musst mich bringen!', habe ich gerufen. 'Mama bezahlt dir ja schließlich viel Geld!'
> 'Über Geld redet man nicht, wenn man zu den feinen Leuten gehören will', hat Tante Pia gesagt. Sie hat sich nicht mal geärgert.
> 'Aber du redest doch davon!', hab ich gerufen.
> Tante Pia hat eine Seite umgeblättert. 'Ich will ja auch nicht zu den feinen Leuten gehören', hat sie gesagt. Und sie hat in ihr Buch geguckt auf so eine Weise, dass ich gewusst habe, ich krieg sie davon nicht mehr weg." (S. 29)

Im Gegensatz zu der gut erzogenen Nichte ist die Tante frech, rücksichtslos und schwierig. Als ein kritischer Leser fragt man sich, ob die Tante aus Faulheit oder wegen ihrer Prinzipien über dressierte Kinder Fabia nicht zu den Terminen fährt. Meine Antwort tendiert zu der ersten Vermutung. Der überdosierten Fürsorglichkeit der Mutter steht die Tante gegenüber, die sich weder für das Kind noch ihre Aufgabe als Babysitterin interessiert. Eigentlich wird diese Gegenfigur nicht viel positiver als die Mutter dargestellt. Aber aufgrund ihrer Nachlässigkeit bekommt das Kind die Gelegenheit, seine Freizeit selbst zu gestalten. Genau betrachtet ist die Gegenspielerin der Tante nicht nur die Mutter von Fabia, sondern auch Fabia selbst. Die rücksichtslose, unerzogene und unfeine Tante kontrastiert mit der gut erzogenen Fabia, die in ihren tief von der Mutter geprägten Gedanken immer an „Dürfen" und „Höflichkeit" denkt. „Man darf eigentlich Leute nicht so neugierig anstarren, das ist unhöflich [...]" (S. 39). Die Darstellung der kindlichen Gedanken verbirgt viel Ironie. Die gut erzogene Fabia ist ein Erziehungsprodukt der modernen „verplanten Kindheit", in der die Kinder ihre Freizeit sinnvoll nutzen sollen, damit sie in der Zukunft ein „sinnvolles" Leben erfolgreich führen können.

7.3. Domröse-Hof: Letzte Utopie der Straßenkindheit

Peter Büchner und Burkhard Fuhs nennen dieses Phänomen, das „Mittwochs darf ich spielen" thematisiert, „verplante Kindheit", in der die Kinder "verinselt" und „verhäuslicht" sind[220]. Verinselung und Verhäuslichung bedeuten, daß die Nachbarschaft und Straße nicht mehr der Ort ist, an dem die Kinder ihre Freizeit verbringen. Sie fahren zu verschiedenen Freizeitveranstaltungen wie zu verschiedenen kleinen Inseln. Verhäuslichung soll nicht als „Einsperrung" verstanden werden, sondern als ein langfristiges Handeln, das zielgerichtet, planbar und wiederholbar ist. Mit anderen Worten, die Kinder verbringen die Freizeit nicht mehr spontan, sondern vereinbaren ihre Termine mit bestimmten

---

[220] Peter Büchner und Burkhard Fuhs. Außerschulisches Kinderleben im deutsch-deutschen Vergleich. Überlegungen zur Modernisierung kindlicher Sozialisationsbedingungen. In: Aus Politik und Zeitgeschichte, Bd. 24, 1993, S. 21-29.

Leuten in den vorgesehenen Räumen, in denen die geplanten Aktivitäten stattfinden sollen.[221] Honig weist zugleich darauf hin, daß „Straße" und „Haus" zwei unterschiedliche Kindheitsräume sind. Der erste symbolisiert eine Außenwelt, in der die Kinder nach ihren vereinbarten Regeln handeln und sich bewegen, und in der sich potentiell Bedrohung und Gefahr befinden. Der letztere ist ein Innenraum, der Geborgenheit und Vertrauen anbietet.[222] In o.g. Kinderbuch wird die „Straßenkindheit", die Fabia wegen der Abwesenheit der Mutter gegönnt wird, als ein Abenteuer dargestellt. Fabia und Bruno suchen nach der verschwundenen Rennmaus und spionieren allen möglichen Verdächtigen nach. Sie suchen auf der Straße nach Wagen von Tierfängern.

> "'Bruno, das sind die Verbrecher!', hab ich geflüstert. Mir ist ganz kalt und unheimlich geworden, weil ja jeder weiß, was Verbrecher mit Kindern machen, die sie ausspionieren. Das konnte ich aber nicht ändern. Ich war jetzt in einem Abenteuer mittendrin und da muss man auch schon mal was wagen. Wenn man edel sein will und heldenmütig, darf man nicht gleich vor Angst in die Hose machen." (S. 70f.)

Obwohl am Ende die Kinder nur einen Dienstwagen der Deutschen Bundespost Telekom erwischen und ihn als getarntes Tierfängerauto bei der Polizei melden, bedeutet die Erfahrung mit potentiellen Kriminellen auf der Straße für Fabia ein seltsames und aufregendes Erlebnis, mit dem sie aus ihrem verplanten und geregelten Alltagsleben ausbricht. Diese Straßenerfahrung ist einerseits gefährlich: Konfrontation mit den Verbrechern, andererseits abenteuerlich: Die Kinder spielen die Rolle von Detektiven. Fabia und Bruno müssen auf der Straße spontan und effizient reagieren, damit sie der Gefahr entkommen können. Die Welt der Straße ist eindeutig ein extremer Gegenpol zur verplanten Kinderwelt, in der sich Fabia sonst befindet.

Außer der gefährlichen Straße stellt die Autorin in diesem Buch den Domröse-Hof als ein Kontrastprogramm zur verplanten Kindheit vor. „Der Domröse-Hof ist ganz und gar verboten, aber nicht so verboten wie die andere Seite von der großen Kreuzung. Nicht gefährlich verboten." (S. 35) Dieser Hof wird von russischen, rumänischen und polnischen Deutschen bewohnt. An dieser Stelle wird das Thema „Ausländer vs. Deutscher" miteinbezogen. Die Mütter der deutschen bürgerlichen Familien verbieten ihren Kindern, mit den Kindern der Leute, die sich deutsch fühlen, aber in Wirklichkeit keine „echten Deutschen" sind, zu spielen, weil sie sich den Ausländern gegenüber unsicher fühlen. „Man

---

[221] Siehe Michael-Sebastian Honig. Sozialgeschichte der Kindheit im 20. Jahrhundert. In: M. Markelfka und B. Nauck (Hgg.). Handbuch der Kindheitsforschung. Neuwied u.a.: Luchterhand, 1993, S. 207-218. Zum Begriff der Verhäuslichung siehe S. 215.
[222] Vgl. ebd., S. 214.

soll nichts Schlechtes über die Leute reden, hat sie gesagt, das ist nicht nett, aber wissen kann man nie und solange man nicht weiß, lässt sie jedenfalls ihr Kind da nicht hin." (S. 35) Diese Distanzierung von den russischen Deutschen und deren Kindern ist bis heute, Anfang des 21. Jahrhunderts, immer noch ein aktuelles Problem in der deutschen Gesellschaft. Die zahlreichen Leute aus Rußland mit deutscher Herkunft, die aufgrund der Politik von Helmut Kohl ins Vaterland zurückkehren, bewohnen die Siedlungen und Sozialwohnungen, sprechen meistens immer noch nur Russisch, behalten ihre russische Kultur und Gewohnheiten. In diesem Buch beschreibt die Autorin realitätsnah die Abgrenzung zwischen den deutschen bürgerlichen Kindern und denen vom Domrösehof. Diese spielen unter sich in dem nicht bewirtschafteten Bauernhof, zu dem ein Obstgarten mit verwilderten Bäumen, eine Scheune, Ställe und Schuppen gehören. Ein idyllischer, traumhafter und natürlicher Spielplatz ist dieser Hof für Fabia. Sie stellt sich vor, sie sei eine geraubte Prinzessin in einem wilden verwunschenen Wald (S. 37). Der wilde Wald ist in Wirklichkeit nur ein Obstgarten. Aber ein verwilderter Garten ist im Vergleich zum Spielplatz ein unheimlicher Erlebnisort für das Mädchen. Nicht nur der Raum, sondern auch die Zeit sind nicht mehr kontrollierbar. Das fünfjährige Mädchen Bruno sitzt auf der Wiese und denkt an etwas, als Fabia es kennenlernt. Elvira Armbröster Groh weist darauf hin, daß der Domrösehof eine Gegenwelt zur verplanten Kindheit darstellt. „Bemerkenswert ist, daß keines der Aussiedlerkinder institutionelle Freizeitbeschäftigungen ausübt. Das liegt an den finanziellen Beiträgen, die zwangsläufig eine soziale Selektion verursachen."[223]
Die völlig verplante und „sinnvoll" genutzte Freizeit der modernen Kindheit hat im Domrösehof keine Geltung mehr. Die Kinder unternehmen etwas miteinander aus Lust dazu. Ganz spontan bauen sie ein Baumhaus, als der Fernseher kaputt ist. Bei der Einweihung des Baumhauses sollen die Mädchen für alle Tee kochen. In einem ironischen Ton reflektiert die Autorin über die traditionelle Zuweisung der Geschlechterrolle:

> „Erst als wir die Teekannen zu dem Baumhaus getragen haben mit furchtbar viel Zucker drin und einem ganzen Tablett voller Tassen, ist mir eingefallen, dass Mama das nie im Leben erfahren darf. Weil doch Mädchen Jungs nicht immer bedienen sollen, das ist ganz fürchterlich falsch. Die Jungs hätten den Tee kochen müssen und die Mädchen das Baumhaus bauen, sonst sind wir ganz schlimm unterdrückt. Da hab ich mich geschämt, dass ich so gerne Tee kochen wollte, aber leider nur ein bisschen [...]" (S. 97)

---

[223] Elvira Armbröster Groh. Mittwochs darf ich spielen. Reglementierte Freizeit als Thema der Kinderliteratur. In: Hannelore Dauber und Hans-Heino Ewers (Hgg.). Veränderte Kindheit in der aktuellen Kinderliteratur. Braunschweig: Westermannverlag, 1995, S. 127-133. Zitat S. 130.

Hier wird die Erziehung zur neuen „Geschlechterrolle" ebenso wie die traditionelle Rollenzuweisung kritisiert. Fabia hat ein schlechtes Gewissen, für die Jungen Tee zu kochen, weil nach der Erziehung der Mutter die Aufgaben zwischen Jungen und Mädchen neutral verteilt werden sollen. Sonst werden die Mädchen von den Jungen unterdrückt. Ironisch ist in diesem Sinne, daß Fabia unheimlich gerne Tee kocht und sich dafür schämt. Die psychologische Darstellung des siebenjährigen Mädchens übt eine scharfe Kritik an einem anderen Klischee, dem der neuen Rollenzuweisung. Zu beachten ist, daß die Autorin damit nicht für die traditionelle Zuweisung der Geschlechterrolle plädieren will. Als Fabia mit schlechtem Gewissen Bruno fragt, ob sie beim Bauen des Baumhauses mithelfen darf, antwortet das Mädchen:

„'Immer nur sägen!', hat Bruno gesagt. 'Sägen und sägen und sägen! Ist schon ganz kaputt meine Hand!' Da hab ich gedacht, dass es dann vielleicht doch nicht so schlimm war, dass wir den Pfefferminztee gekocht hatten, und ich war ein bisschen beruhigt." (S. 98)

Boie bearbeitet in diesem Handlungsverlauf das Thema Geschlechterrolle vorsichtig. Ihr scheint es gelungen zu sein, eine Mitte zu finden zwischen feministisch progressiven und traditionellen Geschlechterrollen.

7.4. Selbständigkeit - neue Qualifikation der Kinder

In dem Roman wird die Fähigkeit der Kinder, die Welt selbst zu entdecken, positiv von der Autorin bewertet. Fabia entflieht ihrem eigenen Kalender und gestaltet mit Hilfe des Mädchens auf dem Dormrösehof ihre Freizeit. Diese Erfahrung ist ein wichtiger Akt für das siebenjährige Mädchen, weil sie sich für einen kurzen Zeitraum von der Bevormundung, Kontrolle und schließlich der guten Erziehung der Mutter verabschiedet und für sich selbst handelt. Sie lernt eine unstrukturierte Freizeit kennen, in der man nichts machen muß und einfach spontan ohne Verabredung spielen kann. Als Gegenentwurf zur verplanten kindlichen Freizeit legt die Autorin in diesem Buch besonders viel Wert aufs „einfache Spielen". Dies ist gleichzeitig der erste kleine Schritt zur kindlichen Freiheit und Selbständigkeit. Die Szene, in der die Mutter die Tochter wiedersieht, hat eine symbolische Bedeutung. Fabia fühlt sich beengt in der Umarmung der Mutter: „Mamas Arme haben mich ganz festgehalten, ich hab fast schon gedacht, sie lässt mich nie mehr los." (S. 109) Fabia ist nicht dasselbe brave und gehorsame Mädchen wie früher, obwohl sie sich auf das alte ordentliche Alltagsleben freut. Sie verweigert das Angebot der Mutter, sie zum Tennisspiel zu fahren und macht sich mit der gefundenen Rennmaus auf den Weg zu Bruno, zum Domrösehof. Das Ende des Buches ist offen. Die Leser erfahren nicht, ob Fabia zu ihrer alten Alltagsordnung mit verplanter Freizeit zurückkehrt oder ob sie eine Auseinandersetzung mit der Mutter aufgrund ihrer neuen Freiheit haben wird. Aber die Tatsache am Buchende, daß sie sich weigert, das Angebot der Mutter anzunehmen, ist ein Beweis dafür, daß sie sich traut, nach ihrem eigenen Willen zu handeln. In dieser Risikogesellschaft, wie sie Ulrich Beck nannte, bestehen viele Möglichkeiten und Gelegenheiten, in denen die Kinder ohne Eltern mit ihrer Umwelt zurechtkommen können. In diesem literarischen Fall verursachte eine Dienstreise die Abwesenheit der Eltern. Es könnte auch Trennung, Tod der Eltern oder der Beruf der Eltern Auslöser dafür sein. Die erworbene Selbständigkeit, die Freizeit ohne Hilfe der Eltern zu gestalten, gehört zur neuen Qualifikation der Kinder in der Risikogesellschaft.

8. Fazit

An Pulverlandkindheit, Trümmerkindheit bis zur Risikokindheit und verplanten Kindheit kann man nicht nur die Entwicklung und Veränderung der Gesellschaft ablesen, sondern auch, wie die Literatur als Spiegel diese historische und soziale Wandlung widerspiegelt und zur Dokumentation beiträgt. Durch die literarischen Werke hindurch folgt man einer zeitlichen Entwicklung der menschlichen Einstellungen und Vorstellungen, im Bereich der Kinder- und Jugendliteratur vor allem die Wandlungen in der Erziehungsvorstellung und von Erziehungsidealen. Die in heutiger Gesellschaft geschätzte Selbständigkeit wurde in der Nachkriegszeit als negativ beurteilt. In der Kriegszeit litten die Kinder nicht unter der Scheidung der Eltern, aber unter einer anderen Art der Trennung – der Krieg schickte die Väter an die Front. Von diesem Blickwinkel aus gesehen gab es sogar mehr Risiken in der Kriegskindheit als in der Risikokindheit. Die drei autobiographischen Kinderromane der Kriegs- und Nachkriegskindheit sind geradezu historische Dokumente. Darin werden aus einer subjektiven Perspektive und Wahrnehmung die historischen Ereignisse vergegenwärtigt. An den ausgewählten literarischen Beispielen läßt sich beobachten, daß die Kindheit ein schwieriges Kapitel des Lebens ist. Kinder und Erwachsene werden zu verschiedenen Zeiten mit unterschiedlichen Schwierigkeiten konfrontiert. Eine verschonte und heitere Kinderwelt? Es gab sie niemals, gibt sie immer noch nicht und wird sie auch nicht geben.

VI Psychologischer Kinderroman: Die Bildung einer neuen Gattung

1. Zur Gattung psychologischer Kinderromane

Etwa 1970 entsteht im Bereich der Kinder- und Jugendliteratur eine neue Gattung, der realistische Kinderroman, der die gesellschaftliche Realität thematisiert. Keine verklärte und schöne Welt der Kindheit soll in den Kinder- und Jugendbüchern dargestellt werden, sondern die jungen Leser werden darin mit der Problematik des Alltagslebens konfrontiert. Elvira Armbröster-Groh sondiert drei Untergattungen in den realistischen Kinderromanen: problemorientierte Romane, die ihre Akzente auf sozialen Realismus setzen; psychologische Kinderromane, die psychologischen Realismus darstellen, und komische Familienromane, in denen die alltäglichen Lebensprobleme mit Humor beschrieben werden.[224] Die psychologischen Kinderromane entwickeln sich nach 1985 im Rahmen ihrer Erzähltechnik revolutionär innovativ. Was Armbröster-Groh mit dem psychologischen Realismus meint, erläutert Maria Lypp in ihrem Aufsatz „Der Blick ins Innere" (1989):

„Es scheint, als habe die Kinderliteratur, nachdem sie vom Beginn der 70er Jahre an ihr Defizit an extensiver Weltdarstellung ausgeglichen hat, nun auch die Wirklichkeit des menschlichen Inneren auszuloten begonnen und verschiebe ihre Grenze ein weiteres Mal."[225]

In diesem Artikel zeichnet sie drei Merkmale dieser neuen Gattung der Kinder- und Jugendliteratur auf: „Das erzählte Kind", „Ein Kind erzählt sich" und „Stummer Dialog".[226] Im Teil „Das erzählte Kind" wird formuliert, daß die Innenwelt bzw. das Denken und die Gefühlsregungen des kindlichen Protagonisten im Mittelpunkt der Erzählung stehen. Es wird gleichzeitig betont, daß sich die Erzählstruktur von der typisierten Erzählweise der Kinderromane entfernt. Die kleinen Begebenheiten des kindlichen Alltagslebens heben sich ab und sollen als „zunehmende Horizonterweiterung" des Protagonisten verstanden werden. „Ein Kind erzählt sich" bezieht sich auf die kindliche Ich-Erzähler-Perspektive bzw. die Autoren lassen die Kinder-Helden selbst erzählen, was ihnen passiert ist oder passiert. „Der stumme Dialog" zeigt eine reflektierte innere Welt des kindlichen Ich-Erzählers bezüglich des Geschehens der Außenwelt. Mit anderen Worten, die Wirklichkeit wird nicht objektiv von einem auktorialen Erzähler beschrieben, sondern subjektiv durch die innere Auseinandersetzung des

---
[224]Vgl. Armbröster-Groh, E: Der moderne realistische Kinderroman. Themenkreise, Erzählstrukturen, Entwicklungstendenzen, didaktische Perspektiven. Frankfurt am Main 1997.
[225] Maria Lypp. Der Blick ins Innere. Menschendarstellung im Kinderbuch. In: Grundschule 1/ 1989, S. 24-27. Zitat S. 24.
[226] Vgl. ebd., S. 25f.

Ich-Erzählers mit seinen Emotionen und Phantasien wahrgenommen und berichtet. Der stumme Dialog meint, daß in Gedanken des Ich-Erzählers die wahrgenommene Wirklichkeit mit der vorgestellten Illusion oder Phantasie verglichen wird und dadurch ein Dialog entsteht. Die Formen der Erzähltechnik sind meistens innere Monologe, erlebte Rede und Bewusstseinsströme (stream of consciousness)[227], wie Wilhelm Steffens zum Ausdruck bringt. Dabei definiert Steffens den inneren Monolog als „stumme Rede" der Gedanken und Gefühle. Steffens' Begriff „stumme Rede" reicht sehr nah an Lypps „stummer Dialog", während noch feine Unterschiede bezüglich des Inhalts des Dialogs bestehen. Lypp differenziert die Illusion und Phantasie des Ich-Erzählers von der dargestellten Wirklichkeit: „Der Leser wohnt inneren Zwiegesprächen, wiederbelebter Erinnerung und erträumter Zukunft bei."[228] Mit anderen Worten, die imaginären Gesprächspartner tauchen in Gedanken auf und führen mit den Helden Gespräche über die Vergangenheit, Zukunft und Träume. Für Steffen gehört das alles aber zum Monolog des Ich-Erzählers. Zu beachten ist, daß die beiden Theoretiker auf einen wichtigen Punkt gekommen sind, nämlich, daß der „Blick ins Innere" sich nicht nur auf die Innenwelt der Kinder, sondern auch auf die Darstellung „der Fremdheit und Ferne der Großen"[229] bzw. auf die Welt der Erwachsenen richtet. Zusammengefaßt kann man den „psychologischen Roman" so definieren, daß er eine moderne literarische Form ist, die aus der Perspektive des kindlichen Protagonisten seine Innenwelt sowie Umwelt darstellt. Innere Monologe bzw. innere Dialoge mit einem imaginären Partner oder mit sich selbst und erlebte Rede[230] sind die meist verwendeten stilistischen Formen, um die Gedanken und Phantasien der Helden zu demonstrieren. Im folgenden wird anhand der beiden ausgewählten psychologischen Kinderromane „Nun red doch endlich" und „Mit Kindern redet ja keiner" gezeigt, wie diese neue literarische Form die Bewegungen der kindlichen Innenwelt präsentiert und wie der „Blick ins Innere" gleichzeitig den Blick nach außen ermöglicht.

1.1. Ein Kind erzählt von sich

In beiden Werken lassen die Autorinnen ihre beiden Protagonistinnen, die neunjährige Charlotte und die zwölfjährige Karin, durch die Ich-Erzählform

---

[227] Siehe Wilhelm Steffens. Der psychologische Kinderroman - Entwicklung, Struktur, Funktion – In: Günter Lange (Hg.). Taschenbuch der Kinder-und Jugendliteratur B1, S. 308-331, Zitat S. 309.
[228] A.a.O., Lypp, S. 26.
[229] Ebd.
[230] Lewandowski definiert „erlebte Rede" als eine „Wiedergabe des fiktionalen Bewusstseinsstroms (der Gedanken und Empfindungen) einer Romangestalt in der 3. Person." Siehe Th. Lewandowski. Linguistisches Wörterbuch 1. Heidelberg; Wiesbaden: UTB, 6. Aufl. 1994, S. 275.

berichten, was in ihrer Umwelt und Innenwelt passiert ist und passiert. In „Mit Kindern redet ja keiner" fängt Charlotte so an zu erzählen:

„Als ich nach Hause gekommen bin, hat zuerst keiner aufgemacht. Ich hab geklingelt und geklingelt, aber es hat sich nichts gerührt [...] Da bin ich langsam böse geworden, weil man das von Mama schon erwarten kann, finde ich. Daß sie wenigstens zu Hause ist und einem die Tür aufmacht, wenn man aus der Schule kommt. Wenigstens das könnte man erwarten, wo sie schon sonst nichts tut und man sich schämen muß in der letzten Zeit."[231]

Dieses Zitat stammt aus dem ersten Kapitel des ersten Teils. Die Wut der Erzählerin über die Mutter wird deutlich. Die Leser erfahren aber – anders als in der traditionellen Erzählweise der Kinderliteratur – nichts über die Gegenwart, von der Vergangenheit schrittweise ausgehend, sondern werden mit der momentanen Situation der Erzählerin konfrontiert.[232] Die aktuelle Situation bildet sowohl den Anfang des ersten Teils als auch des zweiten Teils. In dem ersten Teil wird die Erzähltechnik „aufbauende Rückwendung"[233] verwendet, die auf eine schrittweise Annäherung an die Vergangenheit bis in die Gegenwart mittels einer Einleitung verzichtet. Dadurch werden die Leser direkt mit einer Erzählsituation konfrontiert, die keine Vorgeschichte anbietet.[234] Im Gegensatz zu der traditionellen chronologischen Erzähltechnik fängt die Ich-Erzählerin kurz vor dem Ende der erzählten Zeit mit dem Erzählen an. Nach Carsten Gansel ähnelt diese Erzähltechnik von „Mit Kindern redet ja keiner" der von Detektiv- und Kriminalromanen: „Das Resultat steht fest, und nun geht es über ein analytisches Erzählen darum, die Ursachen zu ergründen"[235]. In diesem literarischen Fall steht das Resultat – der Selbstmordversuch der Mutter – fest, und die Tochter ist auf der Suche nach der Ursache. Retrospektiv reflektiert Charlotte darüber, wie die Mutter sich von einer fröhlichen Studentin zu einer depressiven Hausfrau entwickeln konnte und am Ende versuchte, Selbstmord zu begehen. Die erzählte Zeit des ersten Kapitels beträgt nur ein paar Stunden, enthält aber 15 Kapitel. Dieser Rückblick in die Vergangenheit hört an der Stelle auf, wo der zweite Teil beginnt. Die Leser gelangen mit der Ich-Erzählerin zusammen zurück zu der gegenwärtigen Zeit, das Tempus wird von Perfekt zum Präsens gewechselt. „Papa ist bei ihr, und heute Abend soll mich Frau König ins Bett bringen." (S. 72) Die

---
[231] Kirsten Boie. Mit Kindern redet ja keiner. Hamburg: Oetinger Verlag, 1990, S. 6.
[232] Vgl. Carsten Gansel. „Beim Schreiben setzt sich das Mögliche durch" – Zu Kirsten Boies Kinderroman „Mit Kindern redet ja keiner". In: Carsten Gansel und Sabine Keiner (Hg.). Kinder- und Jugendliteratur im Literaturunterricht. Frankfurt /M.: Peter Lang Verlag, 1998, S. 177-186.
[233] Eberhard Lämmert: Bauformen des Erzählens. 6. Aufl. Stuttgart: Metzler Verlag 1989, S. 104.
[234] Vgl. ebd., S. 104f.
[235] Carsten Gansel. Moderne Kinder- und Jugendliteratur in Theorie und Praxis- Begriff, Geschichte, Didaktik. Berlin: Cornelsen Scriptor Verlag, 1999, Zitat S. 74.

Struktur dieses Kinderromans ist ein kühner Versuch in der Kinder- und Jugendliteratur. Die Autorin verwendet nicht nur eine anspruchsvolle literarische Erzählform, um die Innenwelt des Kindes in Worte zu fassen, sondern läßt die jungen Leser (um neun Jahre alt) auch durch eine komplizierte Erzählform und eine nicht leicht verdauliche Thematik an der Mannigfaltigkeit der literarischen Formen und Themen teilhaben. Über die Vielfältigkeit der Autorin Kirsten Boie ist zu sagen, daß sie viele Möglichkeiten der literarischen Erzählformen, wie die Technik des „epischen Theaters"[236] von Brecht und gemischte personale Erzählformen, ins Feld der Kinder- und Jugendliteratur gebracht hat. Stilistisch gesehen zeigt sie in verschiedenen Werken vielfältige Gesichter – sei es humoristisch und satirisch, sei es realistisch und traurig. Die Schriftstellerin komponiert diesen psychologischen Kinderroman in einem melancholischen und trüben Ton.

Ebenso durch eine Ich-Erzählerin, Karin, läßt Pressler ihre Geschichte erzählen. In „Nun red doch endlich" bleibt das Tempus meistens im Präsens. Karin schildert, was sie gerade erlebt. Sie reflektiert und kommentiert dies in der Innenwelt. Die erinnerten Szenen tauchen zwar auf, aber immer in einem thematischen Zusammenhang des Gedankengangs. Das Ereignis des Nervenzusammenbruchs wird chronologisch dargestellt. Von dem Aufbau der beiden Werke her gesehen ist Presslers schlichter als Boies. Ganz einfach fängt Karin an, ihre Gefühle und ihre Umwelt zu beschreiben:

> „Meistens wache ich früh auf, vor allem im Winter, weil es da bei uns im Schlafzimmer sehr kalt ist. Meine Schwester und ich haben nämlich nur ein ganz kleines Schlafzimmer [...] Wie gesagt, ich wache meistens früh auf, und wenn es sehr kalt ist, spiele ich dann mein `Spiel´. Das geht so: Ich ziehe mir die Decke über den Kopf und stopfe sie um mich herum sorgfältig fest. Wenn ich dann so mit angezogenen Knien auf der Seite liege, fühle ich mich wie in einer Höhle. Es ist ganz dunkel. Die Luft wird von meinem Atem warm und nimmt einen besonderen Geruch an, nach Körper und Geborgenheit, und ich stelle mir vor, ich wäre in einem Kuhstall [...] Einmal habe ich schon versucht, so lange unter der Decke zu bleiben, bis ich sterbe, aber das ging nicht."[237]

Die Ich-Erzählerin beschreibt nicht nur ihre Umwelt bzw. das kalte und kleine Zimmer, sondern auch, wie sie mit ihren Gedanken spielt. Diese Ich-Erzähler-Situation entlarvt die Tiefe der Innenwelt der 12jährigen, ihre Empfindungen,

---

[236] In „Erwachsene reden. Marco hat was getan" befinden sich Interviews mit 13 Personen, die nach der Interpretation von Gudrun Hartmann auf der Grundlage des Brechtschen epischen Theaters aufgebaut sind. Eine ausführliche Auseinandersetzung hiermit bietet Gudrun Hartmann. Die jugendliterarische Auseinandersetzung mit dem jugendlichen Rechtsextremismus. Frankfurt/M: Goethe Universität, 1995, Magisterarbeit. Zu erwähnen ist, daß Boie mit einer Dissertation über Brechts Werke promoviert hat.
[237] Mirjam Pressler. Nun red doch endlich. Weinheim und Basel: Beltz Verlag, 1981, S. 5 und 6.

Gefühle und Phantasien, und zeigt gleichzeitig von ihrer jugendlichen Perspektive aus die materielle Not der alleinerziehenden Mutter. Es unterscheidet sich ganz deutlich von der auktorialen Erzählsituation dadurch, daß das Medium, durch das die Leser die innere Aktivität und Außenwelt kennenlernen, nicht ein allwissender Erzähler ist, der viel mehr als die junge Protagonistin weiß, sondern die kindlichen und jugendlichen Helden selbst, die wenig Lebenserfahrungen gemacht und lauter Fragen über ihre Lebenssituationen haben.

1.2. Auseinandersetzung mit der Innenwelt

Man muß aber bemerken, daß allein die Ich-Erzählsituation die Gattung psychologischer Kinderroman nicht bestimmen kann. Die Darstellung der Innenwelt ist der entscheidende Punkt. Die Emotionen und die Wahrnehmungen der Umwelt durch die Protagonisten sollen der Schwerpunkt der Beschreibung sein. Was die Realität betrifft, wird normalerweise nicht noch einmal durch einen auktorialen Erzähler berichtet. Auf diese Art und Weise lesen die jungen Leser eine ihrer Erfahrung entsprechende Erzählung über die Innenwelt eines anderen Kindes oder Jugendlichen und seine Lebenssituation. Wenn die Erlebnisse und Situationen kommentiert und reflektiert werden, wird dies auch in der kindlichen oder jugendlichen Perspektive getan. Gleichzeitig soll etwas Unnennbares und Unbekanntes, aufgrund der Einschränkung des kindlichen Wissens, vorhanden sein, z.B. wie Charlotte aus ihrer Perspektive die Depression der Mutter darstellt:

> „Mama hat sich mit mir gleich bei der Mitteltür hingesetzt, und ich hab mich schon gewundert, daß sie nicht bezahlt hat. Ich hab aber nichts gesagt. Ich hab gedacht, vielleicht hat sie ihr Portemonnaie vergessen [...] Sie hat sich aber ganz doll vorgebeugt und sich mit beiden Händen angeklammert. Als ob sie Angst hatte, sie würde sonst vom Sitz fallen. Ich hab zur anderen Seite aus dem Fenster geguckt und gedacht, vielleicht denken die Leute im Bus dann, ich gehöre nicht dazu. Weil es mir so schrecklich peinlich war. Wie Mama gesessen hat und wie sie geguckt hat und daß ihre Haare ganz fettig waren." (S. 48f.)

In diesem Zitat werden die Symptome der kranken Mutter durch den Blick der Neunjährigen dargestellt. Sie kennt den Terminus „Depression" nicht und versteht nicht, weshalb sich die Mutter so merkwürdig verhält. Ihr ist die Auffälligkeit der Mutter so peinlich, daß sie sich von ihr distanzieren möchte. Sie hat kein Verständnis für die Veränderung der Mutter, die einmal schön und fröhlich war, und ärgert sich darüber, daß die Mutter nicht fähig ist, mit dem Bus zu ihrer Balletttanzvorstellung zu fahren. Diese Wut und Scham haben große Authentizität bezüglich der Reaktion eines neunjährigen Kindes in dieser heiklen Situation. In diesem psychologischen Roman beziehen sich die psychologischen

Elemente auf zwei Ebenen. Die eine liegt in der Darstellung der psychisch kranken Mutter bzw. der Symptome der Depression. Die andere liegt in der seelischen Wahrnehmung des neunjährigen Kindes bezüglich des Umgangs mit der psychischen Krankheit der Mutter. So wie es sich in ihrem Gedankengang zeigt, sucht sie nach dem Grund, weshalb die Mutter sterben will.

> „Manchmal ist Mama richtig wütend auf mich gewesen. Wenn ich freche Antworten gegeben habe, zum Beispiel. Oder wenn ich getrödelt hab oder beim Essen gematscht [...] Ich hab nur nicht gewusst, dass sie deswegen gleich nicht mehr leben will. Oder es ist wegen den letzten Diktaten [...] 'Richtig schämen muß man sich ja!' hat Mama gebrüllt [...] Und Klavier geübt hab ich nachher auch ziemlich viel. Ich bin doch eigentlich nicht so eine schreckliche Tochter, bestimmt nicht. Aber irgendwas hab ich falsch gemacht. Sonst hätte Mama das doch nicht getan." (S. 98)

In der oben zitierten Stelle wird über die Ursache der Krankheit reflektiert. Ob aus dieser Reflexion ein Lernprozeß entsteht, ist eine Frage der Interpretation. Peter Scheiner meint z.B., daß sowohl auf eine biographische Gesamtschau als auch die Darstellung des Reifungsprozesses in dem Buch verzichtet werden soll[238]. Wobei im Verlauf der inneren Auseinandersetzung mit dem Selbstmordversuch das Kind die Verantwortung für das Leben der Mutter übernimmt und versucht, mit Gott zu verhandeln, damit die Mutter wieder gesund wird:

> „Und wenn ich was anbiete. Man nennt es Opfer [...] Gott, das spende ich für die armen Kinder in Afrika [...] Die Minka-Maus und das Walkie-talkie und den Kassettenrecorder. Wenn du Mama wieder gesund machst. Ich glaube dann auch, dass es dich gibt. Amen [...] Und wenn das jetzt Erpressung war? Erpressen lässt sich keiner gerne [...] Man muß es anders machen, so: Gott, ich spende die Sachen sowieso für die Kinder in Afrika. Sowieso. Ehrenwort. Amen. Es wäre aber auch nett, wenn du Mama gesund machen könntest. Amen." (S. 78f.)

In diesem Monolog bzw. inneren Dialog mit Gott ist erkennbar, wie ohnmächtig Charlotte sich fühlt und nach einer Übermacht sucht, die ihr hilft. Gleichzeitig ist erkennbar, daß sich ihre distanzierte Haltung der Mutter gegenüber zu einem Verantwortungsgefühl verändert hat. Vorsichtig geht sie mit Gottes Übermacht um. Sie spielt mit den Spielregeln der Erwachsenen, wenn sie Gott um Hilfe bittet. Ihre Lieblingsspielzeuge bringt sie als Opfer dar. Auf die Rhetorik paßt sie auf – einen drohenden Eindruck will sie bei Gott nicht erwecken. Deswegen formuliert sie den Wunsch noch einmal um, und zwar auf eine bittende Art und Weise, die weder den Ton der Erpressung noch den des Handels enthält. Den Sprachstil betreffend, trifft die Autorin den richtigen Ton einer neunjährigen Ich-

---

[238] Peter Scheiner. Realistische Kinder- und Jugendliteratur. In: Günter Lange (Hg.). Taschenbuch der Kinder- und Jugendliteratur. Bd. 1. Baltmannsweiler: Schneider Verlag: 2000, S. 158-186. Vgl. S. 174.

Erzählerin. Durch den entsprechenden Ton werden die Innenwelt des Kindes und die Bewegungen seiner Gedanken glaubwürdig in Worte gefaßt. Besonders treffend ist auch die Vorstellung von Gott, Tod und Religion eines neunjährigen Mädchens in der verunsicherten Situation.

1.3. Melancholie und Traurigkeit als Grundton

Mit einem verzweifelten und traurigen Ton erzählt Charlotte, wie sie sich bei Veränderungen des Familienzustandes fühlt. Ein Grundton von Traurigkeit und Melancholie herrscht auch in der Erzählweise von „Nun red doch endlich" vor, wobei der Sprachstil in diesem Buch jugendlich orientiert ist. Ein großer Unterschied zwischen den beiden Werken liegt darin, daß „Mit Kindern redet ja keiner" ein Kinderroman ist, während „Nun red doch endlich" ein Jugendbuch ist, das für ein Lese-Alter ab 12 eingestuft wurde. Die Sprache, mit der die zwölfjährige Karin ihre Umwelt und Mitmenschen darstellt, ist teilweise umgangssprachlich und teilweise literarisch und symbolhaft, z. B., wie sie die weinende jüngere Schwester Moni beschreibt: „Ich habe das noch nie bei jemand anders gesehen, die Tränen kullern noch, und der Mund lächelt. Das ist schön. Ich muß dann immer an einen Regenbogen denken." (S. 7)

Dieses Motiv des Regenbogens taucht noch einmal auf, als die Schwester nach dem Weinen wieder lacht: "Ach Moni, du Regenbogen, denke ich. Ich möchte am liebsten noch so klein sein wie du." (S. 53) In diesem Monolog sind die Schwierigkeiten der Pubertät besonders deutlich zu sehen. Die junge Protagonistin beneidet die Naivität der Schwester und wünscht sich, immer kindlich und naiv zu bleiben. Hier klingt ein Ton der Melancholie an, der sich spezifisch auf die Phase der Pubertät bezieht- Schmerzen des Aufwachsens und Sehnsucht nach der unkomplizierten Kindheit, von der man sich aber trennen muß. Diese Angst vor dem Erwachsensein wird noch deutlicher in dem Dialog mit Frau Lier ausgedrückt: „'Ich würde viel lieber klein bleiben', sage ich. 'Mir macht es keinen Spaß, älter zu werden.' 'Wart's ab' antwortet sie. 'Es wird dir schon noch Spaß machen.'" (S. 67f.)

An dieser Stelle spricht Karin zum ersten Mal offen über einen Punkt ihrer Probleme. In Dialogen ist die Sprache umgangssprachlich stilisiert, während in ihrem Monolog oder der Darstellung von Gedanken oder Träumen eine Sprache voller Metaphern benutzt wird:

> „Aber jetzt kann ich nicht aufhören zu grübeln. Ich fühle mich schlecht, noch viel schlechter, als ich befürchtet habe. Ich bin so offen und wund, als hätte mir jemand die ganze Haut vom Körper gezogen. Ich kann nicht aufhören zu weinen, selbst als mir schon alles weh tut, der Bauch und die Brust und die Augen, vor allem die Augen, die

sich anfühlen, als könnten sie mir jeden Augenblick aus dem Kopf quellen. Ich will aufhören zu weinen, aber es geht nicht, es weint von allein weiter, und ich falle in ein Loch, das immer tiefer wird." (S. 46)

In dieser Darstellung wird ein Vergleich verwendet: „so offen und wund, als hätte mir jemand die ganze Haut vom Körper gezogen". Diese Beschreibung hat große Authentizität bezüglich des depressiven und verletzten psychischen Zustandes eines Mädchens. Dieses tiefe Loch symbolisiert den Untergrund der Seele bzw. den Nervenzusammenbruch. So wird die physische und geistige Situation in der kranken Zeit aus der Ich-Perspektive beschrieben:

„Ein paar Tage schlafe ich fast immer, und wenn ich wach bin, weine ich sehr viel. Ich bin so traurig, daß ich in dieses Traurigsein hinabsinken kann wie in einen See, und der Schlaf und die Traurigkeit vermischen sich, gehen ineinander über, lösen sich auf in Traum und Tränen und lassen mich in einer Dämmerung schweben, die mich umfängt wie eine Höhle." (S. 56)

In diesem Zitat wird das Loch in einen See verwandelt. Von dieser Metapher aus gesehen wird das Symptom verschlimmert. Ein tiefes Loch hat noch Boden, während ein See eine Endlosigkeit versinnbildlicht. Mit anderen Worten: das Mädchen ist „traurig ohne Ende". Diese Traurigkeit befindet sich überall- sowohl im Traum als auch im halbwachen Zustand. Zeitlich und räumlich wird sie von der Traurigkeit gefangen und findet keinen Ausweg zum Fliehen. Diese Symptome einer psychischen Krankheit werden sehr genau und detailliert durch eine bildhafte Sprache beschrieben. Sie entsprechen gleichzeitig dem pathologischen Merkmal der „Major Depression": „mindestens zweiwöchige Periode mit entweder einer depressiven Verstimmung (oder unter Umständen bei Kindern und Adoleszenten mit einer reizbaren Verstimmung) oder Verlust von Interesse oder Freude an allen oder fast allen Aktivitäten, Schlaflosigkeit oder vermehrter Schlaf beinahe jeden Tag [...]"[239]. Ob die Krankheit „Nervenzusammenbruch" heißt, wie sie in diesem Buch von Karins Hausarzt genannt wird, oder eher Depression heißen sollte, ist eine andere Frage. Wichtig ist, daß die Autorin den jungen Lesern die inneren abstrakten Gefühle und ein passendes psychologisches Krankenbild durch Sprache bzw. durch eine literarische Form vermittelt, damit sie eine Vorstellung von dieser Problematik bekommen können. Zugleich demonstriert dieses Werk auch, wie die Jugendlichen mit ihren Psychoproblemen umgehen und wo sie Hilfe suchen, wenn sie damit konfrontiert werden. Von der Thematik her gesehen hatte es eine

---

[239] Yvonne Cómez. Depression im Kindesalter: Auftretenshäufigkeit und Übereinstimmung zwischen Selbst- und Fremdeinschätzung unter Berücksichtigung dimensionaler und kategorialer Erfassungsmethoden. Mainz: Johannes Gutenberg-Universität, Dissertation, 1996, S. 6.

sozialpädagogische Funktion, vor allem zu einer Zeit, in der es unter Psychologen immer noch sehr umstritten war, ob Depression als seelische Erkrankung bei Kindern und Jugendlichen existiert. Bis 1980 wurde diese Psychokrankheit unter den Kindern und Jugendlichen erst von einigen Fachleuten anerkannt[240]. 1981 erschien dieses Buch. Die zeitgenössischen psychologischen klinischen Forschungsergebnisse bestätigen die Wichtigkeit und Richtigkeit dieser Thematik sowie der pathologischen Darstellung in diesem literarischen Werk. Bei der Themensuche kennt die Autorin weder Tabus noch Scheu. Heikle Thematiken wie sexueller Kindesmißbrauch taucht auch in ihrem Werk „Nora ist mal so, mal so" auf. In diesem Kinderbuch, dessen Zielgruppe die Kinder im Kindergarten sind, wird auch die psychische Situation und Verhaltensveränderung des kleinen Mädchens thematisiert.

Blicken wir auf die beiden psychologischen Romane der Autorinnen zurück, ist deutlich zu sehen, daß sie eine entsprechende pathologische Darstellung der Symptome der Depression und der psychischen Zustände der beiden jungen Protagonisten geboten haben. Von der Struktur her gesehen konstruiert Boie einen komplizierteren Aufbau für ihre literarische Darstellung als Pressler, wobei Pressler mehr Wert auf ihre Beschreibungsmethoden legt und viele Metaphern und Gleichnisse verwendet, um die abstrakte Innenwelt der Protagonistin zu konkretisieren. Traurigkeit und Trübsal sind der Grundton der beiden Romane, aber am Ende taucht immer noch Hoffnung auf: Karin überwindet die Depression und findet ihren eigenen Weg zum weiteren Leben, und Charlotte überwindet ihre Angst vor der „abnormalen" Mutter sowie ihrer Krankheit und besucht sie mit dem Vater im Krankenhaus. Sie will dem Vater auch beibringen, daß die Depression eine Tiefphase bei der Mutter ist, in die alle hätten geraten können. Die beiden Happyends machen die trüben und problembeladenen psychologischen Kinderromane für die Leser leichter zu verdauen. Der Funken der Hoffnung schimmert durch und das Leben geht weiter. Dadurch wird man auch ermutigt, andere Bücher der Autorinnen zu lesen.

2. Familie als Trauma in „Wenn das Glück kommt, muß man ihm einen Stuhl hinstellen"
2.1. Ungelöste Probleme in komplexer Familienstruktur

---

[240] Vgl. ebd.

Familie ist nicht nur ein Ort, wo Geborgenheit und Sicherheit angeboten wird. Nicht selten wird man in der Familie schwer verletzt und dadurch traumatisiert. Diese Erkenntnis entstammt nicht nur den Aussagen der Familiensoziologen, sondern auch der des Literaturkritikers Malte Dahrendorf: „Daß die `Familie´ kein Hort sicherer Geborgenheit (mehr) ist, keine gelingende Starthilfe für Kinder bei ihrem Eintritt ins Leben; daß erst dann gewisse Chancen bestehen, Sicherheit in sich selber zu gewinnen, wenn man der Familie rechtzeitig den Rücken kehrt [...]"[241]. Die Literatur als Spiegel der gesellschaftlichen Realität, wie die „realistische Kinder- und Jugendliteratur", zeigt auch diese negative Seite der Familie. In dem psychologischen Kinderroman „Wenn das Glück kommt, muss man ihm einen Stuhl hinstellen", wird ein verletzendes und traumatisierendes Familienerlebnis thematisiert. Die Ich-Erzählerin Halinka stammt aus einer problematischen Familie, in der die Mutter das Kind schlägt und es verwahrlosen läßt, bis ihr schließlich das Sorgerecht entzogen wird. Die Protagonistin ist ein „Heimkind mit Vergessensflecken im Hintergrund und vernarbten Spuren von Schlägen"[242], wie es Anna Katharina Ulrich in ihrer Rezension beschreibt. Den Vater kennt die 12jährige kaum. Aber sie weiß über ihre jüdische Herkunft Bescheid und schweigt, wenn die anderen Heimkinder über ihre vermutete Zigeunerabstammung spotten: „Ich lasse mir auch nicht anmerken, dass ich es gehört habe. Das ist das Beste. Soll ich etwa sagen, dass wir gar keine Zigeuner sind, sondern Juden? Lieber nicht. Ich glaube, Juden sind noch schlimmer als Zigeuner". (S. 14) Die Protagonistin ist eine polnische Jüdin, die sich in dem deutschen Heim einsam fühlt. Über dieses Arrangement der Herkunft bringt die Autorin selbst ihre Intention zum Ausdruck: „Und daß Halinka von polnischen Juden abstammt, habe ich nur geschrieben, um hervorzuheben, wie fremd sie sich unter den Nachkriegsdeutschen fühlt".[243] Die Entstehungsgeschichte des Romans fängt damit an, daß die Autorin beauftragt wurde, eine autobiographische Kurzgeschichte für eine Anthologie zu schreiben. Der Umfang der Kurzgeschichte sollte bis zwölf Seiten sein, während sich am Ende ein langer Kinderroman ergab. Eine autobiographische Eigenschaft dieses Romans liegt darin, daß Mirjam Pressler sowie Halinka 1940 geboren sind und Heimkinder

---

[241] Malte Dahrendorf. Gefühle und Ängste offengelegt. Zu den Kinder- und Jugendbüchern Mirjam Presslers. In: Frank Griesheimer Werkstattbuch. Mirjam Pressler. Weinheim und Basel: Beltz Verlag, 1994, S. 16-22, Zitat S. 16.
[242] Anna Katharina Ulrich. Dem Glück einen Stuhl hinstellen – eine Begegnung mit Mirjam Pressler. In: Neue Zürcher Zeitung, H 279, 1995, S. 37.
[243] Frank Griesheimer. „Erlebnisse, die ich nie vergessen habe". Fragen an Mirjam Pressler über ihr neues Buch „Wenn das Glück kommt, muß man ihm einen Stuhl hinstellen". Ein Gespräch mit Frank Griesheimer. In: A.a.O., Griesheimer, S. 35-41, Zitat S. 36.

waren. Dieses Erlebnis im Heim wird in einem Porträt über die Autorin von Gabriela Wenke dargestellt:

> „Sie war in den 50er Jahren freiwillig in eine Art Internats-Heim gegangen, das für 'Sorgezöglinge' wie sie gedacht war. Auf der Flucht vor ihrer miesen Stellung in der Pflegefamilie war sie in dieses Heim geraten, in der Hoffnung, das Thema, das Problem 'Familie' hinter sich zu lassen. Aber sie hatte sich verrechnet: In den Gesprächen der mehr oder weniger verlassenen und einsamen Kinder dieses Heimes gab es ein Hauptthema: Die Familie!"[244]

2.1.1. Verklärtes vs. realistisches Mutterbild – Opfer sowie Täter

Wie in dem realen Heimleben sind die Familien auch ein wichtiges Thema in diesem Roman. Die Kinder, die aus problematischen und komplizierten Familien kommen, artikulieren ihre Familienerlebnisse. Die ganze Geschichte geht auch darum, daß die Heimkinder für das Müttergenesungswerk sammeln, das als eine gute Einrichtung für die beschäftigten Mütter mit vielen Kindern gedacht sein soll. Es wurde von Heuss-Knapp 1950 begründet. (S. 9)[245] Der zeitliche Hintergrund ist das Jahr 1952, die Nachkriegszeit in Deutschland, in der sich das Land vom Krieg und dessen Zerstörung erholte und sich auf das Wirtschaftswunder der 60er Jahre vorbereitete. Bei einer Vorbesprechung über das Spendensammeln protestieren die Heimkinder gegen das aufopfernde Mutterbild:

> „'Die Mütter sollen allein in ihr Genesungsheim fahren', sagt Fräulein Urban, 'ohne Kinder, damit sie die Verantwortung einmal los sind. Denn Mütter mit mehreren Kindern sind alle überlastet und müssen viel zu viel arbeiten.'
> 'Für unsere Mütter hat sie dieses Dingsheim da aber nicht gegründet', sagt die Neue aus der Fünften. 'Für unsere Mütter nicht.'
> 'Halt den Mund', sagt Susanne laut. Sie hat keine Mutter mehr.
> 'Eure Mütter sind etwas anderes', sagt Fräulein Urban.
> 'Aber stellt euch zum Beispiel mal eine Mutter mit fünf kleinen Kindern vor, die von morgens bis abends rennt und macht und tut und für ihre Kinder kocht und wäscht, die braucht dann doch mal Erholung, damit sie nicht zusammenbricht.'
> Ich kann mir keine Mutter vorstellen, die den ganzen Tag kocht und wäscht, geschweige denn, dass sie von morgens bis abends macht [...] Solche Mütter kenne ich nicht. Eigentlich kenne ich überhaupt nicht viele Mütter, nur meine, und die würde ich, um die Wahrheit zu sagen, lieber nicht kennen." (S. 11)

Die Mütter der Heimkinder sind anders, oder doch nicht ganz anders. Das Mutterbild wird nicht nur in der Gesellschaft, sondern auch in der Literatur verklärt – so heilig verschönt, daß man die wahren Gesichter der Mutter fast vergißt und fast nur an den Mythos der heiligen Mutter glaubt. Mit diesem

---

[244] Gabriela Wenke. Mirjam Pressler. Porträt einer Autorin und Übersetzerin. In: Eselsohr 10/ 1994. S. 38-41, Zitat S. 38.
[245] Alle Seitenangaben beziehen sich auf Mirjam Pressler. Wenn das Glück kommt, muss man ihm einen Stuhl hinstellen. Weinheim und Basel: Beltz Verlag, 1994.

literarischen Arrangement der krankhaften und bösen Mutter zerstört die Autorin den Mythos der verklärten Mutter. Halinkas Mutter hat „eine kranke Seele", die viel Schweres erlebt hat und das nicht verkraften konnte. Das 12jährige Mädchen kann nicht verstehen, wieso eine, die unter der Gewalt gelitten hat, wieder Gewalt auf andere ausübt. „Schläge treffen nicht nur von außen, Halinkale, die gehen tiefer, die treffen auch die Seele. Wenn jemand Schlimmes und Grausames erlebt, dann wird er dadurch nicht automatisch ein besserer Mensch. Genau so gut kann es sein, dass er selbst schlimm und grausam wird", so wird ihr von Tante Lou erklärt. Die Themen Judentum, Gewalt und Konzentrationslager werden nicht behandelt, sondern nur implizit angedeutet. Aber für Halinka hat ein Opfer kein Recht, ein Täter zu sein. „Und wenn ich es mir genau überlege, finde ich es umgekehrt richtiger: Wenn jemand selbst erlebt hat, dass Schläge auch die Seele treffen, dann darf er andere erst recht nicht schlagen". (S. 12) Hier spielt die Reflexion der Ich- Erzählerin eine Rolle als Sprachrohr der Autorin, die eine Botschaft gegen Gewalt aller Art aussendet, sowohl von Seiten der Täter als auch der Opfer.

2.1.2. Familienerlebnis als Alptraum

Halinka ist nicht die einzige unter den Heimkindern, die unter den negativen Familienverhältnissen leidet. Die Heimkinder hänseln und beleidigen die anderen wegen ihrer schmerzhaften Familiengeschichten. Die schwächeren weinen, die stärkeren bleiben aber ganz cool, so wie Inge, die unkonventionell auf die bösen Worte über ihre Herkunft reagiert.

> „Und einmal, als Duro gesagt hat: `Deine Mutter ist eine Amihure´, da hat sie geantwortet: `Stimmt, aber was kann ich dafür? Glaubst du etwa, dass mir das gefällt?´ Inge gehört wirklich zu den eigenartigsten Mädchen im Heim. Bei ihr weiß ich nie, ob ich sie gut finden soll oder blöd." (S. 14)

Inge ist das Gegenbild von Halinka, die in ihrer Innenwelt alle Leiden und Geheimnisse verschließt. Sie verrät weder ihre Gedanken, noch ihre Herkunft. Dagegen legt Inge alles offen dar, sogar, weshalb sie am Sammeln für das Genesungswerk nicht teilnimmt: „Ich lass mich nicht zum Betteln schicken", sagt sie mit bösem Gesicht. „Deswegen bin ich schließlich ins Heim gekommen, damit mich meine Mutter nicht mehr zum Betteln schicken kann." (S. 15) Eine Mutter, die ihre Kinder zum Betteln schickt, steht als Gegenpol zum verschönerten Bild von Müttern, obwohl es zur Nachkriegszeit gut paßt. Inge kann zwar offen über ihre familiären Alpträume sprechen, aber das bedeutet nicht, daß sie damit zurechtkommt. Das Sammeln erinnert sie an das Betteln, zu dem die Mutter als Prostituierte sie gezwungen hat. Mitleid mit den Müttern, die aufopfernd für ihre Kinder arbeiten, kennt sie überhaupt nicht: „Wer sich fünf Kinder anschafft, ist selber schuld", sagt Inge giftig. „Ich will überhaupt keine Kinder." (S. 12) Inge gehört zu dem Mädchentyp, der kritisch die Erwachsenenwelt beobachtet und auch deren Fehler sieht. Sie wehrt sich gegen die Schande auf eine Distanz einnehmende Weise, die auf die Schuld der Erwachsenen verweist – sie kann nichts dafür, daß ihre Mutter eine „Amihure" ist. Und die Frau, die sich ein schweres Leben mit fünf Kindern aufbürdet, ist selbst schuld. Eine Kritik, die sich direkt auf die Erwachsenengesellschaft richtet, verkörpert dieses starke und untypische Mädchen von Pressler. Mit einer starken Persönlichkeit wie Inge kann Halinka nicht viel anfangen, aber kleineren und schwächeren Mädchen wie Renate, deren Mentalität der von Halinka sehr ähnelt, öffnet sie ihre Innenwelt, und damit beginnt eine Freundschaft. Bei der Auswahl einer „richtigen Freundin" taucht Rosmarie als Kandidatin auf, die eine nützliche Freundin sein könnte. Die Mutter leitet ein Bordell, das von ihr selbst „Café" genannt wird. „Sie ist ziemlich groß und stark. Und sie lässt sich nichts gefallen." (S. 45) Wie andere Kinder im Heim traumatisierte auch sie ihr „Café"- Erlebnis in der Familie. Körperlich sieht sie schön und erwachsen aus:

„Zu Hause, im Café ihrer Mutter, laufen ihr alle Männer nach, sagt sie. Sie hat schon Brüste. Ich noch nicht, obwohl meine Brustwarzen in der letzten Zeit etwas dicker geworden sind. Aber sie sind hellrosa und nicht größer als mein kleiner Fingernagel und ihre sind sehr groß und dunkelbraun." (S. 46)

Durch diese potentielle Freundschaft motiviert, wird eine sexuelle Handlung zwischen den beiden Mädchen inszeniert. Rosmarie geht in der tiefen Nacht zu Halinka ins Bett und läßt sich von ihr streicheln, nicht nur Rücken und Schultern, sondern auch die Brüste.

„Ich fahre mit den Fingerspitzen zu der Stelle zwischen Schulterblättern und Achseln, da, wo sie schon winzige, lockige Haare hat. Und dann noch ein bisschen tiefer. Genau dahin, wo ihre Brust anfängt, rund zu werden. Sie sagt nichts. Sie liegt ganz still. Ich weiß nie, was sie denkt." (S. 48)

Am nächsten Morgen distanziert sie sich wieder von dem Mädchen, das intimen Körperkontakt zu ihr gehabt hat. Diese Darstellung der sexuellen Szene deutet nicht nur auf die Bedürfnisse nach Zärtlichkeit und körperlicher Nähe hin, die im Heimleben fehlen (näher betrachtet, könnte es sogar eine lesbische Beziehung sein), sondern auch auf einen Fall des sexuellen Kindesmißbrauchs. Der Körper des Mädchens ist erwachsen und die Männer im „Café" rennen ihr nach; sie ist sehr schlecht in der Schule. Und eines Tages wird sie das „Geschäft" der Mutter übernehmen. Diese Beschreibungen bestätigen das Störungsbild von sexuell mißbrauchten Kindern. Sie haben Ein- oder Durchschlafstörungen, so wie Rosmarie immer in der Nacht zu anderen Betten schleicht. Konzentrationsschwierigkeiten[246] werden ihr auch in den Schulnoten bestätigt. Außerdem werden die „Berufsehre" als Prostituierte[247], wie das zukünftige Geschäft von Rosmarie aussehen wird, sowie lesbische Orientierung als Symptome der mißbrauchten Kinder genannt:

> "Sowohl homosexuelle Beziehungen als auch homosexuelle Vorerfahrungen wurden von Frauen mit sexuellen Mißbrauchserfahrungen signifikant häufiger angegeben als bei Frauen ohne Mißbrauchserfahrungen."[248]

Gemäß den Psychologen haben die als Kind mißbrauchten Frauen ein distanziertes und gleichgültiges Verhältnis zu ihren Körpern, so wie Röthlein ausführt, „daß sie ihren Körper nicht spüren würden oder keinen Bezug zu ihm haben"[249]. „Gleichgültig" ist genau das Wort, mit dem Rosmarie von Halinka charakterisiert wird. (Vgl. S. 47) Sie sagt nichts und liegt ganz still, wenn ihr Körper gestreichelt wird. Halinkas Versuch, eine Freundschaft mit Rosmarie zu schließen, wird einerseits durch die Gleichgültigkeit verhindert und scheitert andererseits dadurch, daß Rosmarie zum Bett der starken Duro geht.

Am Anfang zeigt Halinka schon ihre Zuneigung für die am Abend leise weinende Renate. Sie ist wie eine kleine Schwester, die man beschützen möchte. Ihre Freundschaft gipfelt in der Schlagszene, in der die im Vergleich zu anderen Heimkindern materiell überlegene Elisabeth Renate wegen ihrer Herkunft verletzt: „Wenn man die Tochter von einer Zuchthäuslerin im Zimmer hat, muss man auf sein Zeug wirklich gut aufpassen." (S. 127)

Halinka, die körperlich kleiner und schwächer als Elisabeth ist, beherrscht ihre langfristig unterdrückte Wut nicht mehr und schlägt die Gegnerin. In diesem Moment kämpft sie nicht nur für Renate, sondern auch für sich selbst, „weil ich mir immer alles von ihr gefallen lasse." (S. 128) Diese Schlägerei hat eigentlich eine therapeutische Wirkung, weil Halinka dadurch ihre Gefühle, Haß, Wut und

---

[246] Andrea Maria Röthlein. Sexueller Mißbrauch und Psychiatrie. Eine Untersuchung über sexuellen Mißbrauch in der Vorgeschichte von Patientinnen der Psychotherapiestation des Klinikums am Europakanal in Erlangen. Neuburg: Dissertation der Friedrich-Alexander-Universität, 2000, S. 51.
[247] Stockburg erklärt weiter das Phänomen der Prostitution: „Diese Frauen betonen übereinstimmend in einer Art „Berufsehre", daß sie es perfekt geschafft hätten, dabei nichts zu fühlen. Ist das nicht genau das, was sie schon als Kind lernen mußten, um zu überleben?" C. Stockburger. Auf der Suche nach sexualtherapeutischen Methoden für Mißbrauchsopfer- Ein feministischer Ansatz. In: G. Ramin. Inzest und sexueller Mißbrauch. Paderborn: 1993, S. 203.
[248] Hertha Richter-Appelt. (Hg). Verführung, Trauma, Mißbrauch. Gießen: edition psychosozial, 1997, S. 198.
[249] Siehe a.a.O., Röthlein.

Aggressivität herausläßt. Sie unterdrückt ihren Zorn und ihre Emotionen nicht mehr; ganz im Gegenteil – sie drückt sie aus.

2.1.3. Tante Lou als Ersatzmutter im Traum

In dem Roman hat Halinka eine Tante Lou, die als Ersatzmutter fungiert. „Gedanken an Tante Lou aber sind schön. Als würde mitten in einem Unwetter der Himmel aufreißen, so dass man einen Streifen blauen Himmel sieht." (S. 7) Blau ist hier die Farbe der Hoffnung. Tante Lou ist ein Hoffnungsschimmer in ihrem einsamen und grausamen Heimleben, in dem die Kleinen und Schwachen von den Starken und Großen geschlagen werden. Tante Lou schenkt dem 12jährigen Mädchen Liebe, die ihm seine leibliche Mutter schuldet, wie sie in dem Brief an Halinka ausdrückt:

> „ 'Ich hab dich sehr lieb', hat Tante Lou geschrieben. Ganz am Anfang, als ich ins Heim gekommen bin, ins frühere, hat sie 'lib' geschrieben, ohne 'e'. 'Lieb schreibt man mit >ie<', hab ich geantwortet und sie hat zurückgeschrieben, das würde sie sich gut merken. 'Lieb' sei ein sehr wichtiges Wort, das dürfe man nicht falsch schreiben." (S. 54)

Sie besucht die Nichte regelmäßig oder schickt ihr Geld und läßt sich von ihr besuchen. Dadurch bekommt Halinka auch Abwechslung im alltäglichen Heimleben. In der erzählten Zeit bleibt die Protagonistin ununterbrochen neun Wochen im Heim und bekommt immer noch kein Geld für die Fahrt zugeschickt, weil Tante Lou eine Grippe hatte und nicht zur Arbeit gehen konnte. Die Sehnsucht nach der Tante Lou ist der Anlaß, weswegen Halinka zehn Mark von dem gesammelten Geld heimlich stiehlt, um davon einen Fahrschein zu kaufen. Die Tante spielt im Innenleben der Erzählerin eine Rolle nicht nur als Ersatzmutter, die sich um das verletzte Mädchen kümmert, sondern auch als eine treuherzige Frau, die an das Gute glaubt.

> „Tante Lou sagt, die Menschen sind von Natur aus gut. Nur das Leben macht sie böse, die Umstände. Das glaube ich nicht. Die Umstände hier im Heim sind für uns alle gleich und trotzdem sind manche böse und manche nicht." (S. 78)

Halinka, die viele schreckliche Erlebnisse durchlitten hat, vergleicht die Aussage und Meinung der Tante Lou mit ihrer eigenen Erfahrung. Gegenüber dem altklugen Mädchen, das Halinka durch ihre Gedanken ist, ist Tante Lou so naiv, daß Halinka sie vor allem Bösen schützen will. „Tante Lou ist manchmal sehr leichtgläubig, sie findet für alles eine Entschuldigung. Ich bin da ganz anders." (S. 79) Halinka kann sich eine traurige Welt ohne Tante Lou, ohne ihr Lachen und ohne ihre Sprüche nicht vorstellen, geschweige denn, ohne sie gesund leben –

„ich muß zu Tante Lou. Unbedingt. Sonst werde ich wieder krank." (S. 88, 89) Sie ist eine idealisierte Figur, die sich sowohl aus Gutgläubigkeit und Optimismus als auch aus Liebe zusammensetzt. Eine Hoffnung auf das Gute, auf das Schöne verkörpert diese Frauenfigur – Tante Lou.

Blicken wir wieder auf die Autobiographie zurück, nahm Mirjam Pressler in ihrem Heimleben ebenso wie Halinka an dem Sammeln fürs Genesungswerk teil, gewann auch einen Preis als Sammelkönigin, kassierte von der Büchse gleichfalls zehn Mark und wurde von der Heimleiterin ebenfalls nicht bestraft[250]. Aber die „wirkliche Mirjam hatte keine Tante Lou und sie hat, so sagt sie, viel länger als Halinka gebraucht, um sich einer Freundin zu öffnen"[251].

Das wirkliche Leben ist härter als ein realistischer Kinderroman. Mirjam Pressler hatte als Kind weder Tante Lou, die ihr Trost gab, noch eine Freundin, der sie in kürzerer Zeit vertrauen konnte. Trotzdem mußte sie mit ihrem Leben zurechtkommen. Gestützt auf dieses autobiographische Beispiel wirkt ihre Argumentation, entgegen den Vorwürfen wegen ihrer „Trübsal", in der Kinder- und Jugendliteratur überzeugend. Sie lautet: Was heißt da zumuten? Wenn die anderen Kinder selbst die Grausamkeit des wirklichen Lebens erleben müssen, bedeutet das Lesen gar keine Zumutung, sondern eine Gelegenheit, „zu erfahren, daß man nicht der einzige Mensch ist, der Probleme hat, daß es vielleicht möglich ist, mit anderen über Probleme zu sprechen"[252].

2.2. Erzählform und Sprachstil
Der Roman wird in einer Ich-Form erzählt. Die erzählte Zeit beträgt eine Woche, während der Umfang der Erzählung 207 Seiten lang ist. Die inneren Monologe und Reflexionen sind die Hauptteile der Darstellung. Das ganze Buch gliedert sich in 17 Kapitel. Jedes Kapitel hat ein Motto als Leitthema. Das erste lautet: „Wenn man nicht beißen kann, soll man die Zähne nicht zeigen". Hinter dem Sinnspruch steckt ein schmerzhaftes Erlebnis im Alltagsleben, das der Erzählerin zur Lehre dient. So fängt das Buch mit seinem ersten Spruch an:

> „Zwei Kartoffeln sind noch übrig. Sie sind fast weiß und glasig und haben schwärzliche Stellen, trotzdem hätte ich gern noch eine. Oder alle beide. Vorsichtig strecke ich die Hand aus. Da spüre ich auch schon den Tritt gegen mein Schienbein und einen Moment lang wird mir schwarz vor den Augen. Nicht weil es so weh tut, sondern vor Wut. Aber ich reiße mich zusammen und ziehe die Hand schnell zurück.

---

[250] Vgl. Frank Griesheimer. Erlebnisse, die ich nie vergessen habe. Fragen an Mirjam Pressler über ihr neues Buch „Wenn das Glück kommt, muß man ihm einen Stuhl hinstellen". In: A.a.O., Griesheimer, S. 35-40.
[251] Gabriella Wenke. Mirjam Pressler. Porträt einer Autorin und Übersetzerin. In: Eselsohr 10/ 94, S. 38.
[252] Mirjam Pressler. Brief an eine junge Leserin. In: Frank Griesheimer. A.a.O., S. 52.

'Wenn man nicht beißen kann, soll man die Zähne nicht zeigen', sagt Tante Lou immer. Duro ist nun mal zu groß für mich, da hat Beißen keinen Sinn [...]". (S. 5)

Siebzehn Sprüche begleiten in diesem Roman siebzehn Ereignisse im alltäglichen Leben, durch die Halinka sich entwickelt und aus ihrer verschlossenen Welt hinaustritt. Der erste Spruch lautet wie die meisten Sprüche in dem Roman sehr herb. Bitterkeit, Einsamkeit und Traurigkeit gehören zum Grundton des Werks. Die Sprache und Ich-Erzählform in diesem Roman kritisiert Malte Dahrendorf folgendermaßen:

"Problematisch sind die Ich-Form und die gedrechselte Sprache der Ich-Erzählerin. Widersprüchlich erscheint auch, daß Halinka nicht gern Inneres preisgibt, andererseits aber diesen 'Roman' zu erzählen vermag"[253].

Zuerst betrachten wir den Kritikpunkt des Preisgebens. Halinka verrät den anderen nichts über ihre innere Welt, sondern sie redet mit sich selbst in Gedanken. Das ganze Buch ist geprägt von den Gedanken des Mädchens, in denen im Präsens erzählt wird, was die Erzählerin erlebt bzw. wie die jeweiligen Sprüche dazu in Bezug stehen. Mit anderen Worten, sie erzählt durch eine Form des langen inneren Monologs. Wir erleben lesend mit, was die Romanfigur gerade denkt, fühlt und reflektiert. So wird die Innenwelt der Ich-Erzählerin in diesem Werk dargestellt. Im Frankfurter Vortrag im Sommer 2001 betonte Pressler, daß sie sowohl die Autorin als auch die Leserin ihrer Bücher sei. Nach dem Vortrag wurde dieser Punkt von Dahrendorf in Frage gestellt. Pressler ist der Meinung wie die Verfasserin, daß das ganze Buch aus einem langen Monolog besteht. Mit diesem Aspekt ist das Problem des Preisgebens des Inneren gelöst. Der andere Kritikpunkt bezieht sich auf die Sprache, die von dem Kritiker sowohl als „gedrechselte" als auch als „frühreife" bezeichnet wurde. Halinka ist eine 12jährige, die sehr viel liest, aber sehr wenig redet. Für sie ist die Sprache eher eine zu schreibende für ihre Gedanken als eine zu sprechende fürs Alltagsleben. Durch den stetigen Umgang mit Literatur erwirbt sich ein Kind sicherlich auch eine „künstliche" und reifere Sprache. Dies ist der Grund, weshalb Pädagogen viel mehr Wert aufs Lesen als aufs Fernsehen in der Freizeit der Kinder legen. Halinkas poetische, kunstvolle und frühreife Sprache hängt mit ihrer Leseerfahrung zusammen.

2.2.1. Sprüche als Lebensweisheit und Überlebensstrategie – Gedankenbuch

---

[253] Malte Dahrendorf. Mirjam Pressler. Kritisches Lexikon zur deutschsprachigen Gegenwartsliteratur- KLG- 6/99. S. 10.

Die Sprüche sind Lebensweisheiten, weil sie Überlebensstrategien enthalten, die Halinka bei jeder Konfrontation mit ihrem traurigen und einsamen Heimleben helfen sollen. Sie trägt die Erlebnisse des Lebens durch eine Spruchform in ihrem „Gedankenbuch" ein, damit niemand auf der Welt außer ihr selbst das Erlebte entschlüsseln kann. Dieses Gedankenbuch ist ein Geheimplatz für das Innere des Mädchens – ein Speicher für die Seele, wie sie den Kofferspeicher als einen äußeren Geheimplatz für ihr Denken und Schreiben ausgesucht hat: "An meinem Geheimplatz habe ich auch mein Gedankenbuch versteckt, in das ich alle wichtigen Sätze schreibe, die mir einfallen." (S. 37) Und die Funktion des Speichers wird so dargestellt:

> „Der Kofferspeicher ist wirklich ein wunderbares Versteck. Seit ich auf die Idee gekommen bin, mich hier einzurichten, geht es mir im Heim ein bisschen besser, wenigstens abends nach dem Lichtaus." (S. 43)

Dieses Bedürfnis, allein zu sein und sich ruhig Gedanken über die Erlebnisse des Lebens zu machen, kommt aus dem engen Zusammenleben und geringen Lebensraum des Heimalltags. So wie die Autorin selbst ihre ehemaligen Erlebnisse zum Ausdruck bringt:

> „Im Heim damals war man immer und ewig nur mit vielen Leuten zusammen, da brauchte ich einen Geheimplatz, einen äußeren, den auf dem Kofferspeicher, und einen inneren."[254]

Neben dem Speicher, sowohl der Innenwelt als auch der Außenwelt, besitzt die 12jährige noch ein anderes Überlebensmittel: eine Riechdose. „Was für ein Geruch! Ein bisschen nach Marzipan und ein bisschen nach etwas Fremdem, Geheimnisvollem. Wenn ich Pelikanol rieche, vergesse ich das Heim und alles andere". (S. 45) Geheimnisvoll, fremd und süß wie Marzipan wird dieser Pelikanolgeruch empfunden. Dieser Geruch symbolisiert eigentlich eine Sehnsucht nach Fernem, Fremdem und Großem, einem schönen Zufluchtsort, an dem die Enge und Grausamkeit der Realität vergessen werden kann. Diese Darstellung der Wünsche erinnert an den Satz von Maria Lypp, mit dem sie den „Blick ins Innere" eines psychologischen Kinderromans definiert: „Gemessen an den aktuellen Erfahrungen der Kinder ist die Darstellung der Fremdheit und Ferne der 'Großen' von gleicher Bedeutung wie der Blick ins Innere."[255] Genau dieselbe Funktion als Zufluchtsort von Ferne und Größe hat das Buch „Huckleberry Finn" für das einsame Kind.

---

[254] A.a.O., Griesheimer, S. 38.
[255] A.a.O., Lypp, S. 26.

2.2.2. „Huckleberry Finn" als Leitmotiv und Zufluchtsort

Als Leitmotiv taucht „Huckleberry Finn" in diesem Buch von Anfang an auf und begleitet Halinka in ihren Gedanken, am Krankenbett und als Trost im unveränderten Heimleben. Sie reist immer mit den fiktiven Figuren ins Abenteuerliche, Fremde und Große:

> „Dann hatte ich einen sehr gemütlichen Vormittag im Krankenzimmer, mit Huckleberry Finn und Jim, MissWatsons Neger. Wir haben uns faul auf unserem Floß den Mississippi hinuntertreiben lassen und uns unterhalten. Huckleberry hat erzählt, dass sein Vater sagt, es schade nichts, wenn man sich Sachen borgt, man müsse nur die Absicht haben, sie später zurückzugeben. Miss Watson habe allerdings gesagt, dieses Borgen sei nur ein anderes Wort für Stehlen. Ich habe ihr Recht gegeben, aber Jim hat gemeint, vermutlich hätten beide ein bisschen Recht, Huckleberrys Vater und Miss Watson.
> Es war eine wirklich schöne Floßfahrt. In der Nacht haben wir die Sterne am Himmel gesehen und am Ufer die Lichter von St. Louis. Es war richtig feierlich. Doch am nächsten Tag wurde unser Floß von einem Dampfer gerammt und wir wurden ins Wasser geworfen. Ich wollte nicht mit Huckleberry Finn zum Haus der Grangerfords, weil ich ja schon wusste, was dort passieren würde. Deshalb bin ich, als ich wieder aufgetaucht war, Jim nachgeschwommen. Wir haben uns im Schilf einen schönen Platz gesucht, uns von der Sonne trocknen lassen und lange Gespräche geführt, über Neger und Sklaverei und so. Dann habe ich ihm von 'Onkel Toms Hütte' erzählt und wir haben beide ein bisschen geweint." (S. 146)

Halinkas Umgang mit diesem Buch ist ein intensiver und verinnerlichter. Beim Lesen nimmt sie nicht nur passiv an der Floßfahrt, an dem Abenteuer und an der Feierlichkeit teil, sondern sie wählt auch aktiv aus, an welcher Buchstelle sie aussteigt und welche sie miterleben will. Aktiv nimmt sie auch bei Moraldebatten Stellung. Diese Debatte spiegelt gleichzeitig ihre innere Auseinandersetzung mit dem Thema Diebstahl wider, mit dem sie im wirklichen Leben konfrontiert wird. Mit anderen Worten, sie reflektiert ihr Alltagserlebnis durch imaginäre Gespräche und tauscht ihre Gedanken und Meinungen mit den fiktiven Romanfiguren aus. Zu erwähnen ist, daß dadurch die Grenze zwischen den beiden fiktiven Welten abgeschafft wird – Eine Kommunikation zwischen den Figuren der Romane findet statt. Dieses Phänomen entspricht der empirischen Lesererfahrung, in der die Leser mit den Romanfiguren gleichsam ohne Distanz ihr Erlebnis teilen, vor allem Kinder und Jugendliche, die sich mit ihren Lieblingsfiguren identifizieren. Winfried Wittstruk definiert die Funktion dieses Buchs für Halinka als „ (Ersatz-) Nahrung für die Seele":

> „Die Lektüre hilft Energie einsparen, die sonst darauf verwendet werden müßte, mit den Menschen der realen Lebenswelt täglich neu die Fragen des Umgehens

auszuhandeln. Mit dem Roman gibt sie sich innere Kraft, stillt sie ihren Hunger nach Leben [...]".[256]

Winfried Wittstruks Interpretation kann erklären, woher die Quelle der inneren Kraft Halinkas im Notzustand des Heimlebens kommt. Zu beobachten ist auch, daß die Protagonistin dieses literarische Werk nicht auf eine naive und kritiklose Weise als Unterhaltungsstoff rezipiert; ganz im Gegenteil: sie reflektiert die fiktive Romanwelt und überprüft ihren Realitätsgrad:

„Huckleberry Finn würde nicht so viel nachdenken wie ich. Aber er ist ja auch nur aus einem Buch. Im richtigen Leben ist alles ein bisschen anders, glaube ich. Zum Beispiel hatte Huckleberry Finn einen Vater, der ihn geschlagen hat, wenn er nüchtern war. Das stimmt nicht, da kennt sich der Mann, der das Buch geschrieben hat, nicht aus. Im richtigen Leben schlagen Eltern ihre Kinder, wenn sie betrunken sind, und wenn sie nüchtern sind, schauen sie sie kaum an.
Und dann diese Sache, wie Huckleberry Finn vor seinem Vater ausgerissen ist, weil der ihn im Suff mit dem Messer hatte umbringen wollen. Das ist alles so witzig beschrieben, dass ich darüber lachen könnte, wenn ich nicht wüsste, wie so was in Wirklichkeit ist [...]". (S. 70)

Halinkas Identifikation mit Huckleberry Finn, wie ihn Pressler analysiert: „Auch Huck Finn lebt ungeborgen, auch er wurde mißhandelt, von seinem Vater. Halinka spiegelt sich in dieser Figur, und das tut ihr gut"[257], ist nicht ohne Abstand. Sie identifiziert sich einerseits mit der Figur durch die ähnliche Herkunft und den gemeinsamen Notstand. Aber andererseits distanziert sie sich auch von dieser fiktiven Figur, die weniger als in der Grausamkeit der Realität leidet. Auf eine vernünftige Art und Weise kritisiert sie die unrealistische Darstellung der Kindesmißhandlung und vermittelt latent die Information, woher die Narben ihres jungen Körpers kommen.

2.2.3. Sprachstil

Die Sprache der Ich-Erzählerin enthält, wie dies in den früheren Werken Presslers anklingt, einen melancholischen, sentimentalen und poetischen Ton.

„Aber, Tante Lou, wenn jemand Sehnsucht hat, dann ist es doch so etwas ähnliches wie Hunger. Stimmt doch, oder? Würdest du nicht sagen, Sehnsucht – das ist, wenn die Seele Hunger hat?" (S. 84)

Diese sentimentale Sprache spiegelt die verschlossene Innenwelt des Mädchens wider, in der viel über das Erlebte und Gelesene reflektiert und phantasiert wird. Diese sentimentale Poesie wäre aber ohne die begleitende Handlung, wie Diebstahl aufgrund der Sehnsucht nach Tante Lou, effektlos und würde

---

[256] Wilfried Wittstruk. „Wer wäre ich, wenn...? "Die psychosoziale Leistung der Tagträume in Mirjam Presslers „Wenn das Glück kommt..." In: JuLit Information Arbeitskreis für Jugendliteratur, 22. Jahrgang, H3, 1996, S. 52-63, Zitat S. 57.
[257] A.a.O., Griesheimer, S. 38.

übertrieben wirken. Im Zusammenspiel mit der Handlung gestaltet die Autorin an der folgenden Stelle einen sehr raffinierten sprachlichen Effekt:

> „Meine Augen sind rot, aber das würde im Moment keinem auffallen, denn meine Backe ist noch viel röter und schwillt an [...]. Bei mir sieht man jeden Schlag und jeden Kratzer doppelt so deutlich wie bei anderen.
> 'Das ist eine allergische Reaktion', hat der Doktor im Sanatorium gesagt. 'Deine Haut reagiert extrem empfindlich auf jede Reizung.' Tante Lou, die dabei war, hat meine Hand gestreichelt und gesagt: 'Ihre Seele auch.'" (S. 55f.)

Hier trifft die körperliche allergische Reaktion durch eine symbolische Sprache mit der seelischen traumatisierten Reaktion überein. Allein dieses Sprachbild, „Allergie gegen Gewalt", ist eine literarische Leistung, die viel Phantasie bezeugt. Nicht nur Halinka, sondern auch andere Kinder haben Allergien gegen physische und psychische Gewalt. Sie sind sensibel und empfindlich gegenüber jedem Schlagen und allen Verletzungen.

2.3. Literatur als Spiegel der menschlichen Seele und der sozialen Realität

Das Buch wurde 1994 mit dem deutschen Jugendliteraturpreis ausgezeichnet. Danach erhielt Pressler 1995 erneut eine Anerkennung wegen dieses Buches durch die Verleihung des Zürcher Kinderbuchpreises „La vache qui lit". Seine literarische Qualität wird hauptsächlich durch drei Ebenen erzeugt. Erstens liegt es an der Gattung „Psychologischer Kinderroman", in der eine authentische Innenwelt des verschlossenen und verletzten Heimmädchens sowohl physisch als auch psychisch dargestellt wird. Durch „den Blick ins Innere" können die Leser Halinkas Ängste, Gefühle und Wünsche mitempfinden. Vor allem die körperliche und psychische Reaktion auf die Angst davor, daß der Diebstahl des gesammelten Geldes entdeckt wird, verleiht ihr in der panischen Situation Authentizität:

> „Ich greife ebenfalls nach meiner Büchse. Alles verschwimmt mir vor den Augen, ich kann den Draht nicht mehr deutlich erkennen. Vorhin, vor dem Frühstück, hat er ganz gut ausgesehen, sogar im hellen Morgenlicht, aber jetzt kommen mir doch Zweifel. Was ist, wenn Fräulein Urban es sieht? Was sage ich dann?
> Ich halte die Büchse so, dass sie um Gottes willen die Plombe nicht berühre. Meine Beine fühlen sich weich an und mein Gesicht ist so heiß, als würde ich Fieber bekommen. Um mich abzukühlen, gehe ich erst noch in den Waschraum und wasche mir das Gesicht." (S. 96)

Der Zweifel daran, ob die Tarnung des Diebstahls überzeugend genug ist, spricht jeden Leser an, der mit einer ähnlichen Situation konfrontiert wird. Und Ohnmacht, die das Angstgefühl begleitet, zeigt sich gleichfalls in den weichen Knien, schwachen Beinen und dem vor Aufregung geröteten Gesicht. Eine Lüge breitet sie vor uns aus, so wie man auf wirkliche Situationen im Alltagsleben reagiert. Pressler schafft es, durch die Sprache eine lebendige Figur und die ihr entsprechende Denk- und Verhaltensweise zu statuieren. Diese Lebendigkeit und Authentizität der Darstellung hängen zweifelsohne mit ihrem eigenen Erleben zusammen:

> „Auch hier, wie in ihren früheren Büchern, greift Mirjam Pressler auf eigene Erlebnisse zurück, bezieht sie in die Handlung ein. So entsteht Dichte und Authentizität. Das Engagement der Autorin für Benachteiligte wird beeindruckend deutlich"[258].

Ohne Übertreibung lobt Liselotte Vogel das gelungene Arrangement dieses Werks in ihrer Rezension in der „Süddeutsche Zeitung".
Zweitens ist die symbolische und bildhafte Sprache sowie die Authentizität der Ich-Erzählform durch innere Monologe zu beachten, durch die die Leser literarisch in die innere Welt der Protagonistin eingeführt werden. Eine andere Spezialität in diesem Roman, der sich dadurch von ihren anderen Werken unterscheidet, ist der „schwarze Humor". Hier werden zwei Beispiele angeführt – die allergische Reaktion und das Mitleid mit dem Schwein in „Huck Finn". Halinka nützt die körperlichen Symptome ihrer Allergie aus und erschreckt einen Vertretungslehrer, der ihr eine Ohrfeige gegeben hat. In der erinnerten Szene hat sie einen ruhigen Nachmittag im Krankenzimmer genossen und wurde als Kranke bedient, obwohl sie nicht richtig krank war. Bis zum Abendessen wurde sie von der Heimleiterin in den Speisesaal gejagt. „Sie kennt meine allergische Reaktion und nimmt sie nicht besonders ernst". (S. 56) Die Allergie gegen Gewalt ist ursprünglich ein sentimentales und poetisches Bild. Aber in diesem Fall nützt Halinka sie aus, um einen gemütlichen Tag zu genießen und der gewalttätige Lehrer wird durch sein Erschrecken und sein schlechtes Gewissen bestraft.
Schwarzer Humor ist in diesem Sinne gemeint, daß die Autorin eine traurige Situation auf eine lustige Art inszeniert, und dadurch werden die Melancholie und Grausamkeit in einen komischen, lustigen Aspekt getaucht. Im Fall des Schweins funktioniert die Strategie ebenso. Halinka stellt gerade die Behauptung auf, daß die Grausamkeit des wirklichen Lebens schlimmer sei als die des fiktiven Romans. Eine resignative und sentimentale Reaktion wird von den Lesern erwartet, wohingegen sie von der folgenden Handlung überrascht werden:

> „Außerdem tut es mir jedes Mal, wenn ich an diese Stelle komme, um das schöne Schwein leid. Huckleberry Finn hat nämlich ein Schwein umgebracht, nur weil er eine Blutspur zum Fluss ziehen wollte, damit alle Leute glauben, er wäre ertrunken. Ein ganzes Schwein für eine Blutspur, das muss man sich mal vorstellen! So viel Fleisch, wir hätten bestimmt wochenlang davon satt werden können. Er hätte doch auch etwas

---

[258] Lieselotte Vogel. Halinka lebt im Heim. Plädoyer für Schwache. In: Süddeutsche Zeitung, 4. 11. 1994.

anderes nehmen können. Eine Ratte zum Beispiel, oder zwei, falls das Blut nicht gereicht hätte. Na ja, Huckleberry Finn war eben nicht in einem Heim." (S. 71)

Der schwarze Humor in dieser zitierten Stelle entsteht aus zwei Steigerungen. Die erste ist die weitere Ausführung des traurigen Gefühls. Nicht der mißhandelte Junge Huck Finn tut Halinka leid, sondern das Schwein. Ihr tut es nicht deswegen leid, weil sie eine Schweine-oder Tierfreundin ist, sondern aus einem materiellen Grund – weil das Fleisch die Heimkinder satt machen könnte. Diese Darstellungsweise erinnert sowohl an die „romantische Ironie", die zuerst ein melancholisches Bild aufbaut, danach wieder zerstört, als auch an die Merkmale des schwarzen Humors, der materielle Not und soziale Grausamkeit als ironisierten Gegenstand präsentiert. Ein bißchen „süße Freude" in der Bitterkeit bietet Presslers Sprache anhand des schwarzen Humors ihren jungen Lesern an.

Die dritte Ebene bezieht sich auf die Botschaft, die die Autorin durch dieses Buch vermittelt. Darin beinhaltet ist kein Plädoyer für Moralvorstellungen, sondern eine humanitär orientierte Kritik an den Gesellschaftsnormen und ungerechten materiellen Zuständen. Halinkas Sehnsucht nach der Tante und Hunger nach der Liebe sollen gestillt werden. Sie soll nicht wegen zehn Mark bestraft werden. Als Sammelkönigin bekommt sie einen Ausflug zum Schwetzinger Schloßpark. Bei diesem Ausflug begegnet sie zum ersten Mal der Schönheit der Kunst – Sie bewundert die Statue einer Frauenfigur im Park und weint vor Glück und Begeisterung. So stellt sich diese Figur als „Schönheit" ihren Augen dar:

„Die Frau hat den Kopf leicht nach links geneigt. Ihre Arme sind weiß und rund [...] Der helle Stein schimmert wie Haut [...] Als wäre sie lebendig [...] Wie eine wirkliche Frau sieht sie aus. Als wäre irgendwann einmal eine wunderschöne Frau aus einem Teich gestiegen und durch diesen prachtvollen Park gegangen, und irgendein Zauberer war so begeistert von ihr, dass er sie erhalten wollte [...] So wie du jetzt bist, jetzt in diesem Augenblick, sollst du bleiben. Und dann hat er sie versteinert. Es hat ihr nicht wehgetan, sie lächelt immer noch [...] Ein steingewordener Traum." (S. 186f.)

Durch die Schönheit der Steinfigur ermutigt, öffnet Halinka ihre verschlossene Welt im Heimleben. Sie stellt dem Glück, die Kunstfigur zu betrachten und ihre Schönheit zu bewundern, sowie am Wochenende zu Tante Lou zu fahren, einen Stuhl hin – möge es bleiben!

VII Zusammenfassung:

1. Familienkonflikte in der „realistischen Kinder- und Jugendliteratur"

In dieser Studie wird das Thema „Familienkonflikt" in der Kinder- und Jugendliteratur bearbeitet. Die soziologischen, pädagogischen und psychologischen Theorien haben in dieser Arbeit eine doppelte Funktion. Einmal sind ihnen die Untersuchungsmethoden entnommen und zum anderen dienen sie als Basis der Überprüfung, ob die literarischen Werke realistisch die Lebenssituationen darstellen. Die Soziologen beobachten und beschreiben die Gesellschaft und ihre Struktur. Die Pädagogen beschäftigen sich mit den Erziehungsmodellen und der Kindheitsstruktur. Kirsten Boie formuliert sehr schön: wenn man über den Realismus in der Literatur spreche, müsse zuerst überprüft werden, ob die Struktur der veränderten Wirklichkeit dargestellt werde[259]. Der psychologische Zugang erfolgt hauptsächlich über die Analyse der psychologischen Romane, um zu überprüfen, ob die psychologischen Symptome entsprechend dargestellt wurden.

Die Analyse der Werke führt zum Ergebnis, daß Familien als ein Ort der Konfrontation dargestellt werden. Die Werke der 70er bis zum Anfang der 80er Jahre zeigen, daß die Auseinandersetzung in ihnen hauptsächlich um die elterliche Autorität geht. Soziologen wie Beck und Fend stellen dasselbe Ergebnis vor. Die Entwicklung der Eltern-Kind-Beziehung am Ende der 80er und am Anfang der 90er Jahre wird einerseits als partnerschaftlich beschrieben, andererseits werden die Konflikte nicht ent-, sondern verschärft. Dieses Phänomen, das sich sowohl in der Literatur als auch in der Wirklichkeit findet, widerspricht der Verklärung des Verhandlungshaushalts von manchen Theoretikern auf dem Gebiet der Literaturwissenschaft mit dem Schwerpunkt der Kinder- und Jugendliteratur. Die Ursache für die verschärften Konflikte liegt nach der Meinung von Fend genau im Verhandlungshaushalt:

> „Die größere Freiheit in größerer Selbstverantwortung, den Wegfall äußerer Disziplin in innere Disziplin zu verwandeln, die Toleranz vor Gleichgültigkeit und Rücksichtslosigkeit zu schützen, den Rückgang der traditionalen Moral durch verantwortungsbewußte und rationale Lebenplanung zu ersetzen – all dies geschieht nicht in der Spannungslosigkeit und Reibungslosigkeit, die Autoren, welche über die Veränderung von Werten reden, oft unterstellen."[260]

Der Verhandlungshaushalt ist gleichzeitig eine Form mit der Auseinandersetzung zwischen verschiedenen Meinungen und Interessen. Die Konflikte zwischen

---

[259] Vgl. Kirsten Boie. Realismus im Kinderbuch. In: Kurt Franz. Franz-Josef Payrhuber (Hg.). Blickpunkt: Autor. Hohengehren: Schneider Verlag, 1996.
[260] Helmut Fend. Sozialgeschichte des Aufwachsens. Frankfurt/M.: Suhrkamp Verlag, 1988. S. 130.

Familienmitgliedern sind nicht verschwunden, sondern werden in einer anderen Form fortgesetzt. Die literarischen Werke von Nöstlinger und Boie stellen die Eltern der 68er Generation und deren Familien dar. Es sind deutliche Beispiele für die Veränderung der Konfliktmodelle. An diesen literarischen Beispielen bemerken wir auch, daß die gesellschaftliche Wandlung in der Literatur ganz klar ihre Spuren hinterläßt. Die realistische Kinder- und Jugendliteratur beansprucht, Spiegel der sozialen Realität zu sein. Die Werke der drei Autorinnen werden gleichzeitig dieser neuen Gattung zugeordnet, die sich seit den 70er Jahren entwickelt. Der Grund, weshalb die Gattungsfrage erst in der Zusammenfassung behandelt wird, liegt einerseits darin, daß die Arbeit hauptsächlich eine thematische Auseinandersetzung ist. Außerdem gehören alle behandelten Werke zu einer Gattung. Am Ende der Arbeit werden alle Merkmale dieser Gattung gleichzeitig erarbeitet. Andererseits gerät die Gattungsforschung in eine schwierige Situation, wie Ewers selbstkritisch ausdrückt, daß diese Forschungsrichtung in der Kinderliteratur in eine Sackgasse steuere: „Dennoch bin ich der Auffassung, dass diese Art von Kinder- und Jugendliteraturforschung, zu der ich ja selbst das eine oder andere beigesteuert habe, in eine Krise geraten ist."[261] Diese Reflexion über die Auseinandersetzung mit der Gattungstheorie ist der Hauptgrund, daß in dieser Arbeit die Gattung nicht in den Mittelpunkt gestellt wurde. Zum Beispiel wurden die tragik-komischen Kinderromane von Nöstlinger und Boie nicht gattungsbezogen sortiert und analysiert, sondern nach Themenbereichen geordnet und bearbeitet. Die thematische Auseinandersetzung spielt eine wichtigere Rolle in dieser Arbeit. An dieser Stelle soll die Theorie der Gattung „realistischer Kinderroman" aber gestreift werden, weil die analysierten Werken zu dieser Gattung gehören. Scheiner beschreibt diese Gattung ausführlich:

> „Dabei wird die Authentizität der literarischen Darstellung zu einem wichtigen Kriterium des empirischen Realismus. Sie wird nicht nur durch dokumentarische Literatur oder eigens gekennzeichnete Recherchen der Autoren gewährleistet, sondern auch durch den Wahrheitsanspruch sozialkritischer Erzählungen, die keine aktuell relevanten Themen mehr aussparen. Auch die Verwendung der Kindersprache oder des Jugendjargons dient der Authentizität der literarischen Darstellungen. Das Ungewöhnliche so vermittelter Wirklichkeitserfahrungen, offene oder negative Schlüsse und Leerstellen, die sich beim Wechsel der Erzählperspektive ergeben, fordern die Mitwirkung der Rezipienten im aktiven Leseakt heraus. Die Leser sollen sich nicht

---

[261] Hans-Heino Ewers. Auf der Suche nach den Umrissen einer zukünftigen Kinder- und Jugendliteratur. Ein Versuch, die gegenwärtigen Kinder- und jugendliterarischen Veränderungen einzuschätzen. In: Kurt Franz, Günter Lange und Franz-Josef Payrhuber (Hg.). Kinder- und Jugendliteratur zur Jahrtausendwende. Autoren, Themen, Vermittlung. Baltmannsweiler: Schneider Verlag Hohengehren, 2000. S. 2-21. Zitat S. 8.

mehr zu einer konstruierten Geschichte verhalten, sondern zu dem über die Geschichte vermittelten Wirklichkeitsbild."[262]

Diese Passage berührt die Besonderheiten der Gattung auf mehreren Ebenen. Die erste drückt die empirische Methode dieser Gattung aus. Der Realitätsgrad der literarischen Darstellung soll unter die Lupe genommen und gleichzeitig überprüft werden. Genau um dieses Ziel zu erreichen, wurden in dieser Arbeit soziologische, pädagogische und psychologische Materialien verwendet. Auf der zweiten Ebene geht es um die Sprache in den literarischen Werken. Auch dies war ein Schwerpunkt in der Analyse. Es wurde gefragt, ob die sprachliche Performance der jungen Protagonisten den Eindruck von Authentizität vermittelt. Auf der dritten Ebene wurde von der Schreibabsicht bzw. dem Ziel dieser literarischen Gattung gesprochen. Sie soll nicht ein verklärtes Wirklichkeitsbild, sondern ein realistisches vermitteln.

Die Entstehungsgeschichte dieser Gattung hängt eng mit der Reformpädagogik, die für eine „kindliche Erlebensperspektive" plädiert, zusammen.[263] Peter Scheiner unterscheidet zwei Richtungen der realistischen Kinder- und Jugendliteratur. Die eine sei ein „literarischer Außenwelt-Realismus"[264], in dem politische und soziale Themen behandelt werden. Die andere beziehe sich auf den Realismus der Innenwelt bzw. einen „innerlichen Wandel"[265], wie Ewers es nennt. Gemeint ist die Entstehung der psychologischen Kinderromane. Daubert und Armbröster-Groh ordnen drei Untergruppen unter den realistischen Kinderroman, nämlich: erstens den problemorientierten Kinderroman mit Dominanz eines sozialen Realismus; zweitens den psychologischen Kinderroman mit Dominanz eines psychologischen Realismus; drittens den komischen Familienroman für Kinder mit der Dominanz eines kinderliterarischen Humors.[266] Die psychologischen Kinderromane wurden mit literarischen Beispielen im Kapitel VI ausführlich dargestellt. Eigentlich ist das Zuordnen der Kinder- und Jugendromane unter die o.g. Gattungen nicht unproblematisch. Die komischen Familienromane sind nicht weniger problemorientierte Kinderromane. Außerdem beinhalten die psychologischen Kinderromane auch nicht weniger sozialen Realismus und Probleme des Alltagslebens. In dieser Hinsicht ist es schwierig, eine klare Grenze zwischen den Untergattungen zu ziehen. In der vorherigen

---

[262] Peter Scheiner. Realistische Kinder- und Jugendliteratur. In: Gunter Lange (Hg.). Taschenbuch der Kinder- und Jugendliteratur. Bd. 1. Baltmannsweiler: Schneider Verlag, 2000. S. 158-186. Zitat S. 165f.
[263] Ebd., S. 165.
[264] Ebd., S. 168.
[265] Siehe Ewers, a.a.O., 1993, S. 22.

Definition wurden alle Untergattungen mit dem Wort „Dominanz" beschrieben. Das ist gleichzeitig ein Zeichen dafür, daß die literarischen Werke nur tendenziell einer Untergattung zugeschrieben werden können. Eine absolute und klare Trennung zwischen den Untergattungen ist problematisch. Diese Problematik könnte eine der Sackgassen bei der Gattungsforschung sein.
In dieser Arbeit wird bei der Analyse aller Werke die Frage gestellt, ob die Autorinnen die Situation realitätsentsprechend bzw. realitätsnah dargestellt haben. Was für ein Begriff des Realismus soll in Anspruch genommen werden? Kirsten Boie hat im Vortrag über „Realismus in der Kinder- und Jugendliteratur" betont, daß nicht nur die „veränderte Struktur der veränderten Realität" der Kindheit dargestellt werden solle, sondern auch die „innerpsychische Veränderung"[267]. Gemeint ist die Darstellung der sozialen und psychologischen Realität bzw. der Realismus der Außenwelt und Innenwelt des kindlichen Lebens. Auf der Ebene der Erzählstruktur plädiert die Autorin für eine Erneuerung und Vielfältigkeit der Erzählformen, die in der Literatur für Erwachsene schon vorhanden ist, die in der Literatur für Kinder- und Jugendliche aber fehlt, weil viele Schriftsteller davon ausgehen, daß es den jungen Lesern an Lebens- und Leseerfahrung mangelt[268]. Die Autorin befindet sich an dieser Stelle in einem Dilemma, dass sie einerseits zu der anspruchsvollen literarischen Form tendiert und sie andererseits Zugänglichkeit für die kindlichen Leser anstrebt. Das Forschungsergebnis in dieser Arbeit zeigt, dass sich trotz des Dilemmas die drei Autorinnen bemühen, ihren Werken eine Vielfältigkeit bezüglich der Erzählformen zu geben. Beispielhaft sind „Kratzer im Lack" und „Wenn das Glück kommt [...]" von Mirjam Pressler, „Mit Kindern redet ja keiner" von Kirsten Boie und „Susis gemeines Tagebuch und Pauls gemeines Tagebuch" von Christine Nöstlinger. Diese Werke zeigen eine Innovation der Erzählstruktur in der Kinder- und Jugendliteratur. Über die Erzähltechnik in diesen Büchern wurde bereits viel diskutiert. An dieser Stelle wird diese Debatte nicht noch einmal wiederholt. Zu erwähnen ist, daß die Autorinnen nicht nur den Wandel des sozialen Realismus beobachtet und beschrieben haben, sondern auch versuchten, die entsprechenden Darstellungsformen wie inneren Monolog u.a. zu verwenden. Ein Wandel der Erzählstruktur spielt deswegen in der realistischen Kinder- und Jugendliteratur auch eine große Rolle. Außerdem wird durch die Werke die geschichtliche Entwicklung der Kindheit deutlich gezeigt. Literatur als Spiegel der Realität, vor

---

[266] Vgl. Wilhelm Steffens. Der psychologische Kinderroman - Entwicklung, Struktur, Funktion - In: Günter Lange (Hg.). Taschenbuch der Kinder- und Jugendliteratur. B1. S. 308-331. Zur Definition S. 309.
[267] Vgl. a.a.O., Boie, S.18f.

allem die historische Entwicklung der Realität, entspricht der Funktionalität der realistischen Kinder- und Jugendliteratur. Dieser Punkt wird weiter im Zusammenhang der soziologischen Theorie diskutiert.

In dem Zeitraum zwischen 1970 und 2000 wurde das Geschlechterverhältnis nicht nur viel diskutiert, sondern auch tiefgreifend verändert. Die realistische Kinder- und Jugendliteratur beschäftigt sich mit dem Thema und stellt die Problematik der Veränderung dar. „Mit Jakob wurde alles anders" ist ein wichtiges Werk bezüglich dieser Thematik. In diesem Kapitel wurde die Schwierigkeit der neuen und der traditionellen Frauenrolle diskutiert. Ganz entscheidend sind die Risiken, die alle im Wandel der Geschlechterrolle enthalten sind. Sowohl das Hausfrauendasein als auch der Versuch der neuen Rollenübernahme beinhalten Probleme und Risiken. Im Kapitel III werden anhand der literarischen Werke die Individualisierung des Einzelnen und ihre Problematik analysiert. Ein gescheiterter Versuch des Ausbruchs aus der traditionellen Frauenrolle in „Mit Kindern redet ja keiner" verursacht den Suizidversuch einer jungen Mutter und damit eine Familientragödie. Die Frauen, die an den traditionellen Rollenzuweisungen festhalten, stehen auch in der Gefahr, daß sie sich völlig an die Familie klammern und an ihren Ansprüchen an ihre Kinder und Ehemänner festhalten. Ihre finanzielle und emotionale Abhängigkeit von den Mitmenschen verursacht ihre Schwierigkeiten in der individualisierten Gesellschaft. Dieses Phänomen, das durch die literarischen Werke gezeigt wird, ist ein Indiz dafür, wie schwierig die Orientierung bezüglich der Geschlechterrolle in der modernen und postmodernen Gesellschaft ist. Über die männlichen Rollen wird in der Arbeit nicht viel diskutiert. Der Grund dafür liegt darin, daß in der neuen Kinder- und Jugendliteratur die Männer entweder verschwunden sind oder ein blasses Gesicht bekommen. An der Abwesenheit der Männerfiguren in Presslers Werken wurde z. B. von Literaturtheoretikern heftig Kritik geübt. Mirjam Pressler erwidert die Kritik auf eine direkte Art und Weise: „Das ist meine Realität, und, wie sich den einschlägigen Statistiken leicht entnehmen läßt, nicht nur meine"[269]. Die Form der Familie verändert sich, wie im Kapitel II ausführlich analysiert wurde. Die Familie mit alleinerziehenden Müttern und Kindern ist keine extreme Darstellung, sondern gehört zur Realität des Lebens. Das blasse Gesicht der Männer in der Kinder- und Jugendliteratur hängt einerseits mit der Frauenemanzipation zusammen. Die Frauen erhalten

---

[268] Vgl. ebd., S. 20.
[269] Mirjam Pressler. Was heißt da zumuten? Soziale Wirklichkeit in Kinderbüchern. In: Frank Griesheimer. Werkstattbuch Mirjam Pressler. Weinheim und Basel: Beltz & Gelberg Verlag, 1994. S. 29-34. Zitat S. 33f.

immer mehr bezüglich Kindererziehung, Finanzverteilung und Zukunftsentwürfen das Sagen. Zudem sind die Frauen sowohl vor als auch nach der Emanzipation zuständig für die familiären Angelegenheiten und die Kindererziehung. Deshalb wurde den Müttern viel mehr Aufmerksamkeit geschenkt, wenn sich die Analyse um die Familie dreht. Andererseits sind die Forschungsobjekte von drei Autorinnen verfasst. Die schreibenden Frauen nehmen die weibliche Perspektive der Beobachtung und vor allem Wahrnehmung ein. Unvermeidlich ist es, daß sie sich in ihren Beschreibungen auf Frauenfiguren konzentrieren. Nöstlinger und Pressler haben ausgedrückt, daß sie nur das schreiben können, was sie kennen. Von diesem Standpunkt aus kann man behaupten, daß die Schriftstellerinnen eben die Umwelt und Innenwelt der Frauen viel besser als die der Männer kennen.

In der Darstellung des Geschlechterverhältnisses finden wir bei der kindlichen Rolle zuerst eine Destruktion der dualistischen Geschlechterbilder. Neutrale Mädchen- und Jungenbilder tauchten massiv in der behandelten Literatur der 70er und 80er Jahre auf. Dies hängt mit der Entwicklung der feministischen Theorie zusammen. Nöstlinger und Boie sind davon sehr geprägt. Es wird versucht, die Differenz zwischen Jungen und Mädchen durch die neuen Bildnisse des starken Mädchens und schwachen Jungen aufzuheben. Seit dem Auftritt der realistischen Kinder- und Jugendliteratur werden starke Mädchenfiguren gestaltet. Kirsten Boie, wie im Kapitel IV aufgezeigt wurde, warnt vor einer neuen Klischee-Bildung des Kinderbildes. Die Gefahr besteht darin, daß ein Buch allein wegen seiner starken und tapferen Mädchenfigur als gut beurteilt wird. Die Kriterien der literarischen Qualität unterliegen aber nicht dem ideologischen Anspruch.

Die Entwicklung der kindlichen Geschlechterrolle in der Kinder- und Jugendliteratur zeigt ein interessantes Ergebnis. Nach der tapferen und starken Mädchenfigur der 70er Jahre entsteht am Ende 80er und am Anfang 90er Jahre ein neuer Mädchentyp in den Kinder- und Jugendbüchern. Sie sind einerseits selbstbewußt, vernünftig und frühreif. Andererseits haben sie Sehnsucht nach weiblicher Kleidung und weiblichem Verhalten. Dieses Ergebnis kann man auf verschiedenen Ebenen interpretieren. Von Kindheit an werden sie von den emanzipierten Müttern nach der Vorstellung der neutralen Geschlechterrolle erzogen. Die Sehnsucht nach dem Gegenbild von sich selbst ist eigentlich eine Abwehr gegen die mütterliche Bevormundung. In dieser Hinsicht ist diese Sehnsucht eine Reaktion gegen die mütterliche Erziehungsvorstellung bzw. mütterliche Macht. Eigentlich kann man dieses als eine Art Generationskonflikt unter Frauen betrachten, wobei die Performanceformen der Konfrontation anders als die in den 70er Jahren sind. Sie sind keine Konfrontationen zwischen verschiedenen Lebensidealen und Werten. Sehr oft stimmt die Wert- und Weltanschauung der Tochter mit der ihrer Mutter überein, wie z.B. die im Umweltschutz engagierte Anna und die Mutter in „Jeder Tag ein Happening". Aber trotzdem findet in diesen neuen Familien ein weiblicher Konflikt statt, der sich unter dem Schlagwort zusammenfassen läßt: „ich will alles anders als meine Mutter machen". Die Kluft zwischen den Generationen existiert trotz des Verhandelns und Aushandelns in der neuen Familie. Das neue Mädchenbild in den 90er Jahren ist ein postmodernes Bild, eine Mischung von Tapferkeit, Vernunft und Sehnsucht nach der Weiblichkeit – ein Bild voller Widersprüche und Paradoxien. Deswegen taucht es meistens in dem komischen oder tragikkomischen Roman auf, wie z.B. „Nella Propella", „Mit Jakob wurde alles anders" und „Nagle einen Pudding an die Wand". Eine Restauration der traditionellen Geschlechtszuweisung ist eine übertriebene Interpretation dieses Ergebnisses. Es handelt sich eher um eine „Gegenbewegung" zur „neutralen" und „undifferenzierten" Geschlechtererziehung. Zum Thema „kindliche Geschlechterrolle" vertreten Boie wie Pressler die Meinung, daß sowohl die alten als auch die neuen Klischeebilder vermieden werden sollen. Die Anpassungszwänge an eine traditionelle weibliche Geschlechterrolle oder an eine neutrale, tapfere und selbständige Mädchenrolle sind gleichermaßen Einschränkung für die Freiheit der kindlichen Entwicklung.

2. Kindheit zwischen der Moderne und Postmoderne
Die Entstehungsgeschichte der Kindheit hängt mit der Entwicklung der Familienformen zusammen. Vom Mittelalter bis zum 18. Jahrhundert fungierte die Familie als eine ökonomische Gemeinschaft. In diesem Zeitraum spielten sowohl die Kinder als auch die Erwachsenen eine Rolle als Arbeitskraft in dieser Wirtschaftsgemeinschaft. Familie als emotionaler Schutzraum entstand erst im 19. Jahrhundert, als die Form der bürgerlichen Kernfamilie auftauchte.[270] In den bürgerlichen Familien des 19. Jahrhunderts galt das private Familiengebiet als Bereich der Frauen: Küche, Kirche und Kinder waren die drei „Hausaufgaben" für die Frauen[271]. In dieser Kernfamilie bekam die Kindheit erst einen besonderen Status als Schonraum für die Erziehung und Ausbildung. In dieser historischen Phase entstand gleichzeitig die Intimität und Emotionalität der Familie. Familie fungiert seitdem nicht mehr nur als eine ökonomische Gemeinschaft, sondern als

---

[270] Ingeborg Weber-Kellermann. Die deutsche Familie. Frankfurt/M.: Suhrkamp Verlag, 1974, S. 101.
[271] Vgl. ebd., S. 102f.

eine private Sphäre, in die man sich vom öffentlichen Arbeitsplatz zurückziehen und in der man sich ausruhen kann. Durch diese „Privatisierung" der Familienfunktion entstand ein neuer Raum für die Entwicklung der „Kinderkultur", die sich von der Kultur der Erwachsenen und vom Leben der Erwachsenen unterscheidet. Das Kinderzimmer, die Kinderkleider und die Kinderspielzeuge sind Indizien dafür.

> „Es entstand die differenzierte und spezialisierte Wohnkultur des Biedermeier mit Wohnzimmer und „Kinderstube" - ein Begriff, der in seiner vielfältigen Bedeutung aus dem 19. Jahrhundert stammt: „gute Kinderstube" als Synonym für klassenspezifische gute Erziehung - aber auch für das Kinderzimmer als Reich des Kindes mit seinen Spielen und seinen typisch kindlichen Beschäftigungen."[272]

Kindliche Bildung gehört zu einer der wichtigsten Beschäftigungen der Kinderkultur. Die Kinderbücher tauchen zu diesem Zeitpunkt auch in der guten Kinderstube auf. Seitdem wird Kindheit als eine Lebensphase der Ausbildung und Erziehung gesehen. Die Kinder- und Jugendliteratur dient auch seitdem als Mittel zur guten Erziehung. Wie in der Einleitung bereits erwähnt wurde, ist die neue Kinder- und Jugendliteratur als ein literarisches Nachprodukt der Studentenbewegung ein Wendepunkt für die Entwicklung der Kinder- und Jugendliteratur insgesamt.

Die Kinder- und Jugendliteratur fungiert im 20. Jahrhundert wie im 19. Jahrhundert als Erziehungsmittel, wobei die neuen Erziehungsideale ein Gegensatz zu den alten sind. Gehorsamkeit, Artigkeit und Respekt vor den Erwachsenen sollen keine Lebensmaßstäbe für Kinder mehr sein, sondern die Kinder sollen gegenüber der Erwachsenenwelt kritisch sein und sie sollen sich gegen die Ungerechtigkeit zwischen den Erwachsenen und Kindern wehren. Statt des artigen Bildes war das rebellische Kinderbild während der 70er Jahre im Trend. „Die Zeit der Revoluzzerinnen ist vorbei"[273], so wird 1992 ein Artikel über die Analyse der Mädchenfiguren von Dagmar Chidolue und Christine Nöstlinger betitelt. Der Zeitgeist ändert sich, und die Kinder- und Jugendliteratur hat neue Aufgaben in dem postmodernen Zeitraum für die postmoderne Kindheit. Gleichzeitig wird die Familie in diesem neuen Zeitraum mit anderen Problemen konfrontiert.

Simone Jostock definiert die postmoderne Kindheit als eine rationalisierte Kindheit, die durch folgende Eigenschaften gekennzeichnet ist: 1. Eine Verkürzung der Kindheitsphase. 2. Eine Entdifferenzierung der Grenzen

---

[272] Ebd., S. 108.
[273] Brigitte Pyerin. Die Zeit der Revoluzzerinnen ist vorbei. In: Fundevogel, H 101/102, 1992, S. 27-29.

zwischen Erwachsensein und Kindheit. 3. Kinder werden schneller, direkter und reflexiver mit den gesellschaftlichen Problemen konfrontiert. Diese stellen sich für Erwachsene und Kinder gleichermaßen dar. Beide werden zunehmend aus traditionellen Bezügen herausgelöst und müssen mit diesen Veränderungen zurechtkommen.[274] Die drei Punkte stehen im Gegensatz zur modernen behüteten und beschützten Kindheit. Vor der bürgerlichen Familie des 19. Jahrhunderts sollten die Kinder wie die Erwachsenen arbeiten, sich kleiden und ums Überleben kämpfen. In der modernen Gesellschaft galt die Kindheit als ein Schonraum fürs Lernen und für die Bildung. In den postmodernen Familien sind die Erwachsenen jugendlich und die Kinder frühreif bzw. erwachsen. Wenn man die Entwicklung der Kindheit betrachtet, sieht man einen Rhythmus zwischen Bewegung, Gegenbewegung und Gegen- „Gegenbewegung". An dieser Stelle paßt das Modell „These- Antithese- Synthese" perfekt zur historischen Entwicklung der Kindheit und der kindlichen Geschlechterrolle. Vor 1968 wurden die Mädchen nach dem zarten Frauenmodell erzogen. In den 80er und 90er Jahren taucht wieder ein neues, erwünschtes Bild gegen das neutrale Bild des Mädchens auf. Eine Mischung aus traditionellen und neuen Mädchenfiguren ist zustande gekommen. Dies ist wieder ein kennzeichnendes Phänomen der Postmoderne: eine Kombination der Gegensätze zwischen Tradition und Moderne. Die rebellischen Mädchenfiguren der 70er Jahre von Nöstlinger werden von vielen kritisiert. Die Kritikpunkte liegen hauptsächlich darin, daß durch das rebellisch alle alten Werte ablehnende Mädchen kein konstruktiv alternatives Mädchenbild entstanden ist. Ob diese Problematik durch das neue Mädchenmodell der Postmoderne gelöst wird, ist eine Frage des „Realismus" bzw. wie nah die vernünftigen, als Mutterersatz fungierenden und frühreifen Mädchenfiguren zum wirklichen Leben stehen. Das liebevolle Gretchen in „Gretchen Sackmeier", das verantwortungsvolle Mariechen in „Villa Henriette" und die vernünftige Feli in „Einen Vater habe ich auch" sind manchmal zu gut und idealisiert fürs reale Leben. Dagegen wird Kirsten Boie wenig in dieser Hinsicht kritisiert. In ihren neuen Mädchenfiguren sieht man wenige Stereotypen. Die Leser finden in ihren Werken vielfach Mädchenfiguren, die emanzipiert und mutig wie Anna in „Jeder Tag ein Happening" sind; oder wie das von der Mutter unterdrückte Mädchen Margret in „Ausgleichskind"; oder wie die pfiffige Nella in „Nella Propella", die sich nach der Weiblichkeit sehnt. Mirjam Presslers Mädchenfiguren werden wie ihre Werke von der Melancholie und Traurigkeit geprägt. Sie denken und leiden

---

[274] Simone Jostock. Kindheit in der Moderne und Postmoderne. Opladen: Leske + Budrich, 1999. S. 89f.

viel. Die Figur Katharina in „Katharina und so weiter" ist ein Wendepunkt bezüglich des Charakters von Presslers Mädchenfiguren. Im Gegensatz zu den Frühwerken sind die Protagonistinnen, die nach Katharina auftauchen, von der hoffnungslosen Traurigkeit befreit und entwickeln sich zu Personen, die tapfer mit ihren Problemen umgehen. Halinka in „Wenn das Glück kommt" und Simone in „Goethe in der Kiste" sind gute Beispiele dafür. Zu beachten ist, daß Mirjam Pressler nicht ein nettes, intelligentes und liebevolles Mädchen gestaltet. Sie läßt ihre Figuren nicht in die neuen Klischees der Mädchenbilder fallen. Ihre Mädchenfiguren sowie ihre Werke sind problemorientiert. Die Sexualität in der Pubertätsphase stellt die Hauptproblematik für die jungen Protagonisten dar. Durch eine naturalistische Art schildert Pressler die sexuellen Szenen. In den Kinder- und Jugendbüchern sind Boie und Nöstlinger vorsichtiger darin als Pressler, mit dieser Thematik umzugehen. Die Ergebnisse wurden bereits im Fazit des Kapitels „Wandel der kindlichen Geschlechterrolle" gezeigt.

Im Kapitel V „Veränderte Kindheit" bemerkt man auch ein anderes Problem, nämlich die „Ungleichheit der Gleichzeitigkeit". Gemeint ist, daß sich in demselben Zeitraum verschiedene Lebensbilder und Lebensweisen finden. Ein gutes Beispiel ist die Ungleichheit zwischen Rudi, Christine und Eva in „Zwei Wochen im Mai". In der „Nachkiegskindheit", in der die meisten Leute unter der materiellen Not leiden, gibt es große Unterschiede der Lebensbedingungen zwischen Christine, die aus bürgerlicher Familie stammt und Klavier lernen muß, und dem Gassenjungen Rudi, der nicht in die Schule geht und um den sich niemand kümmert. Die Diskrepanz des Lebensstandards zwischen den beiden und Eva, die aus der „neureichen Familie" kommt, ist riesig. Diese Ungleichheit zeigt sich auch in der postmodernen verplanten Kindheit in „Mittwochs darf ich spielen". Obwohl Fabia und Bruno in demselben Zeitraum und in Deutschland aufwachsen, leben sie in zwei unterschiedlichen Kinderwelten. Fabias Kindheit ist nach dem Terminkalender geplant, während Bruno mit den Kindern auf dem Bauernhof ein kindliches Leben nach dem Muster der „traditionellen Kindheit" führt und genießt. Die verschiedenen Freizeitaktivitäten der Kinder in den beiden Sozialgruppen – der deutschen bürgerlichen Kinder und der russisch-deutschen Kinder – bedeuten zugleich zwei unterschiedliche Erlebniswelten. Gemeinsam ist ihnen allen, daß die Kinder aller Herkunft und sozialer Schichten in einer Risikogesellschaft leben. Sie sind, wie die Erwachsenen, von der hohen Scheidungsrate, den unberechenbaren zwischenmenschlichen Beziehungen und allen Sorgen der Welt der Erwachsenen betroffen. Es gibt keinen Schonraum für die Kinder in dieser Risikogesellschaft. In diesem Teil werden hauptsächlich zwei

Perspektiven gezeigt. Eine ist die pessimistische Perspektive, die die Leiden und Zumutungen der Kinder bei der Anpassung in die moderne bzw. postmoderne Gesellschaft darstellt. „Susis geheimes Tagebuch und Pauls geheimes Tagebuch" ist ein typisches Beispiel, an dem die kindlichen Leiden bei der elterlichen Scheidung gezeigt werden. Nöstlinger sieht aber auch die Chance und optimistische Seite der Risikogesellschaft. In „Einen Vater habe ich auch" und „Der Zwerg im Kopf" wird das glückliche Leben des alleinerziehenden Vaters und der Tochter präsentiert. Die wechselnde Beziehung der geschiedenen Elternteile wird von Nöstlinger und Boie nicht allein als Nachteil gesehen. Feli in „Einen Vater habe ich auch" befreundet sich mit der Exfreundin des Vaters, und Nella lernt Ballet von der Freundin des Vaters und bekommt von ihr ein schönes Kleid, das ihr die Mutter aufgrund der neutralen Geschlechtererziehung niemals im Leben gekauft hätte. Pressler hat eine relativ pessimistische Haltung dieser Thematik gegenüber. Ihre jungen Figuren leiden unter den wechselnden Beziehungen der alleinerziehenden Mutter. Sie ist die einzige der drei Autorinnen, die drei Töchter allein groß gezogen hat. Die Knappheit des Geldes und die Schwierigkeiten im Alltagsleben sind vermutlich der Hauptgrund, weshalb die Autorin gegenüber diesem Thema „Scheidung und alleinerziehende Mutter" nicht optimistisch sein kann. Dieses Phänomen sieht man auch in ihren autobiographischen Werken „Novemberkatze" und „Wenn das Glück kommt". Die trübe Stimmung und die bekümmerten Gedankengänge sind zwar für die Leser schwer zu verdauen, entsprechen aber der Lebensrealität.

3. Verhandlungshaushalt und „zwei Seiten der Medaille"
Vom Befehlshaushalt der 70er Jahre, den wir in der Kinder- und Jugendliteratur sehen, bis zum neuen Verhandlungshaushalt entwickelt sich die Umgangsweise zwischen Eltern und Kindern zu einer Phase, in der verschiedene Werte und Normen betont werden. Gehorsam, Disziplin und Fleiß sind die Erziehungsziele des Befehlshaushalts. Selbständigkeit, Entscheidungsfähigkeit und Rationalität sind Merkmale des Verhandlungshaushalts. Vergleicht man die Eigenschaft der postmodernen Kindheit mit den Kennzeichen des Verhandlungshaushalts, bemerkt man, daß das Verhandeln und Aushandeln zur postmodernen Umgangsform zwischen Kindern und Eltern gehören. In dieser Umgangsweise spielen die Autorität und die Erfahrenheit der Eltern nicht mehr eine so große

Rolle, sondern die Erwachsenen erleben eine Art „zweite Pubertät",[275] wie Peter Büchner es ausdrückt. Gemeint ist, daß die Eltern durch die Kinder noch einmal mit der Pubertät konfrontiert werden, gemeinsam die Probleme erleben und bewältigen müssen. Vernünftige Diskussionen mit den Kindern und große Entscheidungsräume und Freiräume für Jugendliche sind die neuen Aufgaben für die Eltern. Die Kinder und Jugendlichen in diesem Verhandlungshaushalt schreiben ihre „Wahlbiographie", in der sie sich zwischen verschiedenen Möglichkeiten des Lebens entscheiden sollen und müssen. Viele Theoretiker, sowohl Kritiker für Kinder- und Jugendliteratur als auch Soziologen und Pädagogen, idealisieren diese neue Umgangsform zwischen Eltern und Kindern. Die Arbeit zeigt, dass Familienkonflikte auch im Verhandlungshaushalt stattfinden. Unter den drei Autorinnen stellt Christine Nöstlinger besonders ein positives und sympathisches Bild der neuen Familie dar. Das Ergebnis wird anhand des Vergleichs zwischen Boies „Jeder Tag ein Happening" und Nöstlingers „Nagle einen Pudding an die Wand" gezeigt. Durch die beiden literarischen Werke wird deutlich, daß die Auseinandersetzung mit verschiedenen Meinungen und Interessen den Verhandlungshaushalt kennzeichnet. Die Familienkonflikte werden einerseits von der Diskrepanz der Interessen verursacht, andererseits von der Entscheidungsfähigkeit aller Familienmitglieder erregt. Verschiedene gleichberechtigte Stimmen in einer Familie bedeuten zugleich, daß die Reibung größer ist und eine gemeinsame Entscheidung schwieriger zu treffen ist. In einer diktatorischen Gesellschaft sowie einer autoritär orientierten Familie sind die Entscheidungen schnell zu treffen, weil eine Auseinandersetzung mit verschiedenen Meinungen nicht gebraucht wird. Eine andere Konfliktursache liegt in den größeren Entscheidungsräumen. Dies bedeutet zugleich, die Verantwortung für eine Fehlentscheidung zu übernehmen. Es wird nicht berücksichtigt, ob die Kinder stark genug sind, die Konsequenz ihrer falschen Entscheidung zu tragen bzw. wie belastbar die Kinder bei der Konfrontation mit verschiedenen Problemen und unterschiedlichen Wahlmöglichkeiten sind. In „Mit Jakob wurde alles anders" wird diese Meinung von Boie durch ihre Protagonistin Nele ausgedrückt: Manchmal hätten die Kinder wirklich genug von den Problemen der Familie mitbekommen und Streit der Eltern miterlebt. Ein Verhandlungshaushalt bedeutet für die Kinder auf einer Seite auch die Zumutung, die Probleme der Erwachsenenwelt mitzutragen. Diese

---

[275] Peter Büchner und B. Fuhs. Das biographische Projekt des Erwachsenwerdens. Chancen und Risiken beim Übergang von der Kindheit in die Jugendphase. In: Peter Bücher u.a. (Hg.). Teenie-Welten. Aufwachsen in drei europäischen Regionen. Opladen: Leske & Budrich 1998.

Schlußfolgerung kehrt wieder zur postmodernen Kindheit zurück, in der die Barrieren zwischen kindlicher und erwachsener Welt aufgehoben sind. Die Kindheit ist nicht mehr Schonraum für eine heile Welt, in der alle Probleme von Kindern fern gehalten werden sollen, sondern ein Lernprozeß und eine Bewältigungsphase fürs Erwachsenwerden und für die Probleme der Umwelt. Seit den 70er Jahren versucht die realistische Kinder- und Jugendliteratur durch eine neue Perspektive, die Kinderwelt zu beobachten und darzustellen. Mit dieser Perspektive sind die Werte und Normen der Erwachsenen nicht mehr gültig. Die Autor(Innen) blicken in die Kinderwelt und versuchen, sich mit deren Problemen auseinanderzusetzen. Sie bieten keine Lösung an, und ihre Erzähler in Büchern fungieren nicht als erfahrene Allwissende, sondern sie sind gegenüber der heiklen Lebenssituation genau so verzweifelt und unerfahren, wie es die Kinder in der Wirklichkeit sind. Ursula Kliewer stellt so die Ich-Perspektive der realistischen Kinder- und Jugendliteratur dar, die dem „Wahrnehmen und Erzählen" der kindlichen Realität entsprechen solle:

> „Diese Entwicklung wird in der Forschung positiv als ein Zeichen von zunehmender Authentizität gesehen oder auch als die wünschenswerte Abwesenheit eines pädagogisierenden Erzählers, was den jugendlichen Protagonisten mehr Autonomie zugesteht."[276]

Dies ist besonders klar in den psychologischen Kinderromanen zu sehen. Die erwachsenen Autoren versetzen sich in die Ich-Erzähler, denken, fühlen und sehen durchs erzählende kindliche Ich die Umwelt und Probleme. Dieses Hineinversetzen ist eine Kunstart, mit der die Autoren für Erwachsenen-Literatur nicht konfrontiert werden. Dazu gehört die Fähigkeit, die Kinderpsychologie und das Kinderverhalten entsprechend darzustellen, die Kinder- und Jugendsprache gut zu beherrschen und sich über die aktuelle kindliche und jugendliche Welt zu informieren. Bei den Werken mit autobiographischen Zügen soll noch das kindliche Ich aus dem Erinnerungsdepot herausgeholt werden. Wenn es den Autoren gelingt, die Ansprüche nach diesen Kriterien- Sprache, Psychologie und Lebensrealität- zu erfüllen, gelingt ihnen zugleich, aus der Kinderperspektive die Welt und Umwelt darzustellen. Viele Kritiker, wie Malte Dahrendorf, beurteilen die Sprache der Protagonisten von Nöstlinger, Boie und Preßler als zu „frühreif", wobei dieses Phänomen der Frühreife genau die Eigenschaft der postmodernen Kindheit ist. Nicht nur beim Reden sind die Kinder frühreif, sondern auch im realen Leben. Die Aufhebung der Grenze zwischen Kinder- und

Erwachsenenwelt zeigt sich auch deutlich in der Sprache. Christine Nöstlinger und Kirsten Boie legen viel Wert auf die humorvolle sprachliche Darstellung und bemühen sich, eine authentische Kinder- bzw. Jugendsprache zu präsentieren. Mirjam Pressler und Kirsten Boie haben ihre Stärke bei der Darstellung der Kinderpsyche. Pressler beschäftigt sich in ihren Werken meistens mit der Innenwelt der jungen Protagonisten. Ihr Interesse an diesem Gebiet hängt damit zusammen, daß sich die Autorin als Kind sehr viele Gedanken über das Leben und ihre Umwelt machte. Anders als Pressler befaßt sich Boie mit wissenschaftlicher Recherche der kindlichen Psychologie und des modernen kindlichen Alltagslebens. Beim Schreiben spielen die Mutterrolle sowie die Kinderrolle der drei Autorinnen eine wichtige Rolle. Die Kinderrolle hilft ihnen dabei, sich ins eigene erlebte kindliche Ich zu versetzen. Die Mutterrolle ist behilflich bei der Beobachtung des aktuellen Kinderlebens und beim Erlernen der Kindersprache. Die Töchter von Pressler lasen z. B. für die Mutter Korrektur, um den Büchern die Authentizität des Stils der Kinder- oder Jugendsprache zu verleihen.

Der Hauptgrund, weshalb die drei Autorinnen auf dem Gebiet der Kinder- und Jugendliteratur viel geschätzt und durch viele Preise ausgezeichnet wurden, liegt darin, daß sie sich der kindlichen Perspektive annähern, um eine realistische Welt aus der Kinderperspektive darzustellen. Thematisch gesehen weichen sie den vielfachen Problemen des Kinderalltags nicht aus, sondern konfrontieren den Leser mit ihnen. Psychoerkrankung, Sexualität, Mord und Selbstmord sind keine Tabus mehr. Pressler ist die kühnste der drei Autorinnen. Sie beschäftigt sich unverklärt mit diesen ehemaligen Tabuthemen, wie Selbstmord in „Stolperschritte", Mord in „Kratzer im Lack" und Psychoerkrankung in „Nun red doch endlich". In ihren Werken ist eine Themenbreite der Kinder- und Jugendliteratur vorhanden, in der die Grenze zwischen Erwachsenen- und Kinderliteratur fast aufgehoben ist. Nöstlinger und Boie gestalten auch keine heile Welt für ihr Leserpublikum. Nöstlinger brachte 1984 selbst zum Ausdruck: „Ich will Kinder nicht mit Büchern beglücken"[277]. Sie konzentrierte sich auf die problemorientierte Kinder- und Jugendliteratur und hoffte, durch ihre Literatur die Welt verändern und verbessern zu können. Ab 1985 sind ihre Mädchenfiguren vom Charakter her gesehen viel sanfter geworden. Ihre Kinderwelt scheint viel

---

[276] Ursula Kliewer. LehrerInnen lesen anders. Vom Interpretieren der Kinder- und Jugendliteratur für den Literaturunterricht. S. 37-60. In: Henner Barthel und Jürgen Beckmann (Hg.). Aus „Wundertüte" und „Zauberkasten". Frankfurt/M.: Peter Lang Verlag, 2000. Zitat S. 46.
[277] Gabriela Wenke. „Ich will Kinder nicht mit Büchern beglücken". Gespräch mit Christine Nöstlinger. In: Eselsohr. Okt. 1984. S. 14-18.

heiterer geworden zu sein. Diese Entwicklung spricht zugleich eine Resignation bezüglich des Ziels, mit der Literatur die Welt zu verändern, an. Ihre Werke dienen seitdem als „Trostpflaster", wie sie in „Die Richtung der Hoffnung"[278] gesteht. Im Vergleich zu Nöstlingers Werken weist das Boies keine klaren Veränderungsspuren auf. Sie befasst sich mit vielseitigen Themenbereichen und Erzähltechniken. Ihre Werke bieten ein buntes Gesicht mit verschiedenen Erzählmöglichkeiten an. Obwohl die drei Autorinnen zur realistischen Kinder- und Jugendliteratur gehören, zeigen sie mit unterschiedlichen Methoden ihren eigenen literarischen Realismus.

---

[278] Christine Nöstlinger. Die Richtung der Hoffnung. In: Fundevogel. 1/ 1985. S. 12.

VIII Literaturverzeichnis
Primärliteratur:

Boie, Kirsten. Mit Kindern redet ja keiner. Hamburg: Oetinger Verlag, 1990.

Boie, Kirsten. Lena hat nur Fußball im Kopf. Hamburg: Oetinger Verlag, 1993.

Boie, Kirsten. Jenny ist manchmal schön friedlich. Hamburg: Oetinger Verlag, 1988.

Boie, Kirsten. Mit Jakob wurde alles anders. Hamburg: Oetinger Verlag, 1986.

Boie, Kirsten. Mittwochs darf ich spielen. Hamburg: Oetinger Verlag, 1993.

Boie, Kirsten. Jeder Tag ein Happening. München: Deutscher Taschenbuch Verlag, 1999.

Boie, Kirsten. Das Ausgleichskind. München: dtv, 1996. Erste Ausgabe erschien in Hamburg: Oetinger Verlag, 1990

Boie, Kirsten. Nella-Propella .München: dtv, 1997. Erste Ausgabe erschien in Hamburg: Oetinger Verlag, 1994.

Nöstlinger, Christine. Susis geheimes Tagebuch. Pauls geheimes Tagebuch. München: dtv, 1993.

Nöstlinger, Christine. Geschichten vom Franz. Hamburg: Oetinger Verlag, 1984.

Nöstligner, Christine. Konrad oder das Kind aus der Konservenbüchse. Hamburg: Oetinger Verlag, 1975.

Nöstlinger, Christine. Gretchen Sackmeier. Eine Familiengeschichte. Hamburg: Oetinger Verlag, 1981.

Nöstlinger, Christine. Gretchen hat Hänschenkummer. Eine Familiengeschichte. Hamburg: Oetinger Verlag 1983.

Nöstlinger, Christine. Wir pfeifen auf den Gurkenkönig. Reinbeck bei Hamburg: Rowohlt Taschenbuch, 1977.

Nöstlinger, Christine. Einen Vater hab ich auch. Wienheim und Basel: Beltz & Gelberg Verlag, 1994.

Nöstlinger, Christine. „Oh du Hölle- Julias Tagebuch". Weinheim und Basel: Beltz & Gelberg Verlag, 1986.

Nöstlinger, Christine. Villa Henriette. Hamburg: Oetinger Verlag, 1996.

Nöstlinger, Christine. Der Zwerg im Kopf. Weinheim und Basel: Beltz& Gelberg Verlag, 1989.

Nöstlinger, Christine. Die Ilse ist weg. Berlin und München: Langenscheid Verlag, 1991.

Nöstlinger, Christine. Das Austauschkind. Stuttgart: Ernst Klett Verlag, 1989.

Nöstlinger, Christine. Zwei Wochen im Mai. Meinheim und Basel: Beltz & Gelberg Verlag, 1981.

Nöstlinger, Christine. Nagle einen Pudding an die Wand! Hamburg: Oetinger Verlag, 1990.

Nöstlinger, Christine. Maikäfer flieg! München: dtv, 1973.

Pressler, Mirjam. Katharina und so weiter. Weinheim und Basel: Beltz & Gelberg, 1984.

Pressler, Mirjam. Goethe in der Kiste. Bindlach: Loewe Verlag, 1987. Reinbek bei Hamburg: Rowohlt Taschenbuch Verlag, 1990.

Pressler, Mirjam. Novemberkatze. Weinheim und Basel: Beltz & Gelberg Verlag, 1982. Einmalige Sonderausgabe, 1996.

Pressler, Mirjam. Stolperschritte. Fellbach- Schmiden: Spectrum Verlag, 1981. (Originalausgabe). Zitierte Ausgabe: Ravensburger Verlag, 1997.

Pressler, Mirjam. Zeit am Stiel. Weinheim und Basel: Beltz & Gelberg Verlag, 1982, 1992.

Pressler, Mirjam. Nun red doch endlich. Weinheim und Basel: Beltz & Gelberg Verlag, 1981.

Pressler, Mirjam. Wenn das Glück kommt, muss man ihm einen Stuhl hinstellen. Weinheim und Basel: Beltz & Gelberg Verlag, 1994.

Pressler, Mirjam. Kratzer im Lack. Weinheim und Bassel: Beltz & Gelberg Verlag, 1981.

Literatur:

Abele, Andrea. Geschlechtsrollen, Geschlechtsrollenorientierungen und Geschlechterstereotype im Wandel. In: Eckart Liebau (Hg.). Das Generationenverhältnis. Über das Zusammenleben in Familie und Gesellschaft. Meinheim und München: Juventa, 1997, S.123- 140.

Armbröster-Groh, Elvira. Der moderne realistische Kinderroman. Themenkreise, Erzählstrukturen, Entwicklungstendenzen, didaktische Perspektiven. In: Kassler Arbeiten zur Sprache und Literatur. Frankfurt am Main: Peter Lang Verlag, 1997.

Armbröster-Groh, Elvira. Kirsten Boie: Mit Kindern redet ja keiner. In: Lesen in der Schule mit dtv junior. Moderne Kinderromane 2. München: dtv, 1999. S.13- 26.

Armbröster- Groh, Elvira. Der moderne realistische Kinderroman. In: Kasseler Arbeiten zur Sprache und Literatur. Frankfurt/M.: Peter Lang Verlag, 1997.

Armbröster-Groh, Elvira. Mittwochs darf ich spielen. Reglementierte Freizeit als Thema der Kinderliteratur. In: Hannelore Daubert und Hans-Heino Ewers (Hg.). Veränderte Kindheit in der aktuellen Kinderliteratur. Braunschweig: Westermannverlag, 1995. S. 127- 133.

Bauers, B., Reich, G. und Adam, D. Scheidungsfamilien: Die Situation der Kinder und die familientherapeutische Behandlung. In: Praxis der Kinderpsychologie und Kinderpsychiatrie, 1986.

Barthel, Henner und Beckmann Jürgen (Hg.). Aus „Wundertüte" und „Zauberkasten". Frankfurt/M.: Peter Lang Verlag, 2000.

Beck, Ulrich. Risikogesellschaft. Auf dem Weg in eine andere Moderne. Frankfurt/M.: Suhrkamp Verlag, 1986.

Beck-Gernsheim, Elisabeth. Vom Geburtenrückgang zur neuen Mütterlichkeit? Frankfurt/M.: Fischer Taschenbuch Verlag, 1984.

Beck- Gernsheim, Elisabeth. Anspruch und Wirklichkeit- zum Wandel der Geschlechterrollen in der Familie. In: Klaus A. Schneewind (Hg.). Wandel der Familie. Goehtingen: Hogrefe Verlag, 1992.

Belotti, Elena Gianini. Was geschieht mit kleinen Mädchen? München: Frauenoffensive, 1975.

Bertram, Hans. Familien leben. Gütersloh: Verlag Bertelsmann Stiftung, 1997.

Betten, Lioba. Mirjam Pressler. „Goethe in der Kiste". In: Süddeutsche Zeitung. 30. 3. 1988.

Bodmer, Nancy M. Befindlichkeit Jugendlicher verschiedener Familienstrukturen in der Schweiz. In: Alexander Grob (Hg.). Kinder und Jugendliche heute: belastet- überlastet? Chur u. Zürich: Verlag Rüegger, 1997, S. 91- 110.

Boie, Kirsten. Realismus im Kinderbuch. In: Kurt Franz und Franz-Josef Payrhuber (Hg.). Blickpunkt: Autor. Hohengehren: Schneider Verlag, 1996. S. 13-25.

Boie, Kirsten. Meine Bücher haben mich überfallen. Rede am 23. Juli 1995. In: Frankfurt/M: Freundeskreis des Instituts für Jugendbuchforschung der Johann Wolfgang Goethe Uni. 1995.

Boie, Kirsten. Schreiben für Kinder. In: Grundschule 12/ 1998. Jg. 30. S. 22-23.

Burger, Angelika und Seidenspinner, Gerlinde. Töchter und Mütter. Ablösung als Konflikt und Chance. Opladen: Leske + Budrich, 1988.

Büchner, Peter. Vom Befehlen und Gehorchen zum Verhandeln. Entwicklungstendenzen von Verhaltensstandards und Umgangsnormen seit 1945. In: Ulf Preuss-Lausitz. Kriegskinder, Konsumkinder, Krisenkinder. Beltz Verlag, 1983.

Büchner, Peter und Fuchs, Burkhard. Außerschulisches Kinderleben im deutsch-deutschen Vergleich. Überlegungen zur Mordernisierung kindlicher Sozialisationsbedingungen. In: Aus Politik und Zeitgeschichte, Bd. 24, 1993. S. 21- 29.

Büchner, Peter und Fuhs, B.. Das biographische Projekt des Erwachsenwerdens. Chancen und Risiken beim Übergang von der Kindheit in die Jugendphase. In: Peter Bücher u.a. (Hg.). Teenie-Welten. Aufwachsen in drei europäischen Regionen. Opladen: Leske + Budrich 1998.

Cómez, Yvonne. Depression im Kindesalter: Auftretenshäufigkeit und Übereinstimmung zwischen Selbst- und Fremdeinschätzung unter Berücksichtigung dimensionaler und kategorialer Erfassungsmethoden. Mainz: Johannes Gutenberg-Universität, Dissertation, 1996.

Daubert, Hannelore. Wandel familärer Lebenswelten in der Kinderliteratur. In: Hannelore Daubert u. Hans-Heino Ewers (Hg.). Veränderte Kindheit in der aktuellen Kinderliteratur. Braunschweig: Westermann Verlag, 1995. S. 60- 80.

Daubert, Hannelore. Von „jugendlichen" Eltern und „erwachsenen" Jugendlichen. Familienstrukturen und Geschlechterrollen in Schülerromanen der 80er und 90er Jahre. In: Hans- Heino Ewers (Hg.). Jugendkultur im Adoleszenzroman. Weinheim und München: Juventa Verlag, 1994. S. 43- 61.

Dahrendorf, Malte. Literatur für Kinder in ihren besten Jahren. Die Welt der Christine Nöstlinger. In: Die Verlage Beltz & Gelberg, Friedrich Oetinger, Jugend & Volk gratulieren ihrer Autorin Christine Nöstlinger zum 60. Geburtstag am 13. 10. 1996.

Dahrendorf, Malte. Gefühle und Ängste offengelegt. Zu den Kinder- und Jugendbüchern Mirjam Presslers. In: Frank Griesheimer Werkstattbuch. Mirjam Pressler. Weinheim und Basel: Beltz & Gelberg Verlag, 1994.

Dahrendorf, Malte. Mirjam Pressler. Kritisches Lexikon zur deutschsprachigen Gegenwartsliteratur- KLG- 6/99.

Diehl, Katrin. „Ich wehre mich gegen ein zwangsläufiges Happy-end". Ein Interview mit Mirjam Pressler. In: Frank Griesheimer. Werkstattbuch Mirjam Pressler. Weinheim und Basel: Beltz & Gelberg Verlag, 1994. S. 11- 15.

Doderer, Klaus. Christine Nöstlinger. In: Lexikon der Kinder- und Jugendliteratur. 2. Band. Weinheim und Basel: Beltz & Gelberg Verlag, 1977.

Dreyer, Hilke und Schmidt, Richard. Lehr- und Übungsbuch der deutschen Grammatik. München: Verlag für Deutsch, 2. Aufl., 1991.

Dümmler, F. D.: Kindliche Bewältigungsformen von Scheidung. Regensburg: S. Roderer Verlag, 1997.

Ewers, Hans-Heino. Studentenbewegung und Kinderliteraturreform, Formen- und Funktionswandel der westdeutschen Kinderliteratur zu Beginn der 70er Jahre. 1993 (unveröff. Ms.).

Ewers, Hans-Heino. Themen-Formen- und Funktionswandel der westdeutschen Kinderliteratur seit Ende der 60er, Anfang der 70er Jahre. In: Zeitschrift für Germanistik 1995, H. 2. S. 257- 278.

Ewers, Hans-Heino. Veränderte kindliche Lebenswelten im Spiegel der Kinderliteratur der Gegenwart. In : Hannelore Daubert und Hans- Heino Ewers (Hg.). Veränderte Kindheit in der aktuellen Kinderliteratur. Braunschweig: Westermann Verlag, 1995.

Ewers, Hans-Heino. Auf der Suche nach den Umrissen einer zukünftigen Kinder- und Jugendliteratur. Ein Versuch, die gegenwärtigen Kinder- und jugendliterarischen Veränderungen einzuschätzen. In: Kurt Franz., Günter Lange und Franz-Josef Payrhuber (Hg.). Kinder- und Jugendliteratur zur Jahrtausendwende. Autoren, Themen, Vermittlung. Baltmannsweiler: Schneider Verlag Hohengehren, 2000. S. 2- 21.

Fend, Helmut. Sozialgeschichte des Aufwachsens. Frankfurt/M.: Suhrkamp Verlag, 1988.

Figdor, H. Kinder aus geschiedenen Ehen: Zwischen Trauma und Hoffnung. Mainz, 1991.

Freund, Winfried. Geschichte und Gesellschaft im Jugendbuch. Perspektiven und Probleme, in: Blätter für den deutschen Lehrer, Zeitschrift (1989).

Fuhs, Burkhard und Büchner, Peter. Freizeit von Kindern im großstädtischen Umfeld. LKD-Verlag: Unna, 1993.

Frankfurter Rundschau. 24. November, 1999, Seite 30.

Gansel, Carsten. Moderne Kinder- und Jugendliteratur in Theorie und Praxis- Begriff, Geschichte, Didaktik. Berlin: Cornelsen Scriptor Verlag, 1999.

Gansel, Carsten. Beim Schreiben setzt sich das Mögliche durch – Zu Kirsten Boies Kinderroman „Mit Kindern redet ja keiner". In: Carsten Gansel und Sabine Keiner (Hg.). Zwischen Märchen und Welten. Kinder- und Jugendliteratur im Literaturunterricht. Frankfurt/M.: Peter Lang Verlag, 1998. S. 177- 186.

Gelberg, Hans Joachim. Augenaufmachen, in: Fundevogel 4/5, 1984.

Gelberg, Hans-Jochim. Dem Glück einen Stuhl hinstellen. In: Frank Griesheimer. Werkstattbuch Mirjam Pressler. S. 8- 10.

Grenz, Dagmar. Der schwierige Abschied vom „guten" Vater. In: Fundevogel 5/ 1985. S. 10- 13.

Grenz, Dagmar. Die Abwehr des Verdrängten. Zur Rezeption Ch. Nöstlingers phantastischer Erzählung: Wir pfeifen auf den Gurkenkönig. In: Wirkendes Wort. 36 (1986), H 6.

Griesheimer, Frank. „Erlebnisse, die ich nie vergessen habe". Fragen an Mirjam Pressler über ihr neues Buch „Wenn das Glück kommt, muß man ihm einen Stuhl hinstellen". Ein Gespräch mit Frank Griesheimer. In: Frank Griesheimer.

Werkstattbuch Mirjam Pressler. Weinheim und Basel: Beltz & Gelberg Verlag, 1994. S. 35- 41.

Griesheimer, Frank. Werkstattbuch Mirjam Pressler. Weinheim und Basel: Beltz & Gelberg Verlag, 1994. S. 11- 15.

Hagemann-White, Carol. Wir werden nicht zweigeschlechtlich geboren. In: Hagemann-White, Carol und Rerrich, Maria (Hgg.). Frauen Männer Bilder. Männer und Männlichkeit in der feministischen Diskussion. Bielefeld: AJZ Verlag, 1988. S. 224- 235.

Harms, Gerd. Kratzer in der Seele. In: Sozialmagazin. Januar 1982.

Hartmann, Andreas. (Hg.). Zungenglück und Gaumenqualen. Geschmackserinnerungen. München: Verlag C.H. Beck, 1994.

Hartmann, Gudrun. Die jugendliterarische Auseinandersetzung mit dem jugendlichen Rechtsextremismus. Frankfurt/M: Goethe Universität, 1995, Magisterarbeit.

Herren-Zehnder, Margrit und Fröhlich, Anne-Marie - Interview. Im Gespräch mit Mirjam Pressler. In: Jugendliteratur 4/1993. S. 13- 16.

Horn, Katalin. Besprechung über das Buch „Zungenglück und Gaumenqualen". Geschmackserinnerungen. In: Fabula. Zeitschrift für Erzählforschung. 36 (1995).

Honig, Michael- Sebastian. Sozialgeschichte der Kindheit im 20. Jahrhundert. S. 209. In: M. Markelfka und B. Nauck (Hg.). Handbuch der Kindheitsforschung. Neuwied u. a.: Luchterhand 1993. S. 207- 218.

Hoff, A., Scholz, J.: Neue Männer in Beruf und Familie, Forschungsbericht Berlin 1985.

Horke, Mikl. Soziologie. 4. Aufl. München: Oldenburg Verlag, 1997.

Heidmann, Horst. Nichtalltägliche Alltagsgeschichten: Über die Erzählerin Kirsten Boie. In: Oetinger Lesebuch 1989/ 90, Bd. 26. S. 156- 162.

Jostock, Simone. Kindheit in der Moderene und Postmoderne. Opladen: Leske + Budrich, 1999.

Jörg, Sabine. Gespräch mit Christine Nöstlinger. In: Hans-Joachim Gelberg. (Hg.). Nussknacker. Über Kinderbücher und Autoren. Weinheim und Basel: Beltz & Gelberg Verlag, 1986.

Kardas, Jeannette und Langenmayr, Arnold. Familien in Trennung und Scheidung. Stuttgart: Ferdinand Enke Verlag, 1996.

Kaminski, Winfred. Ohnmacht und Mord. In: Die Zeit. 1.1. 1982.

Kaminski, Winfred. Kinderbuch und Politik, in: Fundevogel 4/5 1984.

Kaminski, Winfred. Die renitenten Mädchen der Christine Nöstlinger. In: Wilma Grossmann und Naumann Britta (Hg.). Frauen- und Mädchenrollen in Kinder- und Schulbüchern. Frankfurt: Max-Trager-Stiftung 1987.

Keiner, Sabine und Wintersteiner, Werner. „Ich mache keine Idealvorstellungen von Frauen" Interview mit Christine Nöstlinger. In: Information zur Deutschdidaktik. 1/ 1990. S. 84- 90.

Kliewer, Ursula. LehrerInnen lesen anders. Vom Interpretieren der Kinder- und Jugendliteratur für den Literaturunterricht. In: Henner Barthel und Jürgen Beckmann (Hg.). Aus „Wundertüte" und „Zauberkasten". Frankfurt/M.: Peter Lang Verlag, 2000. S. 37- 60.

Krieger, Wolfgang. Scheidung und Trennung im kindlichen Erleben: Belastungen, Perspektiven und Bewältigungschancen eines kritischen Lebensereignisses und ihre Bedeutung für die Scheidungsberatung. In: Wolfgang Krieger (Hg.). Elterliche Trennung und Scheidung im Erleben von Kindern. Berlin: Verlag für Wissenschaft und Bildung, 1997. S. 107- 158.

Kunkel, Gabriele. Die Beziehungsdynamik im Familienrechtskonflikt. Tübingen: Dissertation, 1997.

Künnemann, Wiebke und Horst. Immer für Kinder- Autonomie! In: Bulletin Jugend & Literatur 6/ 1995, S. 13- 20.

Launer, Christoph. Wahrhaben und Wahrmachen. Die Schriftstellerin und Übersetzerin Mirjam Pressler wird 60 Jahre alt. In: Bulletin Jugend & Literatur 6/2000, S. 6- 8.

Lämmert, Eberhard. Bauformen des Erzählens. 6. Aufl. Stuttgart: Metzler Verlag 1989.

Lewandowski, Th. Linguistisches Wörterbuch 1. Heidelberg; Wiesbaden: Quelle und Meyer, 6. Aufl. 1994.

Lenz, Karl und Böhnisch, Lothar. Zugänge zu Familien – ein Grundlagentext. In: Lothar Böhnisch, Karl Lenz (Hg.). Familien. Eine interdisziplinäre Einführung. Weinheim und München: Juventa Verlag, 1997, S. 9- 58.

Liebs, Elke. Neue Töchter- neue Mütter? Ausblick auf die Jugendliteratur. In: Helga Kraft und Elke Liebs (Hg.). Mütter- Töchter- Frauen. Weiblichkeitsbilder in der Literatur. Stuttgart und Weimar: Metzler Verlag, 1993. S. 287- 314.

Lypp, Maria. Der Blick ins Innere. Menschendarstellung im Kinderbuch. In: Grundschule 1/ 1989, S. 24- 27.

Lypp, Maria. Lachen beim Lesen. Zum Komischen in der Kinderliteratur. In: Wirkendes 36. H. 6/ 1986. S. 439- 455.

Lypp, Maria. Komische Literatur für Leser am Ende der Kindheit. In: Zeitschrift Deutschunterricht 1992. Jg. 45. H. 1.

Martin, M. Kay und Vorhies, Barbara. Female of the species. New York und London, 1975.

Mead, Margaret. Mann und Weib. Das Verhältnis der Geschlechter in einer sich wandelnden Welt. Reinbek: 1958.

Metz- Göcke, S. und Müller, U. Der Mann. Brigitte-Untersuchung, Hamburg, 1985.

Meulenbelt, Anja. Wie Schalen einer Zwiebel oder wie wir zu Frauen und Männern gemacht werden. München: Frauenoffensive, 1984.

Mommsen, Hans. Kumulative. Radikalisierung und Selbstzerstörung des Regimes. In: Meyers Enzyklopädisches Lexikon in 25 Bänden. Bd. 16. Mannheim: Bibliographisches Institut Lexikon Verlag, 1971.

Nave-Herz, Rosemarie. Familie Heute. Wandel der Familienstrukturen und Folgen für die Erziehung. Darmstadt: Wissenschaftliche Buchgesellschaft, 1994.

Nöstlinger, Christine. Ein Kind von Wien – Einführung. In: Robert Neuman. Die Kinder von Wien. Weinheim und Basel: Beltz & Gelberg, 1979.

Nöstlinger, Christine. Wenn Ansichten Einsichten werden. „Ein paar Sätze über das Vergeltsgott- und- Dankeschön hinaus". S. 2. In: 1000 & 1 Buch. Zeitschrift für Kinder- und Jugendliteratur. Nummer 3, Juni 1989.

Nöstlinger, Christine. Maikäfer-Zeiten, ein Nachwort. In: Hans-Joachim Gelberg (Hg.). Aller Dings. Versuch 25 Jahre einzuwickeln. Werkstattbuch. Weinheim und Basel: Beltz & Gelberg, 1996. S. 54- 55.

Nöstlinger, Christine. Nöstlinger über Nöstlinger. In: Hans-Joachim Gelberg. Was ist und wie entsteht Kinderliteratur? Frankfurt/M.: Materialien für die Vorlesung im Sommersemester 1994 an der Johann- Wolfgang Goethe Uni.

Nöstlinger, Christine. Moralisch unterwegs. In: Hans-Joachim Gelberg. Was ist und wie entsteht Kinderliteratur. Hans-Joachim Gelberg. Materialien für die Vorlesung im SoSe 1994, Frankfurt/M.: Johann Wolfgang Goethe Uni.

Nöstlinger, Christine. Botschaft an die Kinder aller Welt. In: Mitteilung des Institut für Jugendbuchforschung. Christine Nöstlinger. Eine Ausstellung. Frankfurt/M.: Institut für Jugendbuchforschung, 1987.

Nöstlinger, Christine. Die Richtung der Hoffnung. In: Fundevogel. 1/1985.

Nöstlinger, Christine. Jeder hat seine Geschichte. In: Frankfurt/M.: Freundeskreis des Instituts für Jugendbuchforschung der Johann Wolfgang Goethe-Uni., 1992.

Oestreich, Gisela. Erziehung zum kritischen Lesen. Kinder und Jugendliteratur zwischen Leitbild und Klischee. Freiburg: Herder Verlag, 1973.

Orthbandt, Eberhard. Geschichte der großen Philosophen und des philosophischen Denkens. Hanau: Werner Dausien Verlag, ohne Jahrgang.

Osthoff, Ralf. Elterliche Trennung und Scheidung aus der Perspektive der betroffenen Kinder. In: Wolfgang Krieger (Hg.). Elterliche Trennung und Scheidung im Erleben von Kindern. Berlin: Verlag für Wissenschaft und Bildung, 1997. S. 77- 106.

Pachler, Norbert J. Mädchen und Frau bei Christine Nöstlinger mit einem einführenden Diskurs über Problematiken der „Kinder und Jugendliteratur". Salzburg: Diplomarbeit, 1990.

Pachler, N. Literatur für Kinder- Literatur zur Kindheit. Eine kritische Würdigung des Werks von Christine Nöstlinger durch einen „einheimischen Germanisten". In: 1000& 1 Buch 3/1993. S. 29- 31.

Pahl, Katrin. Die Einwirkung von Trennung und Scheidung der Eltern auf die Psycho-soziale Entwicklung des Kindes. Marburg: Magisterarbeit, 1996.

Pross, Hegel. Der deutsche Mann. Reinbek: 1978.

Pressler, Mirjam. Brief an eine junge Leserin. In: Frank Griesheimer. Werkstattbuch. Mirjam Pressler. Weinheim und Basel: Gelberg & Beltz Verlag, 1994.

Pressler, Mirjam. Als der Fleck auf der Bluse noch ein großes Unglück war. Rollenspezifisches Verhalten im Kinderbuch. In: Ich Tarzan- Du Jane. Geschlechtsspezifisches Rollenverhalten in Kinderbüchern. München: Arbeitskreis für Jugendliteratur, 1995, S. 5- 9.

Pyerin, Brigitte. Die Zeit der Revoluzzerinnen ist vorbei. In: Fundevogel, H 101/102, 1992. S. 27- 29.

Rak, Alexandra. Wider alte und neue Klischees. In: Börsenblatt für den Deutschen Buchhandel. H 600, 1995.

Rank, B. Kinderliteratur im Gespräch. In: Lesezeichen. Mitteilung des Lesezentrums der Pädagogischen Hochschule Heidelberg. H. 3, 1997.

Rauchfleisch, Udo. Alternative Familienformen. Göttingen: Vandenhoeck & Ruprecht, 1997.

Richter, Karin. Überlegungen beim Schreiben von Kinderliteratur. Zum Realismus in den Kinderbüchern Kirsten Boies. In: Deutschunterricht. Berlin. H6, 1998.

Richter, Karin. Mirjam Pressler- Gedanken zum literarischen Werk und dessen Behandlung in der Schule. In: Deutschunterricht 1996, H 6. S. 282- 294.

Richter, Karin. Mirjam Pressler. In: Deutschunterricht, H 6, Berlin: 1996, S. 285.

Richter-Appelt, Hertha. Verführung, Trauma, Mißbrauch. Gießen: edition psychosozial, 1997.

Röthlein, Andrea Maria. Sexueller Mißbrauch und Psychiatrie. Eine Untersuchung über sexuellen Mißbrauch in der Vorgeschichte von Patientinnen der Psychotherapiestation des Klinikums am Europakanal in Erlangen. Neuburg: Dissertation der Friedrich-Alexander-Universität, 2000.

Rosen, Rita. Mutter- Tochter Anne-Kiz. Zur Dynamik einer Beziehung. Opladen: Leske + Budrich, 1993.

Rülcker, Tobias. Veränderte Familien, selbständigere Kinder? In: Ulf Preuss-Lausitz, Tobias Rülcker, Helga Zeiher (Hg.). Selbständigkeit für Kinder- die große Freiheit? Weinheim und Basel: Beltz Verlag, 1990. S. 38- 53.

Simon-Link, Beate. Gegen das Müdewerden. In: Deutsches Allgemeines Sonntagsblatt. 25. Dezember, 1981.

Schäfer, Gudrun und Wecker, Rose. Konstruktionen von Weiblichkeit. Blicke auf das Fremde. Pfaffenweiler: Centaurus-Verlagsgesellschaft, 1997.

Schindler, E.-B. Sehnsucht nach Zärtlichkeit. Das Bild junger Menschen in Mirjam Presslers Jugendromanen. In: Jugendliteratur 2/ 1983.

Schmitt, Martina. Präventive Methoden in der Gruppenarbeit mit Kindern in Trennungs- und Scheidungssituationen. In: Wolfgang Krieger (Hg.). Elterliche Trennung und Scheidung im Erleben von Kindern. Berlin: Verlag für Wissenschaft und Bildung, 1997. S. 11- 76.

Scheiner, Peter. Realistische Kinder- und Jugendliteratur. In: Gunter Lange (Hg.). Taschenbuch der Kinder- und Jugendliteratur. Bd. 1. Baltmannsweiler: Schneider Verlag, 2000. S. 158- 186.

Schönfeldt, Sybil Gräfin. Die Linke entdeckt. Über antiautoritäre Kinderbücher, in: Die Neue Barke. 1971.

Schütze, Yvonne. Jugend und Familie. S. 345. In: Heinz-Hermann Krüger (Hg.). Handbuch der Jugendforschung. Opladen: Leske + Budrich, 1993, 2. Aufl., S. 335-350.

Schweikart, Ralf. Vom aufrechten Schreiben für Kinder. Kinderbücher von Kirsten Boie im Taschenbuch. In: Kinderliteratur aktuell in Grundschule und Praxis Grundschule. Mai 1997.

Schweikart, Ralf. Medienkindheit. Dargestellt in Kinderbüchern von Kirsten Boie. In: Hannelore Daubert. Hans-Heino Ewers (Hg.). Veränderte Kindheit in der aktuellen Kinderliteratur. Braunschweig: Westermann Verlag, 1995. S. 109- 126.

Schmachtenberger, Silvia. Die Kinder- und Jugendbuchautorin Christine Nöstlinger. Nürnberg: Zulassungsarbeit für das Lehramt an Grundschulen in Bayern nach der LPO 1, 1992.

Schneewind, Klaus A. (Hg.). Wandel der Familie. Goethingen: Hogrefe Verlag, 1992.

Schwan, Dorit Maria. Bücher können immer noch Weichen stellen. Interview mit Kirsten Boie. In: Bulletin Jugend + Literatur 7/ 1994. S. 19- 22.

Steffens, Wilhelm. Der psychologische Kinderroman - Entwicklung, Struktur, Funktion – In: Günter Lange (Hg.). Taschenbuch der Kinder-und Jugendliteratur B1. Baltmannsweiler: Schneider Verlag, 2000. S. 308- 331.

Steier, Karin. Nachkriegskindheit als Thema der Gegenwartsliteratur für Kinder und Jugendliche. Magisterarbeit der Johann Wolfgang Goethe- Uni. Frankfurt/M.: Institut für Jugendbuchforschung, 1996.

Steffens, Wilhelm. Literarische und didaktische Aspekte des modernen Kinderbuchs. In : Die Grundschulzeitschrift 4 (1990) 40. S. 28-35.

Stockburger, C. Auf der Suche nach sexualtherapeutischen Methoden für Mißbrauchsopfer- Ein feministischer Ansatz. In: G. Ramin. Inzest und sexueller Mißbrauch. Paderborn: 1993.

Strobel, Gabi. Zwerg im Hirn. Nöstlingers kleinste Erfindung. In: Eselsohr 10/89, S. 20- 21.

Ulrich, Anna Katharina. Dem Glück einen Stuhl hinstellen – eine Begegnung mit Mirjam Pressler. In: Neue Zürcher Zeitung, H. 279, 1995. S. 37.

Vergin, Evelyn Verena. Das Motiv der Scheidung im Kinderroman der Gegenwart. Magisterarbeit im Institut für Jugendbuchforschung. Frankfurt/M.: Johann Wolfgang Goethe Uni., 1994.

Vogel, Lieselotte. Halinka lebt im Heim. Plädoyer für Schwache. In: Süddeutsche Zeitung 4. 11. 1994.

Weber-Kellerman, Ingeborg. Die deutsche Familie. Frankfurt/M.: Suhrkamp Verlag, 1974.

Wenke, Gabriela. Zwischen Wunsch und Wirklichkeit. Familie und Konflikte in Kirsten Boeis Büchern. In: Eselsohr 5/ 94, S. 36- 40.

Wenke, Gabriela. Mirjam Pressler. Porträt einer Autorin und Übersetzerin. In: Eselsohr 10/ 1994. S. 38- 41.

Wenke, Gabriela. „Ich will Kinder nicht mit Büchern beglücken". Gespräch mit Christine Nöstlinger. In: Eselsohr- Informationsdienst für Kinder- und Jugendmedien. 10/ 1984, S. 14- 18.

Wild, Inge. Wie Väter lernen zu `Muttern´. In: Hans- Heino Ewers und Inge Wild (Hg.). Familienszenen. Die Darstellung familialer Kindheit in der Kinder- und Jugendliteratur. Juventa: Weinheim und München, 1999.

Wild, Inge. Vater- Mutter- Kind. Zur Flexibilisierung von Familienstrukturen in Jugendromanen von Christine Nöstlinger. In: Der Deutschunterricht, 1996, H 4, S. 56-67.

Wild, Inge. Christine Nöstlingers Gretchen Sackmeir. In: Fundevogel 1/ 1991. H 82.

Wild, Inge. Kindsein heute- zwischen Lachen und Weinen. In: Hannelore Daubert und Hans-Heino Ewers (Hg.). Veränderte Kindheit in der aktuellen Kinderliteratur. Braunschweig: Westermann Verlag, 1995, S. 81- 94.

Wild, Inge. Komik in den realistischen Jugendromanen Christine Nöstlingers. In: Hans-Heino Ewers (Hg.). Komik im Kinderbuch. Weinheim und München: Juventa Verlag, 1992, S. 173- 200.

Wild, Inge. „In Zukunft wollte sie alles anders als ihre Mutter machen." Zum weiblichen Generationskonflikt in der zeitgenössischen Mädchenliteratur. In: Hans- Heino Ewers (Hg.). Jugendkultur im Adoleszenzroman. Jugendliteratur der 80er und 90er Jahre zwischen Moderne und Postmoderne. Weinheim und München: Juventa Verlag, 1994. S. 165- 189.

Wittstruk, Wilfried. „Wer wäre ich, wenn...?" Die psychosoziale Leistung der Tagträume in Mirjam Presslers „Wenn das Glück kommt..." In: JuLit. Information Arbeitskreis für Jugendliteratur, 22. Jahrgang, H 3, 1996. S. 52- 63.

Zinnecker, Jürgen. Kinder im Übergang. In: Aus Politik und Zeitgeschichte. Bd. 11, 1996. S. 3- 10.

Ziehe, Thomas. Vom vorläufigen Ende der Erregung. Die Normalität kultureller Modernisierung hat die Jugend-Subkulturen entmächtigt. In: Werner Helsper (Hg.). Jugend zwischen Moderne und Postmoderne. Opladen: Leske + Budrich, 1991. S. 57- 72.